普通高等教育材料科学与工程专业系列教材

材料研究方法

谈育煦　胡志忠　编
严隽民　胡奈赛　审

机械工业出版社

本书包括三方面内容，分三篇叙述。第一篇为光学金相显微术，内容有常规金相分析、偏振光金相技术、干涉显微镜、相衬金相显微镜和定量金相。第二篇为 X 射线衍射分析，内容有 X 射线的特性和衍射原理、X 射线的强度、多晶体分析法、物相分析、宏观应力的测定和单晶体取向的测定。第三篇为电子显微分析术，内容有透射电子显微镜、电子衍射、薄晶体的电子显微分析、扫描电子显微镜和电子探针。

本书可作为材料科学与工程专业以及机械类热加工专业的教材，也可作为从事材料工程和机械制造的工程技术人员的参考书。

图书在版编目(CIP)数据

材料研究方法/谈育煦，胡志忠编. —北京：机械工业出版社，2004.5（2025.7 重印）

普通高等教育材料科学与工程专业系列教材
ISBN 978-7-111-14337-6

Ⅰ. 材... Ⅱ. ①谈...②胡... Ⅲ. 材料科学—研究方法 Ⅳ. TB30

中国版本图书馆 CIP 数据核字(2004)第 033342 号

机械工业出版社(北京市百万庄大街 22 号 邮政编码 100037)
责任编辑：冯春生 版式设计：冉晓华 责任校对：张晓蓉
封面设计：张 静 责任印制：张 博
北京机工印刷厂有限公司印刷
2025 年 7 月第 1 版第 10 次印刷
169mm×239mm・18 印张・347 千字
标准书号：ISBN 978-7-111-14337-6
定价：39.80 元

电话服务　　　　　　　网络服务
客服电话：010-88361066　机 工 官 网：www.cmpbook.com
　　　　　010-88379833　机 工 官 博：weibo.com/cmp1952
　　　　　010-68326294　金 书 网：www.golden-book.com
封底无防伪标均为盗版　　机工教育服务网：www.cmpedu.com

前 言

本教材定名为《材料研究方法》，它是在原金属材料专业所属三门工具课《金相研究方法》、《X射线金属学》和《金属电子显微分析》的基础上，通过调整和发展进行编写的。在内容的安排上充分考虑到了知识面的拓宽（由单纯的金属材料扩展成工程材料）和各种方法间的相互联系。编写时突出物理概念，尽量避免繁琐和不必要的数学推导，在保持课程系统性和重点的前提下，对一些次要内容作了大量的删节。

本书共分三篇：第一篇为光学金相显微术，主要讲授常规的金相分析和特种光学金相显微技术；第二篇为X射线衍射分析，主要叙述X射线晶体分析方法和宏观内应力的测定；第三篇为电子显微分析方法，主要讲授透射电子显微技术，并对扫描电镜分析作扼要的介绍。

从上述内容来看，本课程是一门以实践性环节为主的专业课，掌握了上述内容就能使学生了解到本专业范围内的一些基本实验手段，并能和从事测试工作的专业人员共同拟订实验方案和分析测试结果。

本书第一篇和第三篇由西安交通大学谈育煦编写，第二篇由西安交通大学胡志忠编写。第一篇和第三篇由西北工业大学严隽民教授审阅，第二篇由西安交通大学胡奈赛教授审阅。

由于编者水平有限，书中缺点错误在所难免，如蒙指正，不胜感谢。

编 者
2003年9月

目 录

前言

第一篇　光学金相显微术

第一章　光学透镜的成像原理 ··············· 1
　　第一节　光的折射和衍射 ··············· 1
　　第二节　光学透镜的像差 ··············· 4
　　第三节　透镜的分辨率 ··············· 6
　　思考题 ··············· 7

第二章　金相显微镜 ··············· 8
　　第一节　显微镜的工作原理 ··············· 8
　　第二节　物镜 ··············· 9
　　第三节　目镜 ··············· 11
　　第四节　金相显微镜的照明系统 ··············· 12
　　第五节　金相显微镜的整体构造图解 ··············· 15
　　思考题 ··············· 17

第三章　常规金相分析 ··············· 18
　　第一节　取样 ··············· 18
　　第二节　金相组织的显示 ··············· 23
　　第三节　光学金相组织分析 ··············· 25
　　思考题 ··············· 26

第四章　偏振光金相技术 ··············· 27
　　第一节　偏振光的基本原理 ··············· 27
　　第二节　偏振光金相显微镜 ··············· 32
　　第三节　偏振光金相分析原理 ··············· 33
　　第四节　偏振光在金相分析过程中的应用 ··············· 34
　　思考题 ··············· 37

第五章　干涉显微镜 ··············· 38
　　第一节　干涉原理 ··············· 38
　　第二节　干涉显微镜的结构 ··············· 40
　　第三节　应用举例 ··············· 43

思考题	43

第六章　相衬金相显微镜 · 44
    第一节　相衬分析原理 · 44
    第二节　相衬显微镜 · 45
    第三节　应用分析实例 · 48
    思考题 · 49

第七章　定量金相 · 50
    第一节　定量金相的基本符号 · 50
    第二节　定量金相的基本原理 · 51
    第三节　定量金相的测试方法 · 53
    第四节　定量金相应用举例 · 56
    第五节　定量金相测试时的误差 · 59
    第六节　图像分析仪定量金相分析 · 60
    思考题 · 61

第二篇　X射线衍射分析

第八章　X射线的物理特性 · 63
    第一节　X射线的产生及其性质 · 63
    第二节　X射线谱 · 64
    第三节　X射线与物质的相互作用 · 68
    第四节　X射线的衰减规律 · 71
    思考题 · 74

第九章　X射线的衍射原理 · 75
    第一节　倒易点阵简介 · 75
    第二节　布拉格定律 · 78
    第三节　厄瓦尔德图解及其应用 · 81
    思考题 · 86

第十章　X射线的衍射强度 · 88
    第一节　电子和原子对衍射强度的影响 · 88
    第二节　单胞对衍射强度的影响 · 90
    第三节　角因数 · 94
    第四节　多晶体衍射的总强度 · 96
    思考题 · 99

第十一章　多晶体分析法 · 100
    第一节　粉末法 · 100

第二节　X射线衍射仪 ………………………………………… 105
　　第三节　其他分析方法 ………………………………………… 110
　　思考题 …………………………………………………………… 112

第十二章　多晶体的物相分析 ………………………………………… 113
　　第一节　定性分析 ……………………………………………… 113
　　第二节　定量分析 ……………………………………………… 118
　　第三节　点阵参数的精确测定 ………………………………… 121
　　思考题 …………………………………………………………… 125

第十三章　残余应力的测定 …………………………………………… 127
　　第一节　内应力的分类和检测 ………………………………… 127
　　第二节　残余应力的测定原理 ………………………………… 130
　　第三节　残余应力的测定方法 ………………………………… 133
　　思考题 …………………………………………………………… 141

第十四章　晶体投影和单晶体取向测定 ……………………………… 142
　　第一节　晶体投影 ……………………………………………… 142
　　第二节　劳埃法 ………………………………………………… 150
　　第三节　单晶体取向的测定 …………………………………… 154
　　思考题 …………………………………………………………… 160

第三篇　电子显微分析术

第十五章　透射电子显微镜 …………………………………………… 162
　　第一节　透射电子显微镜的结构 ……………………………… 162
　　第二节　电子显微镜中的电子光学问题 ……………………… 163
　　第三节　透射电子显微镜的光路系统 ………………………… 172
　　第四节　主要部件的结构及其工作原理 ……………………… 176
　　思考题 …………………………………………………………… 180

第十六章　电子衍射 …………………………………………………… 181
　　第一节　概述 …………………………………………………… 181
　　第二节　电子束的布拉格衍射 ………………………………… 181
　　第三节　g 矢量（衍射晶面矢量） …………………………… 184
　　第四节　电子衍射的基本公式和产生衍射的充要条件 ……… 185
　　第五节　零层倒易面 …………………………………………… 187
　　第六节　标准电子衍射花样 …………………………………… 188
　　第七节　偏离矢量 ……………………………………………… 189
　　第八节　电子显微镜中的电子衍射 …………………………… 192

第九节　单晶体电子衍射花样的标定 …………………………………… 194
　　第十节　多晶体的电子衍射花样 ………………………………………… 198
　　第十一节　菊池线 ………………………………………………………… 200
　　思考题 ……………………………………………………………………… 204
第十七章　薄晶体的电子显微分析 ………………………………………… 205
　　第一节　薄晶体样品(薄膜)的制备 ……………………………………… 205
　　第二节　衍射衬度原理 …………………………………………………… 207
　　第三节　衍衬运动学简介 ………………………………………………… 209
　　第四节　晶体缺陷分析 …………………………………………………… 217
　　思考题 ……………………………………………………………………… 224
第十八章　扫描电子显微镜和电子探针 …………………………………… 225
　　第一节　扫描电子显微镜 ………………………………………………… 225
　　第二节　电子探针 ………………………………………………………… 242
　　思考题 ……………………………………………………………………… 250
附录 A　抛光试剂和浸蚀试剂 ……………………………………………… 251
附录 B　X 射线分析时常用的一些常数和系数 ……………………………… 254
附录 C　常见晶体的标准电子衍射花样 …………………………………… 258
附录 D　电子衍射花样标定时用的数据表 ………………………………… 264
参考文献 ……………………………………………………………………… 278

第一篇　光学金相显微术

　　光学金相显微分析是指利用金相显微镜来对金属和合金的组织进行观察和分析。它是广义金相分析的一个重要组成部分。由于后者的含义中并未规定使用的分析工具，因此它还包括了用肉眼进行的宏观分析以及用电子显微镜等手段进行的分辨率更高的观察分析。光学金相分析开始于19世纪60年代，100余年的科学实践使它已从一般的明场观察发展成材料科学领域中一项完整的基本技术，在0.2mm至0.2μm尺度范围的观察分析中具有不可替代的作用。在本篇中将介绍七个部分的内容，即：光学透镜的成像原理，金相显微镜，常规金相分析，偏振光金相技术，干涉显微镜，相衬金相显微镜和定量金相。

第一章　光学透镜的成像原理

第一节　光的折射和衍射

一、光的折射

　　光在介质中是沿直线传播的。在不同介质中光的传播速度不同。当光从一种介质传播到另一种介质中去时，在两介质的界面上光的传播方向会发生突然的变化，这种现象就是光的折射，如图1-1。

　　频率ν的单色光在椰同介质中传播时其频率是固定不变的。若此单色光的波长为λ，则它在具有折射率n的介质中传播时速度为$v=\nu\lambda$。因在真空中光的折射率$n_0=1$，相应的传播速度为c，故光在一般介质中的传播速度应为$v=c/n$，n在数值上均大于1。

　　实验证明光在折射时服从以下规律：入射束、折射束和折射界面法线三者位于一平面内；入射角θ、折射角γ与两种介质的折射率n_1和n_2之间满足下式关系：

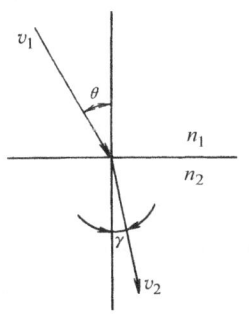

图1-1　光的折射现象

$$\frac{\sin\theta}{\sin\gamma} = \frac{v_1}{v_2} = \frac{n_2}{n_1} = n_{21} \qquad (1\text{-}1)$$

因为 $v_1 = \nu\lambda_1$，$v_2 = \nu\lambda_2$，故

$$\frac{\sin\theta}{\sin\gamma} = \frac{\lambda_1}{\lambda_2} \qquad (1\text{-}2)$$

式中，v_1、v_2，λ_1、λ_2 分别为光在第一和第二介质中的速度和波长；n_{21} 是相对折射率。如果 $n_2 > n_1$，则 n_{21} 大于1或 $\lambda_1 > \lambda_2$，这表明光在第一介质中的传播速度大于第二介质中的传播速度，此时折射光更靠近界面法线即折射角 γ 小于入射角 θ；反之则折射角大于入射角。

利用光的折射特性可使平行的光束射入旋转对称凸透镜时发生聚焦作用，因此光的折射是光学透镜成像的基础，如图1-2。

凸透镜是光学显微镜放大成像的主要部件，凸透镜成像时服从下面的关系式：

$$\frac{1}{L_1} + \frac{1}{L_2} = \frac{1}{f} \qquad (1\text{-}3)$$

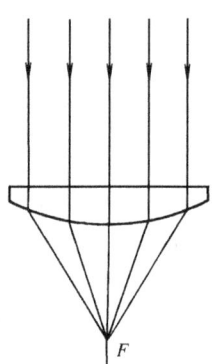

图1-2 平行光的聚焦

图1-3 中示出了式(1-3)中各参数的意义，其中 L_1 和 L_2 分别为物距和像距，F 为焦点，它至透镜中心的距离 f 为焦距。

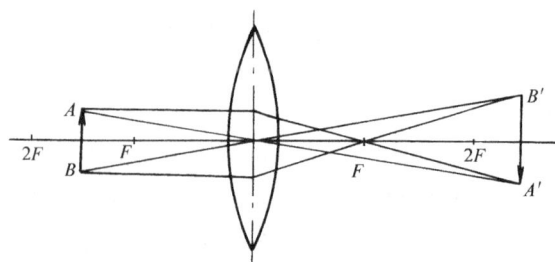

图1-3 凸透镜的成像

图中物体置于1~2倍焦距之间，根据几何光学的原理，当 $1 < L_1/f < 2$ 时形成倒立的放大实像。由几何作图的结果可知，当 $L_1/f > 2$ 时，形成倒立缩小实像；当 $L_1/f < 1$ 时，形成正立虚像。

透镜的放大倍数等于像和物长度的比值，或像距和物距的比值，即

$$M = \frac{A'B'}{AB} = \frac{L_2}{L_1} \qquad (1\text{-}4)$$

玻璃制成的光学透镜，其焦距 f 已经固定不变，若要满足成像条件则必须改变透镜与物和像之间的相对位置以获得与式(1-3)相匹配的 L_1 和 L_2 值。

二、光的衍射

光具有波动性,光波之间会相互干涉即产生所谓衍射现象。由于衍射效应的存在,物点通过透镜成像时成像点并不是一个理想的点(几何点)而是一个有一定尺寸的光斑。光斑中间的亮度最大,四周被亮度逐渐减弱的明暗相间的衍射环所包围,这个光斑即所谓埃利(Airy)斑。通常埃利斑是以第一暗环处的半径来衡量其尺寸的。

图1-4a示出了物体上两个点光源(物点)成像时形成的埃利斑。图中 S_1 和 S_2 是成像点,S'_1 和 S'_2 是埃利斑。图的下方示意地描出了斑的形状及其亮度(即强度

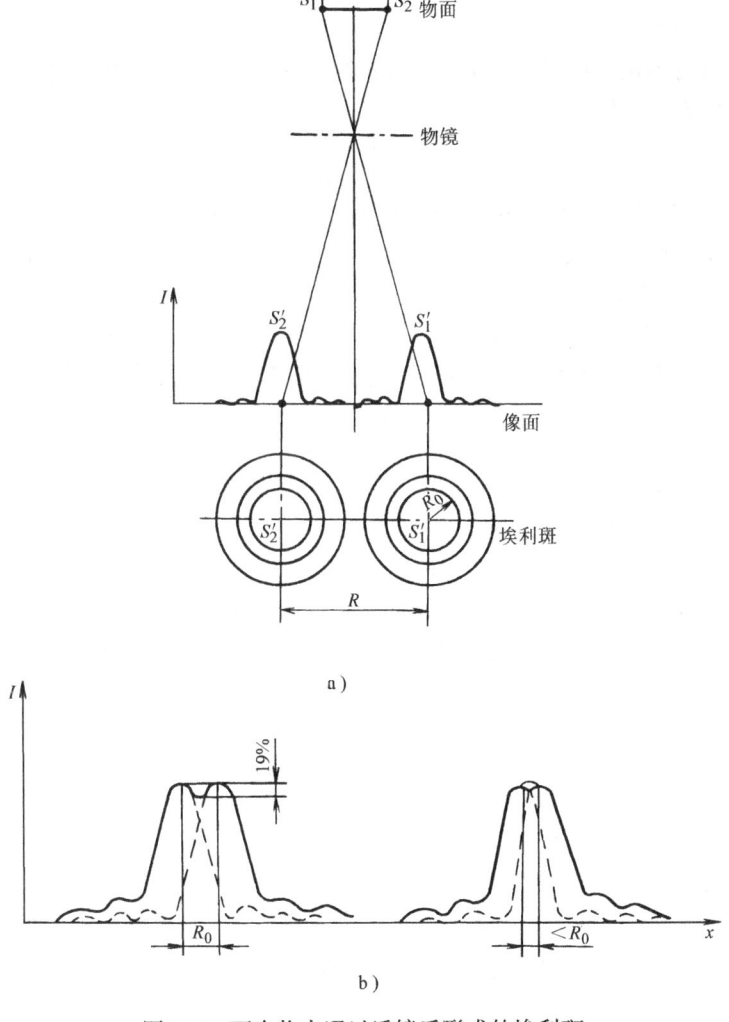

图1-4 两个物点通过透镜后形成的埃利斑
a) 埃利斑的形成 b) 两埃利斑间的强度合成

I)分布，R_0 为第一暗环半径。现在讨论下面三种情况（见图 1-4b）：当两个物点 S_1 和 S_2 之间距离 r 比较大时，相应的埃利斑彼此分开，其间距为 R，此时可认为两个物点的像可以清楚地被物镜分辨出来；若两个物点之间距离相互靠近，埃利斑也随之接近，当它们之间的间距 $R = R_0$ 时，两个埃利斑部分重叠。若仔细分析强度分布曲线，可发现两个强度峰和低谷之间的相对强度差值约为 19% 左右。由于 19% 的强度（亮度）差刚能被人眼所觉察（对大多数人来说），因此瑞利（Rayleigh）以此为基础提出了分辨两个埃利斑的标准：当两个埃利斑之间的间距等于第一暗环半径 R_0 时，两斑之间存在的亮度差是人眼刚能分辨的极限值，因此 $R \geqslant R_0$ 是能够分辨相邻两个成像点的判据；若两个埃利斑之间的距离 $R < R_0$ 时，则合成强度曲线间的强度差小于 19% 或只有一个强度峰出现，此时，两个成像点不可分辨。

根据衍射理论并结合阿贝（Abbe）成像原理，已导出了物点通过透镜后产生埃利斑半径 R_0 的计算公式：

$$R_0 = \frac{0.61\lambda}{n\sin\alpha}M \tag{1-5}$$

式中，n 为透镜靠近物体一边的介质折射率，λ 为照明光的波长，α 为透镜的孔径半角，M 为放大倍数。$n\sin\alpha$ 称为数值孔径，习惯上用符号 N.A 表示（Numerical Aperture 的缩写）。

R_0 位于像平面上，它是由物体上的一个几何点通过透镜成像后演化成的圆斑半径，若把 R_0 除以放大倍数 M 就可把这个尺度折算到成像的物体上去，即

$$r_0 = \frac{R_0}{M} = \frac{0.61\lambda}{n\sin\alpha} \tag{1-6}$$

因此 r_0 就是透镜能够分辨物体（样品）上相邻两个物点间的最小距离，我们称它为由衍射效应规定的透镜的分辨率。

从式（1-6）可以看出照明光波长愈短，介质的折射率和透镜的孔径半角愈大，则 r_0 数值愈小，相应的分辨率就愈高。从技术方面来看，玻璃透镜的孔径半角可以做得很大，最大者可达 $\alpha = 75°$；若物方的介质为松柏油则折射率 n 可达 1.5 左右，此时计算出的数值孔径 N.A 约为 1.25～1.35。由此，式（1-6）可以写成：

$$r_0 \approx \frac{1}{2}\lambda \tag{1-7}$$

式（1-7）说明了由衍射效应规定的分辨率可以用照明光波长的一半大小来估算。可见光的波长范围为 390～760nm，若用可见光中波长最短的紫光照明，则分辨率可达 200nm 左右。

第二节 光学透镜的像差

衍射效应会使一个物点的像在像平面上扩大成一个半径为 R_0 的光斑，除此

之外，由于透镜成像时受到物理条件的限制也会使成像物点扩展成圆斑，这就是所谓像差。按像差产生的原因可把它们分成两类：第一类是单色光成像时的像差，称为单色像差，如球差、像场弯曲和像散等；第二类是多色光成像时由于介质折射率随光的波长不同而引起的像差，叫做色差。本节中我们主要介绍三种主要的像差，即球差、像场弯曲和色差。

一、球差

球差产生的原因如图 1-5 所示。位于透镜主轴 z 上的一个物点 P 发出的单色光，由于入射的孔径半角 α 不同，进入透镜后，因折射倾向不同，各光线并不聚焦在同一个点上，而沿着 z 轴形成前后不同的一系列交点群。孔径半角大的入射光线离开主轴 z 距离较远，称为远轴光线，它们的折射倾向大；孔径半角小的入射光线则离主轴较近，称为近轴光线，它们的折射倾向小。因此，若把图 1-5 中的像平面顺着 z 轴左右移动，就可以得到一个最小的散焦圆斑。最小散焦斑的半径可用 R_s 表示。如果把最小散焦斑折算到物平面(物体或样品)上去，则可得：

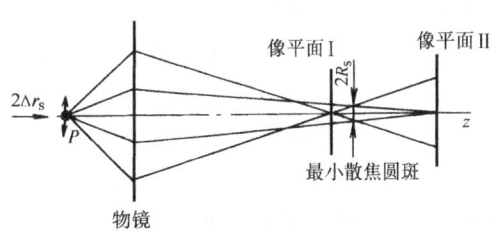

图 1-5 球差

$$r_s = \frac{R_s}{M} \tag{1-8}$$

r_s 的物理意义和衍射规定的分辨率 r_0 相似，我们用 r_s 的大小来衡量球差的大小。显然 r_s 变小，透镜的分辨率就有可能提高。光学玻璃制成的凸透镜引起的球差可配以相同材料的凹面镜，组成透镜组加以部分校正。

二、像场弯曲

在透镜物平面上，物体 AB 上每一点发出的单色光束通过透镜折射后，每一个物点均能得到一个像点。由于近轴光线和远轴光线的折射程度不同，因此，整个像平面不可能是一个平面。

图 1-6 示出了近轴光线物点 P 的像点位于 P' 处，远轴光线物点 A、B 的像点分别位于 A' 和 B' 处，图像成一曲面，这就是所谓像场弯曲。视域愈大场曲愈严重，造成图像上各点清晰度不一。为了获得在大视场内平坦清晰的图像，常采用组合透镜来校正场曲。

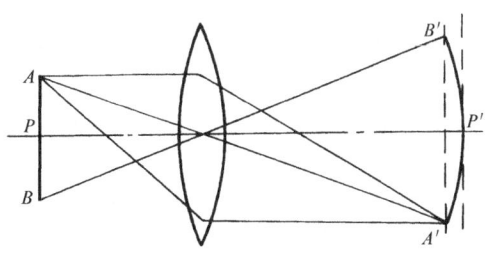

图 1-6 像场弯曲

三、色差

色差有两种类型,即轴向色差和垂轴色差。

图1-7是造成轴向色差的示意图。从物点P发出的多色光束经透镜后,波长最短的紫光折射倾向最大,红光的折射倾向最小,因此各种颜色的光便聚焦在主轴z的不同位置上,因此物点P在像平面上得到的不是一个像点,而是各色群像的汇集。如果把像平面顺着主轴左右移动,可以得到一个尺寸最小的散焦斑,其半径用R_c表示。若把散焦斑半径R_c折算到物平面上,则

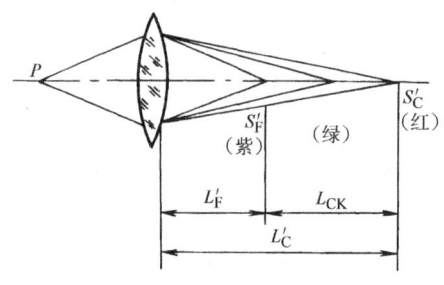

图1-7 轴向色差

$$r_c = \frac{R_c}{M} \tag{1-9}$$

同样的道理,可以用r_c来表示轴向色差的大小,r_c变小,透镜的分辨率有可能提高。

图1-8是形成垂轴色差的示意图。根据折射原理,紫光和红光形成物像的高度不同,红光高而紫光低。因此由于垂轴色差的形成,在像平面上往往会得到一个不同色调镶边的图像,影响物像的清晰度。

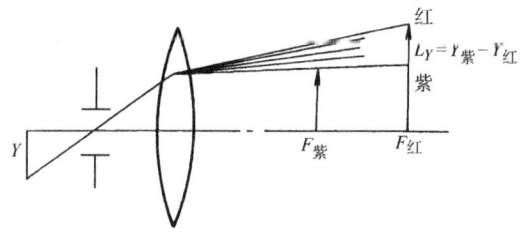

图1-8 垂轴色差

上面介绍了单片透镜成像时存在的主要缺陷。在实际的使用过程中,显微镜中的透镜(物镜或目镜)均是由一组透镜组成。位于最前沿的凸透镜担负着放大的作用,而后继的透镜组都是为了消除各种像差而安置的。这些透镜就是所谓校正透镜。

像差的校正是一个非常复杂的问题,也是一门专门的学问,不在本书介绍之列。

第三节 透镜的分辨率

显微镜的分辨率是由物镜的分辨率来决定的,因为只有被物镜分辨出的结构

细节才能被目镜进一步清晰放大,因此,一个模糊的组织虽经目镜放大其图像仍然是不能分辨的。如前所述,由于光学透镜成像时存在着像差和衍射效应,使成像的物点不能成为理想的像点,而扩展成各种散焦斑。如果散焦斑的尺寸接近于理想像点(几何点)的大小,则透镜的分辨率可接近无穷大。事实上光学透镜的缺陷只能部分得到校正而不能完全消除,因此透镜的分辨率应该受控于各种缺陷形成的散焦斑的大小。一旦透镜成像,各种最小散焦斑都是客观地重叠存在于像平面上,因此透镜的分辨率将受到这些散焦斑中尺寸最大斑点的影响。例如:R_0、R_s、R_c 分别代表由衍射、球差和色差在像平面上形成的最小散焦斑的半径,其中以 R_0 的数值为最大。此时透镜的分辨率应是 $r_0 = \dfrac{R_0}{M}$,可通过增加孔径半角 α 和介质折射率或改用较短波长的光源来减小 R_0 的数值,使分辨率提高。当 R_0 的数值降低到比球差(或色差)的散焦斑半径 R_s 小时,继续采取同样的方法就不能再使分辨率提高,因为此时透镜的分辨率将由 $r_s = \dfrac{R_s}{M}$ 来决定,只有继续采取减小 R_s 的方法才能使透镜的分辨率进一步提高。

思 考 题

1. 光的折射和玻璃透镜聚焦之间有何关系?
2. 说明瑞利公式的物理意义及其具体应用。
3. 各种像差是怎样造成的?它对透镜的成像有什么影响?
4. 透镜分辨率的物理意义。

第二章　金相显微镜

第一节　显微镜的工作原理

光学显微镜具有二级放大的功能。物体上的结构细节经物镜一次放大后再由目镜作第二次放大，其放大的原理如图 2-1 所示。图中箭头 AB 表示待放大的物体，它置于物镜的一至二倍焦距之间（f_1 为物镜前焦距）。经物镜放大后的一次像 $A'B'$ 是一个倒立实像。在显微镜中，一次像 $A'B'$ 都应着落在目镜的一倍焦距（f_2）之内，它再经目镜放大则成为一个正立的虚像 $A''B''$。据此显微镜的总放大倍数应是物镜和目镜放大倍数的乘积。

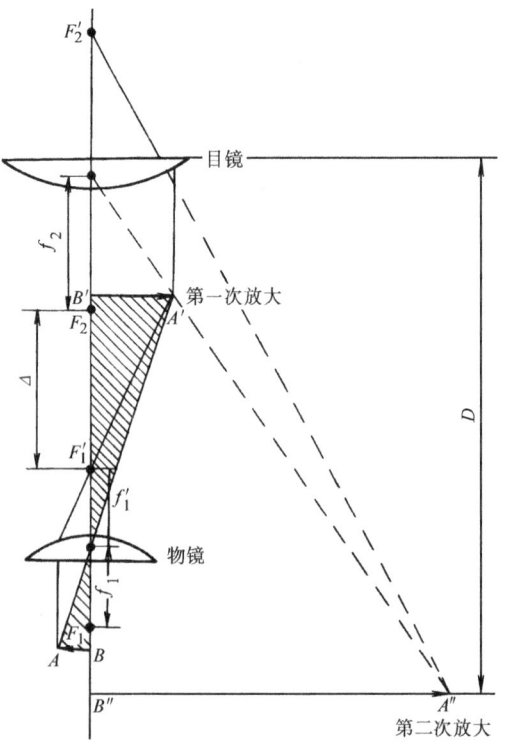

图 2-1　金相显微镜的放大原理示意图

由图 2-1 中的比例关系可看出物镜的放大倍数应是：

$$M_{物} = \frac{A'B'}{AB} = \frac{s + f'_1}{f_1} \tag{2-1}$$

式中，f_1、f'_1 为物镜的前、后焦距，s 为显微镜的光学镜筒长度。分子一项中 $s \gg f'_1$，故可略去 f'_1，所以

$$M_{物} \approx \frac{s}{f_1} \tag{2-2}$$

同样，根据几何关系，目镜的放大倍数可用下式计算：

$$M_{目} = \frac{A''B''}{A'B'} \approx \frac{D}{f_2} \tag{2-3}$$

式中，f_2 为目镜的前焦距，D 为人眼的明视距离，$D = 250\text{mm}$。所以显微镜的总放大倍数应按下式计算：

$$M = M_{物} M_{目} = \frac{s}{f_1} \cdot \frac{D}{f_2} \tag{2-4}$$

明视距离 D 是一个常数，光学镜筒长度是设计显微镜时已确定的参数，因此可根据不同的物镜和目镜匹配来获得需要的放大倍数。

第二节 物 镜

一、物镜的种类

显微镜的物镜并不是单片透镜而是由多片透镜构成的透镜组。物镜可按其镜片组合的程度分成几个等级，常用的物镜主要有下列四种：

1. 消色差物镜（Achromat）

这是金相显微镜中构造最简单的物镜，适用于低、中倍的放大。这种透镜能校正红、绿波长区的色差（见图 2-2a、b），同时对黄、绿波长区的球差进行了校正，但像场弯曲仍然存在。由于对紫光的色差以及红、紫光的球差没有校正，因此使用时应配以黄绿滤色片只让黄绿光通过。虽说消色差物镜的构造简单，但透镜的总片数仍可多至 6~7 片。

2. 复消色差物镜（Apochromat）

这种物镜对色差的校正比较理想，可见光的全部波段范围都得到了校正（见图 2-2c）。同

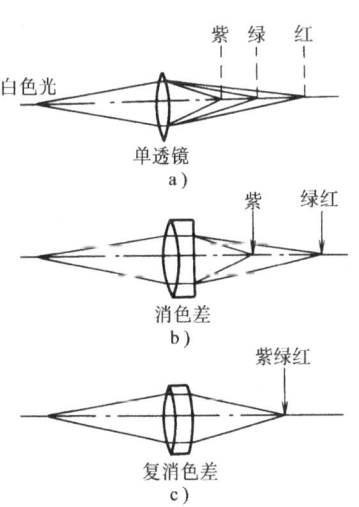

图 2-2 不同物镜对色差的校正示意图
a）单透镜色差未校正 b）消色差物镜
c）复消色差物镜

时对紫光和绿光范围的球差亦得到了校正，但是像场弯曲仍未改变。这种物镜可进行高倍放大，并可配用任何色调的滤色片。

3. 平面消色差物镜（Planachromat）

色差和球差的校正情况和消色差物镜相同，增加了对像场弯曲的校正。

4. 平面复消色差物镜（Planapochromat）

色差和球差的校正和复消色差物镜相同，同时增加了对像场弯曲的校正。平面复消色差物镜最适用于高倍观察和照相，但是它的构造复杂，有时透镜片的总数可多达十余片。

二、物镜的识别

物镜的主要参数大多标在物镜的镜筒上，如图 2-3 所示。金相显微镜的物镜一般都有五种标志，介绍如下：

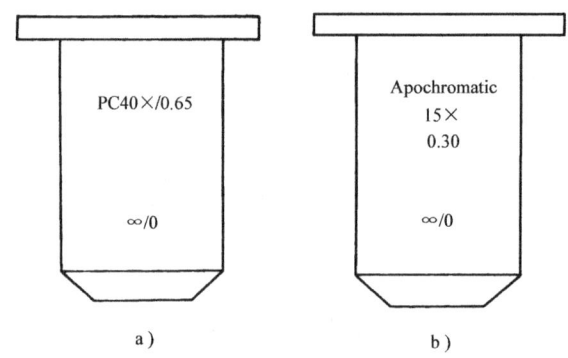

图 2-3　标在镜筒上的物镜主要参数
a）国产物镜　b）进口物镜

1. 物镜类型

国产消色差物镜一般不标符号，复消色差和平面消色差物镜则分别标以 FC 和 PC 符号；国外生产的物镜则分别用英文名称标出，如平面消色差为 Planachromatic，消色差为 Achromatic，复消色差为 Apochromatic 等。

2. 放大倍数

以 15×、20×、32×、40×、63× 等分别表示 15 倍、20 倍、32 倍、40 倍和 63 倍。

3. 数值孔径

用数值直接标在镜筒上，例如 0.65 表示 N.A = 0.65。

4. 机械镜筒长度

指从物镜的座面到目镜顶面的距离，在镜筒上分别以毫米数刻出，如 160mm、170mm、190mm 和 ∞/0。∞/0 表示这种物镜可以在任何镜筒长度情况下使用。

5. 介质符号

干镜头一般不标符号,凡油浸物镜则标以 HI 或 oil,国产物镜则标以"油"或"Y"。

第三节 目 镜

一、目镜的种类

目镜是把物镜放大的像再次放大,在明视距离的位置处形成一个放大的虚像。如果要进行显微照相,则可采用投影目镜,在对焦屏(毛玻璃)上得到一个放大的实像。被物镜分辨出来的结构细节的尺度远比人眼能够分辨的距离小,因此必须通过目镜进一步放大才能达到人眼的分辨范围(0.15~0.3mm)。有些目镜除放大作用外,还可将物镜成像时造成的残余像差作适当校正。

常用目镜的种类如下:

1. 惠更斯目镜

此类目镜未作像差校正,或仅作部分球差校正,其放大倍数一般不超过15倍,用于和低、中倍的消色差物镜配合使用。

2. 雷斯顿目镜

此类目镜对像弯曲和图像畸变校正较好,对球差也有一定程度的校正,但色差较大。它可以看成是一个凸透镜,可单独作放大镜使用。

3. 补偿目镜

这种目镜具有过度校正色差的特点,可以补偿复消色差物镜的残余色差。由于像差校正得好,它的放大倍数也可相应提高(可达 30 倍)。

4. 测微目镜

在目镜中加入一片带有刻度的玻璃片,可用于金相组织的定量测定。

除了上述几种目镜外,还有放大型目镜、广角目镜和双筒目镜等。

二、显微镜的有效放大倍数和目镜放大倍数的合理选择

显微镜的有效放大倍数是指在保证物镜分辨率充分利用时所对应的显微镜的放大倍数。有效放大倍数 $M_{有效}$ 可以用下式计算:

$$M_{有效} = \frac{r_e}{r_M} \tag{2-5}$$

式中,r_e 是人眼的分辨率,人眼在明视距离(250mm)处的分辨能力统计位于 0.15~0.30mm 之间;r_M 是物镜的分辨率,亦即是光学显微镜的分辨率,高质量显微镜的分辨率大致可达到 $r_M = 200$nm,即 0.2μm。如果我们把 r_e 大致定为 0.2mm,则显微镜的有效放大倍数 $M_{有效} = 1000$ 倍。

上述分析表明：若显微镜的物镜放大倍数为 100 倍，其分辨率 $r_M = 0.2\mu m$，如选用 10 倍目镜其总放大倍数正好等于有效放大倍数 1000 倍。如果我们选择小于 10 倍的目镜，则因总放大倍数减小而使原本能看清的结构细节不能被人们分辨出来，故没有充分发挥物镜 $0.2\mu m$ 的分辨率；如果选用的目镜放大倍数超过 10 倍，虽然总的放大倍数增大了，但物镜的分辨率并未改变，此时，小于 $0.2\mu m$ 的细节仍然不能被分辨，它们只能被虚假地放大。因此显微镜中物镜和目镜放大倍数的合理配合是以有效放大倍数的概念作为根据的。

在实际的操作过程中，可根据物镜的数值孔径 N.A 来确定有效放大倍数的大小，其根据如下：

因 $M_{有效} = \dfrac{r_e}{r_M}$，式中若 r_M 以衍射规定的分辨率 $r_0 = \dfrac{0.61\lambda}{n\sin\alpha}$ 为代表，而 $n\sin\alpha$ = N.A，故

$$M_{有效} = \dfrac{(0.15 \sim 0.3)\text{N.A}}{0.61\lambda} \tag{2-6}$$

在常规金相分析时大都采用黄绿光，其平均波长 $\lambda = 550\text{nm}$，代入上式得 $M_{有效} = (447 \sim 894)\text{N.A}$。由于这种计算是十分粗略的，为了便于记忆可把计算结果圆整为

$$M_{有效} \approx (500 \sim 1000)\text{N.A} \tag{2-7}$$

例如：物镜的参数为 $40\times/0.65\text{N.A}$，根据式(2-7)计算，有效放大倍数为 325 ~ 650 倍之间，而目镜的放大倍数 $M_目$ 应位于 325/40 ~ 650/40 之间，即 8 ~ 16 倍。

第四节 金相显微镜的照明系统

由于金相样品不能被光线透过，故金相显微镜必须依靠附加光源才能对样品进行分析，这是和生物显微镜的明显差别。照明系统的功能在于能改变和调整采光方法，并能完成光线行程的转化。

金相显微镜的照明系统包括照明光源、光阑、滤色片和垂直照明器等。现分述如下：

一、照明光源

一般都使用低压钨丝灯、碳弧灯或碘钨灯等作为照明光源。小型金相显微镜都用 6 ~ 8V，15 ~ 20W 钨丝灯。这种光源简单可靠，价格便宜，使用方便。大型金相显微镜除配有低压钨丝灯外还配备有碳弧灯或碘钨灯。后两种灯能达到很高的照明亮度，有利于暗场观察和照相。由灯泡发出的光束可用一组透镜将光源的像聚焦并正好投射到试样表面，使整个像域都得到均匀的照射和最好的亮度，这种照明方法叫做临界照明。目前一部分金相显微镜采用这种照明方式。为了使灯

丝的聚焦像不干扰物像，可在聚光光路中插入一片毛玻璃，进一步改善照明效果；若把由灯泡发出的光束通过透镜会聚到孔径光阑处，再通过一个透镜把光阑和光源的像会聚在物镜的后焦面上，此时从物镜发出的平行光束就能均匀地照射到试样表面。这种照明方法叫科勒照明。科勒照明因其光线利用率高、照明效果好而成为当今使用最广泛的金相显微镜照明方式。

二、滤色片

由于消色差物镜不能将色差完全消除，白色光线中尚有蓝、紫色光存在，致使形成的物像具有色调不清晰的外形轮廓。滤色片可以吸收波长中不需要的光线。滤色片的主要作用如下：

1. 校正残余色差

消色差物镜的像差校正仅在黄、绿波长区比较理想，故这种物镜应和黄、绿色滤色片配合使用，其他滤色片均会加重消色差物镜的缺点，降低图像质量。

2. 提高物镜的分辨率

从衍射效应的角度来看，波长愈短，物镜的分辨率愈高。据此，若选用蓝光作光源（$\lambda=440\text{nm}$）时，其分辨率可比黄绿光（$\lambda=550\text{nm}$）高出 25%。由于人眼对蓝光的感觉不良，故在观察时选用黄绿光，而在照相时应用蓝光以提高图像的清晰度。

3. 增加显微组织中组成相的衬度

根据互补色的规律可以选用具有组成相颜色补色的滤色片来加深组成相的色调。例如：组织中某一组成相呈黄色，其补色为蓝色，如用蓝滤色片，则黄色组成相的色调将变为暗黑色。

三、光阑

金相显微镜一般都装有两个光阑，靠近光源的光阑叫孔径光阑，视域光阑则位于其后侧，它所处的光学位置正好使它的像着落于金相样品的表面上。这一对光阑的调节对显微镜的成像质量具有重要的影响。

1. 孔径光阑

调节孔径光阑的大小可改变成像光束的直径，即控制了进入光学系统的光通量，直接影响着物像的亮度。缩小孔径光阑可减小球差和像散，加大景深和衬度，使图像清晰。这些效果都是由于孔径半角减小的结果。但孔径半角的减小会造成物镜分辨率的降低，如果把孔径半角加大（即放大光阑），则会造成相反的结果。此外，光阑扩张过大还会造成镜筒内部反射和闪光，使图像衬度下降。

经验证明，合适的孔径光阑直径应位于 3~5mm 之间。

2. 视域光阑

调节视域光阑的大小可以改变观察区域的范围，对显微镜的分辨率没有影响，但可以减小镜筒内反射和闪光对成像质量的影响，增加像的衬度。因此，视域光阑应尽量缩小,直至其大小和目镜的视域范围相同。在照相时则应调节到和图像的尺寸相当。

上述两种光阑的协调作用可以提高显微镜成像的质量,但不能利用它们来调整图像的亮度。如果要增加亮度,则应从改进光源着手,这是在操作过程中应该注意到的。

四、垂直照明器

金相显微镜的光源都位于镜筒侧面,其照射方向与主光轴正交。垂直照明器的作用是使水平方向的光束转换成垂直方向,在通过物镜后照射到金相样品的水平磨面上。

由于观察目的不同,金相显微镜的照明方式也不同。照明方式可分成明场照明和暗场照明两种。下面分别介绍此两种照明方式及它们各自配用的垂直照明器。

1. 明场照明

明场照明使用的垂直照明器有两类,即全反射棱镜照明器和平面玻璃照明器。

(1) 全反射棱镜照明器(图2-4) 反射棱镜利用其全反射的特点,将光线偏转90°。但是棱镜只能安放在镜筒的半边位置,因此只能使用镜筒左半边的光线进入物镜的孔径。当光线从试样表面反射回来时,又只能从镜筒右边进入目镜继续放大成像,这相当于物镜的有效数值孔径减小了一半,分辨率就会降低。但是棱镜能将光源的全部光线转射到试样的表面,可获得较大的亮度,并能增加像的衬度。基于上述特点,全反射棱镜垂直照明器只能在低倍和要求高照明度的条件下使用。

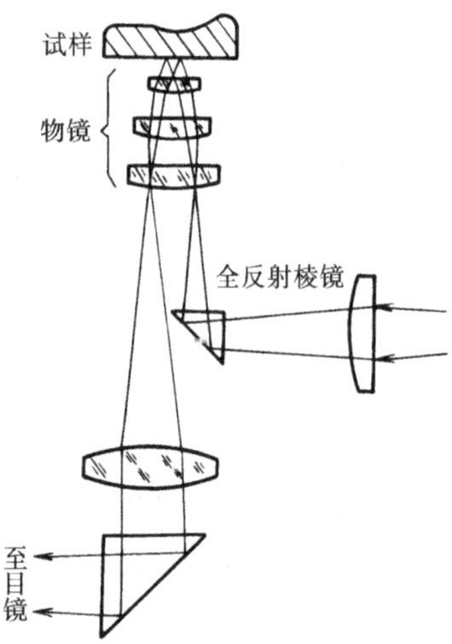

(2) 平面玻璃垂直照明器(图2-5) 入射光线照射到具有45°倾角的平面玻璃表面时,一部分透过玻璃被镜筒吸收,另一部分反射光线进

图2-4 全反射棱镜垂直照明器

入物镜,可充满物镜的孔径角,使物镜的分辨率充分发挥出来。但是当光线从试样表面反射回来时,再次和平面玻璃相遇,光线的透过部分可进入目镜,而反射部分又一次被镜筒吸收。由此可见,在平面玻璃垂直照明器内,光线的损失很大(损失量可占75%~90%),形成的图像衬度亦稍差。只是因为这种照明器的有效数值孔径不受影响,因此它适用于高倍分析。

2. 暗场照明

明场照明是金相显微分析的最主要照明方法。光线照到试样上时,若组织中某一组成相表面非常平整，则它在显微镜中所成的像呈明亮一片，若相邻的组成相毛糙不平，反光能力减弱，则会出现灰暗的色调，由此不同的组成相就能清楚地被区别出来。明场与暗场的区别在于：明场中入射光束进入物镜后直接照射到试样上，而暗场则是入射光束绕过物镜斜射到试样表面，由表面反射出来的光线，进入物镜成像。这个过程是借助于一个环形光阑和一个曲面反射镜来完成的（见图2-6）。这种布置的特点在于：当试样表面为一平滑镜面时，由于反射线高度倾斜，致使它们无法进入物镜，视场内呈现一片黑暗；当试样表面存在凹坑或凸出物时，反射光线倾斜程度变小，有可能进入物镜，得到具有一定亮度的像。因此暗场像特别适用于观察平滑表面上存在的细小粒子，故常用于弥散第二相和非金属夹杂物的鉴别。

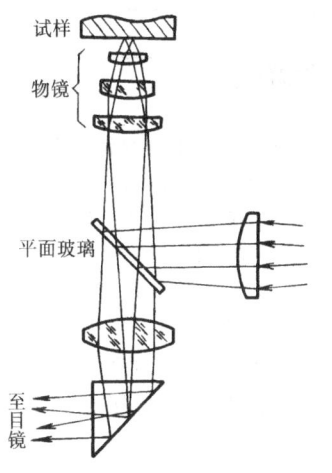

图2-5 平面玻璃垂直照明器

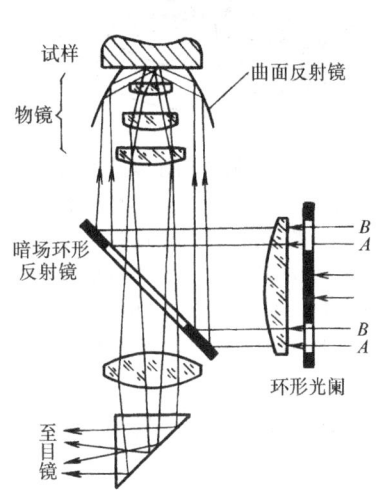

图2-6 暗场照明光路图

第五节 金相显微镜的整体构造图解

图2-7是一台标准型台式金相显微镜的外形结构图，图2-8是它的光路系统示意图。整台显微镜可分成六个组成部分，即光源、镜架、载物台、镜筒组件、光阑组件和机械调焦系统。

一、结构

1. 光源

光源由低压钨丝灯和置于显微镜底座下的聚光镜组构成（见图2-8下方），光束经反光镜转向并经再次聚光后进入成像系统。

2. 镜架

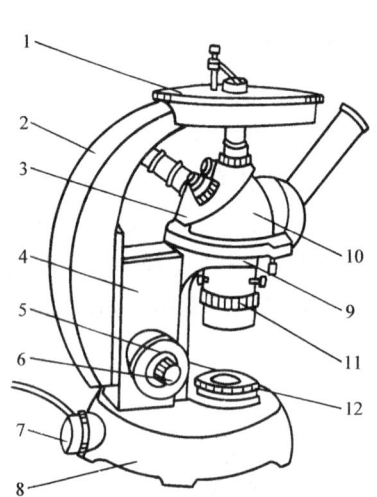
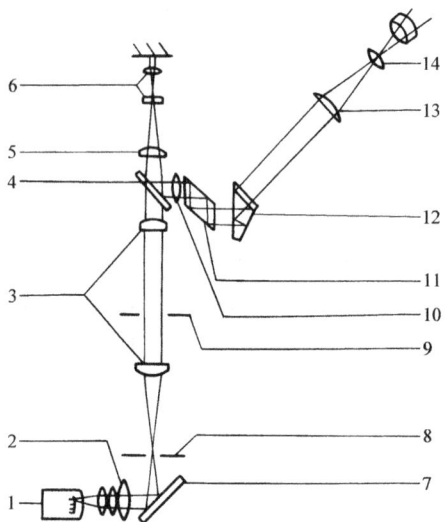

图 2-7　标准型金相显微镜的结构
1—载物台　2—镜臂　3—物镜转换器
4—微动座　5—粗动调焦手轮
6—微动调焦手轮　7—照明装置
8—底座　9—平台托架　10—碗头组
11—视场光阑　12—孔径光阑

图 2-8　标准型金相显微镜的光学系统
1—灯泡　2—聚光镜组（一）
3—聚光镜组（二）　4—半反射镜
5—辅助透镜（一）　6—物镜组
7—反光镜　8—孔径光阑　9—视场光阑
10—辅助透镜（二）　11、12—棱镜
13—场镜　14—接目镜

镜架起着支撑整个镜体的作用，它包括底座、镜臂和平台托架三个部分。

3. 载物台

载物台用作放置样品之用，配备有能使台面在水平面内作平移运动并带有刻度的调节螺钉，以便观察分析时随时改变部位。载物台还能作 360° 水平旋转。

4. 镜筒组件

镜筒组件包括：物镜及物镜转换器，物-目镜联接器和目镜及其镜筒三个部分。物镜转换器一般装有三个物镜，可进行高、中、低倍快速转换。

5. 光阑组件

它们是孔径光阑和视域光阑，作成对布置，可联合调节以获得最理想的配合。

6. 机械调焦系统

由微动座、粗动调节螺钉和微调螺钉组成。粗动调节螺钉可带动镜臂大范围上下移动。微调螺钉和粗动螺钉同轴，但升降范围很小（约为 2mm），便于高倍对焦。

如果把目镜卸下，换上投影目镜，并在投影目镜后放置照相机，即构成显微镜的照相系统。在照相系统中投影目镜就相当于普通照相机的镜头。

二、光路系统

图 2-8 中由灯泡发出的光束聚光后会聚在孔径光阑处,第二次聚光后光斑将和物镜的后焦面重合,最后将平行的光束投射到试样上。从试样上反射回来的光线重新进入物镜经由平面玻璃和棱镜组造成一个倒立的放大实像,此像被目镜第二次放大,在人眼的明视距离处形成最终的虚像。

金相显微镜的型号和种类很多,按功能可分为:教学型、生产型和科研型;按外形可分为:台式、立式和卧式。但就主要部件及其光路系统而言都是基本相同的,此处将不再作重复叙述。

思 考 题

1. 用图示说明显微镜的工作原理。
2. 叙述有效放大倍数的概念,如何合理选配物镜和目镜的放大倍数?
3. 物镜、目镜有哪些种类和特点?
4. 叙述明场照明和暗场照明的特点,各有什么用途?
5. 说明标准型金相显微镜的光路系统及其结构特点。

第三章 常规金相分析

常规金相分析由金相试样的制备、组织的显示和组织的观察三个部分组成。

第一节 取 样

金相试样的截取部位必须具有一定的代表性，首先应考虑观察表面和取向问题。一般来说，金属和合金都存在不同程度的各向异性，纵横方向常出现组织形态的差异。对一个零件来说，截取横截面作金相分析时，主要观察其表面和中心组织的差别、表层缺陷和表面处理工艺结果等；截取纵截面则主要对非金属夹杂物、晶粒的变形程度和带状组织等进行分析。对一些零件作热处理质量检验时，必须考虑零件的不同部位和热处理工艺之间的关系。

截取金相试样的方法很多，方法和种类如图 3-1 所示。究竟选用何种方法，则视零件的大小、性质、材质和热处理工艺等具体条件而定，但截取时必须保证试样观察面的组织不受到影响。例如：切割试样的表面常常会形成变形层，这种变形层必须在后续的制备工序中将它去掉，或减小到不影响分析结果的程度。

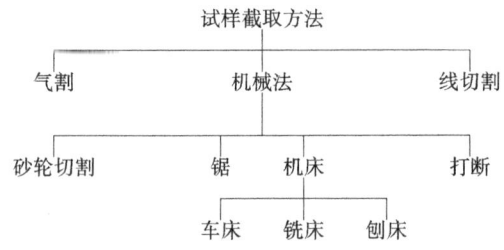

图 3-1 金相试样截取方法分类

截取试样的外形尺寸，推荐为 $\phi 12\text{mm} \times 10\text{mm}$ 的圆柱体或 $12\text{mm} \times 12\text{mm} \times 10\text{mm}$ 方块，以便于磨制操作。如果被检测的试样过于细小或形状特殊，在磨制时不易握持，就应采用夹持和镶嵌的方法。用夹具夹持试样最适用于表面处理的零件，夹持的方法如图 3-2。夹持板可以是平板也可做成圆弧状，其材料一般是低碳钢。在夹持时为了增加牢固度有时中间还放置垫片，垫片材料应根据试样的化学成分来决定，应使垫片的电极电位比试样的电极电位高，只有这样才能在试样进行腐蚀处理时垫片不被腐蚀。垫片材料一般为铜、镍、铝和锌等。

对于形状不规则或尺寸很小的试样（如丝、细管、薄片、碎片和切屑等）可用镶嵌法进行固定。镶嵌法以塑料镶嵌法应用最广。

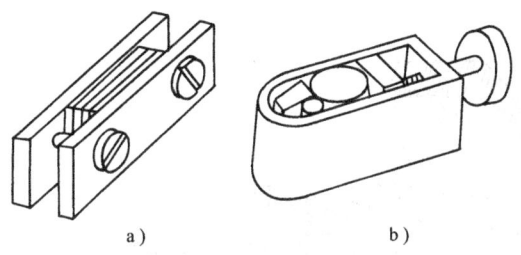

图 3-2 小试样的夹持方法
a) 薄片试样 b) 块状试样

对能承受低热的试样可以进行热镶法，此法用热固性塑料(电木粉等)或热塑性塑料(聚乙烯聚合树脂、醋酸纤维树脂)等做镶嵌材料，在专门镶嵌机的模具内加热和加压成型。加热温度在 110~165℃ 范围之内。电木粉镶嵌试样不透明，比较硬且不易倒角，但耐酸和碱腐蚀能力较差。聚乙烯和醋酸纤维镶嵌试样呈透明或半透明，耐酸碱能力较强，但质地较软。

对于不能受热的试样则采用冷镶法。冷镶法是用环氧树脂加入固化剂来完成的，先将待镶试样放入圆环中(用铝箔围成)，浇注后便自行凝固。固化剂主要是胺类化合物(如乙二胺、二乙烯三胺等)，其加入量可以调节，加量以不产生气泡为准。

磨制

磨制试样分两个步骤，即磨光和抛光。

1. 磨光

磨光又可分成两个阶段，即粗磨和细磨。

(1) 粗磨 用砂轮切割、锯或打断等方法截取的试样，表面极为粗糙，可采用金相砂轮机或砂带机进行粗磨；对于较软的材料，则可用锉刀锉平。但在粗磨过程中应注意试样的温度，不能使温度超出能使组织保持原状的温度范围，因此应对试样进行适当的冷却。同时，粗磨时不宜施加过大的接触力，因为压力太大会造成较厚的变形层，不易在后面的磨削过程中去除。

若试样不作表层金相分析，则应将磨面周围的棱边倒成圆角，以便于后续的抛磨。

(2) 细磨 粗磨后试样的表面仍很粗糙，且都留下严重的变形层，可借助于不同粒度金相砂纸的多道磨光，使表面不平程度变小，变形层减小到最薄程度。图 3-3 示出了粗磨表面经砂纸逐步细磨后表面不平程度和变形层减小的情况。

金相砂纸的规格如表 3-1 所列。这类砂纸是干砂纸，砂纸的磨粒是由天然刚玉氧化铝和氧化铁的微粒混合而成，砂纸呈灰绿色。标号中 M40(或 W40)表示粒度最大为 40μm，M28(W28)表示磨粒粒度最大为 28μm。一般钢铁材料用 280、

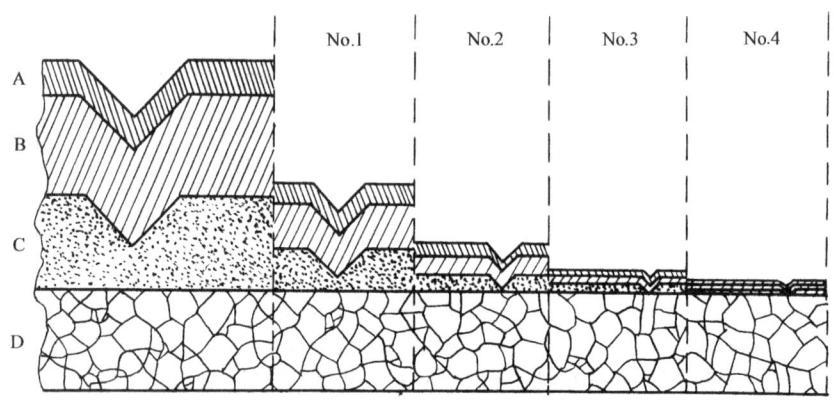

图 3-3 砂纸磨光表面变形层消除过程示意图
A—严重变形层 B—大变形层 C—轻变形层 D—原始组织
No.1、No.2 等分别表示磨光道数

M40、M28、M20 四个粒度的砂纸进行细磨即可；或者可用代号为 0、01、02、03 四种砂纸进行磨光。

手工磨光是把砂纸平置于玻璃板上，然后将试样用手轻压在砂纸上作向前平推、提起、拉回、再向前平推三个基本动作，直到这一道磨光工序符合要求为止。一般应从粗到细经四道砂纸的磨光，使表面状况达到图 3-3 No.4 步骤示意的要求。最后一道砂纸的粒度应在 10~20μm 之间。

机械磨光可采用水砂纸磨光和蜡盘磨光。

水砂纸磨光：水砂纸的磨粒是碳化硅，用塑料或非水溶性粘结剂把不同粒度的磨粒粘合在纸上，即成不同标号的水砂纸。国内生产的水砂纸规格见表 3-2。和表 3-1 中的金相砂纸相比，其标号和规格并不相同。水砂纸是粘附在电动机带动的圆盘上进行工作的，因为有流动水的冲刷冷却，磨盘的转动速度可以较高，一般可控制在 300r/min 左右。水砂纸机械磨光的注意事项和手工磨光大致相同。

表 3-1 金相砂纸的规格

磨料微粉粒度号	砂纸代号	尺寸范围/μm	磨料微粉粒度号	砂纸代号	尺寸范围/μm
280	1	~40	1400(M3.5 或 W3.5)	07	3.5~3.0
320(M40 或 W40)	0	40~28	1600(M3 或 W3)	08	3.0~2.5
400(M28 或 W28)	01	28~20	1800(M2.5 或 W2.5)	09	2.5~2.0
500(M20 或 W20)	02	20~14	2000(M2 或 W2)	010	2.0~1.5
600(M14 或 W14)	03	14~10	2500(M1.5 或 W1.5)		1.5~1.0
800(M10 或 W10)	04	10~7	3000(M1 或 W1)		1.0~0.5
1000(M7 或 W7)	05	7~5	3500(M0.5 或 W0.5)		0.5~更细
1200(M5 或 W5)	06	5~3.5			

表 3-2　水砂纸的编号、粒度号和粒度尺寸

编　号	粒度号	粒度尺寸/μm	备　注
—	—	—	
320	220	—	
360	240	63～50	
380	280	50～40	
400	320	40～28	一般钢铁材料用240、320、400和600四个粒度号的水砂纸磨光即可
500	360	—	
600	400	28～20	
700	500	—	
800	600	20～14	
900	700	—	
1000	800	—	

蜡盘磨光：把硬蜡熔化后浇铸在磨光盘上，待其凝固后表面用刀具削平，形成有一定硬度的磨粒支承面。磨光时把混合刚玉或碳化硅配制成悬浮液均匀滴洒在蜡盘上，或者把磨料制成糊状，粘在试样表面，在蜡盘上磨光。

蜡盘磨光速度快，磨光样品从中心到边缘平整，夹杂物不易拖拽，表面变形层小。

磨光膏磨光：磨光膏磨粒是氧化铝和氧化铬（也有采用碳化硅的）。把不同粒度的磨粒配以硬脂酸、油酸、碳酸钠和煤油等合成剂便可制成磨光膏。磨光膏的磨削原理如下：金相磨面在空气中因氧化而形成一层很薄的氧化膜，膜受到硬脂酸及油酸的作用使它粘性变大，磨面凸出部分的粘性膜随即被磨光盘上的抛光布粘住。由于盘在转动，膜被撕破，但磨面凹入部分的膜仍然完好无损。被撕破膜部分的金属暴露于空气中又再次形成氧化膜。如此周而复始使金相磨面渐趋平整。

2. 抛光

磨粒粒度大于100μm时的磨光称为粗磨，粒度在10～100μm之间可看成是细磨，当磨粒粒度小于10μm时的磨削过程就叫抛光。

（1）机械抛光　是当前应用最广的抛光方法，它是在专门的金相试样抛光机上进行的。机械抛光是依靠磨粒刃口对金属表面的磨削作用以及磨粒滚动时对金属表面的滚压作用来完成的。细磨后的试样经冲洗（为避免粗磨粒带入抛光工序）后，将其磨面轻轻地置于抛光盘上进行抛光。抛光用的织物可以用粘结剂粘在抛光盘表面，也可用套圈箍紧在抛光盘上。织物的作用是保存抛光粉，储存润滑剂，摩擦磨面使之光亮。抛光粉有不同的粒度，分成 W7、W5、W3、W2、

W1.5、W1.0、W0.5、W0.25 等（W7 表示最粗磨粒直径为 $7\mu m$，W0.5 为 $0.5\mu m$，其余类推）。W7～W5 规格的抛光粉用于粗抛，W1～W0.5 则用于精抛。抛光粉调入清水中，呈悬浮状（有时还加入少量润滑油），便于不断和均匀地洒在抛光盘上。抛光盘常用的转速是 300～500r/min。

作抛光粉的材料很多，它们不仅具有不同的粒度，而且硬度也不同。常用的品种有：氧化铝、氧化镁、氧化铬、氧化铁和金刚石粉等。

抛光是一道精细又富有实践技巧的工序，不同材质的金相试样应配合不同的抛光条件和参数（如抛光粉、抛光织物种类和抛光盘转速的选择等）才能获得光滑如镜、没有磨痕的抛光表面。因此必须通过细致（有时又十分繁复）的实验来积累经验，对软材料的抛光尤其如此。

(2) 电解抛光　机械抛光时必须施加一定的压力，因此抛光层中总会出现金属的变形层。此外，软材料抛光时因极易出现划痕，消除划痕的抛磨即使对具有熟练技术的人员来说也是一项非常繁重的工作。电解抛光的特点在于：它没有机械加工作用，因此很容易获得无划痕和无残余变形层的平滑金属表面。一旦确定了电解抛光的工作条件，用简单的操作步骤就可完成抛光过程。

电解抛光时试样作为阳极，其抛光面面向做成平板状的阴极。待抛光的表面具有一定的不平度，由于表面活性，电解液在此面上形成一层厚薄不均匀的粘性薄膜，此液膜具有高电阻，故在其厚度薄的地点（相当于抛光面凸出部分）电流密度很高，与之相反在液膜厚处（相当于抛光面的凹洼）电流密度则很低。由此，凸出部分的金属离子将较快地溶入电解液，使抛光表面平整化。

粘性抛光薄膜的稳定存在，需要各种条件的合理配合，这些条件是：电解液的成分、温度、电流密度和抛光持续时间等。不同材质的金相试样，适用的电解液配方也不同，可通过参阅有关手册加以选用。但是对一个具体试样而言，有时查到的数据并不能保证抛光效果，则必须通过自己的试验来加以修正，以获得理想抛光参数。附录 A(一)介绍了常用的电解抛光液及相应的抛光工艺参数。

但是电解抛光亦有其不足之处，因为它对金属材料化学成分的不均匀性特别敏感，对于具有显微偏析的某些材料就难于进行抛光，此外，对含有夹杂物的材料及两相化学性质相差极大的材料也不能获得满意的结果。

(3) 化学抛光　化学抛光是将抛光表面置于化学试剂中，通过化学反应得到明亮光滑的表面。这种方法不需要复杂的机械和电解设备，只需配制合适的溶剂即可。虽然化学抛光的机制目前尚不清楚，但可以肯定的是：它也是表面不等速溶解的结果。化学抛光试剂还兼有显示试样表面组织的作用，因此抛光后，试样可直接放在显微镜下分析，不必再作浸蚀处理。

化学抛光在金相试样制备的领域中应用并不广泛，主要原因是：真正可靠的试剂还不多。此外，它还存在着一些缺点，如抛光表面虽然光滑但往往伴有起伏而不平坦,因此仅能满足低、中倍观察的要求。在高倍观察时,因物镜的景深太小,图像会出现模糊。附录A(二)列出了可作为参考的化学抛光液。

第二节 金相组织的显示

经抛光后多数金相试样的表面近似于镜面,在显微镜下观察时只能看到光亮的一片亮区,不能看清试样的组织,因此,要使各组成相能被人眼所识别,必须进行组织的显示。常用的组织显示方法有三种(类),即化学浸蚀、电解浸蚀和金相组织的特殊显示法。

一、化学浸蚀

化学浸蚀可看成是化学溶解或电化学溶解过程。一般纯金属或均匀单相合金的浸蚀可近似地看成化学溶解;而两相(或多相)合金的浸蚀则应是电化学溶解。

单相金属或合金浸蚀时,首先溶解的是残留于表面的变形层。继之,当真实组织开始显露之初,各晶粒虽然具有不同的取向,但它们的表面仍能维持在同一水平面上。此时,由于晶界处原子排列的规则性差、自由能高,因而以较快的速度被溶解而形成沟槽。光线照射到试样表面时,在沟槽处发生强烈的散射,人眼在显微镜中观察到的晶界将是色调深的黑色条纹;光线照射到平坦的晶粒上时,因各晶粒反射光线的强度大致相同,故都呈均匀的白色。随着化学浸蚀时间加长,晶粒不同取向对腐蚀速度的影响就显示出来了。因最密排面的面间距最大,相邻晶面间的结合力就小。在腐蚀过程中最密排面法线方向的剥离速度较大,由此,试样上各晶粒的自由表面不会再保持在同一水平上,它们与入射方向间的差别导致了相应晶粒在显微镜中亮度上的反差。

两相合金的浸蚀过程是电化学反应过程,因为两个相的电极电位是不同的。电极电位较负的那个相可看成是腐蚀电池的阳极,在有腐蚀溶液的情况下,阳极不断溶解,而另一个阴极相则受到保护,不发生腐蚀作用。

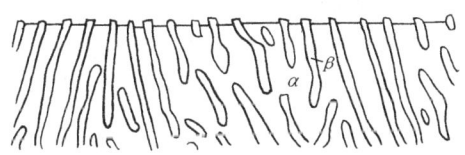

图3-4 珠光体浸蚀示意图

阳极相受腐蚀后会凹陷下去,因此电化学反应可使两相合金的抛光表面上出现凹坑、沟槽和台阶,勾划出它们的形态。以碳钢中的珠光体为例:每一对铁素体-渗碳体片层都可看作为一个局部微电池,其中铁素体为阳极,渗碳体是阴极。发生电极反应后,在铁素体-渗碳体界面处,铁素体一方形成较深的沟槽,而铁素体本身虽是阳极但只均匀地溶解了一个薄层,因此若进行高倍分析,看到的铁素体和渗碳体均呈亮白色调,只是渗碳体片的轮廓被一圈黑色沟槽所包围,如图3-4所示。若进行低倍分析,则因分辨率降低,描绘渗碳体轮廓线的一对边界会合并成一条黑色条纹。

多相合金的浸蚀原理和两相合金相同，只是在各个相中电极电位最高(或负得最小)的那个相是惟一的阴极，其他相均为阳极。虽然多相合金浸蚀后也只有黑白两种色调，但不同相仍可根据形态特征来加以区别。常用的化学浸蚀剂列于附录A(三)。

二、电解浸蚀

化学浸蚀过程中虽然也发生局部电化学反应，但它是不存在外加电源作用的。电解浸蚀则是将待抛光的试样浸入电解液中，并通以一定的电流进行组织显示。这种方法适用于化学稳定性比较高的金属和合金，如不锈钢、耐热钢、热电偶材料、镍基合金、高合金钢和某些贵金属，因为采用一般化学浸蚀法很难清晰显示这些材料的组织。电解浸蚀的原理和设备均和电解抛光相同，只是浸蚀所用的电流密度远比抛光时低。电解抛光时在给定电解液和操作温度的条件下，有一个保持抛光面光亮的电流密度区间，当电流密度低于这个区间的下限时，试样表面只进行电解腐蚀过程，这就是电解浸蚀电流密度很低的原因。附录A(四)为常用电解浸蚀试剂及规范。

三、其他显示方法

1. 表面氧化法

在空气中把试样的抛光表面加热，由于各晶粒的方位不同或各相间的化学稳定性不同，晶粒表面会形成厚度(或厚度和结构)不同的氧化薄膜。由于干涉作用，不同晶粒在白光下呈现出不同的色彩，因此不同的组成相在氧化后具有不同的颜色。表面氧化法又称热染法。

2. 化学染色法

金属表面和化学试剂发生作用，使不同的反应产物沉积在试样表面微电池的某一个极(阳极或阴极)上，形成不同厚度的薄膜(干涉膜)，使它们着上不同的颜色。化学试剂可分成阳极型、阴极型和络合物型三种，它们分别对阳极、阴极着色或对两个极同时着色。

3. 阳极钝化法

即通过阳极处理使金属和合金表面形成一层钝化薄膜。覆盖在样品表面的钝化膜的厚度和基底相的方位直接有关，不同厚度的钝化膜在一定的干涉条件下呈现出不同的颜色，由此可以借助阳极钝化处理来显示金相组织。

4. 阴极真空浸蚀法

在辉光放电的环境下，用正离子轰击试样表面，使试样表面原子有选择性地被去除，从而显示出各种组织。此法不仅可以用来显示金属材料的组织，还能用于陶瓷和半导体等材料组织的显示。

5. 气相沉积法

某些化合物可作为蒸镀材料，如 ZnS、ZnSe、TiO$_2$ 等。把蒸镀材料置于真空镀膜机内加热，使之蒸发，并在抛光的试样表面上沉积上一层干涉薄膜。可利用干涉膜厚度和材质的不同来鉴别物相。

第三节 光学金相组织分析

一、光学金相组织的定义和范围

光学金相显微分析是指在显微镜下对金属和合金内部具有的各种组成物的直观形貌进行观察研究。所谓组成物的形貌若用专业术语称谓就叫"组织"。因此"组织"应该是金属和合金中具有自己特征的构成物，它和组成相的形状、大小、分布和相对量有关。显然，组织的概念比较具体，它的含义与金属学中"相"的概念存在着明显的差别。在金属和合金中把某一化学成分和结构相同，并用界面和其他部分隔开的均匀部分称为相。若要检验相邻两个均匀部分属同相或属异相时，则可以从一个相通过界面到达另一部分，视其成分和结构是否发生突变来判定。如果成分和结构并未发生变化，则相邻两个组成部分仍为同一相；若成分或结构发生变化则界面两边分别是两个相。应该注意的是：在上述定义中并未规定相的特征，因此，和组织相比它的概念是抽象的。例如：在分析过共晶白口铁的组织时，室温下的白口铁中渗碳体具有五种不同的形态，即一次渗碳体（粗大条状）、共晶渗碳铁（共晶的基体）、二次渗碳体（网状）、共析渗碳体（片层状）和三次渗碳体（点状）。在分辨率高的显微镜下进行观察，此五种渗碳体各具不同的特征。若在保证能看清的前提下，我们就可以认为它们分别是五种组织。但是从相的角度来说，五种渗碳体是同一个相。

组织形态对材料性能的影响远远超过了相对材料性能的影响。多年来的研究已经总结出了各种组织与性能间的定量和定性的规律，这些规律综合地说明了：组织是性能的根据，性能是组织对外的表现。由于组织是随着成分和工艺参数而变化的，因此在进行组织研究时应分析影响组织变化的条件。

从光学金相显微镜所具备的分辨能力来看，对于尺寸不小于 0.15μm 的组织结构细节均属于光学金相分析的范围。基于光学金相分析简便、可靠和有效的特点，在当今的材料分析领域中其仍保持着举足轻重和不可替代的地位。

二、金相分析具体步骤

1. 基础知识

运用已掌握的物理冶金、力学冶金和加工工艺三方面的知识对待分析试样的历史进行全面了解。物理冶金知识包括：晶体学、相图、相变以及 X 射线衍射、电子衍射等；力学冶金则包括：塑变与断裂，强化与强度及各种力学性能；加工工艺包括：熔炼和凝固、冷加工、锻造、焊接和热处理等。只有具备了这些必要的基础知识，才能对分析的金相组织作出正确的判断。因此，金相显微分析方法是以上述三个学科为基础的。

2. 步骤

首先根据合金的成分，结合状态图推理判断合金中可能出现的组成相；其次根据合金的加工工艺过程，结合相变和加工条件，估计加工后各种组成相的形态；第三，截取典型部位的试样通过磨制、抛光并利用前面介绍的浸蚀方法制备出合乎要求的金相试样；最后在显微镜下先采用一般的明场分析，从低倍到高倍进行观察。在特殊的情况下可应用暗场、偏光、相衬和干涉等显微分析法，这些就是我们将在后面章节中继续叙述的内容。

思 考 题

1. 从实物上截取金相试样时应注意哪些问题？
2. 如何对金相试样进行机械磨光和抛光？
3. 显示金属显微组织的方法有几种？它们各有什么特点？
4. 电解浸蚀和电解抛光有何不同？它们各适用于何种场合？
5. 试述进行金相分析时必须具备的基础知识和应该采用的具体步骤。

第四章 偏振光金相技术

第一节 偏振光的基本原理

一、偏振光的产生

自然光的光波具有全部可能的振动方向,且各方向的振幅大小相等。当光波的光矢量在一个固定平面内只沿一个方向作振动时这种光称为线(或平面)偏振光,简称偏光。偏振光的光矢量振动方向和其传播方法所决定的平面称为振动平面。

一束自然光入射到各向同性的介质中去时,只有一束符合折射定律的折射光。但是一束自然光射入各向异性介质时,会发生分解成两束光的现象,这就是双折射现象。

例如:光线通过方解石时就能产生沿不同方向传播的两个光束。此两束光都是偏振光,其中一束光线在晶体内传播时遵守通常的折射定律(即无论入射线的入射方向如何,它的折射率都是不变的),称为寻常光或 o 光;另一束光线在晶体内的行进方向不遵守折射定律(当入射方向改变时,它的折射率也随之变化),称为非寻常光或 e 光。由于二者折射率不同,因此,o 光和 e 光在同一晶体中传播时其速度将不会相同。此外,o 光和 e 光的频率相同,振动方向(或振动所在平面)相互垂直。

由自然光获得平面偏振光的方法主要有两种,即用偏振棱镜和用偏振片。

1. 偏振棱镜

图 4-1 是由尼科尔棱镜产生偏振光的原理图。棱镜是由方解石制成。方法是先将条状晶体的天然端面 AC、MN 分别磨成与底面 CN、AM 成 68°角(原来是 71°角),然后按 AN 方向把晶体剖开成一对直角棱镜,最后用加拿大树胶沿剖开面粘合成一体。当一定波长范围的自然光以水平方向入射时,在界面 AC 处分成 o 光和 e 光(o 光振动方向垂直于纸面,用黑点表示;e 光振动方向在纸面内,且和 o 光振动方向垂直,用短线段表示)。o 光根据正常折射规律以 76°的入射角射向加拿大树胶层上,由于这个角度已超过了树胶与晶体对 o 光的临界角(69°),因而不能穿过树胶层而发生全反射。全反射光被棱镜的涂黑面 CN 吸收。e 光不产生全反射而穿过树胶层,最后从棱镜的另一个端面 MN 穿出,因而得到了与晶体内 e 光相应的偏振光。此时 e 光在棱镜的 $AMNC$ 面(主截面)内振动,棱镜的偏振轴

(主截面和其正交晶面的交线)方位用双向箭头示于棱镜的截面上。用此法获得的偏振光对各色可见光的透明度都很高,且起偏均匀,但受晶体尺寸所限,不能产生较大面积的偏振光源,且成本较高,故使用远不如偏振片广泛。

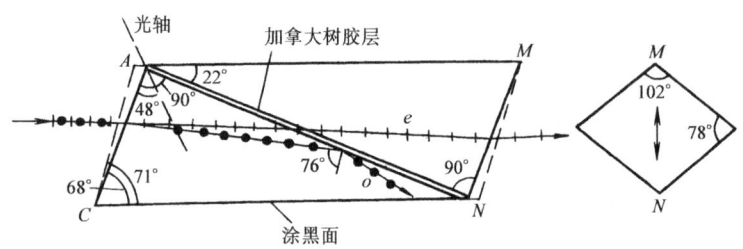

图 4-1　偏振光产生原理图(纸面为尼科尔棱镜的主截面)

2. 偏振片

有些晶体对 o 光和 e 光的吸收明显不同,如自然光射到电气石(属硅酸硼化物类)的薄晶片上,经过很短的距离 o 光就能被全部吸收,而 e 光则可较顺利地通过,从而可以得到与晶体内 e 光相应的偏振光。对 o 光和 e 光吸收程度的差别称为晶体的两向色性。除了电气石外,有一些有机化合物的晶体也具有两向色性,也可用来制造偏振片。制造时必须使有机化合物(如碘硫酸奎宁)的晶粒按其光轴方向作定向排列,才能得到较好的两向色性效果。这种人造偏振片是用透明聚乙烯醇膜作支承膜,支承膜在拉伸状态下,涂以碘有机化合物时,即可使化合物的晶粒按拉伸方向排列起来。人造偏振片的尺寸不受限制,价格便宜,但有机物晶体带有颜色,对自然光的透过率有较明显的影响。

二、偏振光的类型

1. 线偏振光

自然光通过偏光镜(如前述的偏振片或尼科尔棱镜)后,得到的偏振光只有一个振动方向。在沿光的传播方向观察时,因其振幅位于一个平面内,故呈一条直线,因此这种偏振光称为线偏振光。图 4-2 示出了偏振光的产生及其鉴别过程。图中第一个偏光镜称为起偏镜,自然光起偏后形成一束振幅为 A 的线偏振光,起偏镜的振动轴和水平方向呈 θ 角。图中第二个偏光镜是检偏镜,它的偏振轴位于水平位置($\theta=0°$)。由于直线偏振光可分解成水平和垂直两个分偏振光,其振幅分别是:$A\cos\theta$、$A\sin\theta$,故在检偏镜位置能反映出偏振光的振幅随 θ 的大小而变。当 $\theta=0°$ 时,振幅最大;而在 $90°$、$270°$ 时,振幅等于零。由于光的强度和振幅的平方成正比,因此 θ 角为 $90°$ 和 $270°$ 时,检偏镜中没有偏振光通过,这就是消光现象。

2. 椭圆偏振光和圆偏振光

如果在起偏镜和检偏镜之间插入一块具有一定方位和厚度的各向异性的晶体

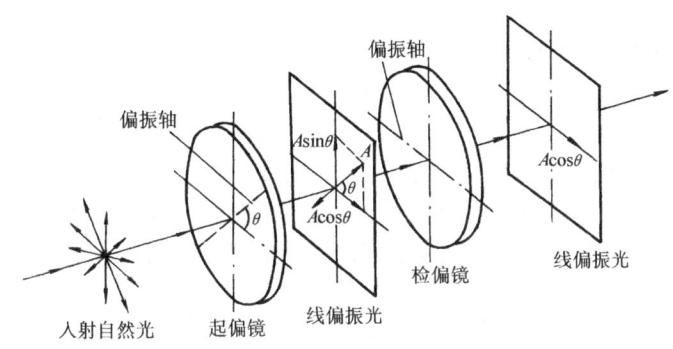

图 4-2 线偏振光的鉴别

切片,即使 θ 角呈正交位置,检偏镜上仍有偏振光透过,此时出现了透光的椭圆偏振和圆偏振现象。晶片的名称叫阻波片,是偏振光金相分析的重要部件,下面来分析它的作用。

自然光射入各向异性体时会发生双折射,但是双折射晶体都具有一个特定方向,自然光顺着这个方向入射时,没有双折射现象产生,此时 o 光和 e 光在该方向的传播速度相同,且波阵面一致,这个方向称为晶体的光轴。当自然光垂直于光轴入射时,双折射最为严重,o 光和 e 光速度相差最大,但传播方向一致。光线穿出晶体后,它们的速度又恢复相等了,不过此时 o 光和 e 光之间已经造成了一个固定的光程差。光程差的大小取决于 o 光和 e 光在晶体内折射率的差别和晶体的厚度。如果在双折射晶体上沿平行于光轴的方向切下一个薄片,这就是阻波片。阻波片愈厚,则会使 o 光和 e 光的波程差愈大。

从起偏镜出射的线偏振光穿过阻波片后也会分解成两束偏振光,即 o 光和 e 光。两束光具有相同的频率,振动面相互垂直且具有由阻波片造成的固定相位差。若入射偏振光的振幅为 A,振动方向为 PP,当其分解后,o 光和 e 光的振幅 a、b 如图 4-3 所示。图中 $a = A\sin\theta$,$b = A\cos\theta$。由于 o 光和 e 光的速度不同,在传播方向上具有光程差 Δl。Δl 和阻波片厚度 d 及 o 光、e 光在晶体中折射率差 n_o 和 n_e 有关,即

$$\Delta l = (n_o - n_e)d \tag{4-1}$$

把光程差换算成相应的相位差 $\Delta\varphi$,则

$$\Delta\varphi = \frac{2\pi}{\lambda}\Delta l \tag{4-2}$$

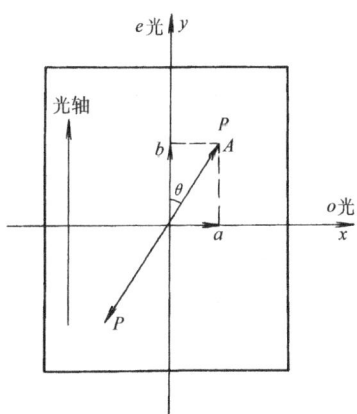

图 4-3 偏振光垂直晶体光轴入射后的分解

式中，λ 为波长。

o 光和 e 光的振幅 a、b 随时间的变化规律可用下式表示：

$$\begin{cases} x = a\sin\omega t \\ y = b\sin(\omega t - \Delta\varphi) \end{cases} \quad (4\text{-}3)$$

式中，设 o 光的初相位为零，e 光落后于 o 光 $\Delta\varphi$ 角。

根据式(4-3)可求得在某一瞬时 o 光和 e 光振幅的大小，由于两束光的振动面相互垂直，则两个相位差为 $\Delta\varphi$ 的振动的合成可用下式表示。

$$\frac{x^2}{a^2} + \frac{y^2}{b^2} - 2\frac{xy}{ab}\cos\Delta\varphi = \sin^2\Delta\varphi \quad (4\text{-}4)$$

这是一个椭圆方程，描绘出从阻波片出射光线的振动特性，即合成振幅的矢量随时间而变化，其终点的投影轨迹是一个椭圆，如图4-4所示。由图可知，对于每一瞬间(即光的波前位于某一位置时)只有一个具有一定大小和一定方向的振动，因此就光的性质而言，属于偏振光。

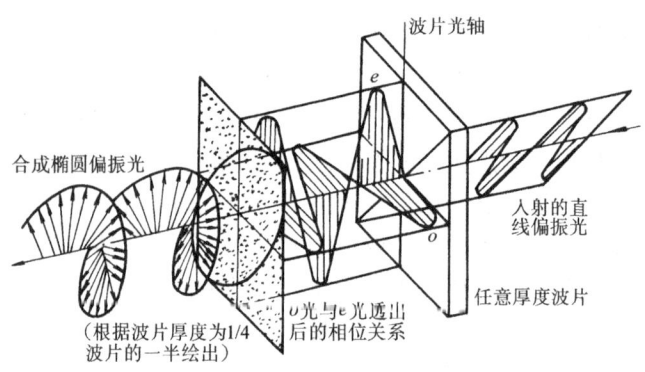

图4-4 椭圆偏振光的形成

阻波片的晶体材料确定后，其厚度就决定了相位差 $\Delta\varphi$ 的大小，因此可按厚度不同做成能使 o 光和 e 光间产生一个波程差为 λ、$\frac{1}{2}\lambda$ 和 $\frac{1}{4}\lambda$ 的阻波片，即全阻波片、半阻波片和 $\frac{1}{4}$ 阻波片。

当 o 光和 e 光间有 λ 和 $\frac{1}{2}\lambda$ 波程差时，相应的 $\Delta\varphi = 2\pi$ 和 π，代入式(4-4)则得

$$\frac{x}{a} - \frac{y}{b} = 0 \text{ 或 } \frac{x}{a} + \frac{x}{b} = 0 \quad (4\text{-}5)$$

上式是直线方程，反映出通过阻波片后射出的光线为直线偏振光。

当 o 光和 e 光间的波程差为 $\frac{1}{4}\lambda$ 时，$\Delta\varphi = \frac{1}{2}\pi$，代入式(4-4)得

$$\frac{x^2}{a^2} + \frac{y^2}{b^2} = 1 \qquad (4\text{-}6)$$

这是一个正椭圆方程,反映了出射光矢量终点描出的轨迹是一个正椭圆,正椭圆的长短半轴分别是 a 和 b。在这种条件下能获得椭圆偏振光。

如果线偏振光入射到 $\frac{1}{4}\lambda$ 阻波片上,若此偏振光的振动平面和阻波片的光轴成 $\theta=45°$ 角(见图4-3中 PP 方向和光轴方向),当它分成 o 光和 e 光时,相应的振幅 a 和 b 在长度上应相等,即 $a=b=A/\sqrt{2}$。把 $\Delta\varphi=\frac{1}{4}\pi$ 和振幅相等的关系代入式(4-4)得

$$x^2 + y^2 = a^2 \qquad (4\text{-}7)$$

这是一个圆的方程,表明形成了圆偏振光。

三、偏振光类别的鉴别

1. 线偏振光

线偏振光的鉴别原理已在图4-2中说明,由于它处在一个振动平面内,所以当起偏镜位置固定而转动检偏镜时,每转动360°可出现两次强光和两次消光。

2. 椭圆偏振光

起偏位置固定时,光的强度随检偏镜的位置改变而改变。当椭圆长轴与检偏镜的振动轴(振动方向,也就是透光方向)一致时,光的强度最大;当椭圆短轴与检偏镜的振动轴一致时,则光的强度最小。检偏镜转动360°可出现两次光线强弱变化,但不发生完全消光现象。光强度的变化规律如图4-5所示。

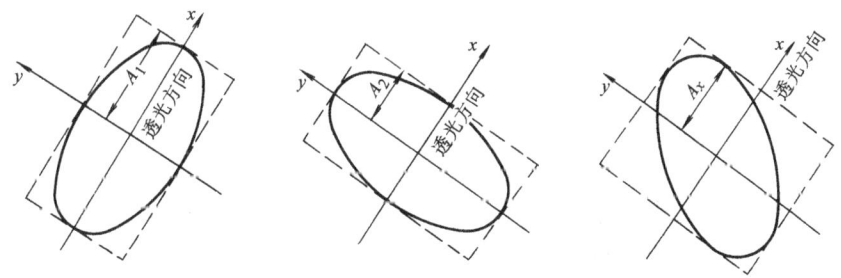

图4-5 透光方向固定时透光强度随椭圆长短半轴位置而变化

3. 圆偏振光

起偏镜位置固定后,检偏镜在360°范围内转动时通过的光线强度都相等。

在利用偏振光做金相检验时,常常需要鉴别光的偏振类型。不同状态的偏振光在分析表面上会产生不同的效应,可便于对各种物相进行鉴别。

第二节 偏振光金相显微镜

一、偏振光装置

只要在金相显微镜的光路系统中加入一对偏振元件就能进行偏振光分析,见图 4-6。在入射光路部分插入起偏镜,而在观察镜筒前方插入检偏镜。起偏镜可以是偏振片也可以是棱镜组,检偏镜则是用来鉴别金属表面反射光的偏振状态的。进行偏振光分析时要求显微镜的载物台能够和物镜主轴对中,载物台可围绕其机械中心在水平面内作 360°转动。为了确定角度的变化,载物台上应标有刻度。

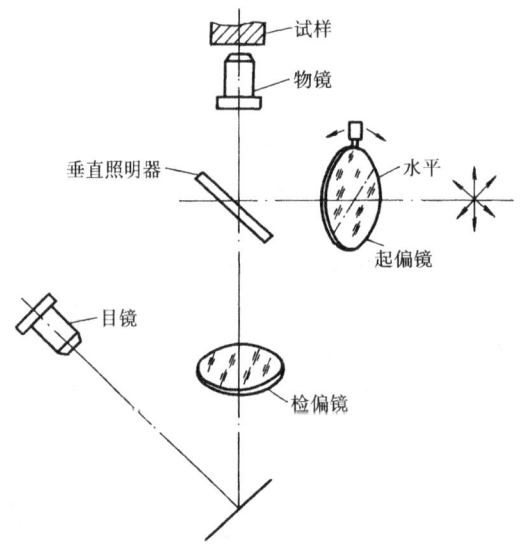

图 4-6 偏振光显微镜光路系统示意图

二、偏振光装置的调整

1. 起偏镜位置的调整

起偏镜装在一个可以转动的圆框中,可借助手柄转动。调整的目的是希望起偏镜的偏振平面(或偏振轴)呈水平位置,以保证经垂直照明器平面玻璃反射而进入物镜的偏振光强度最大,并仍为线偏振光。

调节时可使用经抛光而未经浸蚀的各向同性金属(或合金)试样,将其置于载物台上,去除检偏镜后,在目镜中观察正焦时试样磨面的反射光强度。转动起偏镜时,反射光强度会发生明暗变化,当反射光的强度最大的位置就是正确的起偏位置。

2. 检偏镜位置的调整

插入检偏镜,检偏镜亦可以借助手柄在圆框内转动。从目镜中观察到光线消光时,则起偏镜和检偏镜的偏振轴呈正交位置;而光线最强时,则表示起偏镜和检偏镜的偏振轴相互平行。检偏镜的调节范围是90°。

3. 载物台机械中心的调整

利用偏振光鉴别金属或非金属夹杂物时,通常要将载物台作360°转动。为了确保观察目标不移出视域,必须将载物台的机械中心和物镜的主轴相重合。校正是靠载物台上的调节螺钉来完成的。

第三节 偏振光金相分析原理

金属材料按其结构和光学性质不同可分成各向异性和各向同性两类。凡是六方、正方、正交、三斜等点阵的金属属于各向异性,而立方点阵的金属则具有各向同性的性质。在偏振光照射下,此两类金属呈现出不同的反射特征。

一、偏振光在各向异性金属磨面上的反射

晶粒的位向不同,反光性质会发生变化。用光矢量分析可以对这个问题进行说明,见图4-7。

线偏振光射入各向异性的晶体时会发生双折射现象,而线偏振光照射到各向异性金属表面时则发生双反射现象。双反射是指一束线偏振光经金属磨面反射后会形成两束振动平面相互垂直的线偏振光——o光和e光。这两束光将分别沿着金属晶体的光轴方向和垂直于光轴方向振动。图4-7中此两线偏振光的光轴方向分别以R和S方向表示,其中R为光轴方向。实际上R和S在数值上可看成是光束在此两方向上的反射能力。基于各向异性的前提必有$R>S$(正光性晶体)和$R<S$(负光性晶体)之分。

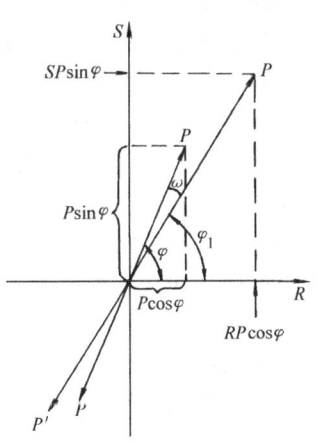

图4-7 偏振光在各向异性金属表面反射的光矢量分析

当振幅为P、偏振方向为PP的线偏振光照射到晶体表面时,分成两个相互垂直的偏振分量$P\cos\varphi$和$P\sin\varphi$(φ为晶体光轴方向与偏振方向之间的夹角)。经反光后,此两束反射光的振幅可用矢量$RP\cos\varphi$和$SP\sin\varphi$来表示。若是正光性晶体,$R>S$,则由$RP\cos\varphi$和$SP\sin\varphi$合成后的偏振光矢量P'不再和原来的P矢量一致,而是顺时针方向旋转了一个ω角,它和晶体光轴(R轴)的夹角变成了φ_1,$\omega=\varphi-\varphi_1$。振动平面转角ω的大小与φ的大小直接有关。

当 $\varphi = n \cdot \dfrac{\pi}{2}$ 时 $(n = 0, 1, 2, 3, \cdots)$，因有 $R = 0$ 或 $S = 0$，故 $\omega = 0$，此时振动平面不发生转动。

当 $\varphi = \dfrac{\pi}{4}$，$\dfrac{3}{4}\pi$，$\dfrac{5}{4}\pi$ 和 $\dfrac{7}{4}\pi$ 时，振动平面转动最大。

ω 角的存在将造成起偏镜和检偏镜处于正交位置时，原来应该消光的情况变成了部分反射偏振光透过检偏镜的情况，ω 角愈大通过的反射光愈多。

当 $\varphi = \dfrac{\pi}{4}$，$\dfrac{3}{4}\pi$，$\dfrac{5}{4}\pi$ 和 $\dfrac{7}{4}\pi$ 时，因 ω 最大，得到最强的光线。

当 $\varphi = 0$，$\dfrac{\pi}{2}$，π 和 $\dfrac{3}{2}\pi$ 时，因 $\omega = 0$，就没有反射偏振光透过，处于消光状态。

在操作时，可转动载物台，即利用转动试样来改变 φ 角的大小，在转动 360° 时可看到四次明亮四次消光的现象。因此在正交偏振光下观察金属组织时，能够直接观察到多晶体试样中各个晶粒具有不同衬度的结果，此时试样表面不必进行浸蚀。因为在抛光表面上每个晶粒都有不同方向的光轴，入射线偏振光与每个晶粒光轴的夹角各不相同，因而造成了不同的反差。

二、偏振光在各向同性金属磨面上的反射

对于各向同性的金属，由于各个方向光的性质是一致的(如图4-7中 $R = S$)，因此不能使反射光的振动平面旋转($\omega = 0$)。此时，线偏振光在正交条件下反射光不能通过检偏镜，即使把样品原位旋转 360° 也不能观察到任何亮度变化。若线偏振光垂直照射到磨面上就属于上面说明的情况，因为垂直照射时反射光也是线偏振光。如果线偏振光的入射方向稍作倾斜，则反射光中垂直于入射面(入射光与晶体表面法线组成的平面)振动的线偏振光和平行于入射面的线偏振光存在一定的相位差，且振幅也不相等，此时将按式(4-4)合成椭圆偏振光。椭圆偏振光的椭圆度取决于入射光与晶体表面法线之间的角度。利用这一现象可以分析各向同性但表面倾斜度各不相同的晶粒的形貌，不同倾斜度的晶粒具有不同的反差。进行这类分析时，应对试样的抛光表面进行深浸蚀，使不同位向的晶粒表面形成倾斜程度不同的刻面。

第四节　偏振光在金相分析过程中的应用

一、非金属夹杂物的分析

1. 夹杂物的透明度与色彩

如前所述，在线偏振光垂直照射的条件下，由金属抛光表面反射出来的光线仍是线偏振光，它将被正交的检偏镜阻挡，使视域呈现一片黑暗，但垂直的线偏振光照射到透明的夹杂物上时，可以穿入夹杂物，并在夹杂物内折射。折射光又在基体和夹杂物的界面上发生不规则的内反射,因而改变了入射光的振动方向,因此即使检偏镜位于正交位置,目镜中仍能观察到夹杂物的亮度和颜色。亮度的大小表征着夹杂物透明度的高低,而不同的夹杂物具有不同的颜色。

2. 黑十字效应

球状的透明夹杂物在正交偏振光下会出现黑十字效应。黑十字效应可作为某些夹杂物物相鉴别的特有标志。

当一束线偏振光垂直照射到透明的半球状夹杂物上时,入射光从圆截面透入并在半球形的金属基体表面发生反射。在半球面上的反射光线是全方位的,其中大部分是椭圆偏振光,因此仍有一定强度的光线透过正交位置的检偏镜。但是当入射光和夹杂物表面法线组成的平面(入射面)与入射偏振光的振动平面平行或垂直时,反射出来的光线仍是线偏振光,因而不能通过检偏镜,使半球状夹杂物呈现出黑十字消光现象。黑十字的方位与起偏镜和检偏镜的正交位置相对应。图4-8为球状 SiO_2 夹杂物的黑十字现象。

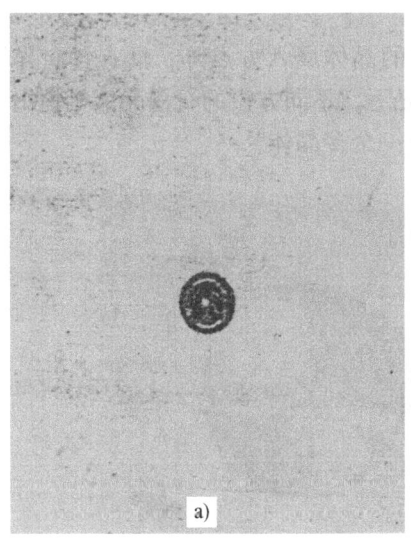 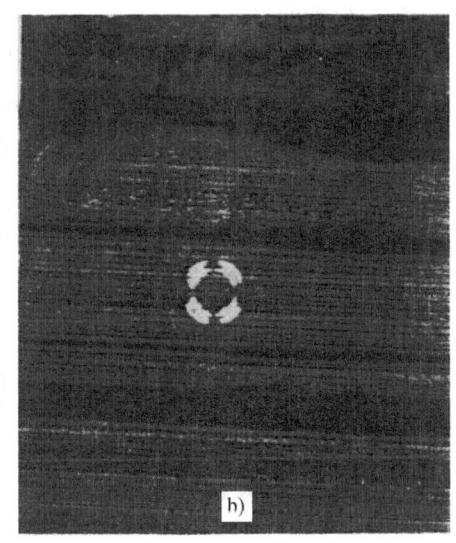

图4-8 球状 SiO_2 夹杂物的黑十字现象

a) 明场 b) 偏振光

在正交偏振光的条件下,有时在夹杂物像上会出现同心圆环,这种圆环称为等厚条纹,关于等厚条纹的形成原理将在后续的章节中讨论。

二、金相组织显示

1. 组织与晶粒

图4-9是纯锌在常温下变形后的组织,如果在明场下观察,只能观察到白色的组织,但在正交偏振光下,不同方位晶粒及变形孪晶清晰可见。

图 4-9 纯锌在正交偏振光下的组织

2. 各向异性的显示

图 4-10 是球墨铸铁的组织，球状石墨的晶体属六方点阵，具有各向异性性质。在明场下石墨呈黑色一片，但在偏振光下，不同方位的石墨晶体显示出不同的亮度，见图 4-10b，这说明每个石墨球是一个多晶体。

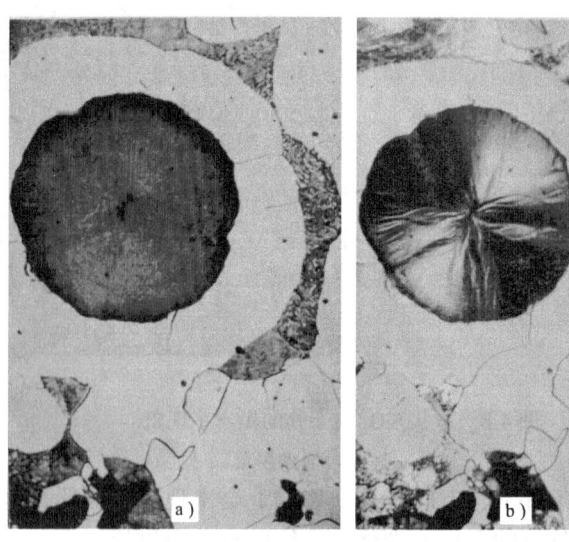

图 4-10 球状石墨的组织分析 400×
a) 明场 b) 偏振光

思 考 题

1. 偏振光是怎样产生的？简要叙述用尼科尔棱镜和用偏振片产生偏振光的原理。
2. 偏振光有哪几种类型？它们各具什么特点？
3. 简述椭圆偏振光的形成过程及阻波片的作用。
4. 简述偏振光在各向异性金属磨面上的反射现象。
5. 偏振光在金相分析过程中主要应用在哪些方面？举例说明。

第五章　干涉显微镜

把光的干涉原理和显微镜分析结合起来而设计成的显微镜称为干涉显微镜。干涉显微分析能显示试样表面的微小高度变化，故主要用于观察表面的微观几何外形，特别适用于塑性变形后金属表面变形区的分析。

第一节　干涉原理

干涉原理是以劈尖造成光波的干涉为基础的。图 5-1 是劈尖干涉的示意图，图 5-1a 中两块平面玻璃间从右边插入一厚度很小的纸片，即形成了一个空气劈尖。单色平行光线 a 和 b 入射到劈尖时则由劈尖上下表面造成的反射光 g 将是一个干涉光。若在 B 点处 a、b 两条光线的光程差正好是半波长时，则 g 光消失而呈现出黑色条纹；若两者的光程差为半波长的偶数倍时，则 g 光为加强光出现明亮条纹，如图 5-1b。

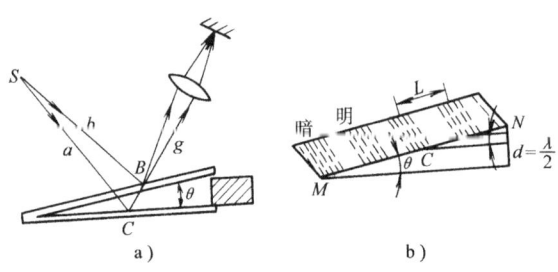

图 5-1　劈尖干涉示意图
a) 劈尖的形成　b) 等厚条纹

由于劈尖每一点的厚度是渐变的，因此一定的厚度对应着一定的亮度。每一黑条纹(或亮条纹)处的厚度是相同的，故称为等厚条纹。

若相邻两个条纹(明或暗)之间的距离为 L，而相邻两条纹间的光程差应是一个整波长，则 a 光线从劈尖上部射入经底部反射后再次从 B 点射出时所经的光程可近似地看成 $2d$（d 为对应于条纹间距处的气劈厚度），即 $2d = \lambda$。由图 5-1 可知 $\sin\theta = \dfrac{d}{L}$，故

$$L = \frac{\lambda}{2\theta} \quad （因 \theta 很小故 \sin\theta \approx \theta） \tag{5-1}$$

可见，若劈尖的倾角愈小，则条纹的间距愈大。

如果用金属表面代替劈尖底部的平面玻璃时，就可以进行显微干涉表面分析。若金属表面是抛光的平整镜面，则出现平直条纹；若该表面有微量起伏，则条纹出现曲折；若表面具有台阶，则条纹出现相应的台阶，如图5-2所示。

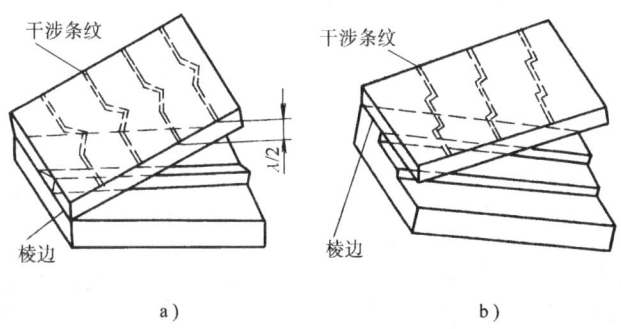

图5-2 干涉条纹的形状与样品表面几何外形的关系

根据干涉条纹的测量可以计算出试样表面的不平程度。图5-3中 a 表示在显微图像上条纹的弯曲量，由于两相邻条纹的间距 L 与条纹间距处的高度 d 相对应，$d = \frac{1}{2}\lambda$，故有 $a:L = H:\frac{1}{2}\lambda$，即

$$H = \frac{a\lambda}{2L} \qquad (5\text{-}2)$$

式中，H 为试样表面凸起部分（或台阶部分）的高度；L 和 a 都可在显微镜中测量；λ 为已知。由此可以精确地测定金相试样表面的几何外形。

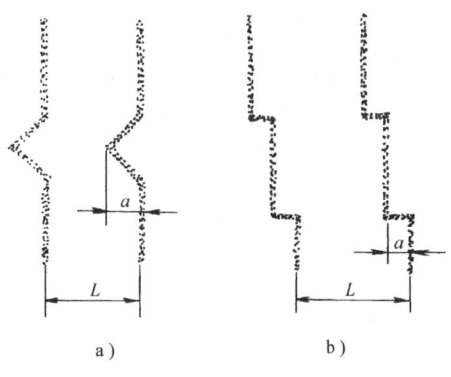

图5-3 干涉条纹的测量

利用上述的两束光线进行干涉成像时，干涉条纹比较粗，不能将试样表面细微的高度差反映出来，因此在实际应用过程中采用多束干涉成像。多束干涉可通过图5-4的原理获得，图中入射光束射向两个表面，当到达 A 点后，一部分变成反射光1，另一部分光线折向 B 点又分成两个部分，其中反射部分通向 C 点，并在 C 点处再次发生透射（折射）和反射。在 C 点处透射的光线2和第一次反射光线1之间存在光程差 AD，故可发生干涉；在 C 点处反射的光线中有一部分通过 F 点反射后，再次透过表面并与光线2之间造成光程差而相互干涉。如此反复即构成多束光相干效应。如果下表面是不透光的抛光金属表面，则 B、F 等处将

无 1′、2′等透射光产生，此时造成的多束干涉效果更好。

计算和实验都已证明多束光相干后形成的条纹比双束光细，其结果可用图 5-5 表示，图中纵坐标表示条纹的强度（亮度）。如双束光干涉（$N=2$，N 为光束数），则两个强度峰平缓分布，表示相邻两条干涉线条较宽且亮度不明锐。若用多束干涉成像，可得到窄而细的亮条纹。

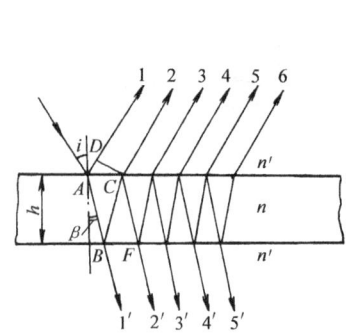

图 5-4 多光束干涉的形成

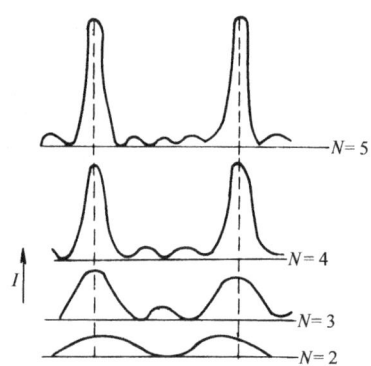

图 5-5 多光束干涉时亮度的分布

在多束干涉过程中，干涉条纹的宽度受到干涉表面的反射系数 R 的影响，干涉亮条纹的宽度 W 和 R 之间的关系列于表 5-1。表中的 W 值用波长的分数表示，R 愈大 W 愈窄。

表 5-1 反射系数和条纹宽度的关系

R	0.01	0.7	0.8	0.85	0.9	0.925	0.94
W	$\frac{1}{3}$	$\frac{1}{9}$	$\frac{1}{14}$	$\frac{1}{19}$	$\frac{1}{30}$	$\frac{1}{40}$	$\frac{1}{50}$

R 的高低由光学平面玻璃上镀膜层性质来决定，镀膜层是半透明的。如果镀膜材料具有高反射系数和低的吸收率，则 R 值可达 0.94，此时干涉条纹宽度仅为入射光波波长的 $\frac{1}{50}$。在平面玻璃上镀以银或铝的薄膜可获得比较理想的效果。

第二节 干涉显微镜的结构

一、双光束干涉显微镜

图 5-6 是双光束干涉显微镜（林尼克干涉显微镜）光路系统的示意图。图中分光镜 P_1P_2 由一对棱镜组成，对角面镀有半透明的银膜。M_1 是试样的表面，M_2 是标准反射面，O_1 和 O_2 是两个物镜。从光源 S 来的光经物镜 O_1 后在试样 M_1 上反射。同一光源的光线也可以经过物镜 O_2 在标准面 M_2 上反射。M_1 和 M_2 的

反射光在镀银膜处交汇,并产生干涉。调节 M_2 的倾斜度可使两个物镜所造的像之间形成一个劈尖。虽然这个劈尖是由像造成的,但其产生的干涉效果和真实劈尖是相同的,由此我们可以在目镜中观察到等厚干涉条纹。显然 M_1 和 M_2 之间相对位置决定了条纹的间距大小(即劈尖倾角 θ 和 L 的关系)。

林尼克干涉显微镜在表面精密测量中应用很普遍,但由于条纹较宽只能测定 30nm 以上的凹凸度,此外,这种显微镜中有两个物镜,此两物镜的焦距必须完全相同,因此在制造上具有很高的要求,往往不能做到。为了改进上述缺点,可以调整显微镜的光路来达到 M_1 和 M_2 共用一个物镜的目的。图 5-7 是改进后的双光束干涉系统,图中将分光镜放在物镜 O 的下面,此时试样 M_1 和标准面 M_2 的反射光都通过同一物镜。虽然这种方法克服了要制造两个完全相同物镜的困难,但因在放大倍数较高时,物镜焦距变短,分光镜无法置于物镜之下,因此亦有其局限性。

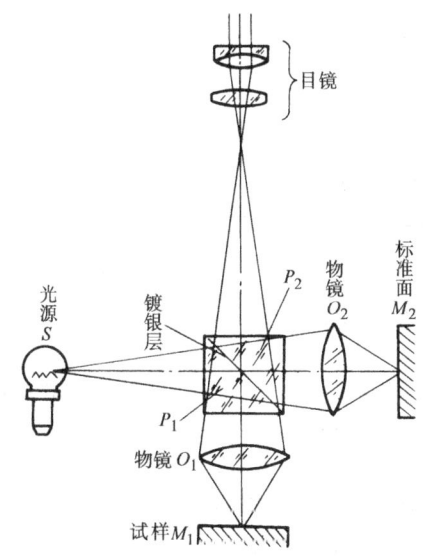

图 5-6 林尼克双光束干涉显微镜

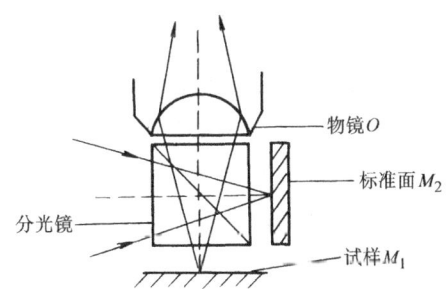

图 5-7 只用一个物镜的双光束干涉系统

二、多光束干涉显微镜

当表面起伏的大小小于 30nm 时,双光束干涉显微镜因其干涉条纹太粗而无法进行工作。由于多束干涉可以得到细而清晰的条纹,因此必须使用多束干涉显微镜。如前所述,使光线在两个平行(或接近平行)的平面间多次反射,能形成多光束干涉。在多光束干涉的条件下,甚至可以测定 0.1nm 尺度的高度起伏。

多光束干涉显微镜要求其入射光为单色平行光,并以接近垂直的角度入射到试样表面。在贴近试样表面放置标准平面玻璃片,其上必须均匀地喷镀一层金属薄膜。金属镀膜应具有高反射系数和低的吸收系数。试样表面与镀膜表面(标准面)之间的距离应尽可能小,最大不能超过入射光波波长的数倍。

图5-8是多光束干涉显微镜的光路布置图。在一般的金相显微镜上只要配上单色光和标准平面玻璃(标准面),就可以做多光束干涉的分析。标准平面玻璃靠近试样表面的一面镀有半透明的银(或铝)薄膜,利用标准面和试样表面间的多次反射作用造成多光束干涉。

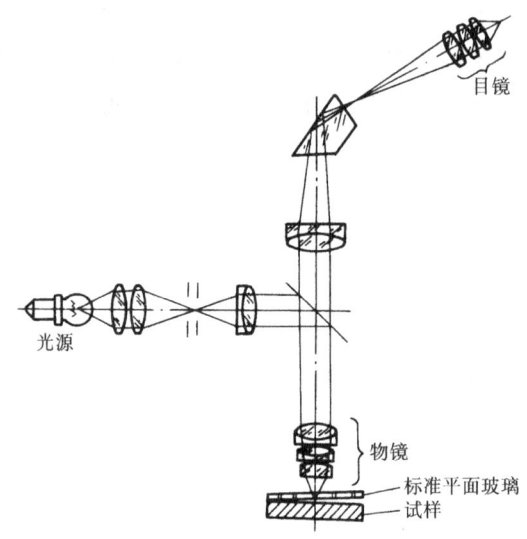

图5-8 多光束干涉显微镜的光路系统

图5-9是一种可形成多束光干涉的试样夹具,可在倒立式金相显微镜上使用。试样粘附在可调节斜度的圆盘上,下方是平面玻璃,玻璃的上表面镀有金属膜。若镀有50nm厚的银膜,则可使反射系数达到0.90左右。因为物镜的工作距离随着放大倍数增加而减小,因此在高倍观察时标准平面玻璃的厚度必

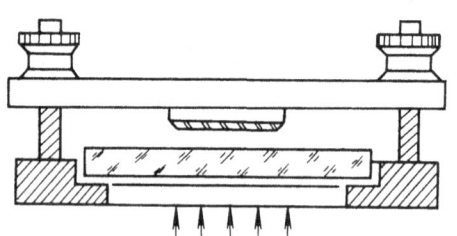

图5-9 多光束干涉金相用夹具

须很薄。但是,即使使用超薄玻璃,其厚度仍有0.17mm左右。若使用数值孔径很大的油镜,则又不能介入玻璃片。在这种情况下只能用复膜的办法来代替标准玻璃片。这种方法的制作步骤如下:用稀释的火棉胶溶液滴在金相试样表面,在溶液尚未凝固时先把试样稍微倾斜,溶液中溶剂挥发后火棉胶在试样表面就会形成一个有一定倾斜度的劈尖。在这个劈尖的表面再喷镀上一层银或铝,就可供多束干涉分析使用。火棉胶是透明的,因此,用它制成的劈尖亦能起到空气劈尖相

同的作用。此外，火棉胶复膜可以做得很薄，其厚度可控制在微米尺度(甚至可更小)。

第三节 应 用 举 例

1. 表面粗糙度的测定

图 5-10 是用干涉显微镜摄得的抛光金属表面照片。可根据干涉条纹的形状判断表面的粗糙程度，图中条纹弯曲起伏不大表明抛光表面比较平整。

2. 共格相变产生的表面浮凸分析

贝氏体相变和马氏体相变都伴有表面浮凸，用干涉显微镜能够清楚地看清表面浮凸的形状。图 5-11 是 $w_{Ni}=28\%$ 的铁镍合金在冷至低温时马氏体开始形成时的干涉条纹图像，条纹表明浮凸物中间高，并向两边倾斜形如山岭。

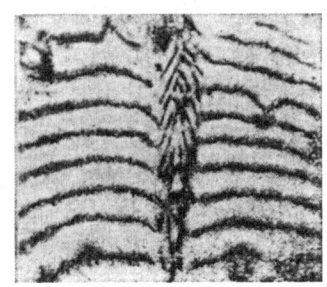

图 5-10 抛光金属表面的干涉条纹　　图 5-11 马氏体相变表面浮凸的干涉条纹图像

思 考 题

1. 试述干涉显微镜的成像原理。
2. 双光束干涉显微镜和多光束干涉显微镜各有哪些特点？
3. 举例说明干涉显微镜在金相分析过程中的应用。

第六章　相衬金相显微镜

抛光表面因发生相变而产生的浮凸,平整的表面经塑性变形后形成的表面起伏以及金相组织中具有相同(或相近)反射系数的两个相经浸蚀后形成的微小高度差别,在这些情况下很难用常规金相分析法来观察试样表面的变化过程和进行物相鉴别,而相衬金相分析却能发挥其显示"相位反差"(phasecontrast)的特长。

利用特殊的光学装置,将不同相位的反射光发生干涉或迭加,并将相位差转化成强度差,使不同物相间出现亮度上的差别,由此来鉴别金相组织的方法,叫做相衬金相分析法。这种方法对表面起伏位于 20～50nm 之间的组织最为适用。大型金相显微镜上都配有相衬装置,因此相衬金相技术是一种应用比较广的分析方法。

第一节　相衬分析原理

图 6-1 示出了在试样表面存在具有极小高度差的两个相 A 和 B。若两相的反射系数相等,则它们的反射光(分别用矢量 S 和 P 来表示,两者振幅相等,其中 S 是入射光反射后的直线连续部分故又称直射光)的强度也相等。但是当光线垂直入射时,B 相上的反射光 P 比 A 相上的直射光 S 多走了 $\delta = 2d$ 的距离。如果把 A、B 两相反射光的运动画成振幅-光程曲线,并把曲线转化成矢量图(见图 6-2),则可看到光程差 δ 相当于 P 和 S 矢量间的相位差 φ。因为光程差 δ 等于一个波长 λ 时,相当于相位差 $\varphi = 2\pi$,故有

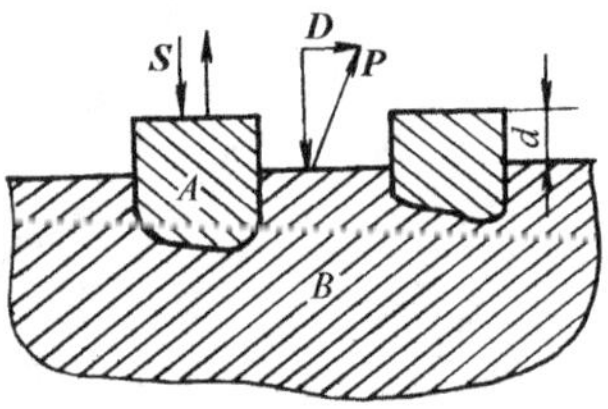

图 6-1　光在金相磨面上反射时产生的光程差

$$\varphi = \frac{2\pi\delta}{\lambda} = \frac{4\pi d}{\lambda} \tag{6-1}$$

由图 6-2b 可知,$P = S + D$。矢量 D 是由相位差引起的,称为衍射光矢量,它的大小和方向取决于 φ 角的大小。当 $\Delta\varphi$ 角很小时可认为 D 的方向和 S 垂直,即 S 和 D 之间有 $\frac{1}{4}\lambda$ 的光程差。

由于 S 和 P 的振幅相同,所以这两束反射光的强度是相同的。一般的金相显微镜是靠强度反差来识别组织的,故无法区别出 A 相和 B 相的形态。既然不能利用强度来鉴别两相,那么就应设法利用反射光的相位差来造成相间的反差,

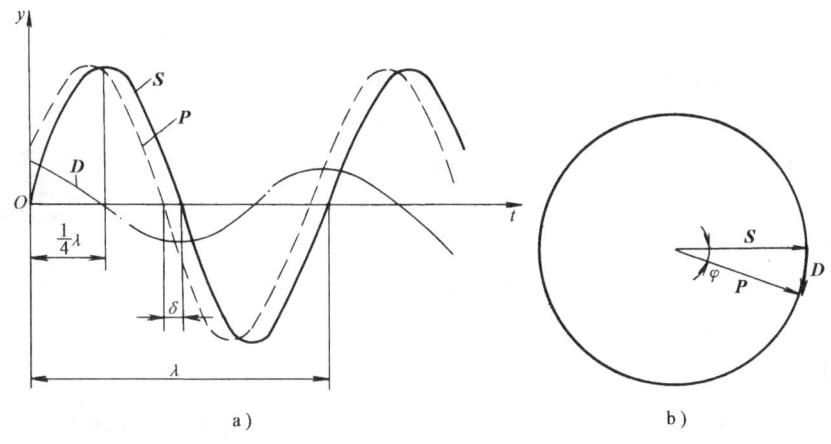

图 6-2 图 6-1 中光程差用振幅-光程曲线表示和用矢量表示
a) 振幅-光程曲线表示 b) 矢量表示

这就是相衬方法的核心所在。

衍射光矢量 D 的方向是引起 S 和 P 矢量之间差别的关键之一。由图 6-2b 可看出，由于 S 和 P 之间相位差很小，S 矢量和与它成 90°角（$\frac{1}{2}\pi$）的 D 矢量相加后，合成的 P 矢量，其振幅（矢量的模）变化并不大。但若把 S "移相"，使它的相位超前 $\frac{1}{2}\pi$，或滞后 $\frac{1}{2}\pi$，则可使合成矢量 P 的振幅发生较明显的变化，见图 6-3。图中 S' 和 S'' 矢量分别表示 S 矢量相位角 φ 超前和滞后 90°的情况，S 矢量和 D 矢量位于同一直线上，D 矢量发挥了 P 矢量振幅变化的最大作用。

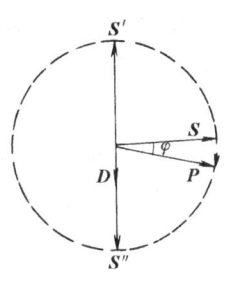

图 6-3 直射光矢量 S 的移相，移相后引起反射矢量 P 在长度上的变化

要使相位衬度加大的另一关键问题是降低直射矢量 S 的振幅。因为 S 矢量的振幅远大于 D 矢量的振幅，即使进行了移位，P 矢量振幅的变化仍嫌不够，因此还需将 S 矢量的振幅下降到和 D 矢量的长度相近，只有这样才能使成像的 $S'(S'')$ 与 P 之间产生明显的差别以达到区别 A、B 两相的目的。

第二节 相衬显微镜

一、构造

图 6-4 是相衬金相显微镜的光路布置图，其特点是比普通金相显微镜增加了

一组相衬装置,即遮光板(或遮板)A和相板B。

环形遮光板的作用是把入射光变成环形光束。遮板装在照明系统中靠近孔径光阑处。在使用相衬照明时,应将孔径光阑开大。

相板装在物镜的后焦面处,它是一块圆形的平面玻璃,在对应于环形遮板像的狭缝圆环处,涂有两层不同物质的镀膜,它们分别起着移相和降幅的作用。这个圆环称为相环,它是相衬显微镜中最主要的部分。

圆筒形光束进入显微镜的镜筒后,可调节透镜L的位置,使环形狭缝的像正好投射到相环上。借助遮板的左右移动可进行精确调整,使光束与环完全吻合。为了克服透镜造像的不完善性,相环的尺寸可以做得略大于狭缝像的尺寸。

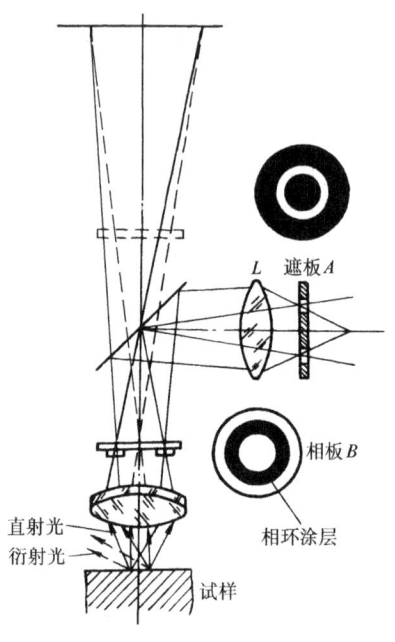

图6-4 相衬显微镜的光路布置图

筒形光束透过相环后,经物镜投射到试样表面。如果试样表面是一平整镜面,则因反射光S仍是入射光的连续(直射光),当它再次进入物镜后必然以原路穿过相环进入目镜。如果试样表面存在凹凸部分,则凸起部分的反射光就是直射光,而凹陷部分的反射光P将由$S+D$两部分组成,其中S部分经物镜投射到相环上将发生移相,而衍射光D则因其方向和直射光不同而统计地投射到整个相板上。因为相环的面积只占相板的一小部分,故可近似地认为衍射光投射到相环以外的其他部分,衍射光并未移相。

如果在相环上喷镀一层氟化镁(MgF_2),可使通过镀层的光线比通过相板其他部分的光线推迟了一个相位。控制镀层的厚度,就可以控制相位角的大小。若在相环部分再喷镀上一层银或铝,则可使通过相环光线的振幅明显减小。

利用相环的上述两种功能就可以造成提高相间衬度的效果。下面介绍形成明暗两种衬度的方法。

二、正相衬和负相衬

1. 负相衬(明衬法)

控制喷镀氟化镁的厚度,使凹陷处的直射光S相位推迟$\frac{\pi}{2}$(即$\frac{1}{4}\lambda$光程),相位推迟后S矢量方向如图6-5中S''所示。与此同时,S''的振幅因直射光S透过相环时强度减弱而明显变小。最后合成的反射光矢量应是$P'=S''+D$,其中

衍射光 D 透过相板时并未移相,故和 S'' 的相位相同。由于减弱后的直射光 S'' 和衍射光 D 的强度相差不远,因此凹陷部分的最终反射光 P' 比凸出部分的反射光 S'' 亮度要高。这种凹陷部分反比凸出部分明亮的衬度就叫做明衬。

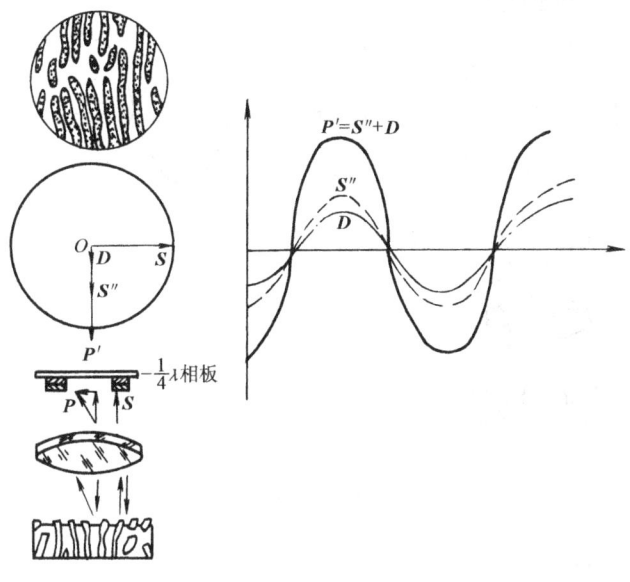

图 6-5　负相衬光矢量分析

2. 正相衬(暗衬法)

如果控制氟化镁层的厚度,使试样凹陷处的直射光 S 相位超前 $\frac{\pi}{2}$,此时超前 S 矢量的方向将如图 6-6 中 S' 所示。可以看出,S' 和衍射矢量 D 方向相反,故最后合成反射光的矢量式应是 $P' = S' - D$。由于 S' 和 D 的振幅相近,故 P' 非常小,此时凹陷部分将呈现黑暗一片。

三、其他相衬附件及其作用

1. 中转透镜

在配有专用相衬物镜的金相显微镜中,相板就安放在物镜的后焦面处。在多数金相显微镜中并没有专用的相衬物镜,而是利用现存的物镜进行分析,在这种情况下,相板就不放在物镜的后焦面上,而是移至照明器与目镜之间。中转透镜置于目镜的下方起到协调相板移位的作用。相板的移位还可使来自光源的入射光通过物镜照射到试样时不再通过相板,减小了不必要的散射炫光。

2. 辅助透镜

辅助透镜的作用是使通过固定遮板的环形光束大小与相环的大小一致。在更换物镜时,只需更换相应的辅助透镜,就可使环形光束投射像的大小与相环完全

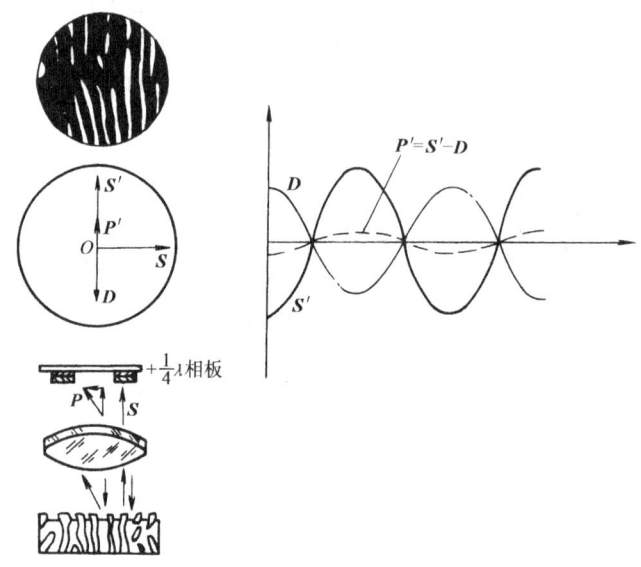

图 6-6　正相衬光矢量分析

一致。

3. 贝特兰透镜

贝特兰透镜是用作合轴调整用的，因为进行相衬分析时遮板的环形光阑像应完全和相环重合。在新型的显微镜中，都在光路系统中留有放置贝特兰透镜的位置，合轴时只要将贝特兰透镜旋入光路，调焦时就可从目镜中看到环形光阑像和相环的像是否重合。合轴完毕取出贝特兰透镜，这时目镜中即可看到相衬照明条件下的分析对象。

第三节　应用分析实例

对于试样表面的微小高度差别都可用相衬法来提高衬度。

1. 马氏体和残余奥氏体的鉴别

图 6-7a 的明场像只显示了黑色的回火马氏体，残余奥氏体和未回火的马氏体呈一片白色不能分辨。如果采用相衬成像，则由于高低的差别，凸出于残余奥氏体上的淬火马氏体（呈白色）清晰可见，图 6-7b。

2. 凸出于基体上的第二相颗粒

图 6-8 是含铝高速钢的相衬照明图像。W10Mo4Cr4V3Al 高速钢 1260°淬火后，碳化物相和马氏体相在明场下均呈亮白色。如采用相衬成像，由于衬度变大，凸出于马氏体基体表面的大小碳化物呈白色，而基体呈黑色，提高了物像的反差，

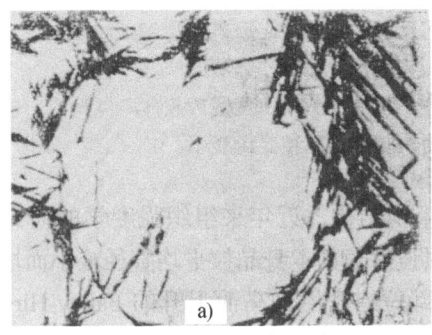
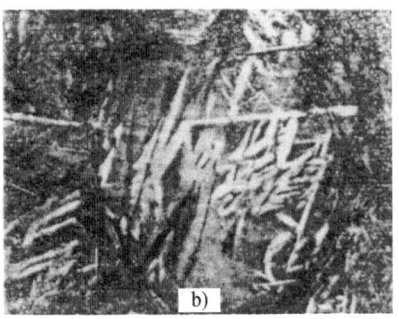

图 6-7 淬火马氏体和残余奥氏体的区分
a) 明场 b) 相衬

便于碳化物的形状、大小和数量分析。

图 6-8 高速钢淬火组织的相衬图像

思 考 题

1. 简述相衬分析的原理。
2. 分析讨论相板在相衬分析中的作用。
3. 试述正相衬和负相衬成像的特点。

第七章 定量金相

材料的力学性能主要取决于其内部组织结构。近年来组织强度学的研究已总结出许多定量的规律，例如：材料的屈服强度随其本身晶粒平均直径减小而增高的 Hall-Petch 关系；材料的流变应力随其内部位错密度增高而上升的 Bailey-Hirsch 关系以及位错线运动的切应力增量随第二相粒子间距的大小而变化的 Orowan 计算公式等。从上面这些规律来看，我们可以通过显微组织中面(晶界、界面)、线(位错线)和点(第二相粒子)的定量测定来建立组织参数和力学性能之间的对应关系。

在显微镜下观察到的组织特征是二维的，若能把二维组织推断到三维空间就可以用平面的金相组织与真实的三维形态特征联系起来。这是一个体视学的问题，它涉及到统计学、几何概率、投影几何、曲线、曲面和拓扑学理论以及微分和积分几何等问题。但是这些对从事材料研究的人员来说都不是必需的，从事材料研究仅需理解和使用通过上述各学科导出的结论和公式，因此本章只限于对各种关系式的物理意义及其使用方法作重点的叙述。

第一节 定量金相的基本符号

定量金相的测定对象是点数 P、线长度 L、平面面积 A、曲面面积 S、体积 V、测定的特征物数 N 等。在这些符号中，P、L、A 和 V 既可表示被测量的点数、线长、面积和体积(被测量)，又可表示测试时用作标准的点数、线长、面积和体积(测试量)。定量金相所测的量常用被测量与测试量的比值来描述。规定将测试量的符号写在被测量的下角标位置。例如：V_V 表示在单位测试体积中被测定对象所占的体积；S_V 表示单位体积中测量对象所占面积；N_A 表示单位面积上被测对象的个数等，其他符号可以类推。表 7-1 列出了定量金相测定时的一些基本符号。

表 7-1 基本符号和组合记号

符　　号	组　合　记　号
P—测试点数	$P_P = \dfrac{P}{P_T}$，P_T 是测试用的总点数，P 是落在被测相上的点数
	$P_L = \dfrac{P}{L_T}$，单位长度测试线上的交点数
	$P_A = \dfrac{P}{A_T}$，单位测试面上的点数
	$P_V = \dfrac{P}{V_T}$，单位测试体积中的点数

符　　号	组 合 记 号
L—线元素或测试线长度	$L_L = \dfrac{L}{L_T}$，单位测试长度的交截线长度 $L_A = \dfrac{L}{A_T}$，单位测试面积的交截线长度 $L_V = \dfrac{L}{V_T}$，单位测试体积的交截线长度
A—交截特征物的平面面积或测试面积	$A_A = \dfrac{A}{A_T}$，单位测试面积的被交截特征物面积
S—表面积或界面面积	$S_V = \dfrac{S}{V_T}$，单位测试体积内的表面面积
V—三维特征物体积或测试体积	$V_V = \dfrac{V}{V_T}$，单位测试体积内的特征物体积
N—测量对象的个数或特征物数	$N_L = \dfrac{N}{L_T}$，单位测试线长度上交截的特征物数 $N_A = \dfrac{N}{A_T}$，单位测试面积上交截的特征物数 $N_V = \dfrac{N}{V_T}$，单位测试体积内交截的特征物数

第二节　定量金相的基本原理

表 7-1 中所列出的代表组织比例的量值，有些是可以直接测量的，如 P_P、P_L、L_L、A_A 等；有些则必须通过计算求出，如 V_V、S_V、L_V 和 P_V 等，由此导出了两类基本量之间的关系式。这些关系式列出如下：

$$V_V = A_A = L_L = P_P \tag{7-1}$$

$$S_V = \frac{4}{\pi} L_A = 2 P_L \quad (L_A = \frac{\pi}{2} P_L) \tag{7-2}$$

$$L_V = 2 P_A \tag{7-3}$$

$$P_V = \frac{1}{2} L_V S_V = 2 P_A P_L \tag{7-4}$$

表 7-2 中示出了从可测量的量推算不可测计算量的路线表。表中带括号的量是可测量，带方框的量只能通过式(7-1)~(7-4)进行计算。

表 7-2 可测量和计算量的关系

量纲	L^0	L^{-1}	L^{-2}	L^{-3}
点	(P_P)	(P_L) →	(P_A) →	$\boxed{P_V}$
	↓	↓	↓	
线	(L_L)	$\boxed{L_A}$	$\boxed{L_V}$	
	↓	↓		
面	(A_A)	$\boxed{S_V}$		
	↓			
体	$\boxed{V_V}$			

上述四个基本公式都可以通过设计适当的模型直接证明或推导得出，现以式(7-1)为例作下述分析：

式中表示的 $V_V = A_A = L_L = P_P$ 表示：通过显微组织的任意截面上所选取的相的体积之比、面积之比、线长之比和点数之比均相等。图 7-1 示出的模型说明了下述问题，即：任意分布的正方形的面积、正方形与网格相截的线段长度之和以及网格落在正方形上的交点数，分别与网格总面积、网格上线段总长度以及网格上具有的交点总数之比，在数值上是相等的。由图可知，这些正方形面积之和占网格总面积的 20%，即 $A_A = 0.20$。对这些随机排列的正方形而言，其测定出的 L_L 和 P_P 也近似地等于 0.2，因而证明了式(7-1)中的后面三项：$A_A = L_L = P_P$。

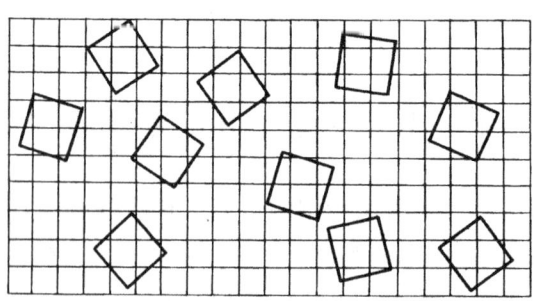

图 7-1 面积、线长和点数之比相等

留下的问题是 V_V 在数值上与 A_A 值相等的问题。要解决这个问题则可采用图 7-2a 的模型来求解。图中具有不规则形状的第二相 α 统计地分布在体积为 $V_T = l^3$ 的基体之中，第二相被一块厚度为 δ_x、面积为 $A_T = l^2$ 且平行于坐标 y 轴和 z 轴所决定平面的薄片所截取。在这个薄片内第二相的体积是 $\delta V_\alpha = l^2 \delta_x (V_V)_\alpha$，当 δ_x 非常小时，$\delta V_\alpha = A_\alpha(x) \delta_x$。这里的 $A_\alpha(x)$ 是薄片表面上 α 相的面积，它是薄片位置 x 的函数，$A_\alpha(x)$ 随着 x 的变化不规则地变化着，如图 7-2b 所示。当 x 从

$0 \sim l$ 范围内变化时，A_α 的平均值 $\bar{A}_\alpha = \frac{1}{l}\int_0^l A_\alpha(x)\mathrm{d}x$。在极限的情况下，立方体中第二相 α 的总体积 $V_\alpha = \int_0^l \mathrm{d}V_\alpha = \int_0^l A_\alpha(x)\mathrm{d}x$。由此可得 $V_\alpha = l\bar{A}_\alpha$。

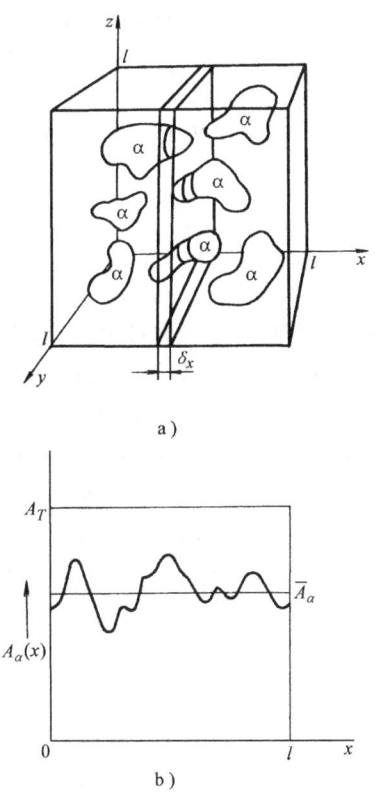

图7-2　推导 $V_V = A_A$ 关系式的模型
a) 一个薄片截割 α 相质点　b) 薄片中 α 相面积的变化是薄片位置的函数

因为 $V_V = \dfrac{V_\alpha}{V_T} = \dfrac{l\bar{A}_\alpha}{lA_T} = \dfrac{\bar{A}_\alpha}{A_T}$，又因 $\dfrac{\bar{A}_\alpha}{A_T} = \bar{A}_A$，所以

$$V_V = \bar{A}_A = A_A \tag{7-5}$$

利用其他适当的模型同样可以导出式(7-2)、式(7-3)和式(7-4)，在本书中不再赘述。

第三节　定量金相的测试方法

熟悉了上面讨论的基本方程就可以利用由实验测定的量，来求解各个不可测

的计算量如 V_V、S_V、L_V 和 P_V 等。

一、P_P 的测量

P_P 的测量方法，又称计点法。用一套专用的网格来进行计点，网格的形式及其测量方法如图7-3。网格可以放置在目镜的光阑处，测试时应保证网格交点落在每个测试对象上的点数不大于1，且所选网格的间距应和所测对象的间距相近。若测试点落在被测相的边界上，则以 $\frac{1}{2}$ 点计算。图7-3中，测量用网格上的点数 $P_T=30$，而有 P 个点落在测量对象上，$P=5.5$，故测得

$$P_P = \frac{5.5}{30} = 18\%$$

二、P_L 的测量

P_L 是单位长度测试线上测试线与测量对象交截的点数。测试用线可以是直线或是一组同心圆，如图7-4所示。被测组织可使用单线或一组已知长度的平行线条来进行测量（图7-4a）。后者还可在被测组织具有方向性时使用，使用时利用圆外放射线（各线间夹角为15°）来确定测量线和组织方向轴之间的夹角。用图7-4b中的同心圆也可进行 P_L 的测量，三个同心圆组成的测试线总长为50cm。为了减小测试误差，三个圆的半径呈算术级数（1.65、2.65、3.65cm）。用上述各种方法进行 P_L 测定时，是将准备好的测试线重叠在经适当放大后的组织上（例如照片上），然后计算测试线与被测对象的交点数 P。已知平行或圆周测试线的总长度为 L_T，则 $P_L = \frac{P}{L_T}$。

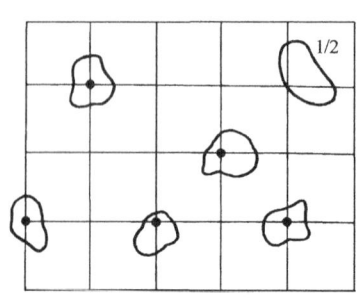

图7-3 点分析法

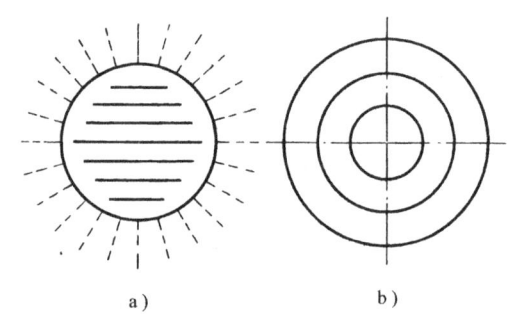

图7-4 测量 P_L 用的测试线

三、P_A 的测量

P_A 是指单位测试面积上点组织的点数。点组织一般是指晶界的三叉交点以及位错线的露头等。测试 P_A 时，测试面积 A_T 的形状可以任意选取，可以是圆的也可以是方的。如果测试面积的边线正好和被测点重合，则这个点以 $\frac{1}{2}$ 计算。

四、N_L 的测量

N_L 是指单位长度测试线上截获的被测对象个数。测量 N_L 所用的测试线和测量 P_L 时所用的相同(可以是直线也可是同心圆),不过计数的方法不同而已。

图 7-5 说明了三种 N_L 的计数方法。

1) 对分离的第二相颗粒,$N_L = \frac{1}{2} P_L$,见图 7-5a,此时 $P_L = 7$,$N_L = 3.5$。

2) 对于充满视域的单相组织,$N_L = P_L$,见图 7-5b,此时 $P_L = 8$,$N_L = 8$。

3) 对于不完全分开的第二相颗粒,如图 7-5c 中第二相 β 分布在基体 α 相上,此时存在两种界面即 α-β 界面和 β-β 界面,相应的 N_L 和 P_L 的关系为 $(N_L)_\beta = (P_L)_{\beta\text{-}\beta} + \frac{1}{2}(P_L)_{\alpha\text{-}\beta}$,式中 $(P_L)_{\beta\text{-}\beta}$ 为单位长度测试线上,β-β 相相

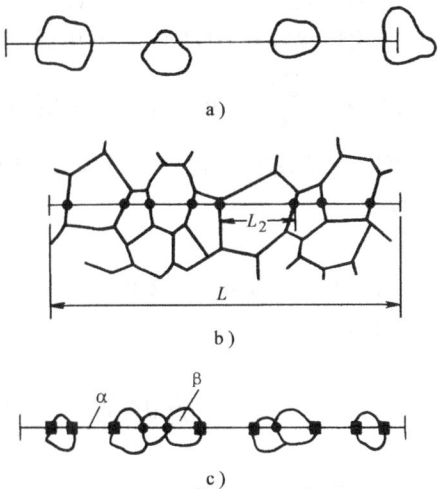

图 7-5 N_L 的测量
a) 分离的第二相粒子 b) 充满视域的单相组织
c) 不完全分开的第二相粒子
● ——β-β 相 相邻点 ■ ——α-β 相 相邻点

邻的截点数,$(P_L)_{\alpha\text{-}\beta}$ 为单位长度测量线上,α-β 相相邻的截点数。图 7-5c 的测量结果为 $(N_L)_\beta = 3 + \frac{1}{2} \times 8 = 7$。

五、N_A 的测量

N_A 是单位测试面积上被测对象的个数。这些被测物可以是第二相粒子、夹杂物和单相组织的晶粒个数等。测量用的面积形状一般有方的和圆的两种。测量时把落在测试面积内的个数记作 N_1;把落在测试面积边界线上的个数记作 N_2。

当用圆形测试面积时,则被测对象的个数 $N = N_1 + \frac{1}{2}N_2$;当用方形测试面积时,则被测试对象的个数 $N = N_1 + \frac{1}{2}N_2 - 1$,式中减去 1 是考虑到正方形角上的被测对象只能以 $\frac{1}{4}$ 面积计。

六、L_L 的测量

L_L 是指单位测试长度上测试对象所占的长度。这种测量方法是在目镜中放入有线刻度的测微尺,在显微镜下直接测量;也可以利用载物台上的刻度对测量对象的长度进行对比测量。例如在载物台移动 L_T 距离范围时测出被测物所占距离为 L,则 $L_L = \frac{L}{L_T}$。

七、A_A 的测量

A_A 是单位测试面积上被测对象所占的面积，通常采用两种方法：第一种方法是用求积仪在组织照片上求出每块被测组织的面积 A_i，把各块面积加合得 $\sum A_i$，则 $A_A = \dfrac{\sum A_i}{A_T}$；第二种方法是所谓称重法，此法是把每块被测组织剪下，并把它们合起来称重，得到重量为 G，把 G 和相应整体组织图的重量 G_T 相比，则 $A_A = \dfrac{G}{G_T}$。

上述人工法测量 A_A 既麻烦又不精确，一般情况下都采用自动图像分析仪对 A_A 进行测量。

第四节 定量金相应用举例

一、晶粒大小的测定

晶粒大小可用晶粒直径和晶粒度来表示。由于晶粒的外形不可能是一个球体，故常用平均截线长度来表示晶粒直径。平均截线长度是指随机截取三维物体时，在物体内截线长度的平均值，记作 L_3。当测量次数足够多时，在二维平面上截取的平均截线长度 L_2 可认为和 L_3 相等。对于单相晶粒，其平均截线长度可用下式表示：

$$L_2 = \frac{L_T}{N} = \frac{1}{N_L} = \frac{1}{P_L} \tag{7-6}$$

如果在显微照片上进行测量，则

$$L_2 = \frac{L_T}{PM} \tag{7-7}$$

上两式中，L_T 为测试线的总长度；P 为测试线与晶界总交点数；M 为显微组织的放大倍数。

也可用晶粒度来表示晶粒大小。此时可根据晶粒度的定义：

$$N_A = 2^{G-1}$$

式中，N_A 为放大 100 倍下每平方英寸视域面积内的平均晶粒数；G 为晶粒度级别。把上式两边取对数得

$$\lg N_A = \lg 2^{G-1} = (G-1)\lg 2 = G\lg 2 - \lg 2$$

化简后得

$$G = (\lg N_A / \lg 2) + 1 \tag{7-8}$$

由此可以利用求得的 N_A 值评出晶粒的级别。

二、第二相粒子特征参数的测定

1. 平均自由程 λ

平均自由程是指在截面上沿任意方向从一个第二相颗粒的边缘到达相邻颗粒边缘距离的平均值，如图7-6所示。在具有不连续分布第二相粒子α的显微组织中，任意测试线上平均有$(L_L)_\alpha$的长度份额坐落在粒子上，另有$1-(L_L)_\alpha$的长度份额坐落在基体相上。由于第二相被基体所隔开，所以从统计的角度来看，在单位测试线上遇到的第二相数目和遇到基体的数目是相等的，即$(N_L)_\alpha=(N_L)_M=N_L$，$(N_L)_\alpha$和$(N_L)_M$分别是单位长度测试线上截到α相和基体的个数。由此平均自由程

$$\lambda = \frac{1-(L_L)_\alpha}{N_L} = \frac{1-(A_A)_\alpha}{N_L} = \frac{1-(P_P)_\alpha}{N_L} \tag{7-9}$$

λ一般是在二维平面上测定的，当测定次数足够多时，平面上的平均自由程和空间的平均自由程在数值上接近相等。

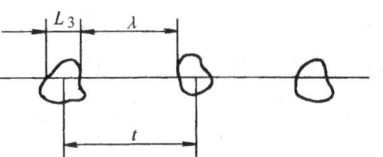

图7-6 第二相粒子的平均自由程和平均粒子间距

2. 平均粒子间距 t

平均粒子间距是指相邻粒子中心距离的平均值，见图7-6。显然

$$t = \frac{1}{(N_L)_\alpha} \tag{7-10}$$

$(N_L)_\alpha$是单位长度测试线上截到第二相粒子的个数。

3. 第二相粒子的平均截线长度 $(L_3)_\alpha$

由图7-6可知$(L_3)_\alpha = t - \lambda$，用式(7-9)和式(7-10)代入后得

$$(L_3)_\alpha = \frac{(L_L)_\alpha}{(N_L)_\alpha} = 2\frac{(P_P)_\alpha}{(P_L)_\alpha} \tag{7-11}$$

三、线长度

线长度主要是指试样表面的晶界长度，孪晶界长度和片状析出物的长度等。对于单相组织，求单位截面积内晶界线长度可用下式计算：

$$L_A = \frac{\pi}{2}P_L = \frac{\pi}{2}N_L \tag{7-12}$$

对于分布在基体上的第二相(α相)粒子的周界长度可用下式计算：

$$(L_A)_\alpha = \frac{\pi}{2}P_L = \pi N_L \tag{7-13}$$

图7-7是测定片状石墨平均长度L_C及周边长度L_S的实际例子。采用平行线组作测试线。图中测试线的条数为n，每条线的长度为l，平行线的间距为d。在测试面积内测得石墨的片数为N，则石墨片的平均长度为

$$L_C = \frac{L_A}{N_A}$$

根据式(7-12)　$L_A = \frac{\pi}{2} P_L = \frac{\pi}{2} \frac{P}{L_T} = \frac{\pi}{2} \frac{P}{nl}$

而　　　　　　$N_A = \frac{N}{nld}$

所以　　　　　$L_C = \frac{L_A}{N_A} = \frac{\pi}{2} \frac{P nld}{nl \; N} = \frac{\pi}{2} \frac{Pd}{N}$

因为测定是在照片上进行的，考虑到照片经过放大 M 倍，故

$$L_C = \frac{\pi}{2} \frac{Pd}{NM} \quad (7\text{-}14)$$

图 7-7 中，$d = 5\text{mm}$，测定的石墨片数 $N = 10$，平行线条与石墨片的交点数 $P = 21$，放大倍数 $M = 250$，则

$$L_C = \frac{3.14 \times 21 \times 5}{2 \times 10 \times 250} \text{mm} = 0.066 \text{mm}$$

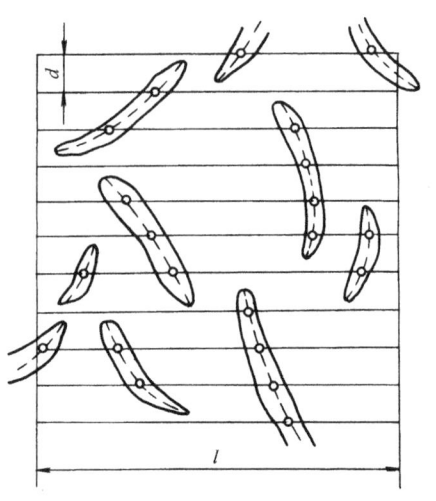

图 7-7　片状石墨平均长度和周长测定

在计算单位面积内石墨片的周边长度 L_S 时，同样可用式(7-14)，只要把测试线与石墨片的交点数改成测试线与石墨片周边的交点数即可，此时 $P = 41$，故

$$L_S = \frac{3.14 \times 41 \times 5}{2 \times 10 \times 250} \text{mm} = 0.129 \text{mm}$$

四、片层组织中各种特征参数的测量

1. 片层的平均间距 t

片层的平均间距是图 7-8 中 t 所指的距离，它是指任意方向截线上相邻片层(同一相)中心间的平均距离，故

$$t = \frac{1}{N_L} \quad (7\text{-}15)$$

图中 t_0 为空间相邻两片层(同一相)中心间的真实距离。注意 t_0 箭头的方位和片层垂直，而 t 则是任意交角。从体视学关系得出：

$$t_0 = \frac{1}{2} t \quad (7\text{-}16)$$

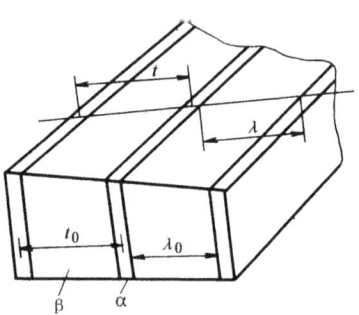

图 7-8　片层状组织参数

2. 平均自由程 λ

平均自由程是指在任意截线上相对量少的一相相邻边缘的平均距离。图 7-8 中 α 相相对量较少，故其平均自由程为

$$\lambda_\alpha = \frac{(V_V)_\beta}{(N_L)_\beta} = (V_V)_\beta t \quad (7\text{-}17)$$

设以$(\lambda_0)_\alpha$表示α相在空间的真实平均自由程，同样按体视学关系

$$(\lambda_0)_\alpha = \frac{1}{2}\lambda_\alpha \tag{7-18}$$

3. 片层内界面 S_V

由基本公式 $S_V = 2P_L$，对双相组织 $P_L = 2N_L$，故

$$S_V = 4N_L = \frac{4}{t} \tag{7-19}$$

五、多相合金中各组成相相对量的测定

在多相组织中可根据公式：$V_V = A_A = L_L = P_P$ 的关系，只要测定出待测定相的 P_P、L_L 或 A_A 即可求出该组成相的相对量 V_V。当然 L_L 和 P_P 的测定远比 A_A 的测定简单，故只需用截线法和计点法即可求解各组成相的相对量。

第五节　定量金相测试时的误差

为进行定量金相的计算，每一可测定量的确定都是以无规和一定次数的测量结果为根据的。经验指出，要对一个试样作出可信的判断，通常应该进行 25～100 个视场的测量。将测得数据的平均值进行计算，找出标准偏差。若标准偏差以 σ 表示，标准误差用 E 表示，n 为测量次数，根据误差计算规则，有

$$E = \frac{\sigma}{\sqrt{n}} \tag{7-20}$$

以计点法为例，在对某一试样测量 n 次后的点数平均值为 $\bar{P}$，而其中任一次点的测定值为 P，则

$$P = \bar{P} \pm E = \bar{P} \pm \frac{\sigma}{\sqrt{n}} \tag{7-21}$$

从式中可以看出，标准偏差 σ 愈小，则 P 和 $\bar{P}$ 愈接近，当然测量次数愈多，标准误差也就愈小。因此 σ 值的大小和测量次数是控制误差大小的关键。表 7-3 给出了计算标准偏差 σ 的一些计算公式。

表 7-3　标准偏差 σ 的计算公式

待测量	测量方法	计算公式	说明
V_V	计点法	$\sigma_{P_P} = [P_P(1-P_P)\frac{1}{P_T}]^{\frac{1}{2}}$	σ_{P_P} 为测量 P_P 的标准偏差
V_V	截线法	$\sigma_{L_L} = L_L(1-L_L)(\frac{2}{N})^{\frac{1}{2}}$	σ_{L_L} 为测量 L_L 的标准偏差
P_L	计点法	$\sigma_{P_L} = P_L b \sqrt{\frac{1}{P}}$	σ_{P_L} 为测量 P_L 的标准偏差，b 为 0.6～1.1 之间的常数

(续)

待 测 量	测量方法	计算公式	说 明
P_A	计点法	$\sigma_{P_A} = P_A b \sqrt{\dfrac{1}{P}}$	σ_{P_A} 为测量 P_A 的标准偏差，b 为 ≈1 的常数
$\bar{L}$	截线法	$\sigma_{\bar{L}} = \bar{L} b \sqrt{\dfrac{1}{N}}$	$\sigma_{\bar{L}}$ 为测量 $\bar{L}$ 的标准偏差，b 为实验常数，对单相晶粒 $b \approx 0.7$

第六节　图像分析仪定量金相分析

用电子束或光束在金相试样表面上进行扫描，用信号接收器同步接收来自试样表面的信号，这些信号通过调制转换成电脉冲。电脉冲的高度和试样表面的灰度成比例，由此可以描出一幅反映试样表面物相参数的图像。把各物像参数进行数据处理，即可获得定量金相中各项被测量的确切数据，这就是图像分析仪定量金相分析。图 7-9 是图像分析仪定量过程的示意图，图中示出了两相组织经逐行扫描后扫出的一组曲线，其中脉冲高度差反映了基体和第二相粒子之间的灰度差，由此可以对不同物相进行鉴别。脉冲在行扫描线上持续时间的长短可反映粒子尺寸的大小和分布。如果把各脉冲持续时间按长度分类，即可得到合金中第二相粒子的数目 N 与粒子的分布曲线；如果把第二相持续时间线段之和与总时间（行扫描线的总长度）进行对比，则可求得被测试量 L_L。此外，行扫描线上相界面处形成的交点数就是被测试量 P_L，据此可通过基本公式的运算求得 V_V、S_V 和 A_A 等值。

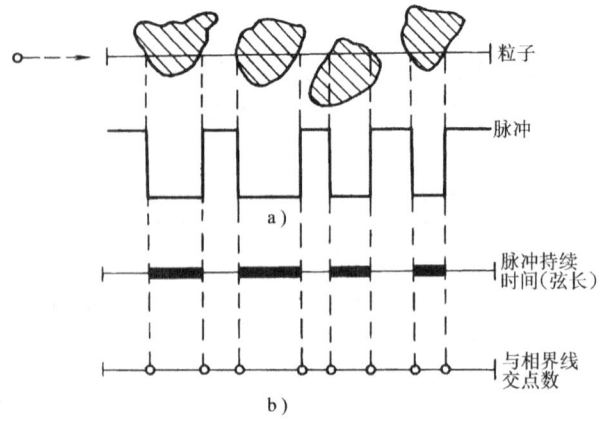

图 7-9　图像分析仪定量过程示意图

一般图像分析仪具有面积测量、周界测量和物相特征测量等多种功能,目前已广泛应用于科研工作和生产过程中。

思 考 题

1. 了解定量金相中各基本符号的意义。
2. 定量金相学中四个基本方程如何表示?它们说明了什么关系
3. 熟悉 P_P、P_L、P_A、N_L、N_A、L_L 和 A_A 的测量方法。
4. 如何测量并计算晶粒度?
5. 第二相颗粒的特征参数如何确定?

第二篇　X射线衍射分析

　　1895年德国物理学家伦琴（W. C. Röntgen），在研究真空管中的高压放电现象时，发现了X射线。几个月后，医学界就将X射线运用于诊断及医疗，后来人们又用它进行金属材料及机械零件的探伤。这些方面的应用，均属于"X射线透射学"。1912年德国物理学家劳埃（M. von Laue）及其合作者，发现了X射线在晶体中的衍射现象，提出了一组衍射方程。这一方面肯定了X射线的本质，另一方面也证实了晶体的结构，从而为研究物质的微观世界提供了崭新的方法。这一方法后来发展成为"X射线衍射学"或"X射线晶体学"。劳埃方程使用不够方便，英国的物理学家布拉格父子（W. H. Bragg和W. L. Bragg）提出了晶面"反射"X射线的概念，并推导出简单实用至今被广泛应用的布拉格方程。1914年，莫塞莱（H. G. J. Moseley）发现不同材料的同名特征谱线的波长和原子序数有定量的对应关系，利用这一原理对材料的成分进行快速无损检测，形成了"X射线光谱学"。本篇只介绍这三个学科分支中的"X射线衍射学"，它的研究内容很广，大体可归结为三个方面：

　　（1）相分析　物相定性分析是最常用的方法，其目的是鉴定待测样的物相而非化学元素组成。鉴别钢铁中的碳化物、夹杂物、合金中的析出相、化学热处理层的相组成等，属于这种分析。由于电子计算机的使用，目前测定和分析的自动化已比较普遍。要进一步定出各物相的相对含量则需采用定量分析，如求出淬火钢中的残留奥氏体含量等。

　　（2）精细结构研究　材料中的宏观、显微与超显微应力的测定，微晶粒和镶嵌块的平均大小及其分布情况的研究属于这一范畴。

　　（3）晶体取向的测定　半导体材料、磁性材料、激光材料的单晶体，其取向用X射线法测定最准确。借助于晶体取向，可研究材料的滑移、孪生过程，测定沉淀相从基体析出时的惯习面。多晶体的择优取向称为织构，用X射线法可以获得有关织构的最完全的知识。

　　本篇只介绍其中的部分内容。

第八章 X射线的物理特性

第一节 X射线的产生及其性质

一、X射线的产生

通常是用X射线管来产生X射线。X射线管的结构示意如图8-1所示。阴极（又称灯丝）多用钨丝制成。通电加热后，就能发射大量电子。阳极就是靶，一般都是由纯金属（Cu、Cr、V、Fe、Co等）制成，正对着阴极。阳极表面经过抛光，称为镜面。当在阴、阳极之间加上直流高压（约数万伏以上）时，电子就从阴极以高速向阳极飞来，碰撞到阳极镜面上，其运动受阻，电子的动能大部分转成热能，使靶温度升高，另外约有1%左右的动能转变为X射线能，这样就能从阳极镜面向外发射X射线，并通过铍玻璃窗口射到X射线管外。

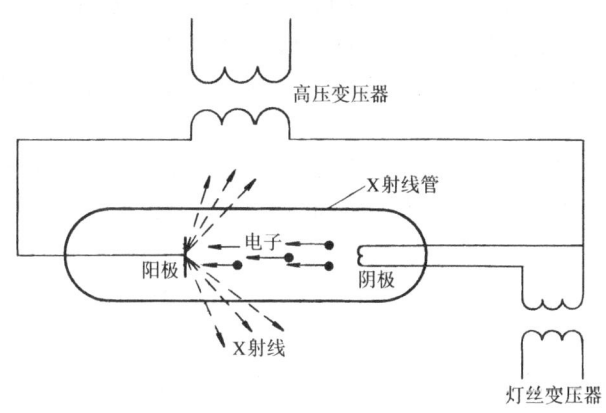

图8-1 X射线管的结构示意图

二、X射线的本质

X射线与我们肉眼所能看到的光线基本上是一样的，都是电磁波，它是一种横波，由交替变化的电场和磁场组成。但X射线的波长短，只有0.01~10nm，一般可见光的波长约为400~700nm。因此，X射线有着本身的特点：它是肉眼看不到的，具有很强的穿透能力。波长越短，能量越高，穿透能力就越强，通称"硬"X射线；反之，波长长的X射线能量低，其穿透能力较弱，称为"软"X射线。

根据近代物理学概念，与可见光一样，X射线除了具有波动性（即它是一种电磁波）之外，还具有粒子的属性，即可以把X射线看成是一束"量子微粒"流。每个X射线量子微粒带有一定的能量(ε)，其波长和能量关系为

$$\varepsilon = h\nu = \frac{hc}{\lambda} \tag{8-1}$$

式中，h是普朗克常数；ν是X射线的频率；c是光速；λ是X射线的波长。

三、X射线的性质

X射线穿过不同媒质时，几乎毫不偏折地直线传播，折射系数非常接近1，在电磁场中也不发生偏斜，因此不能用一般方法使X射线会聚发散。

X射线波长短，肉眼看不到。但它照射到某些荧光物质，能使其发光；它可以使照相底片感光和使一些气体产生电离现象。只有通过这三种间接方式，才能观察检测和研究X射线的强度（即光量子微粒流量）。

X射线穿透能力大，它能穿透对可见光是不透明的材料，特别是硬X射线（波长在0.1nm以下）。X射线探伤在工业、医疗工作上的用途很多，例如可以用X射线穿透金属零件，对零件内部缺陷（如气孔、夹杂、裂纹等）进行无损探伤。

软X射线的波长与晶体中原子间距比较接近，当它照射到晶体物质上时，产生散射、干涉、衍射现象，与光线的绕射现象类似。波长在0.25~0.05nm之间的软X射线常被用来进行X射线衍射分析，为研究晶体内部结构提供了丰富信息。

X射线对有机物质（包括人的肉体）是有害的，有破坏杀死生物组织细胞作用。因此与X射线接触时要有一定的防护措施，如加上铅制品保护等。

第二节 X 射 线 谱

如果我们采用适当的方法去测量由X射线管发出的X射线束的波长及其强度，并把它们标绘在"强度-波长"坐标上，便会得到X射线强度随波长λ而变化的关系曲线，即X射线谱。图8-2示意表示了Mo阳极X射线管在不同管压下发射的X射线谱，可以看出，整个谱线呈现两种曲线分布特征，其中丘包状曲线为连续谱，竖直尖峰为特征谱，它们对应两种X射线辐射的物理过程。

一、连续谱

丘包状的连续谱是大量高速运动的电子与靶材碰撞时而减速，不同的能量损失转化成不同波长的X射线，并按统计规律连续分布。不同管压下的连续谱的短波端都有一个突然截止的极限波长值λ_0称为短波限。连续谱顶部所对应的波长值，大约位于$1.5\lambda_0$处。用量子论很容易解释短波限，即如果在外加电压U

作用下，击靶时电子最大动能是 $\varepsilon_{动} = eU$，电子质量为 m，若电子在一次碰撞中将全部能量转化为一个光量子，这个具有最高能量的光量子的波长就是 λ_0。

$$\varepsilon_{动} = eU = h\nu_{max} = \frac{hc}{\lambda_0} = \frac{1}{2}mv^2$$
(8-2)

式中，v 是电子运动速度。如果 U 用 kV 为单位，λ 用 nm 表示，将光速 c 和普朗克常量 h、电子电荷 e 值代入式（8-2）即可得

$$\lambda_0 = \frac{K}{U} \quad (8\text{-}3)$$

式中，$K = 1.24\text{nm}\cdot\text{kV}$。作这样能量交换的击靶电子仅占一少部分，其他大量的电子在与阳极原子作复杂的碰撞中，辐射出大于 λ_0 的其他各种波长的 X 射线连续谱。

式(8-3)说明，连续谱短波限只与管压有关，当固定管压、增加管流或者增大阳极靶材原子序数时，λ_0 不变，仅使各波长 X 射线强度增高。当加大管压时，击靶电子的动能、电子与靶材原子碰撞次数和辐射出来的 X 射线光量子的能量都会增加，这就解释了图 8-2 所显示的连续谱图线变化规律：随管压增高，连续谱各波长强度都相应增高，最高强度所对应的波长和短波限 λ_0 值都向短波方向移动。

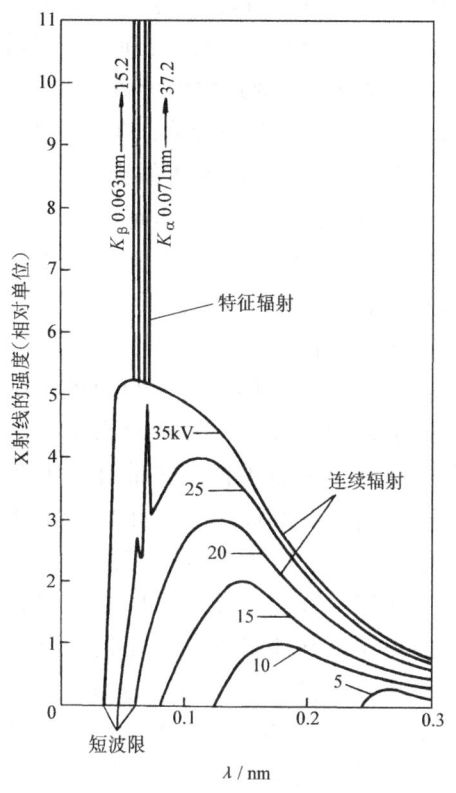

图 8-2 两种 X 射线谱示意图

连续谱强度分布曲线下所包围的面积，与在一定实验条件下，单位时间所发射的连续 X 射线总强度成正比。根据实验规律，我们可以得知这个总强度 $I_{连}$ 值为

$$I_{连} = \alpha i Z U^2 \quad (8\text{-}4)$$

式中，α 为常数，α 值约为 $(1.1 \sim 1.4) \times 10^{-9}$；$i$ 为管电流；Z 为原子序数；U 为管电压。

据式（8-4）可算出 X 射线管发射连续 X 射线的效率 η 为

$$\eta = \frac{连续 X 射线总强度}{X 射线管功率} = \frac{\alpha i Z U^2}{iU} = \alpha Z U \quad (8\text{-}5)$$

当用钨阳极($Z=74$)，管电压为100kV时，$\eta \approx 1\%$，可见效率是很低的。电子能量的绝大部分在与阳极撞击时生成热能而损失掉。为提高X射线管发射连续X射线的效率，就要选用重金属靶X射线管并施以高压。实验时为获得强的连续辐射，选用钨靶X射线管，在60～80kV高压下工作就是这个道理。

二、特征(标识)X射线谱

当钼阳极X射线管压超过20kV时，在某些特定波长位置上（图8-2所示0.063nm和0.071nm处），出现强度很高、非常狭窄的谱线叠加在连续谱强度分布曲线上。改变管流、管压，这些谱线只改变强度，而波长值固定不变。这就是特征X射线辐射过程所产生的特征X射线谱，或称标识X射线谱。

特征X射线的产生是与阳极物质的原子结构有关的。物质的原子结构是中心有一个原子核，它带有正电荷($= +Ze$)，在其周围有Z个电子围绕原子核运动。电子是以一定的壳层方式分布的，每一个壳层可以有一定数量的电子，其能量也是固定的，越靠近原子核其能量就越低，越稳定，可以用图8-3示意地说明。高速运动的电子，由于其能量很高，可以达到原子

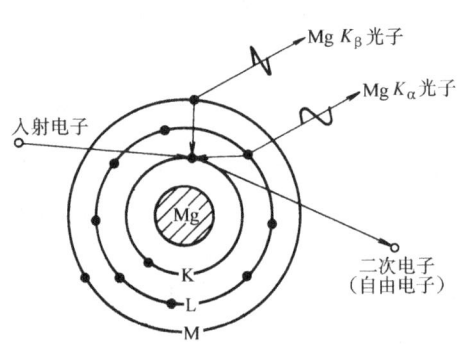

图8-3 特征X射线产生示意图

内部，因而有可能把最靠近原子核的K壳层中的电子打出去，这个被打出去的电子成为自由电子。使K层电子逸出成为自由电子的能量为$W_K = h\nu_K$，其原子处于K激发态。在K壳层中原有两个电子，现在出现了一个空位，这样就要由其外层L、M壳层中的电子来补充这个空位。假如此电子是由L壳层所补充的，则电子从L壳层跃迁到K壳层时，原子处于L激发态，其能量降低到$W_L = h\nu_L$。多余的能量就以X射线的形式发射出来，此X射线的能量为电子跃迁前后两能级的能量差，即

$$h\nu_{K_\alpha} = W_K - W_L = h\nu_K - h\nu_L$$

这就是K_α射线。假如是由M壳层电子来补充K壳层的空位，则发射K_β射线，其能量为$h\nu_{K_\beta} = W_K - W_M = h\nu_K - h\nu_M$。同样道理，当空位出现在L壳层，而由M壳层电子来补充时，则发射L_α特征射线。但因其他特征射线的波长长，很容易被空气、玻璃等所吸收，不便应用。在X射线结构分析中最常用的就是K_α和K_β。从这个定性的讨论就可以解释为什么特征X射线的波长是固定的，而且是每一种元素都有自己的特征X射线。现在对每一种原子的特征X射线的波长值均已有了较为精确的测量结果。

如前所述,原子内层电子造成空位是产生特征辐射的前提,而欲击出靶材原子内层电子,比如 K 层电子,由阴极射来的电子的动能必须大于(至少等于)K 层电子与原子核的结合能 E_K,或 K 层电子逸出原子所做的功 W_K,即 $eU_K = -E_K = W_K$,这个 U_K 便是阴极电子击出靶材原子 K 层电子所需的临界激发电压。这就说明了为什么某种靶材的 X 射线管必须当管压增高到一定值后,才产生特征 X 射线的原因。由于愈靠近原子核的内层电子,与核的结合能愈大,所以击出同一靶材原子的 K、L、M 等不同内层的电子就需要不同的 U_K、U_L、U_M 等临界激发电压值。当然阳极物质原子序数愈大,所需临界激发电压值也愈高。有关常用靶材的 U_K 值数据见表 8-1。

表 8-1 几种常用阳极靶材料和特征谱参数

阳极靶元素	原子序数 Z	K 系列特征谱波长/0.1nm				K 吸收限 λ_K/0.1nm	U_K/kV	$U_{适宜}$/kV
		$K_{\alpha 1}$	$K_{\alpha 2}$	K_α	K_β			
Cr	24	2.28970	2.293606	2.29100	2.08487	2.0702	5.43	20~25
Fe	26	1.936042	1.939980	1.937355	1.75661	1.74346	6.4	25~30
Co	27	1.788965	1.792850	1.790260	1.72079	1.60815	6.93	30
Ni	28	1.657910	1.661747	1.659189	1.500135	1.48807	7.47	30~35
Cu	29	1.540562	1.544390	1.541838	1.392218	1.28059	8.04	35~40
Mo	42	0.70930	0.713590	0.710730	0.632288	0.61978	17.44	50~55

注:$\lambda_{K_\alpha} = (2\lambda_{K_{\alpha 1}} + \lambda_{K_{\alpha 2}})/3$

不同靶材的同名特征谱线,其波长随靶材原子序数 Z 的增加而变短。莫塞莱(H. G. J. Moseley)早在 1914 年便发现了这一规律,并给出如下关系式(莫塞莱定律):

$$\sqrt{\frac{1}{\lambda}} = \sqrt{R\left(\frac{1}{n_2^2} - \frac{1}{n_1^2}\right)}(Z - \sigma) \tag{8-6}$$

式中,R 和 σ 都是常数,$R = 1.0961 \times 10^7$ m;n_1 和 n_2 是电子跃迁前后壳层的主量子数,如 K 层的 $n=1$,L 层的 $n=2$,M 层的 $n=3$ 等。莫塞莱定律已成为现代 X 射线光谱分析法的基础。

根据式(8-6)可得 $h\nu_{K_\alpha} < h\nu_{K_\beta}$,即 $\lambda_{K_\alpha} > \lambda_{K_\beta}$。但由于在 K 激发态下,L 层电子向 K 层跃迁的几率远大于 M 层跃迁的几率,所以 K_α 谱线的强度约为 K_β 的五倍。由 L 层内不同亚能级电子向 K 层跃迁所发射的 $K_{\alpha 1}$ 谱线和 $K_{\alpha 2}$ 谱线的关系是:$\lambda_{K_{\alpha 1}} < \lambda_{K_{\alpha 2}}$,$I_{K_{\alpha 1}} \approx 2I_{K_{\alpha 2}}$($I$ 表示辐射强度)。几种元素的特征谱波长和 K 系谱线的激发电压见表 8-1。

从式(8-6)中看出,欲得到波长短的特征射线,就要用原子序数比较大的物质做阳极。最常用的几种阳极物质所发出的 K_α、K_β 射线的波长及强度比值,临界电压值见表8-1。同一物质的特征X射线的波长与管电压无关，但其强度则与管电压有关：

$$I_{标} = K_3 i (U - U_K)^n$$

式中，U是管电压；U_K是K谱线的临界激发电压；i是管电流；n，K_3均为常数。

为了提高特征射线的强度可以采用较高的管电压，但同时也提高连续X射线的强度使背底升高。适宜的管电压选用激发电压的3~5倍，这时特征射线和连续射线的强度比最大，峰背比最高，对于利用特征射线最为有利。

第三节 X射线与物质的相互作用

X射线穿过物质时，一部分被衰减，一部分穿透，衰减的大部分为真吸收，余下的改变方向被散射了。X射线与物质发生复杂的物理过程，其转换产物如图8-4所示。

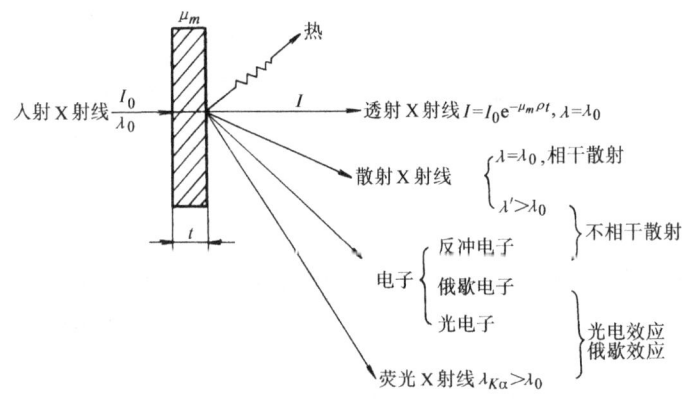

图8-4 X射线与物质的相互作用

一、X射线的散射

1. 相干散射

X射线光子和受原子核束缚得很紧的电子（如原子内层电子）相碰撞而弹射，光子的方向改变了，但能量几乎没有损失，于是产生了波长不变的散射线。

在用量子观点描述相干散射之前，J.J.汤姆逊（J.J. Thomson）曾用经典的电动力学作过解释：原子中的电子在入射X射线交变电场力的作用下产生与入射波频率相一致的受迫振动，使电子获得一定的加速，这种加速运动着的电子便以自身为中心，向四周辐射新的电磁波，其波长与入射波相同，并且彼此间有确定的相位关系。晶体中的电子和原子，在入射X射线的作用下都产生这种散射，于是在空间形成了满足波的相互干涉条件的多元波,故称这种散射为相干散射,也称为经典散射或汤姆逊散射。相干散射是 X 射线在晶体中产生衍射现象的基础。

2. 非相干散射

当 X 射线光子与原子中受束缚力弱的电子(如原子中的外层电子)发生碰撞时,电子被撞离原子并带走光子的一部分能量而成为反冲电子。因损失能量而波长变长的光子也被撞偏了一个角度 2θ 成为散射光子(图8-5)。散射光子和反冲电子的能量之和等于入射光子的能量。根据能量和动量守恒定律,可以求得散射束的波长增大值:

$$\Delta\lambda = \lambda' - \lambda_0 = 0.00243(1 - \cos2\theta) \tag{8-7}$$

式中,λ' 和 λ_0 分别是散射线和入射线的波长(nm)。

由于这种散射效应是由康普顿(Compton A. H.)和我国物理学家吴有训首先发现的,所以称为康-吴效应,称这种散射为康普顿散射或量子散射。散布于各个方向的量子散射波不仅波长互不相同,且其相位与入射波的相位间也不存在确定的关系,因此不能互相干涉,所以也称为非相干散射。非相干散射不能参与晶体对 X 射线的衍射,只会在衍射图像上形成强度随 $\frac{\sin\theta}{\lambda}$ 增加而增大的连续背底,给衍射工作带来不利影响。入射束波长愈短、被照物质元素愈轻(如 Li、C、Al 等),康-吴效应愈显著。

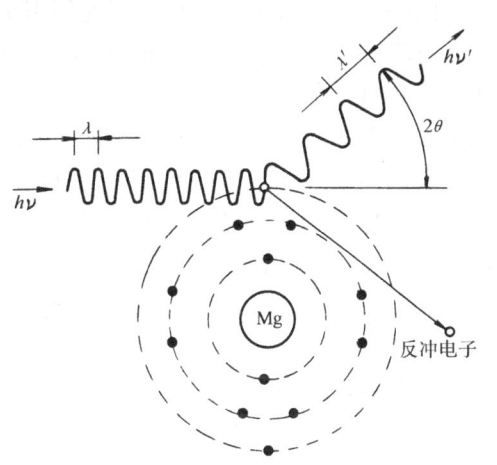

图 8-5 X 射线非相干散射示意图

二、X 射线的真吸收

1. 光电效应与荧光(二次特征)辐射

当入射 X 射线光量子的能量足够大时,同样可以将原子内层电子击出。光子击出电子产生光电效应。被击出的电子称为光电子。被打掉了内层电子的受激原子,将随之发生如前所述外层电子向内层跃迁的过程,同时辐射出波长严格一定的特征 X 射线。为区别于电子击靶时产生的特征辐射,称由 X 射线激发产生的特征辐射为二次特征辐射。二次特征辐射本质上属于光致发光的荧光现象,故也称为荧光辐射。欲激发原子产生 K、L、M 等线系的荧光辐射,入射 X 射线光量子的能量必须大于或至少等于从原子中击出一个 K、L、M 层电子所需要的功

W_K、W_L、W_M，例如

$$W_K = h\nu_K = \frac{hc}{\lambda_K} \tag{8-8}$$

式中，ν_K、λ_K 是当激发被照物质产生 K 系荧光辐射时，入射 X 射线须具有的频率和波长的临界值。表 8-1 列出了几种材料的临界波长值（即 K 吸收限）。

产生光电效应时，入射 X 射线光子的能量被消耗掉并转化为光电子的逸出功和其所携带的动能。也就是说，一旦产生 X 射线荧光辐射，入射 X 射线的能量必定被大量吸收，所以 λ_K 以及 λ_L、λ_M 等也称为被照射物质因产生荧光辐射而大量吸收入射 X 射线的吸收限。

激发不同元素产生不同谱线的荧光辐射所需要的临界能量条件是不同的，所以它们的吸收限值也是不同的，原子序数愈大，同名吸收限波长值愈短。

同特征 X 射线辐射一样，荧光辐射的能量也为内层电子跃迁前后壳层能级的能量之差，如 $h\nu_{K_\alpha} = W_K - W_L = h\nu_K - h\nu_L$，$h\nu_{K_\beta} = W_K - W_M = h\nu_K - h\nu_M$ 等，因此，荧光辐射光量子的能量一定小于激发它产生的入射 X 射线光子的能量，或说荧光 X 射线的波长一定大于入射 X 射线的波长。如表 8-1 中，同一材料的临界激发波长 λ_K 均小于 K_α 和 K_β 线的波长。

在 X 射线衍射分析中，X 射线荧光辐射是有害的，它增加衍射花样的背底，但在元素分析中，它又是 X 射线荧光光谱分析的基础。

2. 俄歇（Auger）效应

原子 K 层电子被击出，L 层电子（例如 L_{II} 电子）向 K 层跃迁，其能量差 $\Delta E = E_K - E_{L_{II}}$ 可能不是以产生一个 K 系 X 射线光量子的形式释放，而是被包括空位层在内的邻近电子或较外层电子（比如另一个 L_{II} 电子）所吸收，使这个电子受激发而逸出原子成为自由电子，这就是俄歇效应，这个自由电子就称为俄歇电子（见图 8-6）。按上述举例，俄歇电子的能量近似为 $\Delta E = E_K - E_{L_{II}} - E_{L_{II}}$。可见，能量值是特定的，与入射 X 射线波长无关，仅与产生俄歇效应的物质的元素种类有关。实验结果表明，轻元素俄歇电子发射几率比荧光 X 射线发射几率

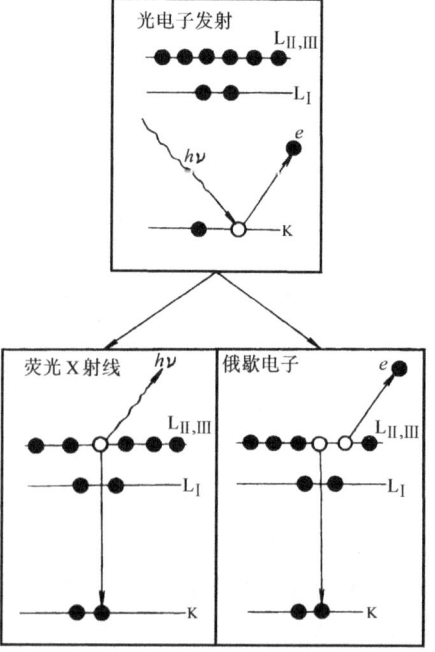

图 8-6 光电子发射、俄歇电子和荧光 X 射线三种过程示意图

大，所以轻元素的俄歇效应比重元素强烈。

俄歇电子能量低，一般只有几百电子伏特，因此，只有表面几层原子所产生的俄歇电子才能逸出物质表面被探测到，所以俄歇电子可带来物质表层化学成分信息，按此原理而研制的俄歇电子显微镜就是表面物理研究的重要工具之一。

此外，X 射线穿透物质时还有热效应，其一部分能量将转变为热能。我们把由于光电效应、俄歇效应和热效应而消耗的那部分入射 X 射线能量称为物质对 X 射线的真吸收。

综上所述，由于 X 射线透过物质时，与物质相互作用产生了散射和真吸收过程，强度将被衰减。在大多数情况下（除轻元素外），X 射线的衰减是由真吸收造成的，散射只占很小一部分，因此在研究衰减规律时可忽略散射部分的影响。

第四节　X 射线的衰减规律

一、衰减规律和线吸收系数

实验规律表明，当一束单色 X 射线透过一层均匀物质时，其强度将随穿透深度的增加按指数规律减弱，即

$$I = I_0 e^{-\mu_l t} \tag{8-9}$$

式中，I_0 是入射束的强度；I 是透射束的强度；t 是物质的厚度(cm)；μ_l 是线吸收系数(cm^{-1})。I/I_0 是透射系数。

μ_l 表征沿穿透方向单位长度上 X 射线强度衰减的程度。它不仅与 X 射线波长及吸收物质有关，而且由于强度是指单位时间内通过单位截面的能量，因此 μ_l 表示单位时间内单位体积(单位面积×单位长度)物质对 X 射线的吸收，所以还与吸收物质的物理状态有关。

二、质量吸收系数

为了避开线吸收系数随吸收体物理状态不同而改变的困难，可用 μ_l/ρ 代替 μ_l，ρ 为吸收物质密度，这样，式(8-9)变为

$$I = I_0 e^{-\frac{\mu_l}{\rho}\rho t} = I_0 e^{-\mu_m \rho t} \tag{8-10}$$

$\mu_m = \mu_l/\rho$ 称为质量吸收系数（单位为 $cm^2 \cdot g^{-1}$），表示单位质量物质对 X 射线的吸收程度。对波长一定的 X 射线和一定的物质来说，μ_m 为一定值，不随吸收体物理状态的改变而改变，应用起来很方便。各元素的质量吸收系数见本书附录 B。

1. 复杂物质的质量吸收系数

对于非单质元素组成的复杂物质，如固溶体、金属间化合物、正常化合物或混合物的质量吸收系数 μ_l/ρ，可以在这样的基础上加以计算，即复杂物质的吸

收等于组成该物质的各元素的吸收之和。因为物质对 X 射线的吸收是通过单个原子进行的，与原子间的化学结合方式或物理堆积状态无关。

如果一个复杂物质由 n 种元素组成，$w_1, w_2, w_3, \cdots, w_n$ 为所含各元素的质量分数，而 $(\mu_l/\rho)_1, (\mu_l/\rho)_2, (\mu_l/\rho)_3, \cdots, (\mu_l/\rho)_n$ 为相应元素的质量吸收系数，则这个复杂物质的质量吸收系数为

$$\mu_m = \mu_l/\rho = \sum_{i=1}^{n} (\mu_l/\rho)_i w_i \tag{8-11}$$

2. 连续谱的质量吸收系数

实验表明，连续 X 射线穿过物质时的质量吸收系数相当于一个称为有效波长 $\lambda_{有效}$ 的波长值所对应的质量吸收系数 $\lambda_{有效} = 1.35\lambda_0$，$\lambda_0$ 为连续谱的短波限。

3. 质量吸收系数与波长 λ 和原子序数 Z 的关系

一般地说，当吸收物质一定时，X 射线的波长愈长愈容易被吸收；当波长一定时，吸收体的原子序数愈高，X 射线被吸收得愈多。实验表明，质量吸收系数 μ_l/ρ 与波长 λ 和原子序数 Z 存在如下函数关系：

$$\mu_l/\rho \approx C\lambda^3 Z^3 \tag{8-12}$$

C 为常数。但从图 8-7 所给出的金属铅的 μ_l/ρ—λ 关系曲线上会看到，整个曲线并非随 λ 值减少而单调下降。当波长减小到某几个值处 μ_l/ρ 值骤增，于是若干个跳跃台阶将曲线割为若干段。每段曲线连续变化满足式(8-12)，各段间仅 C 值有所不同。为什么这几个波长的入射线会被吸收体强烈吸收，使 μ_l/ρ 值突增？只要回顾 X 射线荧光辐射产生的能量条件便会得知，由于对应这几个波长的 X 射线光量子的能量刚好等于或略大于吸收体原子的某个内层（如 K、L_I、L_{II} 等）电子的结合能，光子便有可能因大量击出这些内层电子而被消耗掉，于是 μ_l/ρ 值突然增大若干倍。所以，这些吸收突增处的波长就是吸收体因被激发产生荧光辐射而大量吸收入射 X 射线的吸收限（如 λ_K、λ_{L_I}、$\lambda_{L_{II}}$ 等）。吸收限是吸收元素的特征量，不随试验条件而变，所以所有元素的 μ_l/ρ 与 λ 关系曲线都类似于图 8-7，但吸收突增波长位置即吸收限的位置不同。

三、吸收限的应用

1. 根据样品化学成分选择靶材

X 射线衍射晶体结构分析和 X 射线荧光化学分析不同，前者要求入射 X 射线尽可能少地激发样品的荧光辐射，以降低衍射花样的背底，使图像清晰。为此，根据图 8-7 所示吸收限的启示，最好是入射线的波长略大于样品的 λ_K 或者短得很多。换言之，是要求所选 X 射线管靶材的原子序数比样品原子序数稍小或者大许多。这样 X 射线管辐射出来的 K 系谱线的波长值就会满足上述要求。实践证明，根据样品化学成分选择靶材的原则是 $Z_{靶} \leqslant Z_{样} + 1$ 或 $Z_{靶} \gg Z_{样}$。图 8-8 示意地表明，符合这一选择原则时，靶材的 K_α 线的波长位置正处于样品元

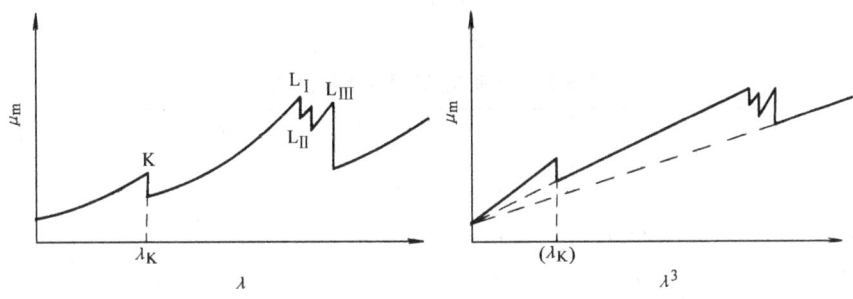

图 8-7 质量吸收系数与波长关系曲线

素的吸收限 λ_K 附近的 μ_l/ρ 值低谷处，或朝更短波长方向远离 λ_K，位于 μ_l/ρ 曲线的低值处。

如果样品中含有多种元素，原则上应在含量较多的几种元素中以原子序数最轻的元素来选择阳极靶材。还应指出，上述选靶材原则仅从减少荧光辐射这一方面作了考虑，在实际工作中，靶材选择还要顾及其他方面，这将在其他章节中介绍。

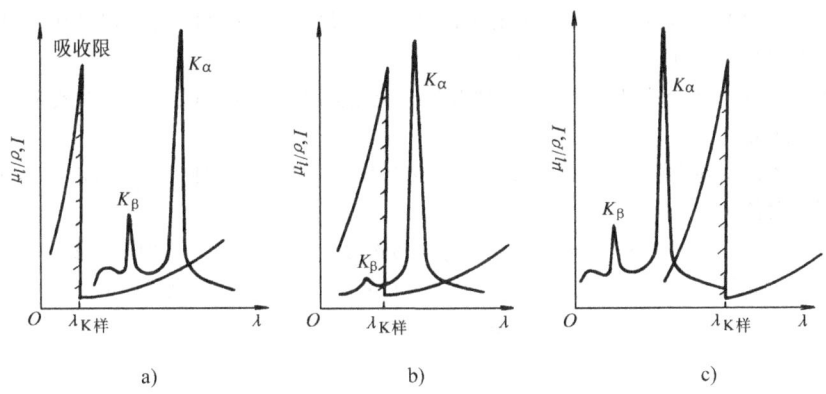

图 8-8 X 射线管靶材的选择原则

a) $Z_{靶} < Z_{样}$ b) $Z_{靶} = Z_{样} + 1$ c) $Z_{靶} \gg Z_{样}$

2. 滤片选择

K 系特征谱线包括 K_α 和 K_β 两条线，它们将在晶体衍射中产生两套花样，使分析工作复杂化，为此希望能从 K 系谱线中滤去 K_β 线。参照图 8-8，可选择一种合适的材料，使其吸收限刚好位于(X 射线管辐射出来的) K_α、K_β 波长之间，且尽可能地靠近 K_α 线波长。当将这种材料制成的薄片——滤波片，置于入射线束或衍射线束光路中，滤片将强烈吸收 K_β 线，而对 K_α 线吸收很少，这样就可以得到基本上是单色的辐射。分析表 8-2 所列数据可以看出，滤片材料选择规律是：滤片的原子序数应比阳极靶材原子序数小 1 或 2，即

当 $Z_{靶} < 40$ 时,$Z_{滤} = Z_{靶} - 1$

当 $Z_{靶} > 40$ 时,$Z_{滤} = Z_{靶} - 2$

表 8-2 消除 K_β 线用的滤波片选择

阳极靶材	波长 λ_K/nm		滤波片(使 $I_{K_\beta}/I_{K_\alpha} = 1/600$)				I/I_0 K_α 的透射因数
	K_α	K_β	元素	λ_K/nm	厚度 t/mm	$\rho \cdot t$/(g·cm^{-2})	
银 47	0.0561	0.0497	铑 45	0.0534	0.079	0.096	0.29
钼 42	0.0711	0.0632	锆 40	0.0688	0.108	0.069	0.31
铜 29	0.1542	0.1392	镍 28	0.1488	0.021	0.019	0.40
钴 27	0.1790	0.1621	铁 26	0.1743	0.018	0.014	0.44
铁 26	0.1937	0.1757	锰 25	0.1895	0.016	0.012	0.46
铬 24	0.2291	0.2085	钒 23	0.2268	0.016	0.009	0.50

思 考 题

1. 试计算当管压为 50kV 时,X 射线管中电子击靶时的速度和动能,以及所发射的连续谱的短波限和光子的最大能量是多少?

2. 什么叫"相干散射"、"非相干散射"、"荧光辐射"、"吸收限"、"俄歇效应"、"发射谱"、"吸收谱"?

3. X 射线实验室用防护铅屏厚度通常至少为 1mm,试计算这种铅屏对 CuK_α、MoK_α 辐射的透射系数各为多少?

4. 试计算含 $w_C = 0.8\%$,$w_{Cr} = 4\%$,$w_W = 18\%$ 的高速钢对 MoK_α 辐射的质量吸收系数。

5. 欲使钼靶 X 射线管发射的 X 射线能激发放置在光束中的铜样品发射 K 系荧光辐射,问需加的最低的管压值是多少? 所发射的荧光辐射波长是多少?

第九章 X 射线的衍射原理

第一节 倒易点阵简介

材料科学基础知识告诉我们:晶体中的原子在三维空间周期性排列,每一周期以原子(或离子、分子或原子集团等)为阵点组成单位晶胞,它们重复排列成空间点阵,共有 7 大晶系,14 种类型,并用 $[uvw]$ 表示空间点阵中的某一晶向,用 (hkl) 表示空间点阵中的某一晶面簇的晶面。这种点阵称为正点阵或真点阵。

若从正点阵的原点出发,向 (hkl) 晶面作垂线,即 (hkl) 的法线,如图 9-1 中的 ON。在 ON 线上取一点 P_{hkl},使 OP_{hkl} 的长度与 (hkl) 的面间距成反比,则 P_{hkl} 点称倒易点,所有正点阵晶面的倒易点组成了倒易点阵。

从原点到 P_{hkl} 点的矢量 $\boldsymbol{g}_{hkl}$ 即为倒易矢量,其大小

$$g_{hkl} = k/d_{hkl} \tag{9-1}$$

式中,k 是比例常数,可令其等于 1 或 X 射线的波长。

下面来介绍倒易矢量的最重要的基本性质。

设有一正空间点阵,其基本平移矢量为 $\boldsymbol{a}$、$\boldsymbol{b}$ 及 $\boldsymbol{c}$(图 9-2)。这些矢量将是单胞的棱,并分别具有长度 a、b 及 c。由基本平移矢量向三个方向平移重复就得到整个空间点阵。现针对这一点阵以特定的方法来定义其倒易点阵:令倒易点阵晶胞的基矢为 $\boldsymbol{a}^*$、$\boldsymbol{b}^*$ 及 $\boldsymbol{c}^*$,并令倒易轴 $\boldsymbol{c}^* \perp \boldsymbol{a}$ 及 $\boldsymbol{b}$,$\boldsymbol{a}^* \perp \boldsymbol{b}$ 及 $\boldsymbol{c}$,$\boldsymbol{b}^* \perp \boldsymbol{a}$ 及 $\boldsymbol{c}$。正倒点阵基矢之间的关系为

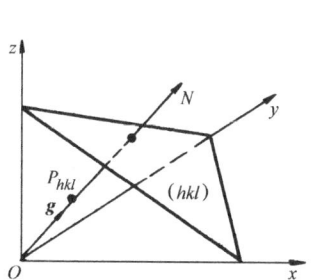

图 9-1 晶体点阵中的晶面与倒易点阵中相应结点的关系

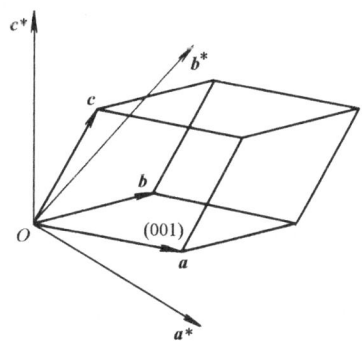

图 9-2 晶体正点阵基矢与倒易点阵基矢的关系

$$a^* = \frac{b \times c}{V} \quad b^* = \frac{c \times a}{V} \quad c^* = \frac{a \times b}{V} \tag{9-2}$$

式中，V 是单胞的体积，$V = a \cdot (b \times c) = b \cdot (c \times a) = c \cdot (a \times c)$。

按照矢量运算法则，在正、倒点阵中，不同文字的倒易与正矢量的数量积为零，即

$$a^* \cdot b = a^* \cdot c = b^* \cdot a = b^* \cdot c = c^* \cdot a = c^* \cdot b = 0 \tag{9-3}$$

而相同文字的倒易矢量与正矢量的数量积为 1，即

$$c^* \cdot c = a^* \cdot a = b^* \cdot b = 1 \tag{9-4}$$

可以看出，如果正点阵的晶轴相互垂直，则倒易轴亦将相互垂直且平行晶轴，如立方和正方晶系。其他晶系则没有这一关系。

通过以上对倒易点阵性质的介绍得知：倒易矢量 g_{hkl} 的方向可以表征正点阵 (hkl) 晶面的法线方向，而 g_{hkl} 的长度为 (hkl) 晶面间距的倒数。

由晶体点阵经过倒易变换可建立起相应的倒易点阵。图 9-3 示意表明晶体中的晶面与其对应的倒易点阵结点的关系。因为 (200) 的晶面间距 d_{200} 是 d_{100} 的一半，故 (200) 相应的倒易矢量长度亦较 (100) 的大一倍。图 9-4 表明立方系晶面与其在平行于 (001) 上的倒易点阵的关系。可以看出，g 矢量的长度等于其对应晶面间距的倒数，且其方向与晶面相垂直。因 (220) 与 (110) 平行，故 g_{220} 亦平行于 g_{110}，但长度不相等。

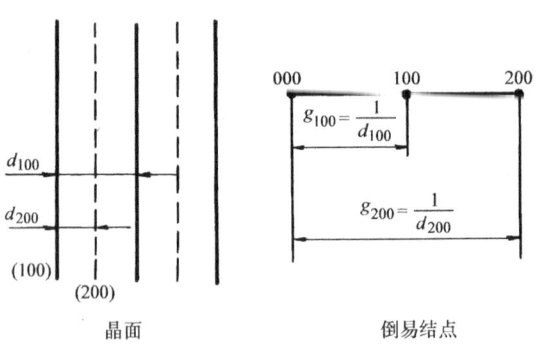

图 9-3 晶面与倒易结点的关系

倒易点阵的概念，使许多晶体几何学问题的解决变得简易，例如单胞体积、晶面间距、晶面夹角的计算以及晶带定理的推导等。晶带和晶带轴的概念比较重要，在此作一简介。

在晶体中如果若干个晶面同时平行于某一轴向时，则这些晶面属于同一晶带，而这个轴向就称为晶带轴。

若晶带轴的方向指数为 $[uvw]$，晶带中某晶面的指数为 (hkl)，则 (hkl) 的倒

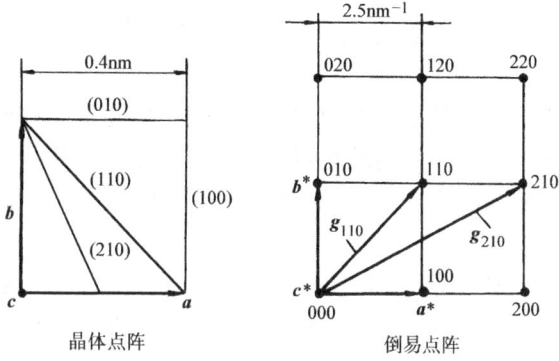

图 9-4 $a = 0.4$nm 立方系晶面及其倒易点阵

(c 及 c^* 轴与图面相垂直)

易矢量 g 必定垂直于 $[uvw]$。将晶带轴表达为晶体点阵中的一个矢量,而将 g 表达为倒易点阵中的一个矢量,则

$$\text{晶带轴矢量} = u\boldsymbol{a} + v\boldsymbol{b} + w\boldsymbol{c}$$
$$g_{hkl} = h\boldsymbol{a}^* + k\boldsymbol{b}^* + l\boldsymbol{c}^* \tag{9-5}$$

倘若这两个矢量互相垂直,则其数量积必为零,故

$$(u\boldsymbol{a} + v\boldsymbol{b} + w\boldsymbol{c}) \cdot (h\boldsymbol{a}^* + k\boldsymbol{b}^* + l\boldsymbol{c}^*) = 0$$

将上式展开,并参考式(9-3)及式(9-4)得

$$hu + kv + lw = 0 \tag{9-6}$$

式(9-6)称为晶带定理,可作为晶面与晶向是否平行的判据,因而亦可判别某晶面是否属于某一晶带。

当某晶带中二晶面的指数已知时,则对应倒易矢量的矢积必平行晶带轴矢量,可通过联立方程来求解晶带轴的指数。但为了方便,一般采用交叉法求解。

例如两晶面的指数分别为 $(h_1k_1l_1)$ 及 $(h_2k_2l_2)$,其相应的晶带轴 $[uvw]$ 为

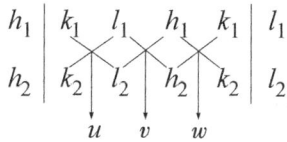

即
$$u : v : w = (k_1l_2 - k_2l_1) : (l_1h_2 - l_2h_1) : (h_1k_2 - h_2k_1)$$

采用类似的方法可求出同属二已知晶向的晶面指数。

第二节 布拉格定律

当振动方向相同、波长相同的两列波叠加时，将造成某些固定区域的加强或减弱，称为波的干涉。当一系列的平行波叠加时，也可发生干涉，其加强或减弱的必要条件是这些波的波程差（或相位差）为波长的整数倍（相当于相位差为 2π 的整数倍）。

X 射线在与晶体中束缚较紧的电子相遇时，电子会发生受迫振动并发射与 X 射线波长相同的相干散射波，这些波相互干涉，使在某些方向获得加强，另一些方向则被削弱。电子散射波干涉的总结果被称为衍射。

X 射线学是以 X 射线在晶体中的衍射现象作为基础的。衍射可归结为两方面的问题，即衍射方向及衍射强度。本章所讨论的衍射方向问题是依靠劳埃方程、布拉格方程（或倒易点阵）的理论来导出的。

劳埃方程式从本质上解决了 X 射线在晶体中的衍射方向问题，但三维的衍射圆锥难以表示和想像，三个劳埃方程在使用上亦欠方便，从实用角度来说，理论有简化的必要。

布拉格方程将晶体的衍射看成晶面簇在特定方向对 X 射线的反射，使衍射方向的确定变得十分简单明确，而成为现代衍射分析的基本公式。

一、布拉格方程的导出

先考虑同一晶面上的原子的散射线叠加条件。如图 9-5 所示，一束平行的单色的 X 射线，以 θ 角照射到原子面 AA 上。如果入射线在 LL_1 处为同相位，则面上的原子 M_1 和 M 的散射线中，处于反射线位置的 MN 和 M_1N_1 在到达 NN_1 时为同光程。这说明同一晶面上的原子的散射线，在原子面的反射线方向上是可以互相加强的。

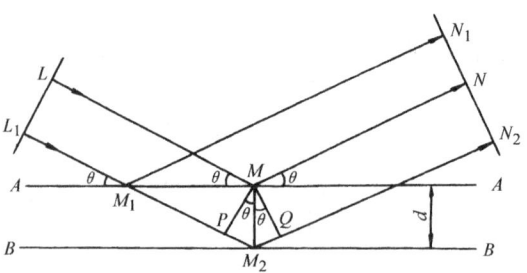

图 9-5 布拉格方程的导出

X 射线不仅可照射到晶体表面，而且可以照射到晶体内一系列平行的原子面。如果相邻两个晶面的反射线的相位差为 2π 的整数倍（或光程差为波长的整倍），则所有平行晶面的反射线可一致加强，从而在该方向上获得衍射。入射线 LM 照射到 AA 晶面后，反射线为 MN；另一条平行的入射线 L_1M_2 照射到相邻的晶面 BB 后，反射线为 M_2N_2。这两束 X 射线到达 NN_2 处的程差为

$$\delta = PM_2 + QM_2$$

如果晶面间距为 d，则从图 9-5 可以看出波程差

$$\delta = d\sin\theta + d\sin\theta = 2d\sin\theta$$

如果入射 X 射线的波长为 λ，则在这个方向上散射线互相加强的条件为

$$2d\sin\theta = n\lambda \tag{9-7}$$

式(9-7)就是著名的布拉格方程。

还可以证明，X 射线束 L_1M_2 在照射晶面 AA 后，反射线到 N_1 点；同一线束照射到相邻的晶面 BB 后，反射线到达 N_2 点。在 N_1、N_2 处，两束反射 X 射线的程差亦为 $2d\sin\theta$。这样，我们已经证明，当一束单色且平行的 X 射线照射到晶体时，同一晶面上的原子的散射线在晶面反射线方向上是同相位的，因而可以叠加；不同晶面的反射线若要加强，必要的条件是相邻晶面反射线的程差为波长的整数倍。

式(9-7)中的 θ 为入射线(或反射线)与晶面的夹角，称为掠射角或布拉栢角。入射线与衍射线之间的夹角为 2θ，称为衍射角。n 为整数，称反射的级。

二、布拉格方程的讨论

将衍射看成反射是布拉格方程的基础。但衍射是本质，反射仅是为了使用方便的描述方式。X 射线的晶面反射与可见光的镜面反射亦有不同。镜面可以任意角度反射可见光，但 X 射线只有在满足布拉格方程的 θ 角上才能发生反射。因此，这种反射亦称选择反射。

布拉格方程在解决衍射方向时是极其简单而明确的。波长为 λ 的 X 射线，以 θ 角投射到晶体中间距为 d 的晶面时，有可能在晶面的反射方向上产生反射(衍射)线，其条件是相邻晶面的反射线的程差为波长的整数倍。往后我们将会看到，布拉格方程只是获得衍射的必要条件而非充分条件。

布拉格方程联系了晶面间距 d、掠射角 θ、反射级数 n 和 X 射线波长 λ 四个量。当知道了其中三个量就可通过公式求出其余一个量。值得强调的是，在不同场合下，某个量可能表现为常量或变量，故需仔细分析。例如在劳埃法中，波长 λ 是变量，间距为 d 的晶面与入射线所在的角度 θ 却是常量。在粉末法中，λ 是常量，而某种晶面的 θ 角却是变量。因布拉格方程是衍射中最基本的最重要的方程，故下面对某些问题作较详细的讨论。

1. 反射级数

公式中的 n 称为反射级数。由相邻的两个平行晶面反射出的 X 射线束，其

波程差用波长去量度所得的整份数在数值上就等于 n。在使用布拉格方程时,并不直接赋予 n 以 1,2,3,…数值,而是采用另一种方式。

参照图9-6,假若 X 射线照射到晶体的(100),而且刚好能发生二级反射,则相应的布拉格方程为

$$2d_{100}\sin\theta = 2\lambda \qquad (9\text{-}8)$$

设想在每两个(100)中间均插入一个原子分布与之完全相同的面。此时面簇中最近原点的晶面在 X 轴上截距已变为1/2,故面簇的指数可写作(200)。又因面间距已为原先的一半,相邻晶面反射线的程差便只有一个波长,此种情况相当于(200)发生了一级反射,其相应的布拉格方程为

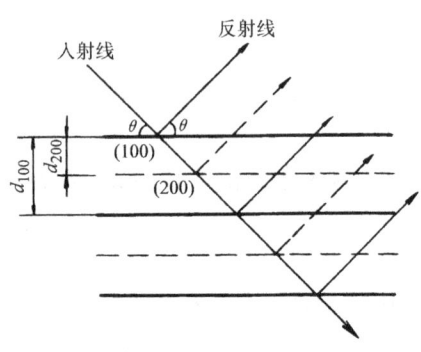

图9-6 二级反射示意图

$$2d_{200}\sin\theta = \lambda$$

上式又可写作

$$2\frac{d_{100}}{2}\sin\theta = \lambda \qquad (9\text{-}9)$$

式(9-9)相当于将式(9-8)右边的 2 移往了左边。也就是说,可以将(100)的二级反射,看成 2(100)即(200)的一级反射。一般的说法是,把 (hkl) 的 n 级反射,看作 $n(hkl)$ 的一级反射。如果 (hkl) 的面间距是 d,则 $n(hkl)$ 的面间距是 d/n。于是布拉格方程可以写成以下形式:

$$2\frac{d}{n}\sin\theta = \lambda$$

或简写成

$$2d\sin\theta = \lambda \qquad (9\text{-}10)$$

这种形式的布拉格方程,在使用上极为方便,它可认为反射级数永远等于 1,因为反射级数 n 实际上已包含在 d 之中。也就是,(hkl) 的 n 级反射,可以看成来自某种虚拟的晶面的 1 级反射。

2. 干涉面指数

晶面 (hkl) 的 n 级反射面 $n(hkl)$,用符号 (HKL) 表示,称为反射面或干涉面。其中 $H = nh$, $K = nk$, $L = nl$。(hkl) 是晶体中实际存在的晶面,(HKL) 只是为了使问题简化而引入的虚拟晶面。干涉面的面指数称为干涉指数,一般有公约数 n。当 $n = 1$ 时,干涉指数即变为晶面指数。对于立方晶系,晶面间距 d_{hkl} 与晶面指数的关系为 $d_{hkl} = \dfrac{a}{\sqrt{h^2 + k^2 + l^2}}$;干涉面间距 d_{HKL} 与干涉指数的关系与此

相似，即 $d_{HKL} = \dfrac{a}{\sqrt{H^2+K^2+L^2}}$。在 X 射线结构分析中，如无特别声明，所用的面间距一般指干涉面间距。

3. 掠射角

掠射角 θ 是入射线或反射线与晶面的夹角，一般可以表征衍射的方向。

从布拉格方程得出 $\sin\theta = \dfrac{\lambda}{2d}$，这一表达式可表达两个概念：其一是，当 λ 一定时，d 相同的晶面必然在 θ 相同的情况下才能同时获得反射，当用单色 X 射线照射多晶体时，各晶粒中 d 相同的晶面其反射线将有着确定的方向关系，这里所指 d 相同的晶面，当然也包括等同晶面；另一个概念是，当 λ 一定时，d 减小，θ 就要增大，这说明间距小的晶面，其掠射角必须是较大的，否则它们的反射线就无法加强，在粉末法中，这一概念非常重要。

4. 衍射极限条件

掠射角 θ 的极限范围为 $0°\sim 90°$，但过大或过小都会造成衍射的观测困难。由于 $|\sin\theta|\leq 1$，这就使得在衍射中反射级数 n 或干涉面间距 d 会受到限制。当 d 一定时，λ 减小，n 可增大，说明对同一种晶面，当采用短波 X 射线照射时，可获得较多级数的反射，即衍射花样比较复杂。从干涉面的角度去分析亦有类似的现象。在晶体中，干涉面的划取是无限的，但并非所有的干涉面均能参与衍射，因为 $d\sin\theta = \lambda/2$ 或者 $d\geq\lambda/2$。此表达式说明只有间距大于或等于 X 射线半波长的那些干涉面才能参与反射。很明显，当采用短波 X 射线照射时，能参与反射的干涉面将会增多。

5. 应用

布拉格方程是 X 射线衍射分布中最重要的基础公式，它形式简单，能够说明衍射的基本关系，所以应用非常广泛。从实验角度可归结为两方面的应用：一方面是用已知波长的 X 射线去照射晶体，通过衍射角的测量求得晶体中各晶面的面间距 d，这就是结构分析；另一方面是用一种已知面间距的晶体来反射从试样发射出来的 X 射线，通过衍射角的测量求得 X 射线的波长 λ，这就是 X 射线光谱学。该法除可进行光谱结构的研究外，从 X 射线的波长尚可确定试样的组成元素。电子探针就是按这原理设计的。

第三节　厄瓦尔德图解及其应用

一、厄瓦尔德作图法

若采用反射面间距，布拉格方程可改写成

$$\sin\theta_{hkl} = \dfrac{\lambda}{2d_{hkl}} = \dfrac{1}{d_{hkl}}\bigg/\left(2\dfrac{1}{\lambda}\right)$$

这一关系可用二维简图来表达（图 9-7）。以 $1/\lambda$ 为半径作圆，以直径为斜边的内接三角形均为直角三角形。令 X 射线沿直径 AO' 方向入射并透过圆周上 O 点。取 OB 的长度为 $1/d_{hkl}$。若斜边 AO 与直角边 AB 的夹角为 θ，则 ΔAOB 满足布拉格关系（按上述形式最为直观）。又从圆心 O' 作 OB 的垂线 $O'C$ 即为反射晶面 (hkl) 的迹线位置，而 $O'B$ 即为 (hkl) 所产生的衍射线或反射线束的方向。n 为晶面法线，$n/\!/OB$。

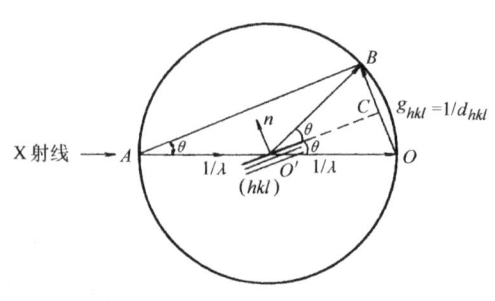

图 9-7 布拉格方程的二维几何图示

可以将 $1/d_{hkl}$ 即 OB 视为一个矢量 g_{hkl}，其原点在 O。任一从 O 出发的矢量，只要其端点触及圆周，即可发生衍射。在三维空间中，矢量的端点可终止于半径为 $1/\lambda$ 的球面上。也就是说，若 X 射线沿着球的直径入射，则球面上所有的点均满足布拉格条件，从球心作某点的连线即为衍射方向。正由于此，这个球就被逻辑地命名为"反射球"。因该表示法首先由厄瓦尔德(P. P. Ewald)提出，故亦称厄瓦尔德球。

厄瓦尔德作图法表明，晶体的 $1/d_{hkl}$ 在衍射分析中是极为重要的。可以对某种晶体作出其相应的 $1/d_{hkl}$ 矢量（即 g_{hkl}）的空间分布图（亦用 $1/\lambda$ 为单位）。这种矢量就是倒易矢量，倒易矢量的终点称为倒易点。倒易点的空间分布即为倒易点阵。各个倒易矢量的始点为倒易点阵原点。将此点置反射球的 O 点上，凡与球面相接触的倒易点，其相应的晶面即可产生衍射。而 O' 点与倒易点的连线就决定了衍射方向。

在应用时，图 9-7 中的 AO' 为 X 射线的入射方向，O' 为试样所在位置，$O'O$ 为透射线，O 为倒易矢量原点或透射点，$O'C$ 为 (hkl) 晶面迹线，g_{hkl} 为 (hkl) 的倒易矢量。只要已知 X 射线的入射方向 AO 和倒易矢量 OB，即可求出对应的衍射方向 $O'B$。其方法是先作倒易矢量的中垂线与入射线相交得 O'，再连 $O'B$ 即为衍射方向。在实际中，反射球的半径常常被放大许多倍，而成为试样到底片的有效距离，O 点为倒易坐标原点或是照相底片上的透射点，相应的倒易点阵的间距也放大了许多倍。

布拉格方程还可以用矢量表示。设图 9-7 中入射方向的单位矢量为 S_0，则 $\overrightarrow{O'O} = S_0/\lambda$；衍射方向的单位矢量为 S，则 $\overrightarrow{O'B} = S/\lambda$。按矢量运算 $\overrightarrow{OB} = \overrightarrow{O'B} - \overrightarrow{O'O} = (S - S_0)/\lambda$，而 $\overrightarrow{OB} = g$，因此有

$$S - S_0 = \lambda g \tag{9-11}$$

这就是布拉格方程的矢量表达式。按上式，利用 $|S| = |S_0| = 1$ 和矢量运算，可以直接推导出布拉格公式。

二、应用举例

厄瓦尔德作图法是极为有力的工具，它可简单明了地解释 X 射线在晶体中的各种衍射现象。作为例子，可用它对获得 X 射线衍射的方法作出分析。当用单色 X 射线照射不动的单晶体时，反射球的大小即已确定。晶面(hkl)与入射线所成的掠射角 θ 不能改变，因 d_{hkl} 为定值，故其倒易矢量的长度($g_{hkl} = 1/d_{hkl}$)亦已确定。参照图 9-7，这时从 O 点引出的 g_{hkl} 要能刚好交在 B 点上，其可能性是非常小的。必须设法改变衍射几何，如把单晶变多晶，或改变 X 射线的波长、晶体取向等，使得反射球或者倒易点阵处于变动状态。下面运用厄瓦尔德图解原理对常用的三种 X 射线衍射方法作出分析。

1. 劳埃法

劳埃法是德国物理学家劳埃在 1912 年首先提出的，是最早的 X 射线分析方法，它用垂直于入射线的平底片记录衍射线而得到劳埃斑点。如图 9-8 所示，图中 A 为透射相，B 为背射相，目前劳埃法用于单晶体取向测定及晶体对称性的研究(见第十四章)。

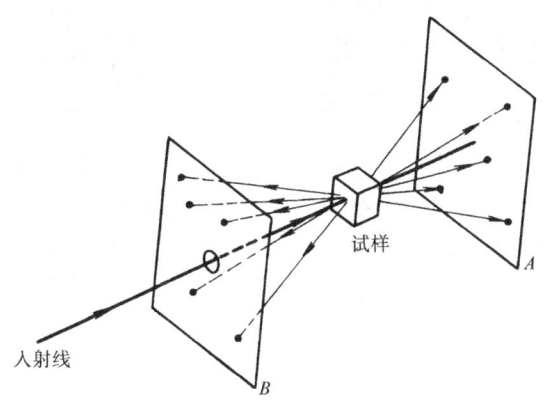

图 9-8　劳埃法示意图

该法采用连续 X 射线照射不动的单晶体。连续谱的波长有一个范围，从 λ_0(短波限)到 λ_m(如乳胶中银的 K 吸收限波长)。图 9-9 所示为零层倒易点阵以及两个极限波长反射球的截面。大球以 B 为中心，其半径等于 λ_0 的倒数；小球以 A 为中心，其半径等于 λ_m 的倒数。在这两个球之间，以线段 AB 上的点为中心有无限多个球，其半径从 $1/\lambda_0$(BO)连续变化到 $1/\lambda_m$(AO)。凡是落到这两个球面之间的区域的倒易结点，均满足布拉格条件，它们将与对应某一波长的反射球面相交而获得衍射。如图中 120 结点，能产生衍射，其衍射方向可求。使 OC 等于 C 到 120 结点的距离，则 C 点为通过 120 结点的反射球的中心。如作 120 结点至 O 线段的中垂线交于入射线的 C 点，则 C 到 120 结点连线方向即为(120)晶面的衍射方向。

2. 周转晶体法

周转晶体法采用单色 X 射线照射转动的单晶体，并用一张以旋转轴为轴的圆筒形底片来记录（见图 9-10），图 9-11 可以解释周转晶体衍射花样的形成。晶体绕晶轴旋转相当于其倒易点阵围绕过原点 O 并与反射球相切的一根轴转动，于是某些结点将瞬时地通过反射球面。处在与旋转轴垂直的同一平面上的结点，与反射球面亦将相交于同一水平面的圆周上。因此，所有衍射光束矢量 S/λ 必定从球心出发并终止于这个圆周上，也就是衍射光束必定位于同一个圆锥面上。这样，层线的形成就成为十分自然的事，如图 9-12 所示。凡是倒易矢量 g 值小于反射球直径（$g = 1/d \leqslant 2/\lambda$）的那些倒易点，都有可能与球面相遇而产生衍射。

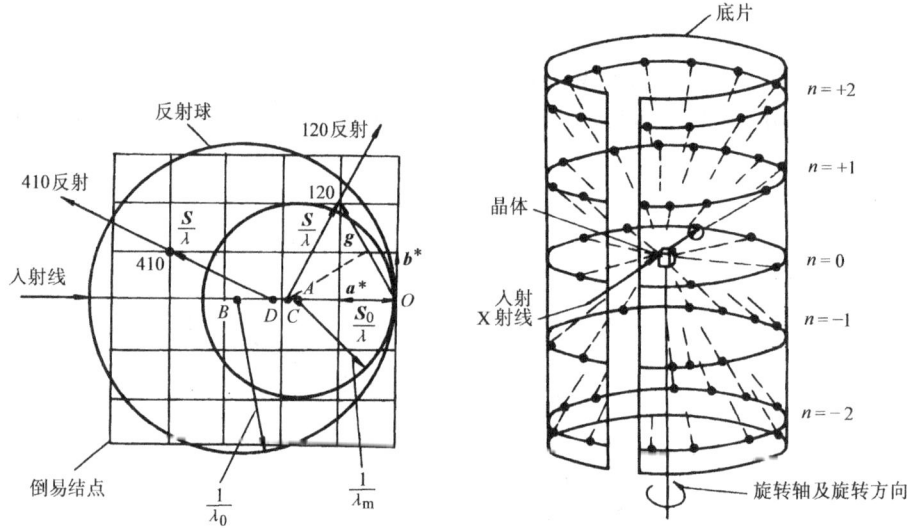

图 9-9 劳埃法的厄瓦尔德图解　　　图 9-10 周转晶体法

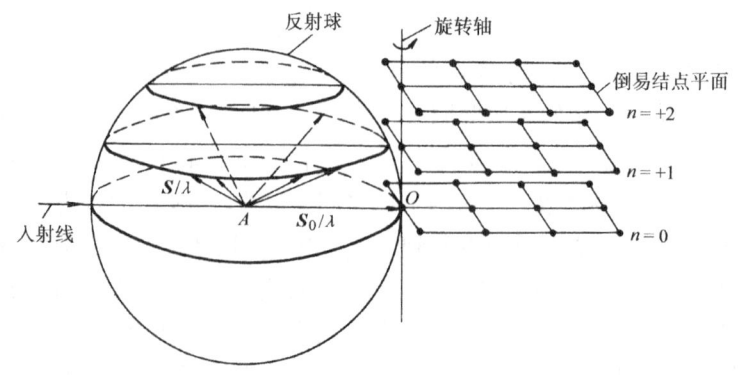

图 9-11 周转晶体法的倒易点阵解释

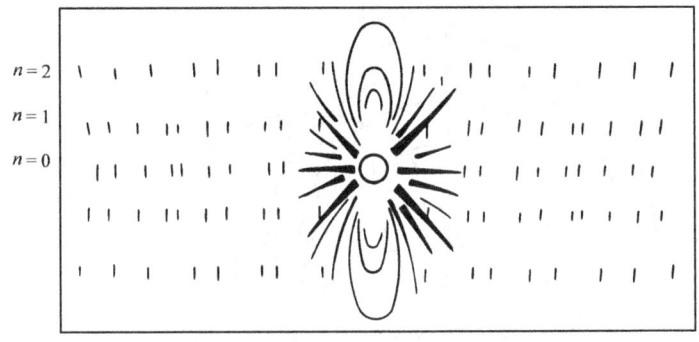

图 9-12 石英晶体绕[0001]轴的转晶相

设圆筒半径为 R，第 n 层线与零层线的距离为 L，则该层衍射线与赤道平面的夹角 φ_n 为

$$\tan\varphi_n = \frac{L_n}{R}$$

同时，第 n 层与零层倒易截面的间距为 nD，则根据反射球的衍射几何有下列关系(见图 9-13)：

$$\sin\varphi_n = \frac{nD}{1/\lambda} = n\lambda D = \frac{n\lambda}{d}$$

式中，d 为 [uvw] 方向的面间距。据此就可通过周转晶体法确定晶体在旋转轴方向上的点阵周期，通过多个方向上点阵周期的测定，就可确定晶体的结构。

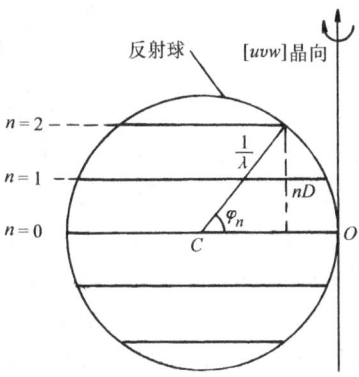

图 9-13 确定沿转轴[uvw]的周期

3. 粉末法

该法采用单色 X 射线照射多晶试样(见图 9-14)。多晶体是数量众多的单晶或微晶的取向混乱的集合体，就其位向而言，相当于单晶体围绕所有可能的轴线而旋转。倒易矢量等长的倒易点(相当于晶面间距相同的晶面)将落在同一个以倒易原点为心、倒易矢量长度为半径的球面上，这个球称为倒易球，晶面间距越大，倒易球的半径越小，如图 9-15 所示。

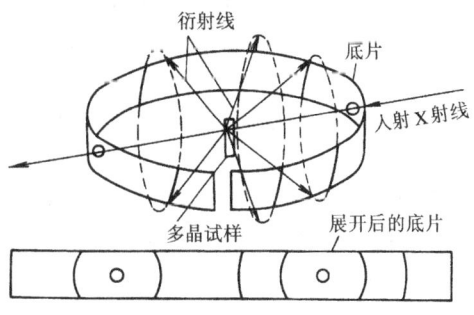

图 9-14 粉末法

令入射线的方向与倒易点阵某基矢相一致，从 O 点截取 $1/\lambda$ 长度得反射球

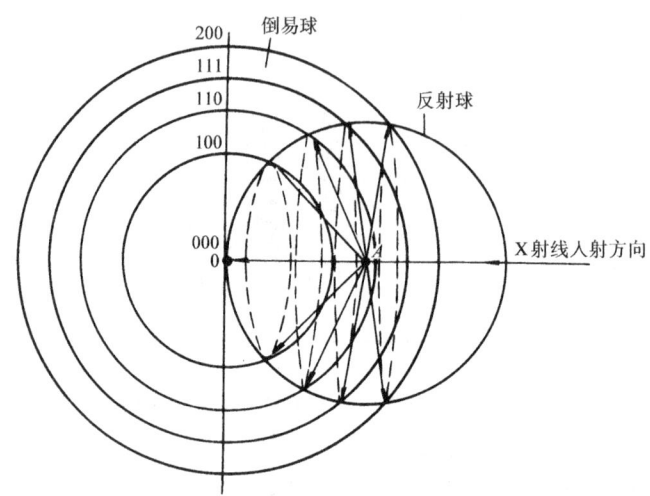

图 9-15 粉末法的倒易点阵解释

心 A。按厄瓦尔德作图法,凡与反射球面相交的倒易点所对应的晶面均有可能参与反射。每个倒易球面与反射球面相交成一个圆。从反射球心 A 作各圆的引线即为衍射线束,它组成若干个以 A 为顶点并以入射线为轴线的圆锥面。显然当倒易球半径不大于反射球直径时才可能产生衍射。

粉末法是衍射分析中最常用的方法。大多数材料的粉末或其板、丝、块、棒等均可直接用作试样,且其衍射花样又可提供甚多的分析资料。粉末法主要用于测定晶体结构,进行物相定性、定量分析,精确测定晶体的点阵参数以及材料的应力、织构、晶粒大小的测定等。

粉末法是各种多晶体 X 射线分析法的总称,其中以德拜-谢乐法最具典型性,它用窄圆筒底片来记录衍射花样,图 9-14 为其衍射示意图,详见第十一章。

思 考 题

1. 试画出下列晶向及晶面(均属立方晶系):[111],[121],[21$\bar{2}$],(01$\bar{0}$),(110),(123),(21$\bar{1}$)。

2. 下面是某立方晶系物质的几个晶面间距,试将它们从大到小按次序重新排列。
(12$\bar{3}$) (100) (200) ($\bar{3}$11) (121) (111) ($\bar{2}$10) (220) (130) (030) (22$\bar{1}$) (110)

3. 当波长为 λ 的 X 射线照射到晶体并出现衍射线时,相邻两个 (hkl) 反射线的程差是多少?相邻两个 (HKL) 反射线的程差又是多少?

4. 画出 Fe_2B 在平行于 (010) 上的部分倒易点。Fe_2B 属正方晶系,点阵参数 $a = b = 0.510$nm,$c = 0.424$nm。

5. 判别下列哪些晶面属于 [$\bar{1}$11] 晶带:($\bar{1}$10),($\bar{2}$31),(231),(211),($\bar{1}$01),(133),(1$\bar{1}$2),($\bar{1}$32),(01$\bar{1}$),(212)。

6. 试计算 $(\bar{3}11)$ 及 $(\bar{1}32)$ 的共同晶带轴。

7. 铝为面心立方点阵，$a = 0.4049\text{nm}$。今用 CrK_α ($\lambda = 0.2029\text{nm}$) 摄照周转晶体相，X 射线垂直于 [001]。试用厄瓦尔德图解法原理判断下列晶面有无可能参与衍射：(111)，(200)，(220)，(311)，(331)，(420)。

8. 画出六方点阵 (001)* 倒易面上的倒易点，并标出 $\boldsymbol{a}^*$，$\boldsymbol{b}^*$，若一单色 X 射线垂直于 $\boldsymbol{b}$ 轴入射，试用厄瓦尔德作图法求出 (120) 面衍射线的方向。

第十章 X 射线的衍射强度

在 X 射线分析中，经常会涉及衍射强度问题。例如，在进行物相定量分析、固溶体有序度测定、内应力以及织构测定时，都必须通过衍射强度准确测定。因此在 X 射线的测量中，除了衍射方向之外，衍射线的强度也很重要。不论是德拜相或是衍射仪的记录曲线，各条衍射线的强度是不一样的。影响衍射线强度的因素很多。在粉末法中，主要因素有以下几种：偏振因数；结构因数，多重性因数，洛仑兹因数，吸收因数和温度因数等，其中偏振因数与洛仑兹因数又合称为角因数。

第一节 电子和原子对衍射强度的影响

当入射线与原子内受核束缚较紧的电子相遇，光量子能量不足以使原子电离，但电子可在 X 射线交变电场作用下发生受迫振动，这样的电子就成为一个电磁波的发射源，向周围辐射与入射 X 射线波长相同的辐射称相干散射，因为各电子所散射的射线波长相同，有可能相互干涉。汤姆逊（Thomson J. J.）用经典方法研究了此现象，推导出表明相干散射强度的汤姆逊散射公式。

X 射线为非偏振光，射到电子 e 后，在空间一点 P 的相干散射强度（见图 10-1）为

$$I_e = \frac{I_0}{R^2}\left(\frac{\mu_0}{4\pi}\right)^2\left(\frac{e^2}{mc}\right)^2 \frac{1+\cos^2 2\theta}{2}$$

(10-1)

式中，I_0 为入射线强度；I_e 为一个电子的相干散射强度；$\mu_0 = 4\pi \times 10^{-7} \text{m} \cdot \text{kg} \cdot \text{c}^{-2}$；$e$ 为电子电荷；m 为电子质量；c 为光速；R 为散射电子到空间一点 P 的距离；2θ 为散射方向与入射方向间的夹角（见图 10-1）。公式中 $\left(\dfrac{\mu_0}{4\pi}\right)\left(\dfrac{e^2}{mc}\right)$ 为常数项，称电子散射因数 f_e。f_e 是个很小的数（$f_e^2 = 7.94 \times 10^{-30} \text{m}^2$），说明一个电子的相干散射强度是很弱的；$\dfrac{1+\cos^2 2\theta}{2}$

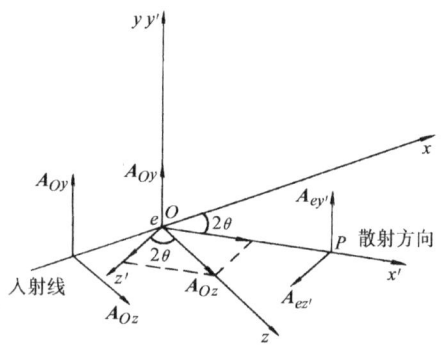

图 10-1 非偏振 X 射线对电子散射的作用
Ox—入射线 Ox'—散射线
A_{Oz}—A 为电场矢量，下标表示方向分量
xyz 和 $x'y'z'$—入射线和散射线的参考坐标

称偏振因数，表明当入射线非偏振时，相干散射线在不同方向发生不同程度的偏振，其强度随 2θ 变化。若将汤姆逊公式用于质子或原子核，由于质子的质量是电子的 1840 倍，则散射强度只有电子的 $1/1840^2$，可忽略不计。所以物质对 X 射线的散射可以认为只是电子的散射。相干散射波虽然只占入射能量的极小部分，但由于它的相干特性而成为 X 射线衍射分析的基础。

晶体结构的特点是原子在空间规则排列，所以把原子看成一个个分立的散射源有便于分析晶体的衍射。原子中的电子在其周围形成电子云，当散射角 $2\theta=0$ 时，各电子在这个方向的散射波之间没有光程差，它们的合成振幅 $A_a = zA_e$；当散射角 $2\theta \neq 0$ 时，如图 10-2 所示，观察原点 O 和空间一点 G 的电子，它们的相干散射波在

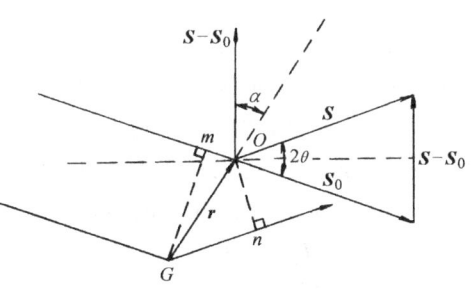

图 10-2 一个原子中两电子的相干散射

2θ 角方向上的光程差 $\delta = Gn - Om$。设入射和散射方向的单位矢量分别是 S_0 和 S，位矢 $\overrightarrow{GO} = r$，则其相位差 ϕ 为

$$\phi = \frac{2\pi}{\lambda}(Gn - Om) = \frac{2\pi}{\lambda}r(S - S_0) \tag{10-2}$$

由图可见，$|S - S_0| = 2\sin\theta$，r 与 $(S - S_0)$ 夹角为 α，则

$$\phi = \frac{2\pi}{\lambda}r2\sin\theta\cos\alpha = \frac{4\pi\sin\theta}{\lambda}r\cos\alpha$$

令 $K = \frac{4\pi\sin\theta}{\lambda}$，则

$$\phi = Kr\cos\alpha \tag{10-3}$$

设 $\rho(r)$ 是原子中总的电子分布密度，则原子中所有电子在 S 方向上散射波的合成振幅 A_a 为

$$A_a = A_e \int_V \rho(r) e^{i\phi} dV \tag{10-4}$$

dV 是位矢 r 端点周围的体积元。定义原子散射因数 f 为

$$f = \frac{A_a}{A_e} = \frac{一个原子中所有电子相干散射波的合成振幅}{一个电子相干散射波的振幅}$$

则

$$f = \int_V \rho(r) e^{i\phi} dV \tag{10-5}$$

若原子中电子云是对原子核呈球形对称分布，$U(r)$ 为其径向分布函数(半径为 r 的球面上的电子数)，$U(r) = 4\pi r^2 \rho(r)$，就可推得

$$f = \int_0^\infty U(r) \frac{\sin Kr}{Kr} dr \tag{10-6}$$

可见，原子散射因数决定于原子中电子分布密度以及散射波的波长和方向（$\sin\theta/\lambda$）。当 $\theta = 0$ 时，$f = z$；当 $\theta \neq 0$ 时，$f < z$。f 可用量子力学方法计算，也可用实验测定。图 10-3 表示原子散射因数随 $\sin\theta/\lambda$ 的变化。由计算所得到的原子散射因数见附录 B。因为在 f 中散射强度之比是散射振幅的平方比，所以原子的相干散射强度

$$I_a = f^2 I_e$$

在上述分析中，将电子看成自由电子，忽略了核对电子的束缚和其他电子的排斥作用。由于电子处在物质中，必然受到这些因素的影响。特别是在入射波长 λ 接近被照物质的吸收限 λ_K 时（$\lambda/\lambda_K \approx 1$），此作用尤其显著，原子散射因数较计算值 f_0 相差一修正量，即发生反常散射现象。有效的原子散射因数 $f_{有效}$ 为

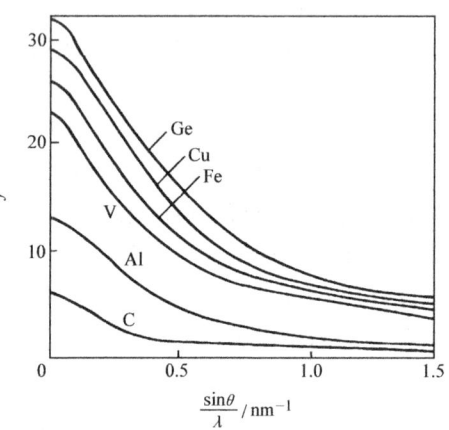

图 10-3 原子散射因子 f 随 $\sin\theta/\lambda$ 的变化

$$f_{有效} = f_0 + f' + if''$$

f' 和 f'' 称色散修正项，虚数项 f'' 通常忽略不计。对给定的散射体和波长，f' 与散射角无关，与（λ/λ_K）的比值有关，比值越接近 1，$f_{有效}$ 与 f_0 的差值越大。

第二节 单胞对衍射强度的影响

简单点阵只由一种原子组成，每个晶胞只有一个原子，它分布在晶胞的顶角上，单位晶胞的散射强度相当于一个原子的散射强度。复杂点阵晶胞中含有 n 个相同或不同种类的原子，它们除占据单胞的顶角外，还可能出现在体心、面心或其他位置。复杂点阵单胞的散射波振幅应为单胞中各原子的散射振幅的矢量合成。由于衍射线的相互干涉，某些方向的强度将会加强，而某些方向的强度将会减弱甚至消失。这种规律习惯称为系统消光。研究单胞结构对衍射强度的影响，在衍射分析的理论和应用中都十分重要。

一、结构因数公式的推导

参见图 10-4，取单胞的顶点 O 为坐标原点，A 为单胞中任一原子 j，它的坐标矢量为

$$\overrightarrow{OA} = \boldsymbol{r}_j = x_j \boldsymbol{a} + y_j \boldsymbol{b} + z_j \boldsymbol{c}$$

式中，$\boldsymbol{a}$、$\boldsymbol{b}$、$\boldsymbol{c}$ 为单胞的基本平移矢量，x_j、y_j、z_j 为 A 原子的坐标。

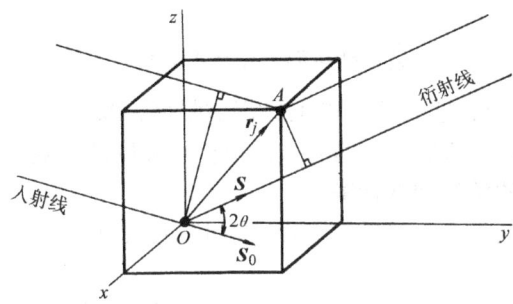

图 10-4 复杂点阵晶胞中两原子的相干散射

A 原子与 O 原子间散射波的光程差为

$$\delta_j = \boldsymbol{r}_j \cdot \boldsymbol{S} - \boldsymbol{r}_j \cdot \boldsymbol{S}_0 = \boldsymbol{r}_j \cdot (\boldsymbol{S} - \boldsymbol{S}_0)$$

利用布拉格关系矢量公式(9-11)和倒易矢量公式(9-5)，可知其相位差应为

$$\phi_j = \frac{2\pi}{\lambda}\delta_j = 2\pi \boldsymbol{r}_j \cdot \boldsymbol{g} = 2\pi(Hx_j + Ky_j + Lz_j)$$

若单胞中各原子的散射波振幅分别为 $f_1 A_e$, $f_2 A_e$, ⋯, $f_j A_e$, ⋯, $f_n A_e$（A_e 为一个电子相干散射波振幅，不同种类原子其 f 不同），它们与入射波的相位差分别为 ϕ_1, ϕ_2, ⋯, ϕ_j, ⋯, ϕ_n（原子在单胞中不同位置其 ϕ 不同），则所有这些原子散射波振幅的合成就是单胞的散射波振幅 A_b。

$$A_b = A_e(f_1 e^{i\phi_1} + f_2 e^{i\phi_2} + \cdots + f_j e^{i\phi_j} + \cdots + f_n e^{i\phi_n}) = A_e \sum_{j=1}^{n} f_j e^{i\phi_j}$$

至此，可引入一个以电子散射能力为单位的、反映单胞散射能力的参量——结构振幅 F_{HKL}：

$$F_{HKL} = \frac{一个晶胞的相干散射波振幅}{一个电子的相干散射波振幅} = \frac{A_b}{A_e}$$

即

$$F_{HKL} = \sum_{j=1}^{n} f_j e^{i\phi_j} \tag{10-7}$$

可将复数展开成三角函数形式

$$e^{i\phi} = \cos\phi + i\sin\phi$$

于是

$$F_{HKL} = \sum_{j=1}^{n} f_j [\cos 2\pi(Hx_j + Ky_j + Lz_j) + i\sin 2\pi(Hx_j + Ky_j + Lz_j)] \tag{10-8}$$

在 X 射线衍射工作中可测量到的衍射强度 I_{HKL} 与结构振幅的平方 $|F_{HKL}|^2$ 成正比。欲求此值，需将式(10-8)乘以其共轭复数

$$|F_{HKL}|^2 = F_{HKL}F_{HKL}^* = \left[\sum_{j=1}^{n} f_j\cos2\pi(Hx_j + Ky_j + Lz_j)\right]^2$$
$$+ \left[\sum_{j=1}^{n} f_j\sin2\pi(Hx_j + Ky_j + Lz_j)\right]^2 \quad (10\text{-}9)$$

$|F_{HKL}|^2$ 称结构因数,它表征了单胞的衍射强度,反映了单胞中原子种类、原子数目及原子位置对 (HKL) 晶面衍射方向上衍射强度的影响。

二、几种点阵的结构因数计算

下面是几种由同类原子组成的点阵(例如纯元素)的结构因数计算。

1. 简单点阵

单胞中只有一个原子,其坐标为 $(0,0,0)$,原子散射因数为 f,根据式(10-9):

$$|F_{HKL}|^2 = [f\cos2\pi(0)]^2 + [f\sin2\pi(0)]^2 = f^2$$

该种点阵其结构因数与 HKL 无关,即 HKL 为任意整数时均能产生衍射,例如 (100)、(110)、(111)、(200)、$(210)\cdots$。能够出现的衍射面指数平方和之比是 $(H_1^2 + K_1^2 + L_1^2):(H_2^2 + K_2^2 + L_2^2):(H_3^2 + K_3^2 + L_3^2)\cdots = 1^2:(1^2 + 1^2):(1^2 + 1^2 + 1^2):2^2:(2^2 + 1^2)\cdots = 1:2:3:4:5\cdots$

2. 体心点阵

单胞中有两种位置的原子,即顶角原子,其坐标为 $(0,0,0)$ 及体心原子,其坐标为 $\left(\frac{1}{2}, \frac{1}{2}, \frac{1}{2}\right)$,原子散射因数均为 $f_1 = f_2 = f$。

$$|F_{HKL}|^2 = \left[f_1\cos2\pi(0) + f_2\cos2\pi\left(\frac{H}{2} + \frac{K}{2} + \frac{L}{2}\right)\right]^2$$
$$+ \left[f_1\sin2\pi(0) + f_2\sin2\pi\left(\frac{H}{2} + \frac{K}{2} + \frac{L}{2}\right)\right]^2$$
$$= f^2[1 + \cos\pi(H + K + L)]^2$$

1) 当 $H + K + L = $ 奇数时,$|F_{HKL}|^2 = f^2(1-1) = 0$,即该种晶面的散射强度为零,该种晶面的衍射线不能出现,例如 (100)、(111)、(210)、(300)、(311) 等。

2) 当 $H + K + L = $ 偶数时,$|F_{HKL}|^2 = f^2(1+1)^2 = 4f^2$,即体心点阵只有指数之和为偶数的晶面可产生衍射,例如 (110)、(200)、(211)、(220)、$(310)\cdots$。这些晶面的指数平方和之比: $(1^2 + 1^2):2^2:(2^2 + 1^2 + 1^2):(2^2 + 2^2):(3^2 + 1^2)\cdots = 2:4:6:8:10\cdots$。

3. 面心点阵

单胞中有四种位置的原子,它们的坐标分别是 $(0,0,0)$、$\left(0, \frac{1}{2}, \frac{1}{2}\right)$、$\left(\frac{1}{2}, \frac{1}{2}, 0\right)$、$\left(\frac{1}{2}, 0, \frac{1}{2}\right)$,其原子散射因数均为 $f_1 = f_2 = f_3 = f_4 = f$。

$$|F_{HKL}|^2 = \left[f_1\cos2\pi(0) + f_2\cos2\pi\left(\frac{K}{2}+\frac{L}{2}\right) + f_3\cos2\pi\left(\frac{H}{2}+\frac{K}{2}\right) + f_4\cos2\pi\right.$$
$$\left.\left(\frac{H}{2}+\frac{L}{2}\right)\right]^2 + \left[f_1\sin2\pi(0) + f_2\sin2\pi\left(\frac{K}{2}+\frac{L}{2}\right) + f_3\sin2\pi\left(\frac{H}{2}+\frac{K}{2}\right) + f_4\sin2\pi\right.$$
$$\left.\left(\frac{H}{2}+\frac{L}{2}\right)\right]^2 = f^2[1 + \cos\pi(K+L) + \cos\pi(H+K) + \cos\pi(H+L)]^2$$

1) 当 H、K、L 全为奇数或全为偶数时
$$|F_{HKL}|^2 = f^2(1+1+1+1)^2 = 16f^2$$
2) 当 H、K、L 为奇偶混杂时(2个奇数1个偶数或2个偶数1个奇数)
$$|F_{HKL}|^2 = f^2(1-1+1-1)^2 = 0$$

即面心立方点阵只有指数为全奇或全偶的晶面才能产生衍射，例如(111)、(200)、(220)、(311)、(222)、(400)…。能够出现的衍射线，其指数平方和之比是：$(1^2+1^2+1^2):2^2:(2^2+2^2):(3^2+1^2+1^2):(2^2+2^2+2^2):(4^2+0^2+0^2)\cdots = 3:4:8:11:12:16\cdots = 1:1.33:2.67:3.67:4:5.33\cdots$

结构因数只与原子的种类及在单胞中的位置有关，而不受单胞的形状和大小的影响。例如对体心点阵，不论是立方晶系、正方晶系还是斜方晶系，其消光规律均是相同的，可见系统消光的规律有较广泛的适用性。

图 10-5 所示为上述三种点阵的晶体经系统消光后所呈现的衍射线分布状况，其中 $m = H^2 + K^2 + L^2$。

各种点阵的结构因数见附录 B。

由异类原子组成的物质，例如化合物，其结构因数的计算与上述大体相同，但由于组成化合物的元素有别，致使衍射线条分布会有较大的差异。例如化合物 CuBe，具有简单立方点阵，Cu 原子占据着单胞的顶角，Be 原子位于单胞的中心(或相反)，每种原子各自组成简单格子。结构因数的计算表明：当 $H+K+L = $ 奇数时，$|F_{HKL}|^2 = (f_{Cu} - f_{Be})^2$，当 $H+K+L = $ 偶数时，$|F_{HKL}|^2 = (f_{Cu} + f_{Be})^2$。由于 Cu 与 Be 的原子序数相差较大，晶体的衍射线条分布规律与简单点阵的基本相同，只是指数和为

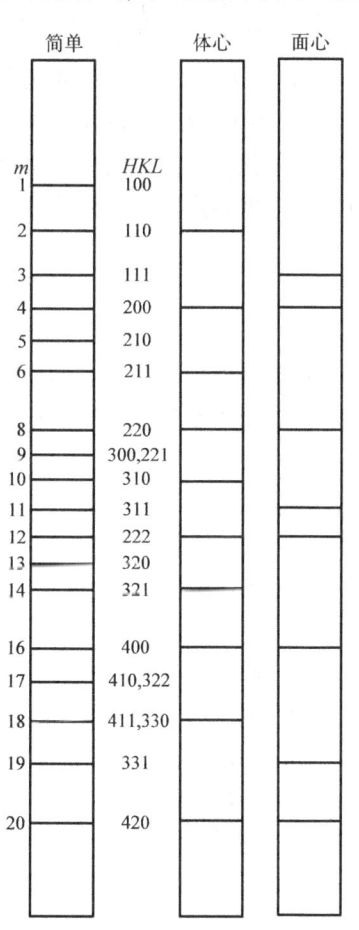

图 10-5 三种点阵晶体衍射线的分布

奇数的线条较弱。在另一种情况下，例如化合物 CuZn，结构同样为简单立方点阵，但由于 Cu 和 Zn 为相邻元素，f_{Cu} 与 f_{Zn} 极为接近，指数和为奇数的线条其结构因数接近于零，故 CuZn 晶体衍射线的分布规律与体心点阵的相同。

某些固溶体在发生有序化转变后，不同元素的原子将固定地占据单胞中某些特定位置，晶体的衍射线条分布亦将随之变化。$AuCu_3$ 是一典型例子，在 395℃ 以上是无序固溶体，每个原子位置上发现 Au 和 Cu 的几率分别为 0.25 和 0.75，这个平均原子的原子散射因数 $f_{平均} = 0.25 f_{Au} + 0.75 f_{Cu}$。在 395℃ 以下，快冷将保留无序态；若经较长时间保温后缓冷，$AuCu_3$ 便是有序态，此时 Au 原子占据晶胞顶角位置，Cu 原子则占据面心位置。显然无序态时，$AuCu_3$ 遵循面心点阵消光规律，而完全有序时，将 Au 原子坐标（000），Cu 原子坐标 $\left(\frac{1}{2} \frac{1}{2} 0\right)$，$\left(\frac{1}{2} 0 \frac{1}{2}\right)$，$\left(0 \frac{1}{2} \frac{1}{2}\right)$ 代入 $|F_{HKL}|^2$ 公式，其结果是：

1）当 H、K、L 全奇或全偶时，$|F_{HKL}|^2 = (f_{Au} + 3f_{Cu})^2$
2）当 H、K、L 奇偶混杂时，$|F_{HKL}|^2 = (f_{Au} - f_{Cu})^2$

有序化使无序固溶体因消光而失却的衍射线复又出现，这些被称为超点阵衍射线。根据超点阵线条的出现及其强度可判断有序化的出现与否并测定有序度。

第三节 角 因 数

在多晶衍射分析中，通常要考察衍射圆环上单位弧长的累积强度或称积分强度。洛仑兹因数反映了衍射的几何条件对衍射强度的影响。洛仑兹因数与偏振因数合并后称为角因数。

一、衍射的积分强度

每个衍射圆锥是由数目巨大的微晶体反射 X 射线形成，底片上的衍射线是在相当长时间曝光后得到，故所得衍射强度为累积强度。从横断面去考察一根衍射线(相当于察看圆锥面的厚度)，得知其强度近似呈几率分布，如图 10-6 所示。分布曲线所围成的面积(扣除背景强度后)称为衍射积分强度。衍射强度分布曲线即衍射峰，可利用 X 射线衍射仪(参看第十一章)直接采集得到。

衍射积分强度近似地等于 $I_m B$，其中 I_m 为顶峰强度，B 为在 $I_m/2$ 处的衍射线宽度(简

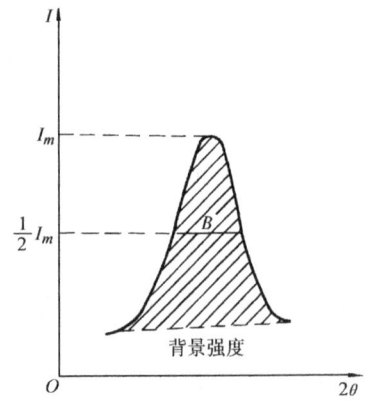

图 10-6 衍射线的积分强度

称半高宽)。I_m 和 $1/\sin\theta$ 成比例，而 B 和 $1/\cos\theta$ 成比例，故衍射积分强度与 $1/(\sin\theta\cos\theta)$ 即 $1/\sin2\theta$ 成比例。

二、参加衍射的晶粒分数

多晶试样中各晶粒的取向是无规则的。如图 10-7 所示，被照射的全部晶粒，其(HKL)的倒易点将均匀分布在倒易球面上。能参与形成衍射环的晶面，在倒易球面的投影只是有影线的环带部分(理想情况下，只有与入射线成严格 θ 角的晶面可参与衍射,实际上衍射可发生在小角度 $\Delta\theta$ 范围内)。环带面积与倒易球面积之比，即为参加衍射的晶粒分数。

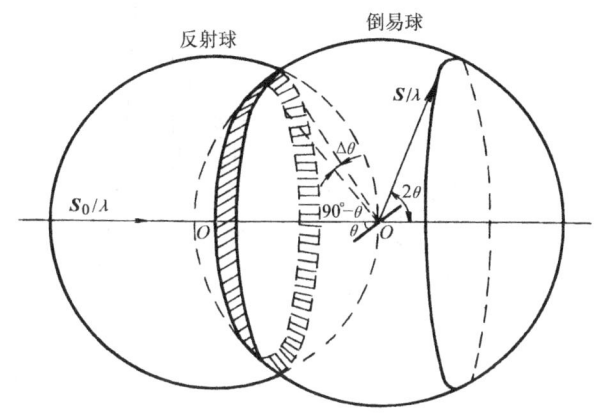

图 10-7 参加衍射的晶粒分数估计

参加衍射的晶粒分数 $=\dfrac{2\pi r^* \sin(90°-\theta) r^* \Delta\theta}{4\pi(r^*)^2}=\dfrac{\cos\theta}{2}\Delta\theta$

上式中 r^* 为倒易球半径，$r^*\Delta\theta$ 表示环带宽。计算表明参加衍射的晶粒数与 $\cos\theta$ 成正比。

三、单位弧长的衍射强度

图 10-8 表明，衍射角为 2θ 的衍射环，其上某点至试样的距离若为 R，则衍射环的直径为 $R\sin2\theta$，衍射环的周长为 $2\pi R\sin2\theta$，可见单位弧长的衍射强度反比于 $\sin2\theta$。

综合上述三个衍射几何可得

$$\text{洛仑兹因数} = \frac{1}{\sin2\theta}\cos\theta\frac{1}{\sin2\theta} = \frac{\cos\theta}{\sin^2 2\theta} = \frac{1}{4\sin^2\theta\cos\theta}$$

四、角因数

将洛仑兹因数与式(10-1)中的偏振因数再合并，得到一个与掠射角 θ 有关的函数，称为角因数，或称洛仑兹—偏振因数。

$$角因数 = \frac{1 + \cos^2 2\theta}{8\sin^2\theta\cos\theta}$$

实际应用中多只涉及相对强度，故通常称 $\frac{1}{\sin^2\theta\cos\theta}$ 为洛仑兹因数，$\Phi = \frac{1 + \cos^2 2\theta}{\sin^2\theta\cos\theta}$ 为实际计算的角因数关系。角因数与 θ 角的关系如图10-9。应指出，常用的角因数表达式仅适用于德拜法，因为洛仑兹因数的表达式与具体的衍射几何有关。

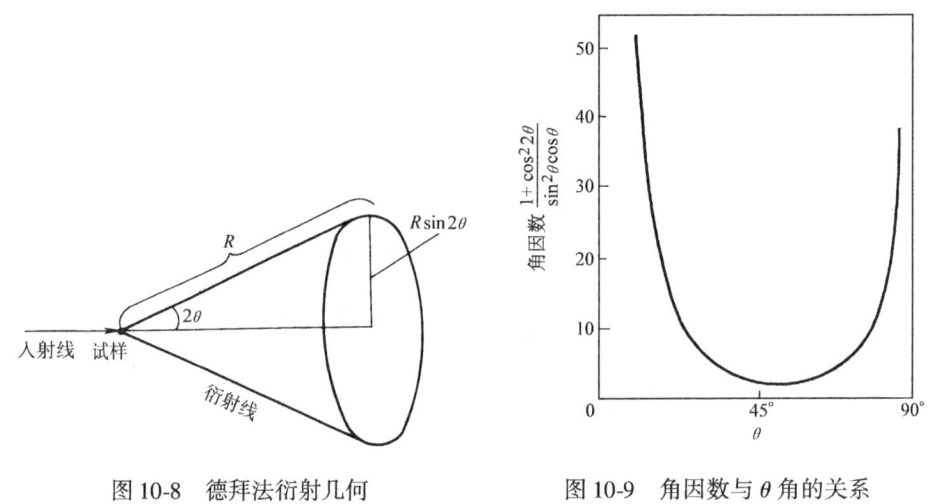

图 10-8　德拜法衍射几何　　　　图 10-9　角因数与 θ 角的关系

第四节　多晶体衍射的总强度

除了上面讨论的因素外，多晶体衍射的强度还包括多重性因数、吸收和温度因数。

一、多重性因数

晶体中同一晶面族 $\{hkl\}$ 的各等同晶面，其原子排列相同，晶面间距相等，在多晶衍射中它们有同一的衍射角 2θ，故其衍射将重叠在同一个衍射环上。某种晶面的等同晶面数增加，参与衍射的几率随之增加，相应的衍射亦将增强。我们称某种晶面的等同晶面数为影响衍射强度的多重性因数 P。多重性因数与晶体对称性及晶面指数有关，如立方晶系 $\{100\}$ 面族，$P = 6$；$\{110\}$ 面族，$P = 12$；四方晶系 $\{100\}$ 面族，$P = 4$。各晶系、各晶面族的多重性因数见附录B。

二、吸收因数

由于试样本身对入射线和衍射线的吸收，使衍射强度的实测值与计算值不符。为修正这一影响，需在强度公式中乘以吸收因数 $A(\theta)$，它表示衍射线经试样吸收之后的射出率。吸收因数与试样的形状、大小、组成以及衍射角有关。

1. 圆柱试样的吸收因数

如图 10-10 所示,若试样半径 r 和线吸收系数 μ_l 较大时,入射线仅穿透一定的深度便被吸收殆尽,实际只有表面一薄层物质(有影线部分)参与衍射。衍射线穿过试样也同样受到吸收,其中在透射方向上比较严重,背射方向影响较小。当衍射强度不受吸收影响时,通常取 $A(\theta)=1$。对同一试样,θ 愈大,吸收愈小,$A(\theta)$ 值愈接近 1。在同一 θ 值处,$\mu_l r$ 愈大者,$A(\theta)$ 值愈小。$A(\theta)$ 与 $\mu_l r$、θ 的关系曲线示于图10-11。

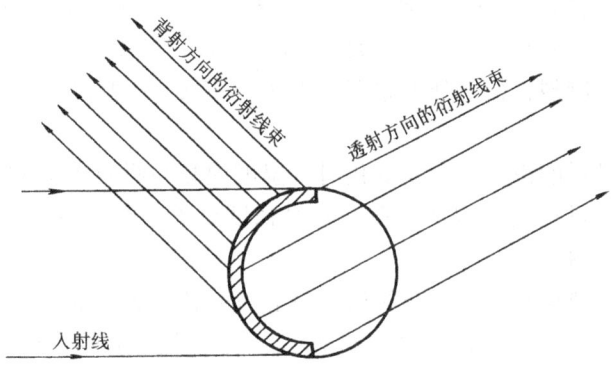

图 10-10　圆柱试样的吸收情况

2. 平板试样的吸收因数

X 射线衍射仪采用平板试样,通常是使入射线与衍射线相对于板面呈等角配置,此时的吸收因数可近似看作与 θ 无关。它与 μ_l 成反比,其关系为 $A(\theta)=1/(2\mu_l)$。

三、温度因数

晶体中的原子(或离子)始终围绕其平衡位置振动,其振动幅度随温度的升高而加大。这个振幅与原子间距相比不可忽略。例如,在室温下,铝原子偏离平衡位置可达 0.017nm,相当于铝晶体最近原子间距的 6%。

原子热振动使晶体点阵原子排列的周期性受到破坏,使得原来严格满足布拉格条件的相干散射产生附加的

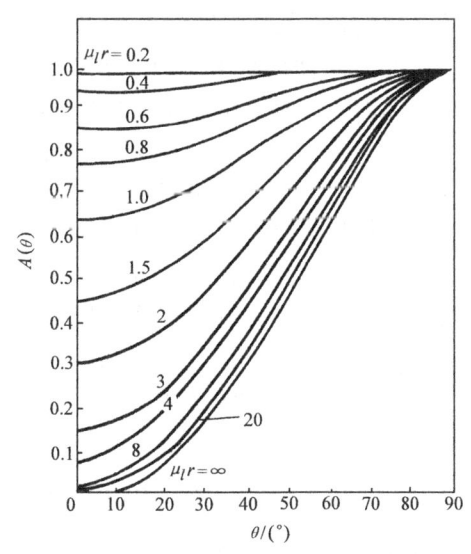

图 10-11　圆柱试样的吸收因数与 $\mu_l r$ 及 θ 的关系

相位差，从而使衍射强度减弱。为修正实验温度给衍射强度带来的影响，需在积分强度公式中乘上温度因数 e^{-2M}。

在温度 T 下的 X 射线衍射强度 I_T 与 0K 下的衍射强度 I 之比即为温度因数

$$I_T/I = e^{-2M}$$

显然，e^{-2M} 是个小于 1 的量。由固体物理理论可导出

$$M = \frac{6h^2}{m_a k \Theta}\left[\frac{\phi(x)}{x} + \frac{1}{4}\right]\frac{\sin^2\theta}{\lambda^2} \tag{10-10}$$

式中，h 是普朗克常数；m_a 是原子的质量；k 是玻耳兹曼常数；Θ 是以热力学温度表示的晶体的特征温度平均值；x 是 Θ/T，其中 T 是试样的热力学温度；$\phi(x)$ 是德拜函数；θ 是掠射角；λ 是 X 射线波长。可以看出，T 愈高，x 愈小，即原子热振动愈剧烈，衍射强度愈弱。当 T 一定时，θ 愈大，e^{-2M} 愈小，衍射强度也愈弱。

对于圆柱试样的衍射，当 θ 变化时，温度因数与吸收因数的变化趋向相反，二者的影响大约可抵消，因此，在一些对强度要求不很精确的工作中，可以把 e^{-2M} 与 $A(\theta)$ 同时略去。

晶体原子的热振动减弱了布拉格方向上的衍射强度，却增加了非布拉格方向上的散射强度，其结果造成衍射花样背底加重，且随 θ 角增高而愈趋严重，这对于衍射分析是不利的。

四、多晶体衍射的总强度

综上所述，将多晶体衍射的总积分强度公式总结如下：

若以波长为 λ、强度为 I_0 的 X 射线，照射到单位晶胞体积为 V_0 的多晶试样上，被照射晶体的体积为 V，在与入射线夹角为 2θ 的方向上产生了指数为 (HKL) 晶面的衍射，在距试样为 R 处记录到衍射线单位长度上的积分强度为

$$I = I_0 \frac{\lambda^3}{32\pi R}\left(\frac{e^2}{mc^2}\right)^2 \frac{V}{V_0^2} P|F_{HKL}|^2 \frac{1+\cos^2 2\theta}{\sin^2\theta\cos\theta} A(\theta) e^{-2M} \tag{10-11}$$

公式中各符号的意义与前述相同。

式(10-11)是以入射线束强度 I_0 的若干分之一的形式给出的，故是绝对积分强度。实际工作中一般只需考虑强度的相对值。对同一衍射花样中同一物相的各根衍射线，$I_0 \frac{\lambda^3}{32\pi R}\left(\frac{e^2}{mc^2}\right)^2 \frac{V}{V_0^2}$ 之值是相同的，故需比较它们之间的相对积分强度仅需考虑

$$I = P|F_{HKL}|^2 \frac{1+\cos^2 2\theta}{\sin^2\theta\cos\theta} A(\theta) e^{-2M} \tag{10-12}$$

若比较同一衍射花样中不同物相的衍射线，尚需考虑各物相的被照射体积和它们各自的单胞体积。

思 考 题

1. 试简要总结由分析简单点阵到复杂点阵衍射强度的整个思路和要点。
2. 试述原子散射因数 f 和结构因数 $|F_{HKL}|^2$ 的物理意义。结构因数与哪些因素有关系？
3. 计算结构因数时，基点的选择原则是什么？如计算面心立方点阵，选择 (0, 0, 0)、(1, 1, 0)、(0, 1, 0) 与 (1, 0, 0) 四个原子是否可以，为什么？
4. 当体心立方点阵的体心原子和顶点原子种类不相同时，关于 $H+K+L=$ 偶数时，衍射存在，$H+K+L=$ 奇数时，衍射相消的结论是否仍成立？
5. 计算钠原子在顶角和面心，氯原子在棱边中心和体心的立方点阵的结构因数，并讨论。
6. 今有一张用 CuK_α 辐射摄得的钨(体心立方)的粉末图样，试计算出头四根线条的相对积分强度〔不计 e^{-2M} 和 $A(\theta)$〕。若以最强的一根强度归一化为 100，其他线强度各为多少？这些线条的 θ 值如下，按下表计算。

线条	$\theta/(°)$	HKL	P	$\dfrac{\sin\theta}{\lambda}/\text{nm}^{-1}$	f	F^2	角因数 (Φ)	$PF^2\Phi$	强度归一化
1	20.3								
2	29.2								
3	36.4								
4	43.6								

第十一章 多晶体分析法

第一节 粉 末 法

一、德拜相机

在第九章中简单介绍过粉末法测多晶衍射线的原理,其测量装置如图11-1所示,X射线从滤光片进入前光阑,照射细圆柱试样后再进入后光阑(承光管)。试样还可以转动,以增加参与衍射的微晶数目,这样会缩短照相曝光时间,并且使衍射线条均匀。

德拜法所用试样是圆柱形,用粉末物质粘合而成,也可是多晶体细丝,其直径为0.2~1.0mm、长约10mm。试样粉末可用胶水粘在0.05~0.08mm直径的细玻璃丝上,或填充于硼酸锂玻璃或醋酸纤维制成的细管中,粉末粒度可通过0.045mm的筛孔,过粗使衍射环不连续,过细则使衍射线发生宽化。为避免衍射环出现不连续现象,可使试样在曝光过程中不断以相机轴为轴旋转,以增加参加衍射的粒子数。

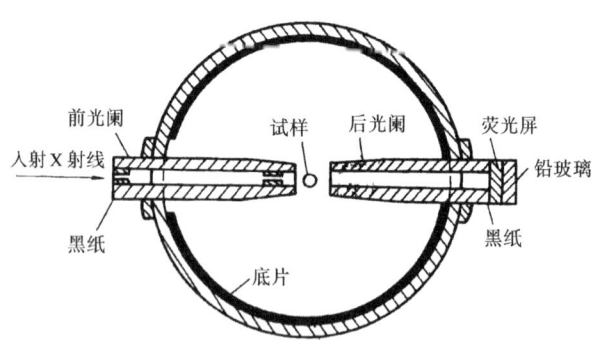

图 11-1 德拜相机示意图

底片为长方形,其上的孔用于X射线穿过,它被围放在相机的圆柱腔内。底片有三种安装法,如图11-2所示。其中正装法简单,在高角处的线条可能出现K_α双线,用于一般物相分析;反装法的谱线记录全,底片收缩误差小,适用于点阵常数测定;偏装法的底片有两个孔,衍射线记录全,高角衍射距离短,消除了底片收缩误差,并可直接计算底片的围筒周长。偏装法是目前较常用的安装法。

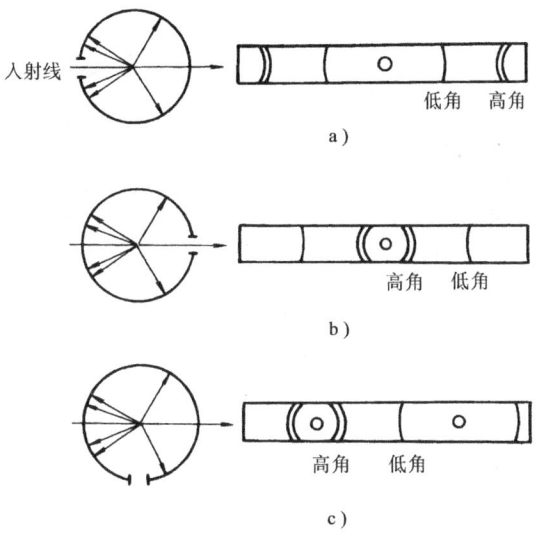

图 11-2 底片安装法
a) 正装法 b) 反装法 c) 偏装法

二、德拜相的误差及修正

引起德拜相衍射线位置的误差很多，这里只讨论两种比较重要的。

1. 试样吸收误差

试样对 X 射线吸收作用将使衍射线偏离理论位置。这种误差在计算德拜相时应予以修正。金属材料多为重元素，对 X 射线的吸收极为强烈，致使 X 射线的照射深度一般不超过 0.02mm，因此，可认为仅仅是试样的表面受到照射。

入射 X 射线照射到半径为 ρ 的试样（图 11-3）后，产生一个顶角为 4θ 的衍射圆锥。在底片上记录出的弧对其平均理论距离为 $2L_0$。X 射线只能照射到试样的半个圆柱表面，而参与形成该圆锥的物质又只是这其中的一部分。它由圆柱面的两根切线（即在入射线方向与衍射线方向上）所限定。这部分物质在底片上所形成的衍射线宽度为 b。可见，由于试样的吸收，衍射线弧对距离已较理论值为大。衍射线有一定宽度，如果测量的是弧对外缘距离 $2L_{外缘}$，则从图可以看出，它与 $2L_0$ 及 ρ 有着简单的关系：

或
$$2L_{外缘} = 2L_0 + 2\rho$$
$$2L_0 = 2L_{外缘} - 2\rho \tag{11-1}$$

利用式（11-1）即可修正由试样吸收引起的衍射线位置的误差。该修正法不仅适用于金属，亦适用于对 X 射线吸收较弱的其他物质。

2. 底片收缩误差

掠射角 θ 可以根据弧对间距 $2L$ 求得。由图 11-4 可得出关系：

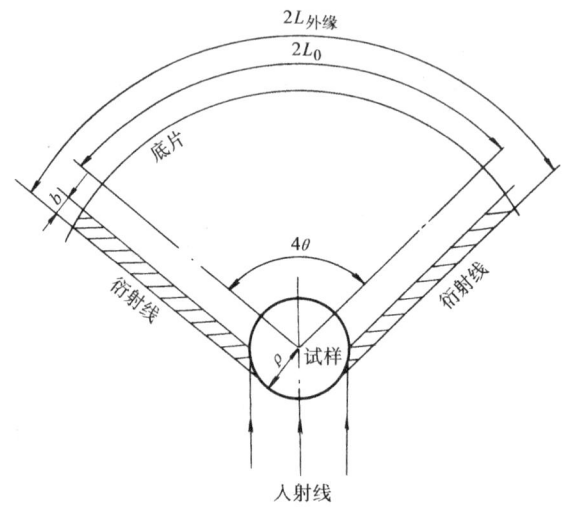

图 11-3 试样吸收误差

$$\frac{4\theta}{360°} = \frac{2L}{2\pi R}$$

或

$$\theta = 2L \frac{90°}{\pi} \frac{1}{2R}$$

但如底片的尺寸已改变,或因底片未能紧贴相机内腔或者底片在显影、定影及干燥过程中收缩或伸长等均会造成误差。采用底片的不对称装法可以纠正这种误差。从不对称底片上可以直接测量出底片所围成圆筒周长,这个周长称为有效周长。按图 11-4 可有以下关系:

$$C_{有效} = A + B \quad (11\text{-}2)$$

采用 $2L_0$ 及有效周长就可计算得较准确的 θ 角。因为可假定弧对距离与底片长度按照同一关系收缩,这种变化将不会影响到所测得的 θ 值。由图 11-3 和图 11-4 可得知

$$\frac{2L_0}{C_{有效}} = \frac{4\theta}{360°}$$

所以

$$\theta = \frac{90°}{C_{有效}} 2L_0 = K \cdot 2L_0 \quad (11\text{-}3)$$

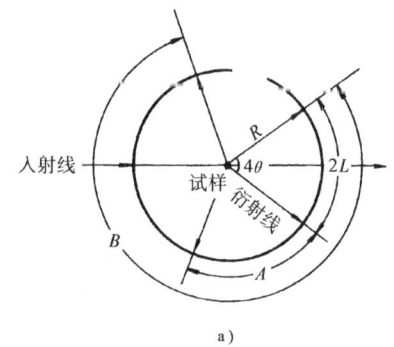

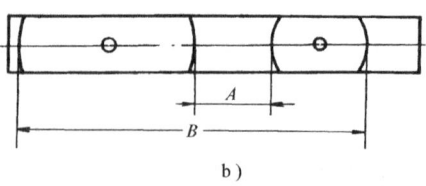

图 11-4 德拜相机的几何关系

式(11-3)中的 K 值对于某一底片是恒定的。

三、立方系物质德拜相的计算

通过对德拜相的测量和计算，可以获得物相、点阵类型和点阵参数等方面的初步资料，学习者也可以此来掌握 X 射线衍射分析的基础知识。

以上工作一般都以 d 值为根据，它是从 θ 计算得的，而 θ 又需通过弧对距离 $2L$ 计算。在进行测量之前，需判别底片是属于正装、反装还是不对称装法，并区分低角区和高角区。通常低角线条较窄且清晰，附近的背底较浅，高角线条则相反。θ 角特别高的线条，能看到分离的 K_α 双线。

计算按以下步骤进行：

(1) 对各弧对标号 如图 11-5 所示，过底片中心画一基准线，并对各弧对进行标号。从低角区起，按 θ 递增顺序标上 1—1′，2—2′，3—3′等。

(2) 测量有效周长 $C_{有效}$ 在高低角区分别选出一个弧对按图 11-4 测量 A 和 B 值，并按式(11-2)计算。测量可用比长仪或专用的底片测量器(亦可用一般的米尺或三角板，但需精确到 0.1mm，测量 $2L$ 时亦如是)。

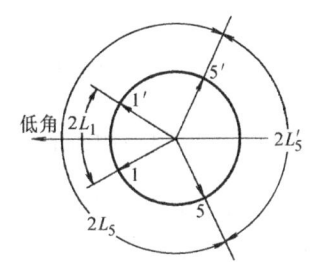

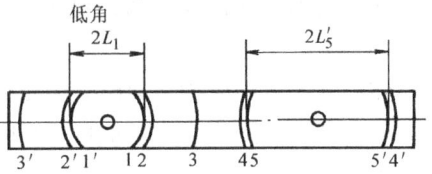

图 11-5 德拜相的测量

(3) 测量并计算弧对间距 测量底片上全部弧对的距离如 $2L_1$，$2L_2$，$2L_3$ 等。对低角的线条，只要测得弧线外缘距离并按照式(11-1)就可计算出真正的弧距 $2L_0$。对于高角线条，例如 5—5′，要测量 $2L_5$ 有困难，故可改测 $2L'_5$，根据有效周长即可算出 $2L_5(=C_{有效}-2L'_5)$，然后再进行吸收校正。值得注意的是，在测量 $2L'_5$ 时应量度弧线的内缘距离，因为这就相当于测量 $2L_5$ 的外缘距离。

(4) 计算 θ 按式(11-3)计算出对应 $2L$ 系列的 θ 系列。

(5) 计算 d 按布拉格公式 $d=\lambda/(2\sin\theta)$ 计算出 d 系列。如果 K_α 双线能够分开，式中的 λ 应采用相应的数值，否则应采用双线的权重平均值。表 8-1 列有常用元素的特征谱波长。

(6) 估计各线条的相对强度值 I/I_1 对于某张照片，I_1 指其最强线的强度，I 为任一线的强度。用目测法，将黑度最大的线条强度定为100(即100%)，其余可酌情定为90，80，50 等。

(7) 查卡片 根据以上得到的 d 系列与 I 系列，对照物质的标准卡片，如果这两项均与某卡片很好地符合，则该卡片所载物质即为待定物质。这两项之中，

d 系列是主要的依据。有关卡片及其检索过程，将在第十二章中作较为详细的介绍。

通过上述手续，物相鉴定已告完成。

如果物质属立方晶系，尚可用简单的方法标注晶面指数，判别点阵类型和计算点阵参数。根据布拉格公式 $2d\sin\theta = \lambda$，或者 $\sin\theta = \dfrac{\lambda}{2d}$，那么

对于立方系
$$d = a / \sqrt{H^2 + K^2 + L^2}$$

于是
$$\sin\theta = (\dfrac{\lambda}{2a}) \sqrt{H^2 + K^2 + L^2}$$

两边平方
$$\sin^2\theta = (\dfrac{\lambda^2}{4a^2})(H^2 + K^2 + L^2)$$

对于同一底片上同一物质的衍射线条，因 $\dfrac{\lambda^2}{4a^2}$ 为常数，故 $\sin^2\theta_1 : \sin^2\theta_2 : \sin^2\theta_3 \cdots = (H_1^2 + K_1^2 + L_1^2) : (H_2^2 + K_2^2 + L_2^2) : (H_3^2 + K_3^2 + L_3^2)\cdots$ 即掠射角正弦的平方比等于干涉面指数平方和之比。

从结构因数的计算可知，对于简单立方点阵，面指数平方和之比是 1:2:3:4:5:6:8:9:10…。

体心立方点阵应为 2:4:6:8:10:12:14:16:18…。或者是 1:2:3:4:5:6:7:8:9…。

面心立方点阵应为 3:4:8:11:12:16:19:20:24…。或者是 1:1.33:2.67:3.67:4:5.33:6.33:6.67:8…。

按此，在算出 $\sin^2\theta$ 之连比后，容易判别物质的点阵类型。不过这项工作还有一些明显的困难，例如要判别简单立方与体心立方点阵，如果线数目多于七根，则间隔比较均匀的是体心立方，而出现线条空缺的为简单立方，因为后者不可能出现指数平方和为 7，15，23 等数值的线条。但当衍射线数较少时，这一简单的判别方法便不能利用。此时可以头两根线的衍射强度作为判别。由于相邻线条 θ 角相差不大，在衍射强度诸因数中，多重性因数将起主导作用。简单立方头两根线的指数分别为 100 及 110，而体心立方则为 110 与 200。100 与 200 的多重性因数为 6，110 的多重性因数为 12，故简单立方花样中第二线应较强，而体心立方花样中第一线应较强。例如 CsCl 为简单立方结构，其头两根线强度比为 45:100，而体心立方结构的 α-Fe，其头两根线的强度比为 100:19。

根据指数平方和的连比，按照线条的顺序就不难标注出相应的指数。例如，当数列为 1:2:3:4:5:6:8:9 时，相应面指数为 100，110，111，200，210，211，220，300(221)。指标化过程中尚可利用结构因数的知识以减少错误，因为简单立方点阵的 HKL 可为任意整数；体心立方点阵要求 $H + K + L =$ 偶数，而面心立方点阵则必须 HKL 为同性指数。

下面计算点阵参数，按照立方系晶面间距公式可以得到
$$a = d\sqrt{H^2 + K^2 + L^2}$$
取任一晶面间距及相应的面指数均可求得点阵参数值。用不同的晶面所算得的数值应基本相同，但其中以高指数（高 θ 角）所得的比较准确。

第二节　X 射线衍射仪

20 世纪 50 年代以前的 X 射线衍射分析，绝大部分是利用底片来记录衍射线（即各种照相技术）的，但半个世纪来，用各种辐射探测器（即计数器）来进行记录已日趋普遍。目前，专用的仪器——X 射线衍射仪已广泛应用于科研部门及实验室，并在各主要领域中取代了照相法。衍射仪测量具有方便、快速、准确等优点，它是进行晶体结构分析的最主要设备。由于衍射仪与电子计算机的结合，使从操作、测量到数据处理已大体上实现了自动化，很多测试项目亦已有了相应的程序，这就使衍射仪的威力得到更进一步的发挥。

本节着重介绍多晶广角衍射仪的构造及测量原理。X 射线衍射仪由 X 射线发生器、测角仪、辐射探测器、记录单元或自动控制单元等部分组成，其中测角仪是仪器的中心部分。

一、X 射线测角仪

图 11-6 为测角仪的示意图，它在构造上与德拜相机有很多相似之处。平板试样 D 安装在试样台 H 上，后者可围绕垂直于图面的轴 O 旋转。S 为 X 射线源，即 X 射线管靶面上的线状焦斑，它与图面相垂直，故与衍射仪轴平行。B 和 I 为梭拉（Soller）狭缝，由平行的金属薄片组成，可限制射线的发散度。当一束发散 X 射线照射到试样上时，满足布拉格关系的某种晶面，其反射线便形成一根收敛的光束。F 处有一接收狭缝光阑，它与计数管 C 同安装在可围绕 O 旋转的支架 E 上。当计数管转到适当的位置时便可接收到一根反射线。计数管的角位置 2θ 可从刻度 K 上读出。衍射仪的设计使 H 和 E 保持固定的

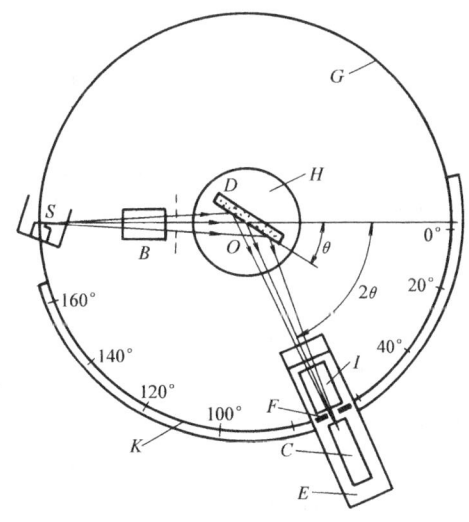

图 11-6　测角仪构造示意图
G—测角仪圆　S—X 射线源　B、I—梭拉狭缝
D—试样　H—试样台　F—接收狭缝光阑
C—计数管　E—支架　K—刻度尺

转动关系。当 H 转过 θ 角度时，E 恒转过 2θ。这就是试样-计数管的联动(常写作 $\theta - 2\theta$ 联动)。在某些特殊场合下，如测单晶取向时，也可以使 θ、2θ 分别转动。联动的关系保证了 X 射线相对于平板试样的"入射角"与"反射角"始终相等。于是，从试样表面各点所产生的反射线都能聚焦，并在不同的角度进入计数管中。计数管能将 X 射线的强弱情况转化为电信号，并通过计数率仪、电位差计将信号记录下来。当试样和计数管连续转动时，衍射仪就能自动描绘出衍射强度随 2θ 角的变化情况。图 11-7 所示就是这样的图形，称为衍射图。纵坐标单位为每秒脉冲数。

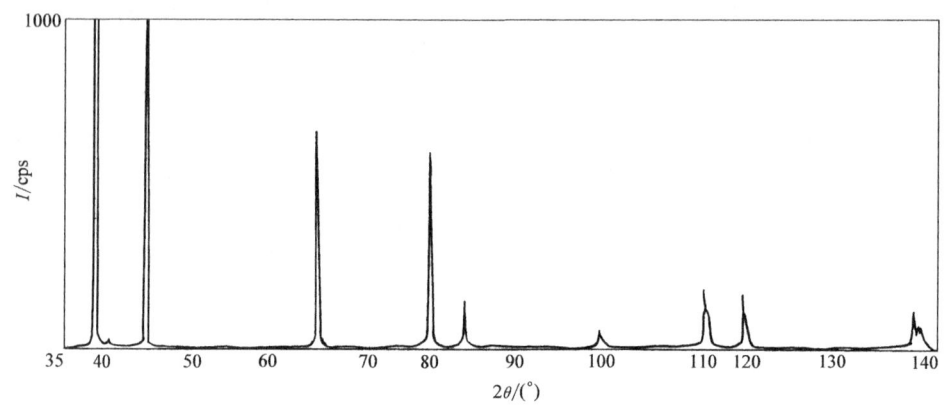

图 11-7 铝粉的衍射图(CuK_α 照射)

测角仪的试样表面时时处在入射线和衍射线的反射位置上，保证了衍射线的良好聚焦。衍射线刚好在测角仪圆周上收敛，进入探测器的衍射线是锋锐的。为聚焦良好，X 射线管焦斑 S、试样上被照射的表面 MON、反射线的会聚点 F，必须处在同一聚焦圆上(图 11-8)。在运转过程中，聚焦圆时刻在变化着，当 θ 小时其直径较大，θ 增大时则相反。衍射仪所惯常采用的平板试样，实际只有切点 O 聚焦良好，其余部分衍射能量分布在一定宽度的范围内，但只要宽度不大，应用中是可以允许的。目前，已有表面曲率可随聚焦圆大小变化的多晶试样出现。

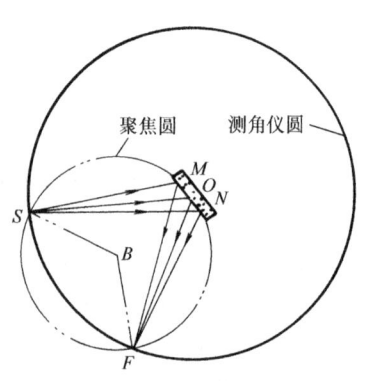

图 11-8 测角仪的聚焦几何

测角仪与晶体单色器联用，能很好地消除 K_β 线，并降低由于连续 X 射线及荧光辐射所产生的背底。目前普遍使用石墨弯晶单色器，它由众多的小晶体以六方单胞的底面平行表面排列构成，具有很强的反射本领。以 CuK_α 辐射为例，使用该种单色器后，可得到背底极浅的纯净衍射线。

图 11-9 为测角仪与弯晶单色器联用的示意图。试样所产生的衍射线投射到弯曲晶体上，调节单晶体至合适的方位即可产生第二次衍射，而后衍射线再进入计数器中。

由于试样和单色晶体均能使 X 射线偏振，故使用晶体单色器时，衍射强度中的偏振因数 $(1+\cos^2 2\theta)/2$ 应改为 $(1+\cos^2 2\theta \cos^2 2\alpha)/2$，其中 2α 为单色晶体的衍射角。

测角仪中央安放的板状试样，通常是将多晶粉末压在样品框内制

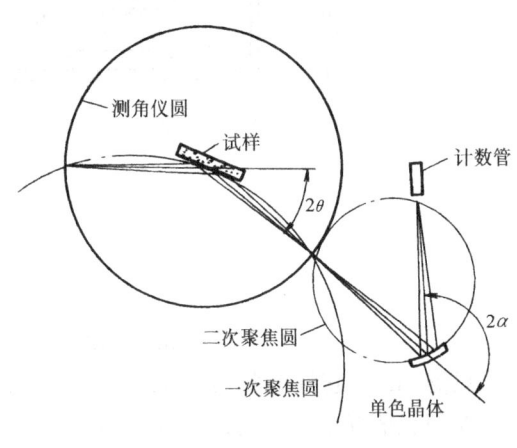

图 11-9　测角仪与弯晶单色器联用的衍射几何

成的。粉末微粒线度约为几微米至几十微米。过粗的粉末难以成形(因一般不加粘结剂)，且由于照射的颗粒数少，衍射强度变得不稳定。过细的微晶使衍射线宽化、不明锐，并可妨碍弱线的出现。样品框孔约 20mm × 15mm，厚 2mm。金属、岩石、塑料等也可采用块状样品，照射处最好经磨平浸蚀。

二、常用探测器

衍射仪的 X 射线探测元件为计数管，计数管及其附属电路称为计数器。目前使用最为普遍的是闪烁计数器。在要求定量关系较为准确的场合下习惯使用正比计数器。盖革计数器的使用目前已逐渐减少。近年又发展了较先进的 Si(Li) 探测器。

1. 正比计数器(PC)

图 11-10 为正比计数管及其基本电路。计数管有玻璃的外壳，内充惰性气体(如氩、氖、氙等)。阴极为一金属圆筒，阳极为共轴的金属丝。X 射线进入处称为窗口，由云母或铍等低吸收系数材料制成。阴阳极之间保持一个电位差。对正比计数管，该值为 600～900V。

X 射线光子能使气体电离，所产生的电子在电场作用下向阳极加速运动。高速电子足以再使气体电离，而新产生的电子又可引起更多气体电离，于是出现电离过程的连锁反应——雪崩。在极短时间内，所产生的大量电子便会涌向阳极，从而出现一个可以探测到的电流。计数器将有一个电压脉冲输出。

正比计数器所给出的脉冲大小和它所吸收的 X 射线光子能量成正比，故用作衍射线强度测定比较可靠。正比计数器反应快，对两个连续到来的脉冲的分辨

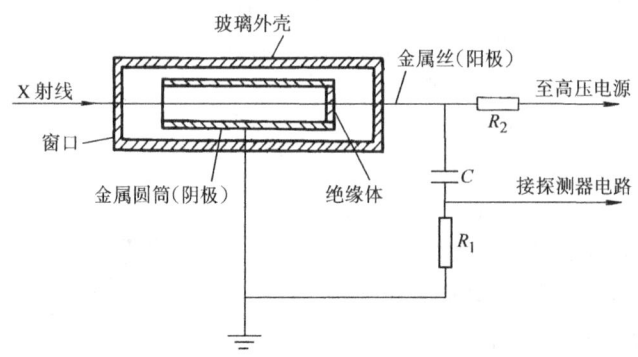

图 11-10　正比计数管及其基本电路

时间只需 1μs。它性能稳定,能量分辨率高,背底脉冲极低,光子计数效率很高,在理想情况下可认为没有计数损失。

正比计数器的缺点在于对温度比较敏感,计数管需要高度稳定的电压;另外由于雪崩放电所引起电压的瞬时降落只有几毫伏。

2. 闪烁计数器(SC)

闪烁计数器利用 X 射线激发磷光体发射可见荧光,并通过光电管进行测量。图 11-11 为其构造示意图。磷光体一般为加入约 0.5% 的铊(质量分数)活化的碘化钠(NaI)单晶体,它经 X 射线照射后可发射蓝光。晶体吸收一个 X 射线光子后,便产生一个闪光,并从光电倍增管的光敏阴极(铯锑的金属间化合物)上撞出许多电子。光电倍增管内一般有 10 个联极,每个联极递增 100V 正电压,最后一个联极与测量电路连接。每个电子通过光电倍增管在最后一个联极可倍增到 $10^6 \sim 10^7$ 个电子。这样,当晶体吸收一个 X 射线光子时,便可在光电倍增管的输出端收集到大量的电子,从而产生电压脉冲。闪烁计数器分辨时间短(10^{-5}s),计数效率高。其缺点是背底脉冲(热燥声)较高,且晶体易受潮而失效。

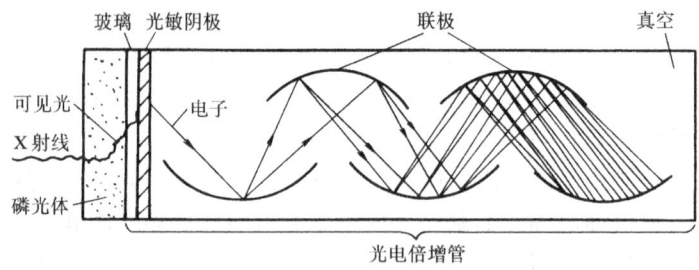

图 11-11　闪烁计数管构造示意图

3. 其他计数器

用于 X 射线衍射仪的探测器除上述两种外，近年较常用的尚有位敏正比计数器(PSPC)。它分单丝与多丝两种。PSPC 能同时确定 X 射线光子的强度及其在计数器上被吸收的位置，故在计数器并不扫描的情况下即可记录全部衍射花样。因此，要获得一张衍射图样通常只需几分钟时间。多丝的 PSPC 则可给出衍射的二维(平面)信息。在研究生物大分子、高聚物的形变、结晶过程等动态结构变化上，PSPC 有着突出的优越性。此外，影像板(IP)、电荷耦合装置(CCD)等新型二维探测系统亦已开始在 X 射线衍射上应用。

目前 Si(Li)探测器使用也较普遍。这是一种固体探测器，能同时确定 X 射线光子的强度和能量。它的分辨能力高、分析速度快，且无计数损失。但它需要配置低噪声(背底)高增益的前置放大器，且需在液氮的低温下工作。

三、X 射线衍射强度的测量

(1) 连续扫描　该法常用于物相定性分析或全谱测量。使计数器与计数率计连接，测角仪的 $\theta/(2\theta)$ 以 1:2 的角速度联合驱动，计数管从较低的 $2\theta(\approx 3°)$ 角开始，并以选定的角速度使之逐渐增高(或从高角到低角)至所需角度(如图 11-7 所示)。

(2) 步进扫描(阶梯扫描)　该法常用于精确测定衍射峰的积分强度、位置或提供线形分析所需的数据。使计数器与定标器连接。计数器从起始 2θ 角按预先设定的步进宽度(例如 0.02°)、步进时间(例如 5s)逐点测量各 2θ 角对应的衍射强度(每点的总脉冲数除以计数时间)，其结果逐步在计算机上显示并储存，其后可将衍射图输出(图 11-12)。

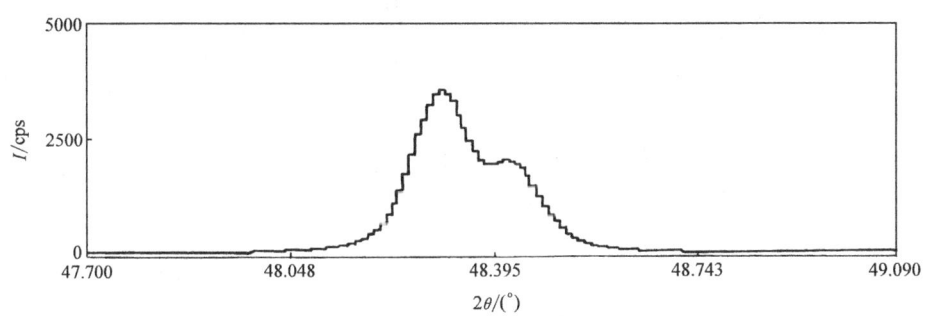

图 11-12　步进扫描衍射图

步进扫描每点的测量时间较长，总脉冲计数较大，可有效地减小统计波动的影响。步进扫描不使用计数率计，没有滞后效应，故测量精度较高，但因费时较多，通常只用于测定 2θ 范围不大的一段衍射图。步进宽度和步进时间是决定测量精度的重要参数，故要合理地选定。

(3) 衍射强度公式　多晶衍射仪的衍射线束，其积分强度大体上可按式(10-

11)计算,但其中吸收因数一项将有所不同。衍射仪采用平板试样,在任何位置时,入射角与反射角(指入射线、反射线与试样表面的夹角 θ)均相等。入射光束的截面积是恒定的,当 θ 小时,辐照试样的表面积较大,但 X 射线穿透的有效深度较小;当 θ 大时,辐照面积较小,但穿透深度却较大,故可大体维持辐照体积恒定,从而表现为吸收因数与 θ 无关。不过在各 θ 角度下均存在吸收,衍射强度公式中吸收因数一项此时应改为 $\frac{1}{2\mu_l}$,其中 μ_l 为试样的线吸收系数。于是单相多晶体的 HKL 衍射线强度即为

$$I = I_0 \frac{\lambda^3}{32\pi R}\left(\frac{e^2}{mc^2}\right)^2 \frac{V}{V_0^2} P \mid F_{HKL}\mid^2 \frac{1+\cos^2 2\theta}{\sin^2\theta\cos\theta}\frac{e^{-2M}}{2\mu_l} \tag{11-4}$$

第三节 其他分析方法

最常用的多晶分析为衍射仪法及德拜法。本节简略介绍其他一些照相法。

一、对称聚焦照相法

图 11-13 为对称聚焦照相法示意图。聚焦法要求光源、试样以及反射线的聚焦点都在同一个聚焦圆上,图中该圆与相机内腔重合。狭缝光阑 P 是虚光源。试样呈块状,由多晶样磨制或在硬纸板上粘涂晶体粉末而成,其内表面与机腔有同一曲率。发散的 X 射线束经过光阑 P 射到试样 AB 弧内表面,其上每一点所产生的同一 (HKL) 反射线与相应的入射线都形成 180°-2θ 的圆周角。由于圆周角相等,其所对圆弧也必相等,又因入射线均从 P 出发,故反射线必在 F 或 F' 点上聚焦。由于采用了发散的大光束入射,反射线又能聚焦,故摄照时间比一般德拜相机要短得多,又由于试样设置在圆周上而不在圆心,使聚焦相机的分辨本领为同直径的德拜相机的两倍。因为可以使用块状试样,故给材料

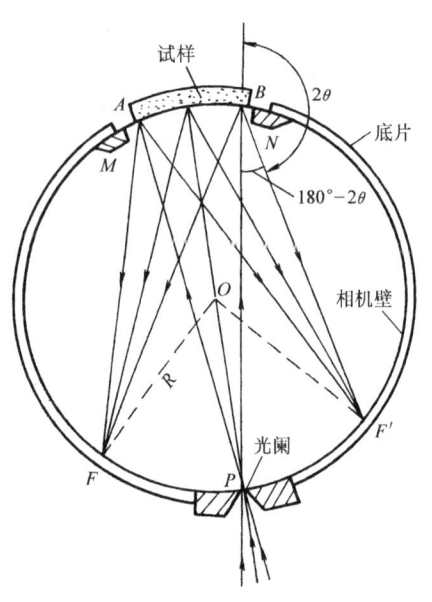

图 11-13 对称聚焦照相法

的测试带来了方便。对称聚焦法有利于摄取高 θ 角的线条,故常用于点阵参数的精确测定。

二、平板照相法(针孔法)

这是用单色 X 射线、多晶试样、针孔光阑及平板相匣进行照相的方法也称为针孔法。此法可分透射与背射两种，其衍射花样由一个或数个同心衍射环组成。由于衍射线太少，不适用于物相分析，但因可观察到整个衍射环的情况，故适于研究晶粒大小、择优取向、晶体的完整性等。此外亦可用于点阵参数的精确测定。

图 11-14 为背射平板照相法的几何关系。由于聚焦圆的直径较大，故一般采用平面试样即可。这就使得试样的制备比聚焦法更加简单。可以将光阑看成是发散光源。衍射线在底片上聚焦的条件为：试样、光阑以及衍射环上 A 及 B 四点共圆，且试样表面与此圆相切。

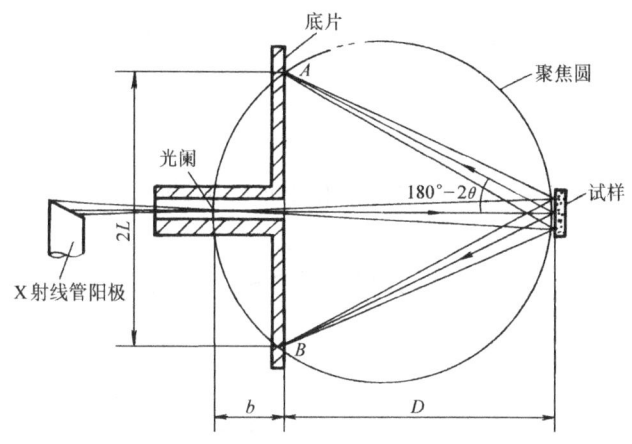

图 11-14　背射平板照相法的衍射几何

由图 11-14 可有以下的关系：

$$L = D\tan(180° - 2\theta) \tag{11-5}$$
$$b = D\tan^2(180° - 2\theta) \tag{11-6}$$

摄照前，根据所用 X 射线波长、物质近似的点阵参数以及用以测定的衍射面来计算 θ，并根据底片的尺寸选定 D。b 的计算则有助于单光阑的正确放置。

三、晶体单色器

使单晶体的某个反射能力强的晶面平行于外表面，调整与入射线的夹角使满足布拉格关系，就能反射出纯净而强的单色光。平面单色晶体易于制作，弯曲单色晶体则反射效率较高。从光源 S（图 11-15）出发的光，照射到弯曲单色晶体上 ABC 各点，其反射线会聚于焦点 F。如使弯曲单色晶体与聚焦相机联合，就构成了纪尼叶(Guinier,A)相机（图 11-16）。单色晶体的反射线穿过薄的透射粉末试样，所生成的衍射线将聚焦于相机的聚焦圆上。

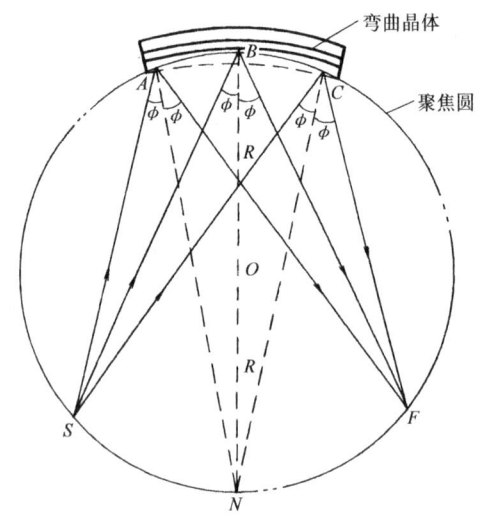

图 11-15　弯曲晶体的反射几何

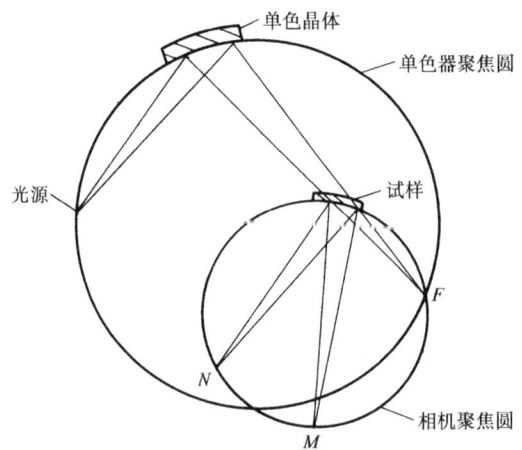

图 11-16　纪尼叶相机的衍射几何

思 考 题

1. 试用厄瓦尔德图解来说明德拜衍射花样的形成。

2. 同一粉末相上背射区线条与透射区线条比较起来其 θ 较高还是较低？相应的 d 较大还是较小？既然多晶粉末的晶体取向是混乱的，为何有此必然的规律？

3. 衍射仪测量在入射光束、试样形状、试样吸收以及衍射线记录等方面与德拜法有何不同？

4. 测角仪在采集衍射图时，如果试样表面转到与入射线成 30°角，则计数管与入射线所成角度为多少？能产生衍射的晶面，与试样的自由表面呈何种几何关系？

第十二章 多晶体的物相分析

第一节 定性分析

化学分析、光谱分析、X 射线荧光光谱分析、X 射线微区域分析（电子探针）等均可测定样品的元素组分，但 X 射线物相分析却可鉴别样品中物质的相分。物相包括纯元素、化合物和固溶体。当待测样由单质元素或其混合物组成时，X 射线物相分析所指示出的是元素，因为此时元素就是物相；但当元素相互组成化合物或固溶体时，则物相分析所给出的是化合物或固溶体等物相的晶体结构和相对含量而非它们的组成元素。

一、基本原理

X 射线衍射分析是以晶体结构为基础的。每种结晶物质都有其特定的结构参数，包括点阵类型、单胞大小、单胞中原子（离子或分子）的数目及其位置等。这些参数在 X 射线衍射花样中均有所反映。尽管物质的种类有千千万万，但却没有两种衍射花样完全相同的物质。某种物质的多晶体衍射线条的数目、位置以及强度，是该种物质的特征，因而可以成为鉴别物相的标志。

如果将几种物质混合后摄照，则所得结果将是各单独物相衍射线条的简单叠加。根据这一原理，就有可能从混合物的衍射花样中将各物相一个一个地寻找出来。

如果拍摄了大量标准单相物质的图样，则物相分析就变成了简单的对照工作，但这种做法并非总是可行的，因为它首先要求每个实验室制作并储存大量的图样，其次是要将已知和未知图样一一对比，这也绝非轻而易举之事，因此必须制订一套迅速检索的办法。这套办法由哈那瓦特（Hanawalt，J. D）于 1938 年创立。图样上线条的位置由衍射角 2θ 决定，而 θ 取决于波长 λ 及面间距 d，其中 d 是由晶体结构决定的基本量。因此，在卡片上列出一系列 d 及对应的强度 I，就可以代替衍射图样。应用时，只需将所测图样经过简单的转换就可与标准衍射卡片相对照，而且在摄照待测图样时不必局限于使用与制作卡片时同样的波长。如果待测图样的 d 及 I 系列与某标准样的能很好地对应，就可认为试样的物相就是该标准物质。由于标准衍射卡片的数量很多，对照工作必须借助于索引进行。

二、粉末衍射卡片（PDF）

卡片出版经历了几个阶段：1941 年开始，由美国材料试验协会 ASTM 整理出版，通常称为 ASTM 卡片；1969 年起改由粉末衍射标准联合委员会 JCPDS 出版；

1978年进一步与国际衍射资料中心联合出版,即JCPDS/ICDD;1992年后的卡片统一由ICDD出版。至1997年,已有卡片47组,包括有机、无机物相约67,000个。

新老卡片的形式不尽相同,图12-1所示为1996年出版的第46组PDF(ICDD)卡片的一例。图12-2可帮助说明新卡片中各栏的内容。

46-394 ★

SmAlO$_3$ Aluminum Samarium Oxide	$d/Å$	Int	hkl	$d/Å$	Int	hkl
	3.737	62	110			
	3.345	5	111			
Rad. CuK$_{\alpha_1}$ λ1.540598 Filter Ge Mono. d-sp Guinier Cut off 3.9 Int. Densitometer I/I_{cor}. 3.44	2.645	100	112			
	2.4948	4	003			
	2.2549	2	211			
Ref. Wang, P., Shanghai Inst. of Ceramics, Chinese Academy of Sciences, Shanghai, China, ICDD Grant-in-Aid, (1994)	2.1593	46	202			
	1.8701	62	220			
	1.8149	6	203			
Sys. Tetragonal S.G. a5.2876(2) b c7.4858(7) A C1.4157	1.6727	41	222			
	1.6320	7	311			
α β γ Z4 mp Ref. Ibid. D_X7.153 D_m SS/FOM F_{19} = 39(.007, 71)	1.5265	49	312			
	1.3900	6	115			
	1.3220	33	400			
	1.3025	1	205			
Integrated intensities. Prepared by heating the compact powder mixture of Sm$_2$O$_3$ and Al$_2$O$_3$ according to the stoichiometric ratio of SmAlO$_3$ at 1500C in molybdenum silicide-resistance furnace in air for 2days. Silicon used as internal standard. To replace 9-82 and 29-83.	1.2462	19	330			
	1.1822	18	420			
	1.1677	5	421			
	1.1274	15	422			
	1.1149	2	333			

注:此卡片直接引用国外的,则波长暂用埃(Å),为非法定计量单位,1Å=0.1nm。

图 12-1

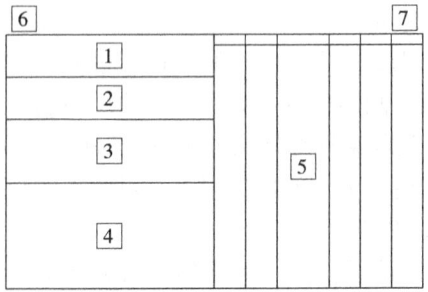

图12-2 粉末衍射卡片的说明用图

图 12-2 中第 1 栏为物质的化学式及英文名称，有时在栏的右边还列出"点"式或结构式。老卡片的第 1 栏为通栏，在此栏左边还列出了三条最强线和一最大面间距对应的 d 值及其相对强度，便于查找。

第 2 栏为获得衍射数据的实验条件，其中 Rad. 为辐射种类，如 $CuK_{\alpha 1}$、MoK_α 等；λ 为辐射波长，单位为 Å；Filter 为滤片名称，如采用单色器就注明 Mono.；$d-sp$ 是测定面间距所用方法或仪器，如 X 射线衍射仪、纪尼叶相机等；Cut off 表示该仪器所能测量的最大面间距；Int. 为用以测定相对衍射强度的仪器或方法，如黑度计、衍射仪等；I/I_{cor} 为参比强度值（见本章第二节）。

第 3 栏主要为物质的晶体学数据，其中 Sys. 为晶系；S.G. 为空间群符号；a、b、c 为单胞在三个轴上的长度；$A=a/b$，$C=c/b$ 为轴比；α、β、γ 为晶胞轴间夹角；Z 为单位晶胞中的化学式单位的数目（元素指其单胞中的原子数；化合物指其单胞中的化学式单位的数目）。该栏尚有物理性能数据，如物质的熔点、密度（用 X 射线衍射法测得的密度为 D_x）；SS/FOM 为品质指数，表明所测晶面间距的完善性和精密度。第 2 栏及第 3 栏中的 Ref. 给出数据的来源并注明年份。老卡片将晶体学数据和物理性能各分一栏。

第 4 栏列出样品来源、制备或化学分析数据等，此外如获得资料的温度以及卡片的替换等进一步的说明亦列于本栏中。

第 5 栏列出物质的一系列晶面间距 d，衍射强度 Int（以最强线的强度为 100 时的相对强度，老卡片的符号为 I/I_1，其中 I_1 为最强线的强度）及晶面指数 hkl。

第 6 栏为卡片序号，如 46-394 即表示第 46 组 394 号卡片。

第 7 栏为卡片的质量标记。"★"——质量好；"i"——质量较好；"o"——质量较差；无符号为空缺，表示与上述三种情况均不符合；"c"——衍射数据来自计算；"R"——卡片中的 d 值经 Rietveld 精化处理。

三、索引

利用卡片档案的索引进行检索可大大节约时间。索引按物质分为有机相和无机相两类；按检索方法又有字母检索和数字检索（Hanawalt 检索）两种。

1. 字母索引

根据物质英文名称的第一个字母顺序排列。在每一行上列出卡片的质量标记、物质名称、化学式、衍射图样中三根最强线的 d 值和相对强度及卡片序号。检索者一旦知道了试样中的一种或数种物相或化学元素时，便可利用这种索引。被分析的对象中所可能含有的物相，往往可以从文献中查到或估计出来，这时可通过字母索引将有关卡片找出，与待定衍射花样对比，即可迅速确定物相。

2. Hanawalt 索引

当检索者完全没有待测样的物相或元素信息时，可以使用此种索引。它是一种数字索引，采用 Hanawalt 组合法，即将最强线的面间距 d_1 处于某一范围内（例如 0.269~0.265nm）者归入一组。不同年份出版的索引其分组及细目内容不完全相同。以 1995 年的无机相 Hanawalt 检索手册为例，将面间距 d_1 从 999.99~0.00 共分为 40 组。组的顺序按面间距范围从大到小排列，组的面间距范围及其误差在每页顶部标出。在每组内则按次强线的面间距 d_2 减小的顺序排列，而对 d_2 值相同的几列又按 d_3 值递减的顺序安排，余类推。下面列出 1995 年索引的一个条目作为例子：

2.50–2.44(±0.1)

QM Strongest Reflections　　　　　　　　　　PSC chemical Formula Mineral name; Common Name PDF# I/I_C

⋮

★　$2.47_x 2.55_8 2.77_6 2.04_4 1.57_4 6.11_3 3.15_2 1.89_2$ I12 Ca_2CuO_3　　　　　　34-282　1.8

条目中依次列出卡片的质量标记 QM；物相八根最强线的面间距；皮尔逊符号码(Pearson Symbol) PSC；化学式；矿物名或普通名；卡片号；参比强度值 I/I_C。质量标记分类前已介绍。八强线下的小角码系表示相应的相对强度；x 表示 100，8 表示约为 80，6 表示约为 60，余类推。这种表示法同样用于字母索引中。PSC 用以表示物质所属的布喇菲点阵，其中小写字母 a、m、o、t、h、c 表示晶系；大写字母 P、C、F、I、R 分别表示简单、底心、面心、体心和菱心等点阵。这种表示法有利于记忆。

衍射花样中的三强线顺序，常会因各种因素的影响而有所变动。为免除由此带来检索的困难，常将同种物质图样中三根最强线的面间距顺序调换排列，使同一物质在索引的不同部位出现不止一次。

目前除使用印刷类型的卡片、卡片书、索引等以外，磁带、磁盘、光盘类型的数据库及索引使用也日益广泛。借助于电子计算机查阅将变得更加快速方便。

四、定性分析的过程

1. 过程概述

定性分析从摄照衍射花样开始，可在 X 射线衍射仪上绘画衍射图，或者用 X 射线晶体分析仪摄照德拜相，从衍射花样上要测量出各衍线对应的面间距及相对强度。

(1) 面间距 d 的测量　物相分析对 d 值的要求并不很高。在衍射图上，可取衍射峰的顶点或者中线位置（估计即可）作为该线的 2θ 值，按图上的角度值估计到 0.01°，并借助于工具书（按布拉格公式计算出的表格或曲线）查出相应的 d 值。对德拜相可根据要求选用米尺或比长仪测量。

(2) 相对强度 I/I_1 的测量　在衍射图上习惯只测量峰高而不必采用积分强度，除非在峰宽差别悬殊的场合下。峰高也允许大致估计而毋需精确测量，但必须经强度归一化处理，即将最高峰定为 100，并按此定出其他峰的相对强度。德拜相常采用目测强度，例如采用最强、强、中、弱、最弱五级，或采用100，90，…，10 的十级标准。

目前的 X 射线衍射仪，一般通过电脑自动采集数据并处理，可自动输出对应各衍射峰的 d、I 数值表。当获得按面间距递减 d 系列及对应的 I/I_1 后，物相鉴定可按以下一般程序进行：

1) 从前反射区 ($2\theta < 90°$) 中选取强度最大的三根衍射线，并使其 d 值按强度递减的次序排列，又将其余线条之值按强度递减顺序列于三强线之后。

2) 从 Hanawalt 索引中找到对应的 d_1（最强线的面距）组。

3) 按次强线的面间距 d_2 找到接近的几行。在同一组中，各行系按 d_2 递减顺序安排，此点对于寻索十分重要。

4) 检查这几行数据其 d_1 和 d_2 是否与实验值很接近。得到肯定之后再依次查对第三、第四、第五直至第八强线，并从中找出最可能的物相及其卡片号。

5) 从档案中抽出卡片，将实验所得 d 及 I/I_1 与卡片上的数据详细对照，如果对应得很好，物相鉴定即告完成。

如果待测样数列中第三个 d 值在索引各行均找不到对应，说明该衍射花样的最强线与次强线并不属于同一物相，必须从待测花样中选取下一根线作为次强线，并重复 3) ~5) 的检索程序。

当找出第一物相之后，可将其线条剔出，并将残留线条的强度归一化，再按程序 1) ~5) 检索其他物相。注意不同的物相的线条有可能相互重叠。

考虑到实验数据或有误差，故允许所得的 d 及 I/I_1 与卡片的数据略有出入。一般来说，d 是可以较精确得出的，误差约为 0.2%，不能超过 1%，它是鉴定物相的最主要根据；而 I/I_1 的误差则允许稍大一些，因为导致强度不确定的因素较多。

2. 可能碰到的困难

物相定性分析的原理和方法是简单的，但在实际工作中往往会碰到很多困难。例如在混合样品中，某个相分含量过少，将不足以产生自身完整的衍射图样，甚或根本不出现衍射线。薄层、薄膜的相分析往往也如此。由于晶体的择优取向，其衍射花样往往只有一两根极强的线，要确定物相也相当困难。在多相混合物的图样中，属于不同相分的某些线条会因面间距相近而互相重叠，致使图样中的最强线可能并非某单一相分的最强线，而是由两个或多个相分的弱线叠加的结果。若以这样的线条作为某相分的最强线，将找不到任何对应的卡片，于是必须重新假设和检索。某些物相具有相同的点阵、相近的点阵参数，衍射花样极其相似，要区分也有困难。比较复杂的相分析工作，往往需经多次尝试，并与其他分析相配合，方可取得圆满的结果。

3. 自动检索简介

物相检索是一项繁重而耗时的工作。随着计算机技术的发展,目前的 X 射线衍射仪一般都已备有物相自动检索系统。该项工作主要包括两个方面:①建立数据库,即将标准物质的衍射花样输入并存储到电脑中;②检索匹配,即将待测样的实验衍射数据及其误差考虑输入,尚可输入样品的元素信息以及物相隶属的子数据库类型(有机、无机、金属、矿物等)。计算机按已给定的程序将之与标准花样进行匹配、检索、淘汰和选择,最后输出结果。由于物相比较复杂,单凭电脑的匹配检索往往有误检和漏检的可能,故最终结果还应经过人工审核。

第二节 定量分析

如果不仅要求鉴别物相的种类,而且要求测定各物相的相对含量,就必须进行定量分析。物相定量分析的依据是:各相的衍射线的强度随该相含量的增加而提高。由于各物相对 X 射线的吸收不同,使得"强度"并不正比于"含量",而需加以修正。

采用衍射仪测量时,单相多晶体的衍射强度由式(10-11)决定。该式原只适用于单相物质,但如稍加修改,则亦可用于多相试样。设样品是由 n 个相组成的混和物,其总的线吸收系数为 μ,则其中某相(j 相)的 HKL 衍射线强度公式可写成

$$I_j = I_0 \frac{\lambda^3}{32\pi R}\left(\frac{e^2}{mc^2}\right)^2 \frac{1}{2\mu}\left(\frac{V_j}{V_0^2}PF_{HKL}^2 \frac{1+\cos^2\theta}{\sin^2\theta\cos\theta} e^{-2M}\right)_j \tag{12-1}$$

因为各相的线吸收系数 μ_l 均不相同,故当 j 相含量改变时,μ 亦随之改变。若 j 相的体积分数为 f_j,又如令试样被照射的体积 V 为单位体积,则 j 相被照射的体积 $V_j = Vf_j = f_j$。当混合物中 j 相的含量改变时,强度公式中除 f_j 及 μ 外,其余各项均为常数,它们的乘积可用 C_j 表示之。这样,第 j 相某根衍射线的强度 I_j 即可表示为

$$I_j = \frac{C_j f_j}{\mu} \tag{12-2}$$

下面对几种常用的定量分析方法作一简介。

一、单线条法

本法只需通过测量混合样品中欲测相(j 相)某根衍射线的强度并与纯 j 相同一线条强度对比,即可定出 j 相在混合样品中的相对含量。在某些文献中,本法亦称"外标法"或"直接对比法"。

若混合物所含 n 个相线吸收系数 μ_l 及密度 ρ 均相等(同素异构物质就属于这一情况),根据式(12-2),某相的衍射线强度 I_j 将正比于其质量分数 w_j

$$I_j = Cw_j \tag{12-3}$$

式(12-3)中 C 为新的比例系数。

如果试样为纯 j 相，则 $w_j=100\%=1$，此时 j 相用以测量的某衍射线强度可记为 $(I_j)_0$。于是

$$\frac{I_j}{(I_j)_0}=\frac{Cw_j}{C}=w_j \tag{12-4}$$

式(12-4)表明，混合样中 j 相某线与纯 j 相同一根线强度之比，等于 j 相的质量分数。按照这一关系可进行定量分析。例如某样品由 α-Al_2O_3 及 γ-Al_2O_3 组成，欲测定 α-Al_2O_3 在混合样品中的质量分数，可先用衍射仪测量纯 α-Al_2O_3 某衍射峰的积分强度(一般用最强线，但不应有线重叠；用步进扫描测出整个衍射峰，扣除背底，再量度曲线下的面积即为积分强度)。再在同样的实验条件下测定混合样品中 α-Al_2O_3 同一根线的积分强度。后者与前者之比即为 α-Al_2O_3 在混合样品中的质量分数。

单线条法比较简易，但准确度稍差。如欲提高测量的可靠性，可事先配制一系列不同比例的混和样，制作定标曲线(强度比与含量的关系曲线)。应用时根据所测强度比，对照曲线即得出含量。用定标曲线的方法亦适用于吸收系数不相同的两相混合物的定量分析。

二、内标法

待测样品中含有多个物相，各相的质量吸收系数又不同，欲进行物相定量分析可采用内标法。本法是一种最一般、最基本的方法，但手续较繁琐，在实用上常使用该法的简化方法(如 K 值法等)。

要测定 A 相在混合物中的含量，须掺入标准物质 S 的粉末以组成复合样。根据式(12-2)，A 相某根衍射线的强度为

$$I_A = C_A \frac{f_A}{\mu}$$

式中，f_A 为 A 相的体积分数，μ 为复合样的线吸收系数。若要求取 A 相的质量分数，尚要考虑 A 相的密度

$$I_A = C_A \frac{w'_A}{\rho_A \mu} \tag{12-5}$$

式(12-5)中 ρ_A 为 A 相的密度，w'_A 为 A 相在复合样(掺入 S 后)中的质量分数。标准相 S 的衍射线强度亦可按同理求出

$$I_S = C_S \frac{w'_S}{\rho_S \mu} \tag{12-6}$$

式(12-5)除以式(12-6)得

$$\frac{I_A}{I_S}=\frac{C_A}{C_S}\frac{\rho_S}{\rho_A}\frac{w'_A}{w'_S} \tag{12-7}$$

A 相在原混合样(未掺入 S)中的质量分数为 w_A,S 相占原混和样的质量分数为 w_S,它们与 w'_A 与 w'_S 的关系分别为

$$w_A = w'_A/(1-w'_S) \quad \text{或} \quad w'_A = w_A(1-w'_S)$$
$$w_S = w'_S/(1-w'_S) \quad \text{或} \quad w'_S = w_S(1-w'_S)$$

以此关系代入式(12-7)得

$$\frac{I_A}{I_S} = \frac{C_A}{C_S}\frac{\rho_S}{\rho_A}\frac{w_A(1-w'_S)}{w_S(1-w'_S)} = \frac{C_A}{C_S}\frac{\rho_S}{\rho_A}\frac{w_A}{w_S} \tag{12-8}$$

或写成

$$\frac{I_A}{I_S} = Kw_A \tag{12-9}$$

式(12-9)为内标法的基本方程。I_A/I_S 与 w_A 呈线性关系,直线必过原点。$K = \frac{C_A\rho_S}{C_S\rho_A}\frac{1}{w_S}$ 为直线的斜率。

I_A 及 I_S 可通过实验测定。如斜率 K 已知,则 w_A 可求。

内标法的斜率 K 通常用实验方法求得。为此,要配制一系列样品,测定强度并绘制定标曲线。例如要测定工业粉尘中的石英含量,可以萤石为标样。配制一系列样品,其中包含不同质量分数(但数值已知)的石英和恒定质量分数(例如20%)的萤石。每个样品均测定石英和萤石的最强线强度,作出 $I_{石英}/I_{萤石}$—$w_{石英}$ 的关系曲线。应用时,往待测样中加入同样质量分数(20%)的萤石并测定 $I_{石英}$ 和 $I_{萤石}$,查定标曲线(或利用其 K 值)即可确定待测样中的石英含量。

三、K 值法及参比强度法

内标法是传统的定量分析方法,但存在较严重的缺点:首先是绘制定标曲线时需配制多个复合样品,工作量大,且有时纯样品很难提取;其次是要求加入样品中的标准物数量恒定,所绘制的定标曲线又随实验条件而变化。为克服这些缺点,目前已出现许多简化方法,其中使用较普遍的是 K 值法。该法又称基体清洗法,1974 年首先由钟焕成(Chung F. H)提出。

K 值法源自内标法,但对公式中的 K 值作了不同的处理。

根据内标法式(12-8)

$$\frac{I_A}{I_S} = \frac{C_A}{C_S}\frac{\rho_S}{\rho_A}\frac{w_A}{w_S}$$

K 值法将该式改写为

$$\frac{I_A}{I_S} = K_S^A \frac{w_A}{w_S} \tag{12-10}$$

式(12-10)为 K 值法基本方程,其中 $K_S^A = \frac{C_A\rho_S}{C_S\rho_A}$。

内标法的 K 值中包含有 w_S,故当标准相加入量变化时,K 值将随之改变。

K 值法的 K_S^A 值仅与两相及用以测试的晶面和波长有关，而与标准相的加入量无关。它可以计算得到，但通常是用实验方法求得。例如可配制等量的 A 相和 S 相混合样，在这种情况下 $w_A/w_S = 1$，所以 $K_S^A = I_A/I_S$。应用时，往待测样中加入已知量的 S 相，从复合样图相中测量 I_A 和 I_S。因 K_S^A 已知，通过式(12-10)即可求得 w_A。

K 值法尚可进一步简化，这就是参比强度法。该法采用刚玉($\alpha\text{-}Al_2O_3$)为通用参比物质。已有众多常用物相的参比强度 K 值(I/I_C)载于粉末衍射卡片或索引上。某物质 a 的 K 值即 K_S^a 等于该物质和 $\alpha\text{-}Al_2O_3$ 的等质量混合样的 X 射线图中两相最强线的强度比。故不必通过计算或测试获得 K 值。

当待测样中只有两个相时，作定量分析可不必加入标准物质，因为这时存在以下关系

$$w_1 + w_2 = 1$$
$$I_1/I_2 = K_2^1 w_1/w_2$$

于是
$$w_1 = \frac{1}{1 + K_2^1 I_2/I_1} = \frac{1}{1 + (K_S^1/K_S^2)(I_2/I_1)} \tag{12-11}$$

例如样品由锐钛矿($A\text{-}TiO_2$)和金红石($R\text{-}TiO_2$)两种物质组成，要测定其中金红石的含量就可直接借用索引上的数据。采用 CuK_α 辐射，$R\text{-}TiO_2$ 用 $d = 0.325\text{nm}$ 的线条，$K_S^R = 3.4$；$A\text{-}TiO_2$ 用 $d = 0.351\text{nm}$ 的线条 $K_S^A = 4.3$。通过实验测得待测样的 I_A/I_R 以后，即可利用式(12-11)直接计算出金红石的含量，因为

$$K_A^R = K_S^R/K_S^A$$

物相定量分析的准确度与样品状况有极大关系。样品的颗粒不可以太粗或太细；复合样品中各相应分布均匀并避免微晶体的择优取向等。进一步的了解可参阅专门的资料。

第三节 点阵参数的精确测定

冶金、材料、化工等领域中的许多问题，如固溶体类型的确定、固相溶解度曲线的测定、宏观应力的量度、化学热处理层的分析、过饱和固溶体分解过程的研究等，都牵涉到点阵参数的测定。但上述课题中点阵参数的变化通常都很小（约为 10^{-5}nm 数量级），因而通过各种途径以求得点阵参数的精确数值就十分必要。

一、误差的来源

用 X 射线法测定多晶物质的点阵参数，是通过测定某晶面的掠射角 θ 来计算的。以立方系晶体为例

$$a = \frac{\lambda}{2\sin\theta}\sqrt{H^2 + K^2 + L^2} \qquad (12\text{-}12)$$

上式中波长 λ 是经过精确测定的，有效数字可达七位，对于一般的测定工作，可以认为没有误差；干涉面指数 HKL 是整数，无所谓误差。因此，点阵参数 a 的精度主要取决于 $\sin\theta$ 的精度。θ 角的测定精度取决于仪器和方法。在衍射仪上用一般衍射图来测定，$\Delta 2\theta$ 约可达 $0.02°$。照相法测定的精度就低得多（比如 $0.1°$）。然而，多年来这项工作主要采用照相法进行，对测定误差的来源也研究得较多。通常认为主要的误差有相机的半径误差、底片的伸缩误差、试样的偏心误差以及试样的吸收误差等。当采用衍射仪测量时，尚存在仪器调整等更为复杂的误差。

当 $\Delta\theta$ 一定时，$\sin\theta$ 的变化与 θ 所在的范围有很大的关系，如图 12-3 所示。可以看出，当 θ 接近 $90°$ 时，其变化最为缓慢。假如在各种 θ 角度下的测量精度 $\Delta\theta$ 相同，则在高 θ 角时所得的 $\sin\theta$ 值将会比在低角时的要精确得多。对布拉格公式微分，可以得出以下关系：

$$\Delta d/d = -\Delta\theta\cot\theta \qquad (12\text{-}13)$$

式 (12-13) 同样说明，当 $\Delta\theta$ 一定时，采用高 θ 角的衍射线测量，面间距误差 $\Delta d/d$（对立方系物质也即点阵参数误差 $\Delta a/a$）将要减小；当 θ 趋近于 $90°$ 时，误差将会趋近于零。

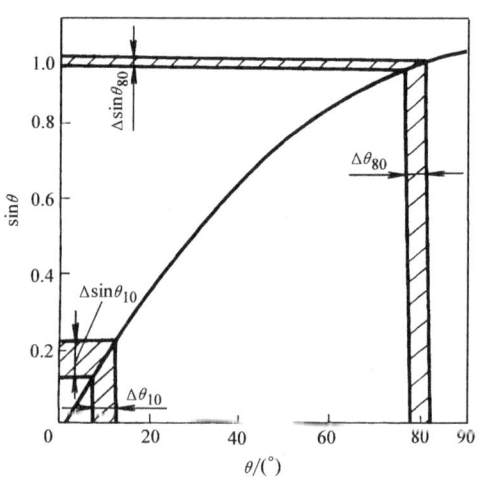

图 12-3　$\sin\theta$ 随 θ 的变化关系

从以上分析可知，应选择角度尽可能高的线条进行测量。为此，又必须使衍射晶面与 X 射线波长有很好的配合。较详细的考虑和选择，可以参考有关的专门资料。

二、图解外推法

实际能利用的衍射线，其 θ 角与 $90°$ 总是有距离的，不过可以设想通过外推法接近理想状况。例如，先测出同一物质的多根衍射线，并按每根衍射线的 θ 角计算出相应的 a 值。以 θ 为横坐标，a 为纵坐标，所给出的各个点可连接成一条光滑的曲线，将曲线延伸使之与 $\theta = 90°$ 处的纵坐标相截，则截点所对应的 a 值即为精确的点阵参数值。

曲线外延难免带主观因素，故最好寻求另一个量（θ 的函数）作为横坐标，使得各点以直线的关系相连接。不过在不同的几何条件下，外推函数却是不同的。

人们对上述误差进行了分析总结，得出以下结果

$$\frac{\Delta d}{d} = K\cos^2\theta$$

对于立方系物质可有
$$\frac{\Delta a}{a} = \frac{\Delta d}{d} = K\cos^2\theta \tag{12-14}$$

式(12-14)中 K 为常数。该式表明，当 $\cos^2\theta$ 减小时，$\Delta a/a$ 亦随之减小；当 $\cos^2\theta$ 趋近于零(即 θ 趋近于 90°)时，$\Delta a/a$ 趋近于零，即 a 趋近于其真值 a_0。由此可以引出处理方法：测量出若干条高角的衍射线，求出对应的 θ 值及 a 值，以 $\cos^2\theta$ 为横坐标，a 为纵坐标，所画出的实验点应符合直线关系。按照点的趋势，定出一条平均直线，其延线与纵坐标的交点即为精确的点阵参数 a_0。

式(12-14)在推导过程中采用了某些近似处理，它们是以背射线条(高 θ 角)为前提的。因此 $\cos^2\theta$ 外推要求全部衍射线条的 $\theta > 60°$，而且至少有一根线其 θ 在 80°以上。在很多场合下，要满足这些要求是困难的，故必须寻求一种适合包含低角衍射线的直线外推函数。尼尔逊(Nelson, J.B.)等用尝试法找到了外推函数 $f(\theta) = \frac{1}{2}\left(\frac{\cos^2\theta}{\sin\theta} + \frac{\cos^2\theta}{\theta}\right)$，它在很广的 θ 范围内有较好的直线性。后来泰勒(Taylor, A.)等又从理论上证实了这一函数。图12-4 为根据李卜逊(Lipson, H.)等所测得铝在 298℃下的数据绘制的"$a—\cos^2\theta$"直线外推示意图；图12-5 为采用尼尔逊等所提出的函数的图解。可以看出，当采用 $\cos^2\theta$ 为外推函数时，只有 $\theta > 60°$ 的点才与直线较好地符合。

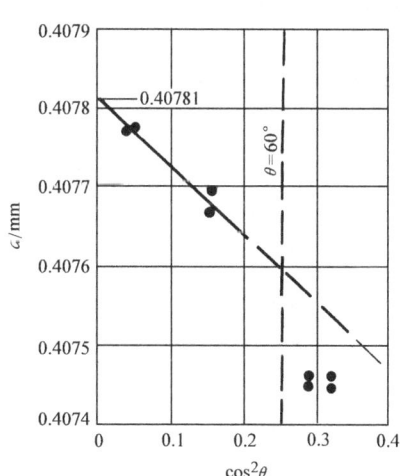

图 12-4 "$a—\cos^2\theta$" 的直线外推图解(示意图)

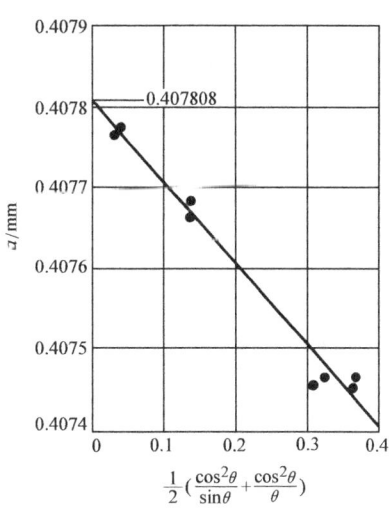

图 12-5 "$a—\frac{1}{2}\left(\frac{\cos^2\theta}{\sin\theta} + \frac{\cos^2\theta}{\theta}\right)$" 的直线外推图解(示意图)

三、最小二乘法

直线图解外推仍存在不少问题。首先，要画出一条最合理的直线以表示各实验点的趋势，主观色彩较重；其次，图纸(方格纸)的刻度有欠细致精确，对更高的要求将有困难。采用最小二乘法进行误差处理可以克服这些缺点。

图12-6表示以纵坐标Y为点阵参数值，横坐标X为外推函数值，实验点用(X_i, Y_i)表示，直线方程为$Y = A + BX$。式中A为直线的截距，B为斜率，其示意图见图12-6。

按最小二乘法原理，误差平方和为最小的直线是最佳直线。其误差最小值的条件是

$$\begin{cases} \sum Y = \sum A + B\sum X \\ \sum XY = A\sum X + B\sum X^2 \end{cases} \quad (12\text{-}15)$$

从联立方程组(12-15)解出的A值即为精确的点阵参数a_0。

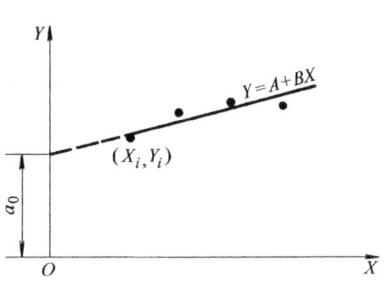

图12-6　直线最小二乘外推

下面仍以李卜逊等所测290℃下的铝的数据为例计算。摄照采用CuK_α线，计算时所用波长$\lambda_{K_{\alpha 1}} = 0.154050$nm，$\lambda_{K_{\alpha 2}} = 0.154434$nm。采用尼尔逊函数。表12-1列出了有关数据。以$\frac{1}{2}\left(\frac{\cos^2\theta}{\sin\theta} + \frac{\cos^2\theta}{\theta}\right)$之值作为$X$($\theta$的单位应采用弧度)，$a$之值作为$Y$代入方程组(12-15)中得

$$3.260744 = 8A + 1.66299B$$
$$0.67768 = 1.66299A + 0.48476B$$

解方程得$a_0 = A = 0.407808$nm

表12-1　用最小二乘法求得铝的点阵精确值

HKL	辐射	$\theta/(°)$	a/nm	$\frac{1}{2}\left(\frac{\cos^2\theta}{\sin\theta} + \frac{\cos^2\theta}{\theta}\right)$
331	$K_{\alpha 1}$	55.486	0.407463	0.36057
	$K_{\alpha 1}$	55.695	0.407459	0.35565
420	$K_{\alpha 1}$	57.714	0.407463	0.313037
	$K_{\alpha 1}$	57.942	0.407458	0.30550
422	$K_{\alpha 1}$	67.763	0.407663	0.13791
	$K_{\alpha 1}$	68.102	0.407686	0.13340
333	$K_{\alpha 1}$	78.963	0.407776	0.03197
511	$K_{\alpha 1}$	79.721	0.407776	0.02762

所得的A是当$X = 0$($\theta = 90°$)时的Y值。大部分的系统误差已通过外推手续

消除，而经最小二乘法平滑所定出的直线亦已消除了偶然误差，故 A 就是准确的点阵参数值 a_0。

尚需指出，图解法或最小二乘法仅是一种处理方法而已，它必须以准确的测量数据作为基础。当用衍射仪测定衍射线的位置时，惯常采用的峰顶法（即以衍射峰的顶点作为衍射线的位置）已不能满足要求，而且衍射图的数据存在较多的误差因数。比较可靠的是采用三点抛物线法定峰。若要求更高，还可以采用五点或多点抛物线法测量。

四、标准样校正法

正确估计及消除误差需要借助于数理分析。在某些场合下，误差的来源以及函数形式很难确定。但是，用简单的实验方法也可以消除误差。"标准样校正法"就是常用的一种。有一些比较稳定的物质如 Ag、Si、SiO_2 等，其点阵参数已经高一级的方法精心测定过，例如纯度为 99.999% 的 Ag 粉，$a = 0.408613$ nm；99.9% 的 Si 粉，$a = 0.543075$ nm 等。这些物质称为标准物质，可以将它们的点阵参数值作为标准数据。

将标准物粉末掺入待测样粉末中，或者在待测块状样的表面上撒上一薄层标准物，于是在衍射图上，就可同时出现两种物质的衍射线。标准物相的 a 已知，根据所用 λ，可算出某根衍射线的理论 θ 值。它与衍射图上所得相应的 θ 会有微小的差别，而这是未知诸误差因素的综合影响所造成的。以这一差别对待测样的数据进行校正就可得到比较准确的点阵参数。从原则上说，只有当两根线相距极近，才可以认为误差对它们的影响相同。标准样校正法实验和计算都较简单，有实际应用价值。不过所得的点阵参数的精确度将在很大程度上依赖于标准物本身数据的精度。

思 考 题

1. 物相定性分析的原理是什么？对食盐进行化学分析与物相定性分析，所得信息有何不同？
2. 物相定量分析的原理是什么？试述用 K 值法进行物相定量分析的过程。
3. 试借助 PDF(ICDD) 卡片及索引，对表1、表2中未知物质的衍射资料作出物相鉴定。

表 1

d/0.1nm	I/I_1	d/0.1nm	I/I_1	d/0.1nm	I/I_1
3.66	50	1.46	10	10	1.06
3.17	100	1.42	50	1.01	10
2.24	80	1.31	30	0.96	10
1.91	40	1.23	10	0.85	10
1.83	30	1.12	10		
1.60	20	1.08	10		

表 2

$d/0.1\text{nm}$	I/I_1	$d/0.1\text{nm}$	I/I_1	$d/0.1\text{nm}$	I/I_1
2.40	50	1.26	10	0.93	10
2.09	50	1.25	20	0.85	10
2.03	100	1.20	10	0.81	20
1.75	40	1.06	20	0.80	20
1.47	30	1.02	10		

4. 在 α-Fe_2O_3 及 Fe_4O_3 混合物的衍射图样中，两相最强线的强度比 $I_{\alpha\text{-}Fe_2O_3}/I_{Fe_3O_4} = 1.3$，试借助于索引上的参比强度值计算 α-$Fe_2O_3$ 的相对含量。

5. 从一张简单立方点阵物质的德拜相上，已求出四根高角度线条的 θ 角（系由 CuK_{α_1} 线所产生）及对应的干涉指数，试用 "$a-\cos^2\theta$" 的图解外推法求点阵参数值至小数后五位。

$$HKL \quad \begin{cases}532\\611\end{cases} \quad 620 \quad \begin{cases}443\\540\\621\end{cases} \quad 541$$

$\theta/(°)$　7.268　77.93　81.11　87.44

6. 根据上题所给数据，以尼尔逊外推函数，用最小二乘法计算点阵参数至五位有效数字。

第十三章 残余应力的测定

第一节 内应力的分类和检测

残余应力是一种内应力。内应力是指产生应力的各种因素不复存在时(如外加载荷去除、加工完成、温度已均匀、相变过程中止等),由于形变、体积变化不均匀而存留在构件内部并自身保持平衡的应力。在我国普遍采用的关于内应力的分类方法是前苏联学者 H. H. 达维金科夫(Давиденков)于1935年提出的。该分类法虽然亦考虑了应力场作用的范围,但是其核心的依据是各类内应力对晶体 X 射线衍射现象具有不同的影响,即在宏观范围内平衡的第 I 类内应力引起 X 射线衍射谱线位移;在晶粒范围内平衡的第 II 类内应力使谱线展宽;在单位晶胞内平衡的第 III 类内应力使衍射强度下降。至于这三类内应力相互之间存在什么样的关系,定义没有说清楚。这一内应力分类法在国内最近出版的教材、著作中仍在采用。

从 20 世纪 50 年代起,有人证明了第 II 类内应力也会引起 X 射线衍射线的位移。以后又发现碳的质量分数为 1.6% 的碳钢经较小的塑变后,在渗碳体上测得的拉应力数值相当于铁素体中存在的压应力的绝对值的两倍。对于这样的材料,如果用 X 射线的衍射方法对其中的某一相进行第 I 类内应力的测定,会发现沿全截面应力不平衡的反常现象。

针对残余应力概念的混乱情况和上述文献所揭示的异常现象,德国学者 E. 马赫劳赫(E. Macherauch)于1973年对材料中的内应力重新进行了分类。这一分类方法也逐渐得到世界其他国家科技人员的赞同。

该分类法仍把材料中的内应力分为三类,定义如下:

第 I 类内应力(记为 σ_r^{I})在较大的材料区域(很多个晶粒范围)内几乎是均匀的。与第 I 类内应力相关的内力在横贯整个物体的每个截面上处于平衡。与 σ_r^{I} 相关的内力矩相对于每个轴同样抵消。当存在 σ_r^{I} 的物体的内力平衡和内力矩平衡遭到破坏时总会产生宏观的尺寸变化。

第 II 类内应力(记为 σ_r^{II})在材料的较小范围(一个晶粒或晶粒内的区域)内近乎均匀。与 σ_r^{II} 相联系的内力或内力矩在足够多的晶粒中是平衡的。当这种平衡遭到破坏时也会出现尺寸变化。

第 III 类内应力(记为 σ_r^{III})在极小的材料区域(几个原子间距)内也是不均匀的。

与 $\sigma_r^{\text{Ⅲ}}$ 相关的内力或内力矩在小范围(一个晶粒的足够大的部分)是平衡的。当这种平衡破坏时，不会产生尺寸的变化。

在上述定义中，所谓"均匀"意味着大小和方向上是一定的。

图 13-1 是在一个单相多晶体材料中第Ⅰ类、第Ⅱ类和第Ⅲ类内应力的分布示意图。由图可见，第Ⅰ类内应力可理解为存在于各个晶粒的数值不等的内应力在很多晶粒范围内的平均值，是较大体积宏观变形不协调的结果。因此，按照连续力学的观点，第Ⅰ类内应力可以看作与外载应力等效的应力。第Ⅱ类内应力相当于各个晶粒尺度范围(或晶粒区域)的内应力的平均值，它们可归结为各个晶粒或晶粒区域之间变形的不协调性。第Ⅲ类内应力是局部存在的内应力围绕着各个晶粒的第Ⅱ类内应力值的波动。对晶体材料而言，它与晶格畸变和位错组态相联系。在这个物理模型中第Ⅱ类内应力是十分重要的中间环节，正是通过它才将第Ⅰ类内应力和第Ⅲ类内应力联系起来，构成一个完整的内应力系统。

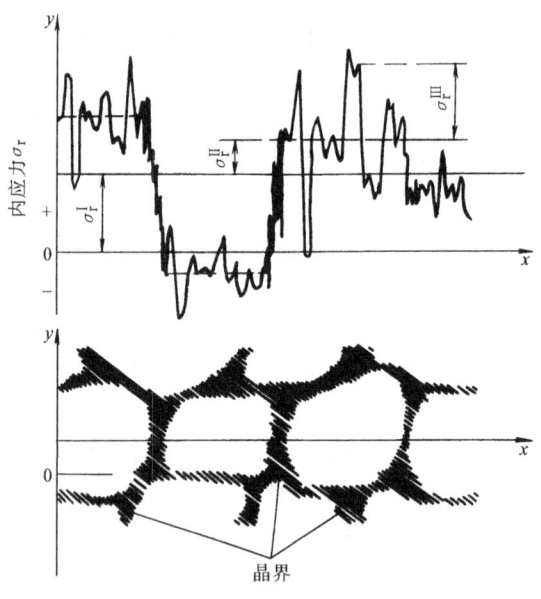

图 13-1　内应力分类的示意图

马赫劳赫关于内应力的定义与达维金科夫的分类方法相比，物理概念清楚，并明确了各类内应力之间的关系；特别是将晶粒大小作为最重要的描述内应力影响区域的材料特征尺寸，使得内应力与材料的组织结构有了更为紧密的联系，从而有利于人们对内应力及其对材料性能影响的认识。

在一般英、美文献中把Ⅰ类内应力称为"宏观应力"(Macrostress)，而第Ⅱ类和第Ⅲ类内应力采用"微观应力"(Microstress)的概念。在我国科技文献中已经比较习惯于把第Ⅰ类内应力称为"残余应力",把第Ⅱ类内应力称为"微观应力"或"显微应力"。而第Ⅲ类内应力的名称尚未统一,如有的称"晶格畸变应力",有的称"超微观应力"或"超显微应力"。

残余应力是一种弹性应力,它与材料中局部区域存在的残余弹性应变相联系。所以残余应力总是材料中发生了不均匀的弹塑性变形的结果。

造成材料不均匀变形的原因可归纳为三个方面:①冷、热变形时沿截面塑性变形不均匀;②零件加热、冷却时,体积内温度分布不均匀;③加热、冷却时,零件截面内相变过程不均匀。

图 13-2 是一个焊接例子,中间梁焊后受拉力,两侧框架受压力,上下横梁受弯曲应力,看出残余应力是在材料内部宏观区域内平衡均匀分布的应力。显然,受这种应力作用的区域,点阵常数也发生均匀的增大或缩小,在其 X 射线衍射相上的线条位置将向小角度或大角度方向移动。应力越大,点阵常数变化越大,X 射线相上的衍射线条位置移动的距离也越大。根据线条移动大小,可以计算出这类应力的大小。

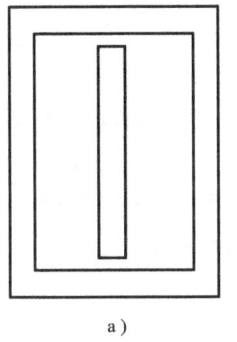
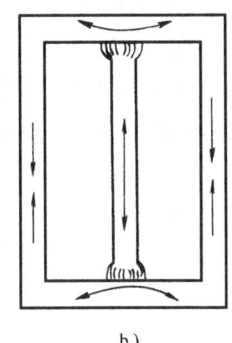

图 13-2 宏观残余应力的产生
a) 焊接前 b) 焊接后

检测残余应力的方法很多,一种是应力松弛法,即用钻孔、开槽或剥层等方法使应力松弛,用电阻应变片测量变形以计算残余应力,这是一种破坏性的测试;另一类是无损法,即利用应力敏感性的方法,如超声、磁性、中子衍射、X 射线衍射等。其中 X 射线衍射法除是无损方法外,还具有快速、准确可靠和能测量小区域应力的优点,又能区分和测出三种不同类别的应力,因而受到普遍的重视。自从 1936 年格罗柯(R. Glocker)等建立了应力测定理论,特别是在使用衍射仪后,残余应力的测定在原理研究、测量技术和设备方面都得到很大的发展,便携式 X 射线应力仪的出现和计算机的应用使现场和在线的应力测量成为可能,更扩展了它的实用领域。本章将介绍 X 射线残余应力测定的基本原理和方法。

残余应力与构件的疲劳强度、耐应力腐蚀能力和尺寸稳定性等密切相关。如焊接引起的残余应力能使构件变形,在特殊介质中工作构件表面张应力会造成应力腐蚀,热处理或磨削产生的残余应力往往是量具尺寸稳定性下降的原因,这些残余应力都是要尽量避免和设法消除的;而某些情况下残余应力是有利的,如承受往复载荷的曲轴在轴颈表面有适当的压应力可提高其疲劳寿命。因此测定残余应力对控制各类加工工艺、检查表面强化或消除应力的工艺效果以及进行失效分析等都有重要意义。

第二节 残余应力的测定原理

用 X 射线衍射法测定材料中的残余应力(也可测外载应力),不是直接测出应力,而是先测量应变,再借助于材料的弹性特征参量确定应力。不过它测量的应变不是宏观应变,而是晶体材料的晶格应变。对理想的多晶体(晶粒细小均匀、无择优取向),在无应力的状态下,不同方位的同族晶面间距是相等的,而当受到一定的宏观应力 σ_ϕ 时,不同晶粒的同族晶面面间距随晶面方位及应力的大小发生有规律的变化,如图 13-3 所示。可以认为,某方位面间距 $d_{\phi\psi}$ 相对于无应力时的变化 $(d_{\phi\psi} - d_0)/d_0 = \Delta d/d_0$,反映了由应力所造成的面法线方向上的弹性应变,即 $\varepsilon_{\phi\psi} = \Delta d/d_0$。显然,在面间距随方位的变化率与作用应力之间存在一定函数关系。因此,建立待测残余应力 σ_ϕ 与空间某方位上的应变 $\varepsilon_{\phi\psi}$ 之间的关系式是解决应力测量问题的关键。

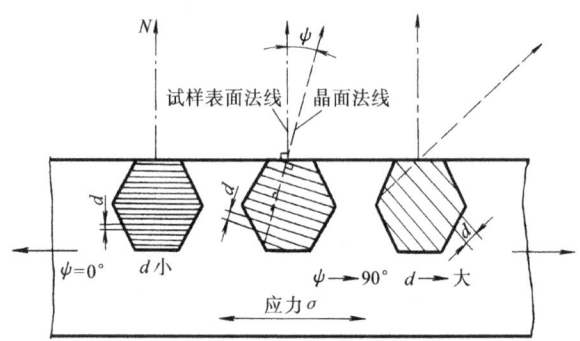

图 13-3 应力与不同方位同族晶面面间距的关系

本节所讨论的是在平面应力状态(或双轴应力状态)假设下的测定。在物体的自由表面,其法线方向的应力为零,当物体内应力沿垂直于表面的方向变化梯度极小,而 X 射线的穿透深度又很浅($\approx 10\mu m$ 数量级),这种平面应力假定是合理的。为在此条件下推导应力测定公式,需建立如图 13-4 所示的坐标系。图中 $O-XYZ$ 是主应力坐标系,分别代表主应力(σ_1、σ_2、σ_3)和主应变(ε_1、ε_2、ε_3)的方向;测量应力的参考坐标系 $O-xyz$ 是待测应力 $\sigma_\phi(\sigma_x)$ 及与其垂直的 σ_y、σ_z 的方向;σ_z 与 σ_3 平行,且均平行于试样表面法线 ON;ϕ 是 σ_ϕ 与 σ_1 的夹角;ON 与 σ_ϕ 构成的平面称"测量方向平面",$\varepsilon_{\phi\psi}$ 是此平面上某方向上的应变,它与 ON 之间的夹角为 ψ。

对于一个连续、均质、各向同性的物体来说,根据弹性力学原理,在平面应力条件下,$\sigma_z=0$,$\varepsilon_z=\varepsilon_3$,按图 13-4 所示坐标系,可以导出任一方向 ON' 的应变为

$$\varepsilon_{\phi\psi} = \frac{1+\mu}{E}\sigma_\phi\sin^2\psi + \varepsilon_3 \tag{13-1}$$

将 $\varepsilon_{\phi\psi}$ 对 $\sin^2\psi$ 求导

$$\frac{\partial \varepsilon_{\phi\psi}}{\partial \sin^2\psi} = \frac{1+\mu}{E}\sigma_\phi \tag{13-2}$$

由上式得

$$\sigma_\phi = \frac{E}{(1+\mu)}\frac{\partial \varepsilon_{\phi\psi}}{\partial \sin^2\psi} \tag{13-3}$$

式(13-3)即为待测残余应力 σ_ϕ 与 $\varepsilon_{\phi\psi}$ 随方位 ψ 变化率之间的关系,是求待测应力的基本关系式,同时表明,在一定的平面应力状态下,$\varepsilon_{\phi\psi}$ 随 $\sin^2\psi$ 呈线性关系。

为了得到对 X 射线法测定残余应力更实用的计算公式,还需把式(13-3)中 $\varepsilon_{\phi\psi}$ 转化为有衍射角表达的形式。根据布拉格方程的微分式:$\Delta d/d = -\Delta\theta\cot\theta_0$(当 $\Delta\lambda=0$),可以认为 $\theta\approx\theta_0$(无应力时的衍射角),$\Delta\theta = (2\theta_{\phi\psi}-2\theta_0)/2$,则 $\varepsilon_{\phi\psi} = -(1/2)(2\theta_{\phi\psi}-2\theta_0)\cot\theta_0$,将此式对 $\sin^2\psi$ 求导,代入式(13-3)得

$$\sigma_\phi = -\frac{E}{2(1+\mu)}\frac{\partial 2\theta_{\phi\psi}}{\partial \sin^2\psi}\cot\theta_0 \tag{13-4}$$

式(13-4)表明,$2\theta_{\phi\psi}$ 随 $\sin^2\psi$ 呈线性关系(见图 13-5)。式中 $2\theta_{\phi\psi}$ 单位是"弧度",当选用"度"为单位时,式(13-4)写为

$$\sigma_\phi = -\frac{E}{2(1+\mu)}\frac{\pi}{180}\frac{\Delta 2\theta_{\phi\psi}}{\Delta\sin^2\psi}\cot\theta_0 \tag{13-5}$$

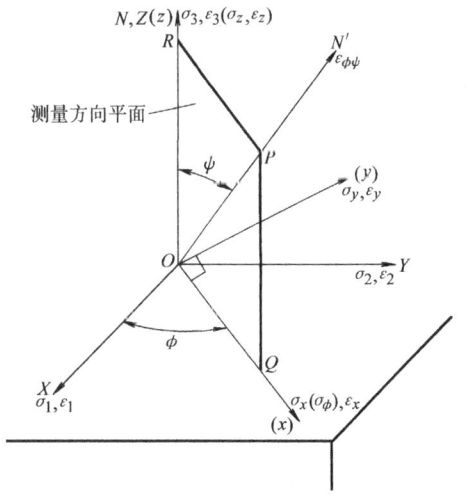
图 13-4 残余应力测定坐标系

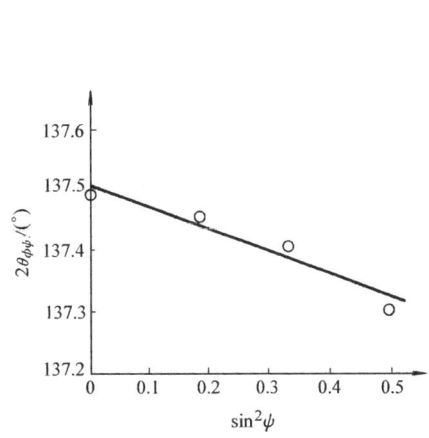
图 13-5 $2\theta_{\phi\psi}$—$\sin^2\psi$ 关系

式(13-5)即为在平面应力状态的假定下残余应力测定的基本公式。令式(13-5)中

$$K = -\frac{E}{2(1+\mu)}\frac{\pi}{180}\cot\theta_0 \tag{13-6}$$

$$M = \frac{\Delta 2\theta_{\phi\psi}}{\Delta\sin\psi^2} \tag{13-7}$$

则
$$\sigma_\phi = KM \tag{13-8}$$

K 称应力常数，它决定于被测材料的弹性性质（弹性模量 E、泊松比 μ）及所选衍射面的衍射角（亦即衍射面间距及光源的波长 λ）。例如：对钢铁材料，以基体铁素体相应的应力代表构件承受的残余应力，若用 CrK_α 辐射做光源（λ_{K_α} = 0.2291nm），取铁素体 {211} 面测定，其应力常数 K = -318MPa/(°)。晶体是各向异性的，不同 {hkl} 面的 E、μ 有不同的数值，所以不能用机械方法测定的多晶平均弹性常数计算 K 值，而需用无残余应力试样加已知外应力的方法测算。常用材料的应力测试数据见表13-1。M 为 $2\theta_{\phi\psi}$—$\sin^2\psi$ 直线的斜率。由于 K 值是负值，所以当 $M>0$，则应力为负，即压应力；当 $M<0$ 时，应力为正，即拉应力。若 $2\theta_{\phi\psi}$—$\sin^2\psi$ 关系失去线性，说明材料的状态偏离推导应力公式的假定条件，如在 X 射线穿透深度范围内有明显的应力梯度、非平面应力状态（三维应力状态）或材料内存在织构（择优取向）。这三种情况对 $2\theta_{\phi\psi}$—$\sin^2\psi$ 关系的影响见图13-6，在这些情况下，均需用特殊方法测算残余应力。

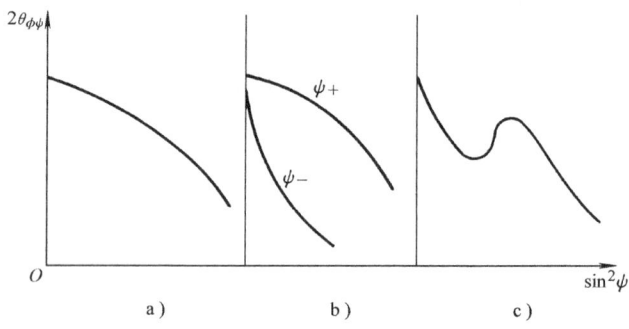

图 13-6 非线性的 $2\theta_{\phi\psi}$—$\sin^2\psi$ 关系
a) 存在应力梯度 b) 存在三维应力 c) 存在织构

表 13-1 常用材料应力测试数据

材料	点阵类型	点阵常数	辐射源	{hkl}	2θ/(°)	K/[MPa/(°)]
α-Fe（铁素体，马氏体）	BCC	2.8664	CrK_α	(211)	156.8	-318.1
			CoK_α	(310)	161.35	-230.4
γ-Fe（奥氏体）	FCC	3.656	CrK_β	(311)	149.6	-355.35
			MnK_α	(311)	154.8	-292.73

(续)

材　料	点阵类型	点阵常数	辐射源	{hkl}	2θ /(°)	K/ [MPa/(°)]
Al	FCC	4.049	CrK_α	(222)	156.7	-92.12
			CoK_α	(420)	162.1	-70.36
			CoK_α	(331)	148.7	-125.24
			CuK_α	(333)	164.0	-62.85
Cu	FCC	3.6153	CrK_β	(311)	146.5	-245.0
			CoK_α	(400)	163.5	-118.0
			CuK_α	(420)	144.7	-258.92
Cu-Ni	FCC	3.595	CoK_α	(400)	158.4	-162.19
W C	HCP	a2.91 c2.84	CoK_α	(121)	162.9	-466.0
			CuK_α	(301)	146.76	-1118.18
Ti	HCP	a2.9504 c4.6831	CoK_α	(114)	154.2	-171.6
			CoK_α	(211)	142.2	-256.74
Ni	FCC	3.5238	CrK_β	(311)	157.7	-273.22
			CuK_α	(420)	155.6	-289.39
Ag	FCC	4.0856	CrK_α	(222)	152.1	-128.48
			CoK_α	(331)	145.1	-162.68
			CoK_α	(420)	156.4	-108.09
Cr	BCC	2.8845	CrK_α	(211)	153.0	—
			CoK_α	(310)	157.5	
Si	金刚石	5.4282	CoK_α	(531)	154.1	

第三节　残余应力的测定方法

由式(13-12)、(13-13)可知,欲求试样表面某确定方向上的残余应力 $\sigma_\phi = KM$,必须在测定方向平面内测出至少两个不同 ψ 方位的衍射角 $2\theta_{\phi\psi}$,求出 $2\theta_{\phi\psi}$—$\sin^2\psi$ 直线的斜率 M,根据测试条件取用应力常数,代入式(13-12),即得应力值。为此需利用一定的衍射几何条件来确定和改变衍射面的方位 ψ(ψ 为衍射面的法线即 $\varepsilon_{\phi\psi}$ 的方向与试样表面法线 ON 的夹角)。目前残余应力多在衍射仪或应力仪上测量,常选用的衍射几何方式有同倾法和侧倾法两种。

一、同倾法

同倾法的衍射几何特点是测量方向平面和扫描平面重合,如图 13-7a 所示。其中,测量方向平面即 ON、ON' 和 $O\sigma_x$ 所在的平面,简称 ψ 面;扫描平面或称衍射平面是指入射线、衍射面法线(ON'，$\varepsilon_{\phi\psi}$方向)及衍射线所在平面，其夹角为$\eta=90°-\theta$，简称η面。此法中确定ψ方位的方式有以下两种：

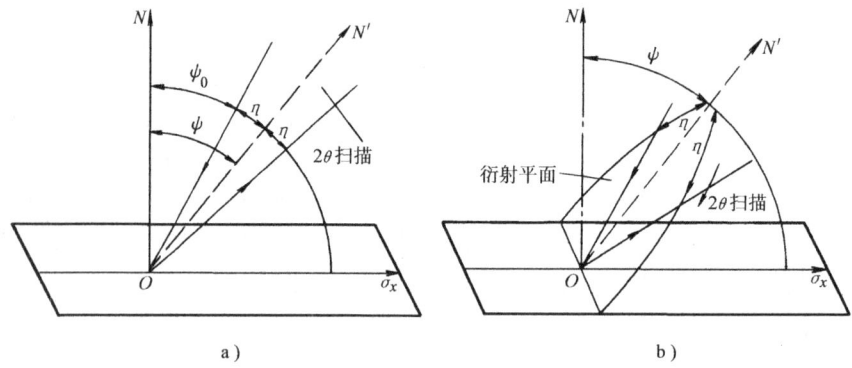

图 13-7 同倾法与侧倾法

a) 同倾法：ψ面平行η面； b) 侧倾法：ψ面垂直η面

1. 固定ψ法

在衍射仪上对试样进行常规的对称衍射时，入射线与计数管轴线对称布置在试样表面法线两侧，计数管与试样以2:1的角速度转动，在此条件下记录的衍射峰所对应的衍射晶面必平行于试样表面，即$\psi=0°$(图13-8a)；从$\psi=0°$位置使试样绕衍射仪轴单独转动ψ角后，再进行$2\theta/\theta$扫描测量，衍射面法线与试样表面法线的夹角就等于所转过的ψ角，见图(13-8b)。这种通过衍射几何条件的设置直接确定和改变衍射面ψ方位的方法称固定ψ法。

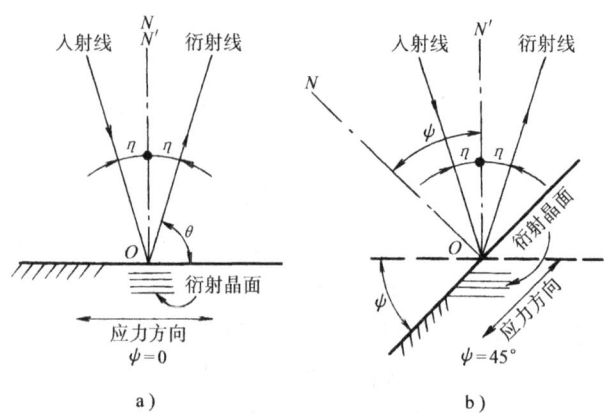

图 13-8 固定ψ法

a) $\psi=0°$ b) $\psi=45°$

固定ψ法适用于尺寸较小的试样在衍射仪上测定残余应力。衍射仪的光源在垂直于衍射仪轴的方向上有一定发散度,在对称衍射的条件下可视为聚焦形式。然而当进行 $\psi \neq 0$ 的测试时,该几何布置偏离了衍射仪聚焦条件,使衍射线宽化和不对称,影响衍射角的测量精度。为减少这种散焦的影响,可采用小的发散狭缝,或采用平行光束法。

2. 固定 ψ_0 法

固定 ψ_0 法是为适用大型构件上的应力测定而建立的,多在专用的立式应力测定仪上使用。ψ_0 为入射线与试件表面法线的夹角,待测工件不动,通过改变 X 射线的入射方向获得不同的 ψ 方位。不同的 ψ_0 入射方向,计数管可单独扫描测出 θ,按图 13-9 所示的几何条件可由 ψ_0 及测得的衍射角 θ 计算 ψ: $\psi = \psi_0 + \eta = \psi_0 + (90° - \theta)$。

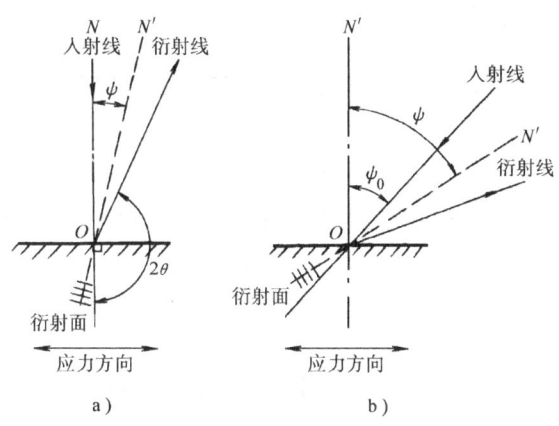

图 13-9 固定 ψ_0 法

a) $\psi = 0°$　b) $\psi_0 = 45°$

无论固定 ψ 法或固点 ψ_0 法,选取晶面方位角的方式都有如下两种:

(1) 0°—45°法(两点法)　ψ 或 ψ_0 选取 0°和 45°(或两个其他适当的角度)进行测定,由两个数据点求得 $2\theta_{\phi\psi}$—$\sin^2\psi$ 关系直线的斜率 M。此法适用于已确认 $2\theta_{\phi\psi}$—$\sin^2\psi$ 关系有良好线性或测量精度要求不高的情况。为减少偶然误差,可在每个方位上测量二次(或更多)取平均值。在固定 ψ 的 0°—45°法中,$\Delta\sin^2\psi = \sin^2 45° - \sin^2 0° = 0.5$,则应力计算的公式化简为: $\sigma_\psi = 2K\Delta 2\theta_{\phi\psi}$。

(2) $\sin^2\psi$ 法　$2\theta_{\phi\psi}$ 测量中必然存在偶然误差,故用两点法会影响应用测量精度。为此,可取几个 ψ 方位进行测量(一般 $n \geq 4$),然后用作图法或最小二乘法求出 $2\theta_{\phi\psi}$—$\sin^2\psi$ 直线的最佳斜率 M,根据式(13-7)得 $2\theta_{\phi\psi}$—$\sin^2\psi$ 关系的直线方程:

$$2\theta_{\phi\psi} = 2\theta_{\psi=0} + M\sin^2\psi_i \tag{13-9}$$

斜率 M 满足偏差 v_i 最小(见图 3-10),按最小二乘法原则,其 M 值为

$$M = \frac{n \sum (2\theta'_{\phi\psi_i} \sin^2\psi_i) - \sum \sin^2\psi_i \sum 2\theta'_{\phi\psi_i}}{n \sum \sin^2\psi_i - (\sum \sin^2\psi_i)^2} \tag{13-10}$$

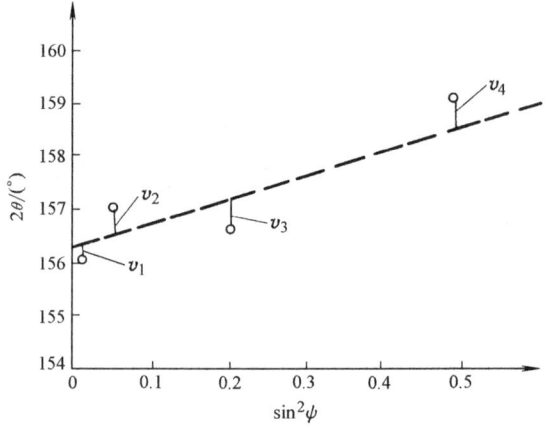

图 13-10 $\sin^2\psi$ 法

$\sin^2\psi$ 法中 ψ_i 或 ψ_{0i} 过去一般取 0°、15°、30°、45°，但这种取法其 $\sin^2\psi$ 的分布不均匀，现在固定 ψ 法中 ψ_i 常取 0°、25°、35°、45°；固定 ψ_0 法可按 θ_0 估算合适的 ψ_{0i} 取法。在用计算机处理数据时，还可取更多的测点以提高 M 的精确度。

二、侧倾法

由于测定衍射峰的全形需一定的扫描范围（决定于峰宽），且计数管不可能接收与试样表面平行的衍射线，故实际允许的变化范围还要小些。当待测件形状复杂，如需测定图 13-11 中转角处的切向应力时，方位角的变化还受到工件形状的限制，当 ψ 角较大时，衍射线被试样吸收，以致无法用同倾法测量应力。为此侧倾法应运而生。

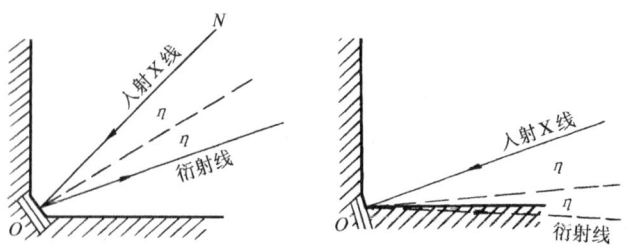

图 13-11 工件转角处的应力测定

侧倾法的特点是测量方向平面与扫描平面垂直，图 13-7 表示它与同倾法的对比。侧倾法中，计数管在垂直于测量方向平面的平面上扫描，ψ 的变化不受衍射角大小的限制而只决定于待测试件的形状空间，对平表面试件，其 ψ 的变化范围理论上可近 90°。显然，侧倾法确定 ψ 方位的方式属固定 ψ 法，选取方位角的方式亦可为两点法及 $\sin^2\psi$ 法,其应力计算公式与同倾法完全相同。

例:表 13-2 列出一组侧倾法的 $\sin^2\psi$ 法测定碳/铝复合丝覆铝层轴向应力的数据,光源为 CuK_α 辐射,测定铝的 $\{422\}$ 面。

表 13-2 $\sin^2\psi$ 法应力测定数据(侧倾法)

No	$\psi/(°)$	$\sin^2\psi$	$2\theta/(°)$	$2\theta\sin^2\psi/(°)$	$\sin^4\psi$
1	0	0	137.49	0	0
2	25	0.1786	137.45	24.5486	0.0319
3	35	0.3290	137.40	45.2046	0.1082
4	45	0.5	137.30	68.65	0.25
Σ		1.0076	549.64	138.4032	0.3901

将表列数据代入式(13-10),得

$$M = \frac{n\sum(2\theta'_{\phi\psi_i}\sin^2\psi_i) - \sum 2\theta'_{\phi\psi_i}\sum\sin^2\psi_i}{n\sum\sin^4\psi_i - (\sum\sin^2\psi_i)^2}(式中 n = 4)$$

$$= \left(\frac{4\times138.4032 - 549.64\times1.0076}{4\times0.3791 - (1.0076)^2}\right)° = -0.3748°$$

将 M 代入下式得残余应力值

$$\sigma_\phi = KM = 65.2\text{MPa}$$

式中,$K = -173.85\text{MPa}/(°)$。

若在具有水平测角器的衍射仪上用侧倾法,则需有可绕水平轴转动的试样架,以完成 ψ 转动(见图 13-12),在一定的 ψ 倾角下,计数管与试样架(置于衍

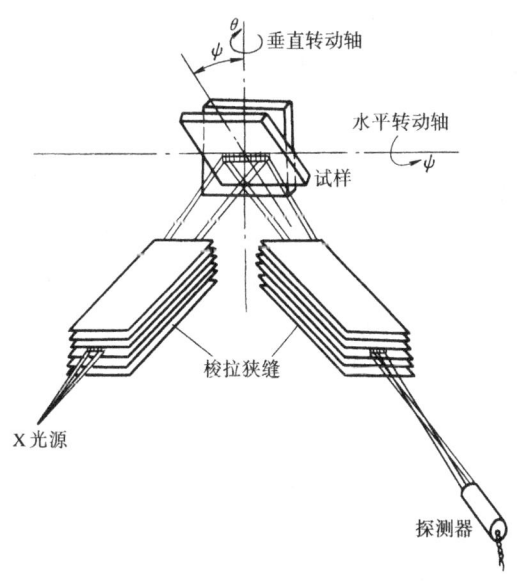

图 13-12 侧倾装置示意图

射仪轴上)作 $2\theta/\theta$ 扫描,以测定衍射角。由于侧倾法具有可测量复杂形状工件的表面残余应力、可利用较低角度衍射线进行应力测定(在高角度区无强衍射的情况下)以及测量精度高(属固定 ψ 法)等优点,在专用的 X 射线应力仪上对大型、复杂的工程零件或构件实现侧倾法测定的设备已很普遍。这种设备要求仪器的测角头(安装 X 射线管及计数管)能作 ψ 倾转。我国自行设计和制造的 X 射线应力仪即是用侧倾法测定,且 X 射线管与计数管以相同的角速度反向转动(θ/θ 扫描),完成固定 ψ 法的测量,代替需试样转动的 $2\theta/\theta$ 扫描。若应力仪的侧角器不能作 ψ 转动,也可制造专用的工件架,令其完成 ψ 的转动。

三、定峰法

残余应力是根据不同取向晶面的衍射峰位的相对变化测定的。相邻 ψ 的 2θ 变化可能在 0.1°甚至 0.01°的数量级,因而峰位的准确测定决定了应力测量的精度。通常用于残余应力测量的定峰法有半高宽法和抛物线拟合法等。

1. 半高宽法

图 13-13 是半高宽法定峰的示意图。当 $K_{\alpha1}$、$K_{\alpha2}$ 峰不分时,首先作峰两侧背底连线,过峰顶作平行于背底的切线,与两线等距的平行线交衍射峰轮廓线于 MN 两点(半高宽),MN 中点 O 的横坐标即峰位(图 13-13a);若 $K_{\alpha1}$、$K_{\alpha2}$ 线分离,可由 $K_{\alpha1}$ 衍射线定峰,为避免 $K_{\alpha2}$ 峰的影响,取距峰顶 1/8 高处的线宽中点定峰(13-13b)。半高宽法和 1/8 高宽法适用于峰形较锐的情况。

2. 抛物线法

当峰形较为漫散时,用半高宽法容易引起较大误差,则可用抛物线法定峰,如图 13-14 所示。即将峰顶部位假定为抛物线形,用测量的强度数据拟合抛物线,求其最大值 I_p 对应的衍射角 $2\theta_p$ 为峰位。设抛物线方程为

$$I = a_0 + a_1(2\theta) + a_2(2\theta)^2 \tag{13-11}$$

式中,I 为对应 2θ 的衍射强度,a_0、a_1、a_2 为常数。对应于最大强度 I_p 的衍射角 $2\theta_p$ 应满足 $dI/d(2\theta) = 0$,即 $a_1 + 2a_2$

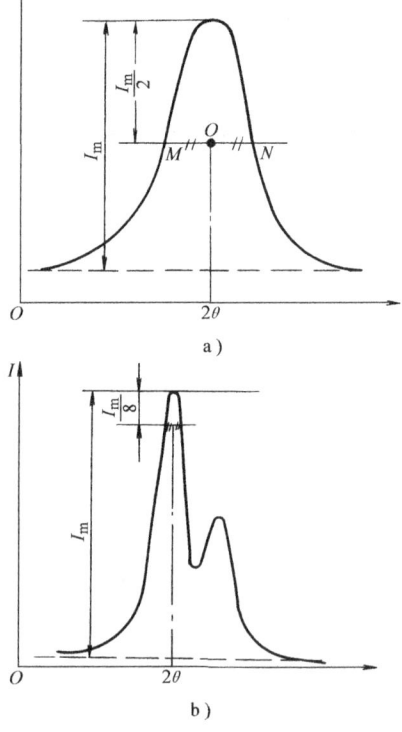

图 13-13 半高宽及 1/8 高宽法定峰
a) 半高宽法 b) 1/8 高宽法

$(2\theta_P) = 0$,所以

$$2\theta_P = -\frac{a_1}{2a_2} \tag{13-12}$$

根据测定的数据求出 a_1、a_2,代入式(13-12)就可求得峰位 $2\theta_P$。

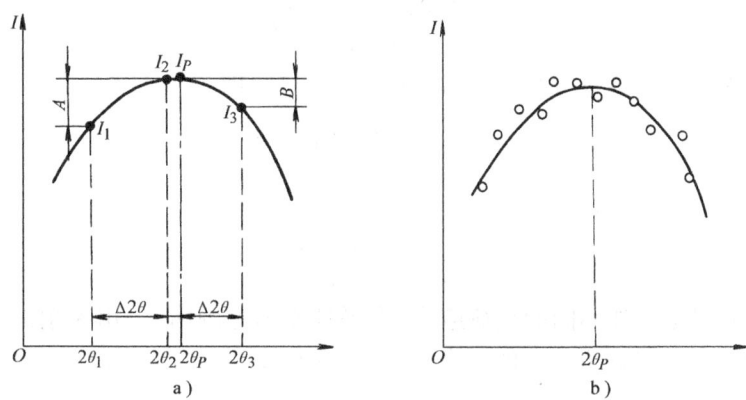

图 13-14 抛物线法定峰
a) 三点抛物线法　b) 抛物线拟合法

若在衍射峰顶大于 85% 最大强度内取三个点 I_1、I_2 和 I_3,如图 13-14a 所示,使两个 $\Delta 2\theta$ 相等,将三个强度代入式(13-11),联立解方程组,求得常数,可求得真正峰位为

$$2\theta_P = 2\theta_1 + \Delta 2\theta \frac{2I_2 - 3I_1 + I_3}{2I_3 - 2I_1} \tag{13-13}$$

为提高精度,可取多个测点(≥ 5)用曲线拟合法求最佳抛物线的极值定峰(见图 13-14b),一般需用计算机求解。

在用抛物线法定峰时,必须用长时间的定时计数或大计数的定数计时以获取准确的强度值,且强度还需按下式进行修正:

$$\begin{cases} I' = \dfrac{I''}{\Phi A} & \text{同倾法} \\[2mm] I' = \dfrac{I''}{\Phi} & \text{侧倾法} \end{cases} \tag{13-14}$$

式中,I'' 为实测值,Φ 为角因数,即 $\left(\Phi = \dfrac{1 + \cos^2 2\theta}{\sin^2 \theta \cos \theta}\right)$,$A$ 为吸收因子($A = 1 - \tan\psi \cos\theta$,其中 ψ 为反射晶面法线与试样表面法线的夹角),I' 为修正后的测量值。

四、应力常数 K 的确定

晶体是各向异性的物质,当用某确定的晶面的应变来测算弹性应力时,不应

采用宏观机械弹性常数来计算,所以需测定与选用晶面相应的弹性性质。方法如下:取与被测材料相同的板材制成无残余应力的等强梁,该等强梁可安置在衍射仪或应力仪上,并被施加已知的可改变的单向拉伸应力 σ,根据式(13-2),在单向拉伸条件下

$$\frac{\partial \varepsilon_\psi}{\partial \sin^2\psi} = \frac{1+\mu}{E}\sigma \tag{13-15}$$

ε_ψ 随 $\sin^2\psi$ 变化的斜率 M 随 σ 改变(见图13-15),即

$$M = \frac{1+\mu}{E}\sigma \tag{13-16}$$

将式(13-16)对 σ 求导

$$\frac{\partial M}{\partial \sigma} = \frac{1+\mu}{E} \tag{13-17}$$

在等强梁上施加不同的载荷应力(在弹性变形范围内),用 X 射线在测量方向平面内测定不同 ψ 方位上的应变,代入式(13-15)、(13-16)、(13-17),就可算出 X 射线弹性常数 $\frac{S_2}{2} = \frac{1+\mu}{E}$。

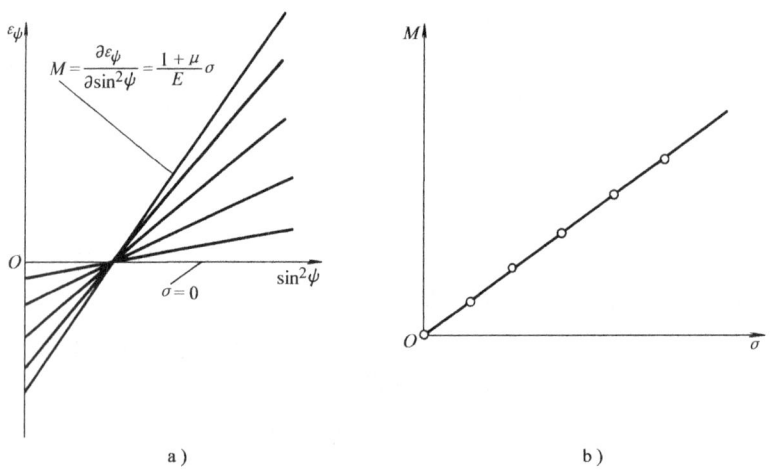

a) b)

图13-15 X射线弹性常数的测定

a) 不同应力下的 ε_ψ—$\sin^2\psi$ 关系 b) M—σ 的关系

由上式实验还可分别求出弹性模量 E 和泊松比 μ。根据式(13-1)

$$\varepsilon_{\phi\psi} = \frac{1+\mu}{E}\sigma_\phi\sin^2\psi + \varepsilon_3$$

单向拉伸时:
$$\varepsilon_\psi = \frac{1+\mu}{E}\sigma\sin^2\psi - \frac{\mu}{E}\sigma$$

当 $\psi=0$ 时： $\varepsilon_{\psi=0} = -\dfrac{\mu}{E}\sigma$

可见，$\varepsilon_{\psi=0}$ 与 σ 呈线性关系（见图 13-16），此值线的斜率 $S_1 = -\mu/E$

$$\dfrac{\partial \varepsilon_{\psi=0}}{\partial \sigma} = -\dfrac{\mu}{E} = S_1 \qquad (13-18)$$

将式（13-17）、（13-18）联立，就可分别求得 E 和 μ。一般称 S_1 和 $S_2/2$ 为 X 射线弹性常数，它对应于某 $\{hkl\}$ 晶面族。再根据采用的 X 射线光源的波长和晶面间距得到无应力的衍射角 θ_0，就可计算应力常数 K。

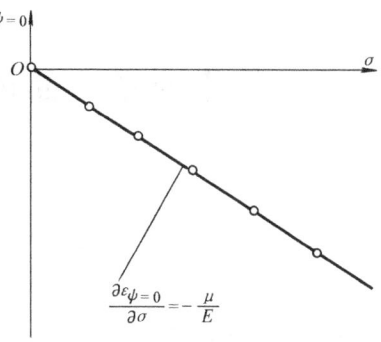

图 13-16　$\varepsilon_{\psi=0}$—σ 直线图

思 考 题

1. 在一块冷轧钢板中可能存在哪几种内应力？它的衍射谱有什么特点？按本章介绍的方法可测出哪一类应力？

2. 一无残余应力的丝状试样，在受到轴向拉伸载荷的情况下，从垂直丝轴的方向用单色 X 射线照射，其透射针孔相上的衍射环有何特点？

3. X 射线应力仪的测角器 2θ 扫描范围 $143°\sim163°$，在没有"应力测定数据表"的情况下，应如何为待测应力的试件选择合适的 X 射线管和衍射面指数（以 Cu 材试件为例说明之）。

4. 在水平测角器的衍射仪上安装一侧倾附件，用侧倾法测定轧制板材的残余应力，当测量轧向和横向应力时，试样应如何放置？

5. 用侧倾法测量试样的残余应力，当 $\psi=0°$ 和 $\psi=45°$ 时，其 X 射线的穿透深度有何变化？

第十四章　晶体投影和单晶体取向测定

第一节　晶　体　投　影

一、晶体的对称

组成晶体的基本质点(原子、分子、离子)在三维空间是按照一定的规律排列着。这种排列是无限地、周期地重复着的,因此,每个质点所处的环境都一样,也就是在它的周围必然能找到一些几何位置与之完全相同的质点。正由于此,晶体的微观结构就会表现出对称性,当然,这种对称性也一定会反映到晶体的外形上。客观事实表明:具有完整外形的晶体,通常是规则的多面体。

如果将一个形体(图形或物体)按照某种几何规律运动以后,形体仍能与先前的完全重合,即能实现一次规律重复,则该形体是对称的。例如,将一个等边三角形围绕垂直且过其中心的轴旋转 120°,三角形的位置与原先并无两样,说明等边三角形是对称的。

要使形体实现规律重复,就要进行某些几何动作,这些几何动作就称为对称动作或对称运用;要形体实现规律重复,一定要凭借某些几何元素,如点、线和面,这些几何元素就称为对称元素。在前例中,我们凭借过等边三角形中心的轴使它转动,则这个"轴"就是对称元素,而"转动"就是对称运用。

下面对最常用的对称元素作一简介。

1. 对称轴

若形体绕轴转 $360°/n$(n 为整数)后即周期重复一次,则该形体具有 n 次旋转对称,该轴称为 n 次对称轴,而"n"称为轴次。

在晶体中,常见的有一次、二次、三次、四次、六次对称轴,分别以数字 1、2、3、4、6 表示,其中一次对称轴用圆圈中心加一点表示,二次对称轴用椭圆中心加一点表示,三次、四次、六次对称轴用相应的等边多边形中心加一点表示。

2. 对称面

物体中的一个平面将物体分成两部分。若此两部分上的点是一一对应的,则该平面就称为该物体的对称面,以符号 m 表示。

3. 对称中心

在通过物体中某定点的所有直线上,定点两侧的全部点均一一对应,则该定点就是该物体的对称中心,以符号 Z 表示。

与以上三种对称元素相对应的对称运用分别称为旋转、反映、反演。

可以举出立方晶系所具有的对称元素作为例子。立方晶系所能具有的最多的对称元素为:三个四次对称轴,四个三次对称轴,六个二次对称轴,九个对称面,一个对称中心。为方便起见,用立方体来说明各种对称元素的所在位置。从立方体的中心作各立方体面的垂线即得四次对称轴;立方体的体对角线即为三次对称轴(图 14-1a);而二次对称轴系位于立方体的二根对棱的中点连线上(图 14-1b)。对称面有两种,其一是由两根对棱所组成的平面(图 14-2a),这种面有 6 个;另一种如图 14-2b 所示,它过四根棱的中点,这种平面一共有 3 个。对称中心就在立方体的中心。

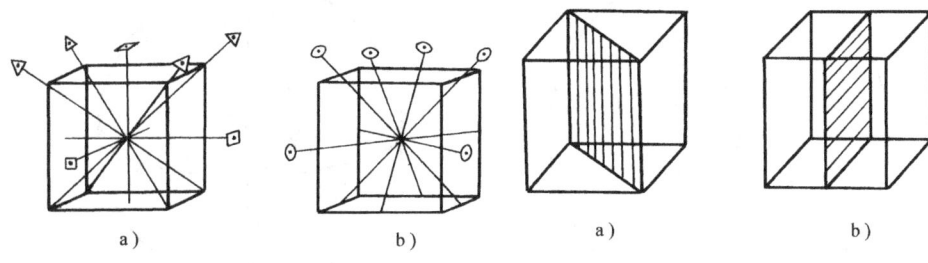

图 14-1 立方体的对称轴　　　　图 14-2 立方体的两种对称面

二、球面投影

三维的晶体在表示和使用中均感不便,需有一种简单明确的方法来表达各晶面或晶向的相互关系,这就是晶体投影法。

晶体投影法的第一步是将晶体投影到球面上去。过一多面晶体的中心,以任意半径作参考球(图 14-3),并由球心作各晶面的法线。后者与球面的交点称为极点,它们用以表示相应的晶面。

球面投影可使几何晶体学的测量得到简化,例如,两个晶面之间的夹角可以在参考球面上测量。图 14-4 可以看出,晶面 $(h_1k_1l_1)$ 与 $(h_2k_2l_2)$ 之间的夹角是 α,它与该二晶面的法线间夹角相等,并可用相应的大圆(指过球心的平面与参考球的交线)圆心角或弧段来量度。

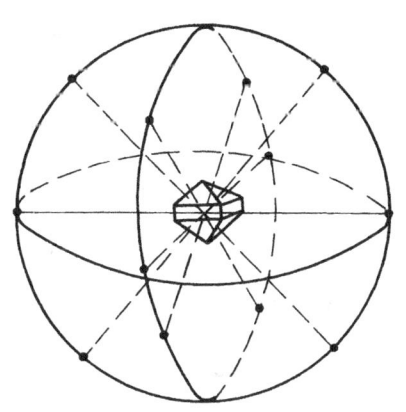

图 14-3 球面投影

三、极射赤面投影

球面投影在使用上仍不够方便。为了用平面图形来表示晶体,可在此基础上再作一次极射赤面投影。极射赤面投影能将晶体表示在一幅有限大小的图形中,其更加突出的优点在于能如实地反映出晶面之间的夹角。

该法以球的赤道面为投影面,以南极(或北极)为观测点,连接南极与上半球面的投影点,则连线与投影面的交点即为晶面的投影(图 14-5)。位于下半球面上的点,应与北极连线,其投影点可另选符号表示,以与上半球相区别。全球极射赤面投影点是分布在一个与球直径相等的大圆内。投影图的边界大圆称为基圆。亦可选择与赤道面平行的任意平面作为投影面,这样并不改变投影图的形状,而只改变其比例。

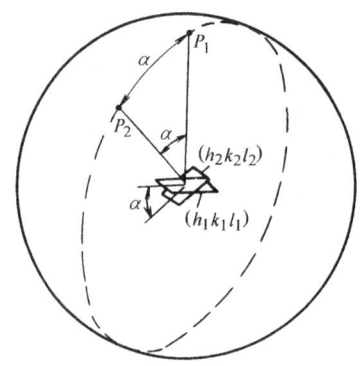

图 14-4 晶面间夹角的测量

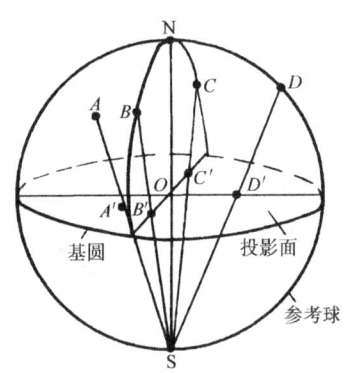

图 14-5 极射赤面投影

在此着重提出球面投影与极射赤面投影的几个重要关系,这对理解后面的内容是必不可少的。

1) 球面上过南北极的大圆(子午线大圆),在极射赤面投影图上是一根过圆中心的直线(图 14-6a)。

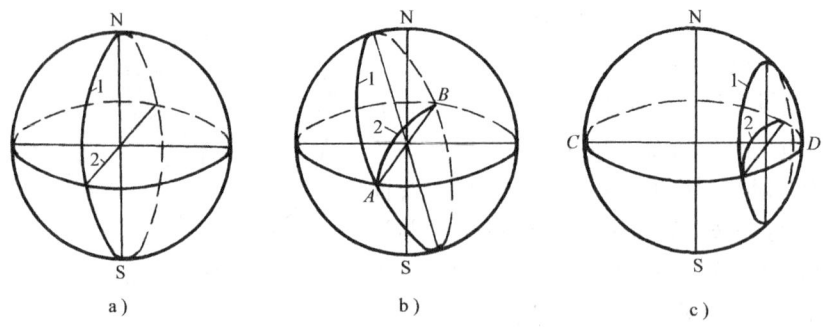

图 14-6 球面投影与极射赤面投影的关系

1—球面投影 2—极射赤面投影

2) 球面上一般大圆的投影是个大圆弧。例如过直径 AB 的大圆，其极射赤面投影是过 AB 的大圆弧线(图 14-6b)。根据以上关系可以推断晶带的投影。同一晶带的各个晶面，其法线均处于同一平面上，它们的球面投影必然落到同一大圆上，因此，这些晶面的极射赤面投影必在同一大圆弧线上或过中心的直线上。

3) 球面上一般小圆的投影是小圆弧。对我们重要的是垂直于直径 CD 那样的小圆族的投影(图 14-6c)。

四、吴里夫(Г. В. вульф)网

吴里夫网又称吴氏投影网或吴氏网，是研究晶体投影、晶体取向等问题的有力工具。

吴里夫网实质是球网坐标的极射赤面投影。球网是这样作出的：将球从图 14-6 的位置转过 90°，使 NS 轴为水平(图 14-7)，AB 轴为竖直；作包含 AB 的大圆族，将球面等分为 360 份，这些圆称经线大圆；又作垂直于 AB 的小圆族，在另一方向上将球面等分为 360 份，这些圆称纬线小圆，经线大圆与纬线小圆相互交割构成球网。以 ABCD 为投影面，S 为观测点，则球网坐标的极射赤面投影即为吴氏网(图 14-8)。在习惯上，吴里夫网的南北极仍以 S、N 标记。

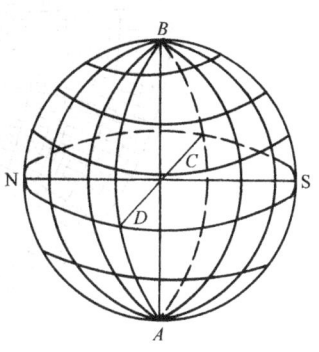

图 14-7 球网极射赤面
投影的几何关系
ABCD—投影面 S—观测点

结构分析工作中使用的吴里夫网有直径为 100mm、200mm 和 300mm 等数种，间隔为 1°或 2°。

若图 14-7 中的球网坐标以 CNDS 作为投影面，以 A 为观测点，则所得的极射赤面投影图称为极式网(图 14-9)。极式网的应用不及吴里夫网普遍。

下面简单介绍吴里夫网的两个应用。

1. 求晶面间夹角

图 14-4 表明，两晶面间夹角可在球面投影的大圆上测量。这种大圆在极射赤面投影图上可以是基圆、赤道线、子午线或经线。只要想法将两个晶面的投影点搬到上述某根线上，就可借助吴里夫网量出其夹角。

用透明纸描画一个与吴里夫网直径相等的基圆，并在其上标出晶面的极射赤面投影点。将透明纸覆盖于吴里夫网上，使两圆圆心始终重合，转动透明纸，使所测两点落到吴里夫网下述任一线上：赤道线、子午线、基圆线或经线。图 14-10 即表明这几种情形。这时，两点的纬度差(在赤道线上为经度差)即等于晶面夹角。应当注意，不能将两个极点转到某一纬线上去测量夹角。

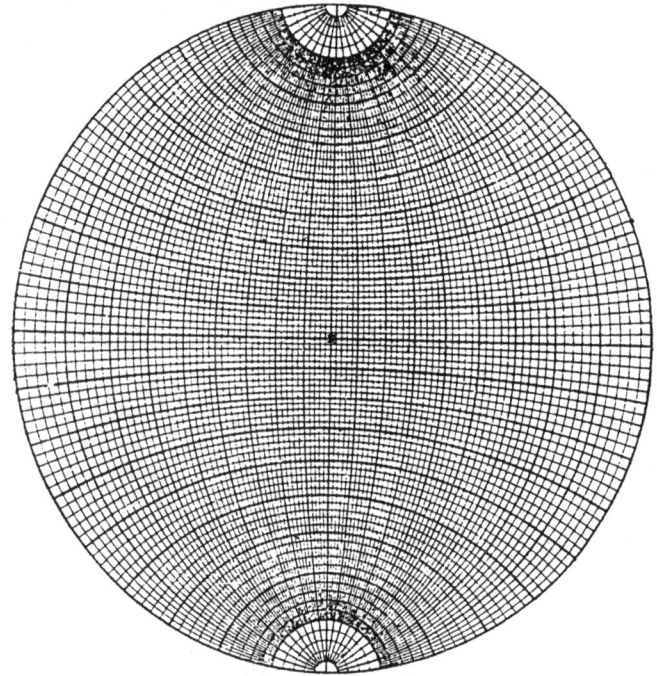

图 14-8 吴里夫网

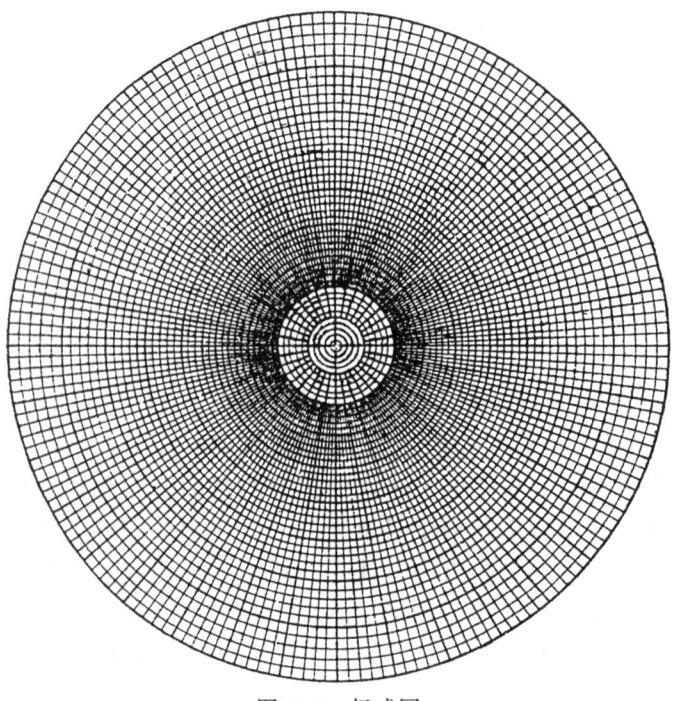

图 14-9 极式网

2. 转动晶体

在研究晶体的取向时,往往需要转动晶体。假若要求晶体围绕垂直于投影面的轴转动,则只需将透明纸围绕吴里夫网的中心转动即可;若需绕平行于投影面的轴转动,则可先按上法转动透明纸,使该轴与吴里夫网的 NS 轴重合(图14-11),然后使各极点沿自身所在纬线按经度间隔转过所需角度。例如欲令 A、B 两点绕 NS 轴转动 $70°$,则 A 点将移至 A' 处;但 B 点在转过 $30°$ 后已到达基圆上,故需在投影球背面再转 $40°$ 至 B_1 处,而它在正面的投影可用 B' 来表示。B_1B' 连线通过球心,且两点以球心为对称。若需绕与投影面倾斜的轴转动时,则需将转动分解为几个动作来完成。因这种转动应用较少,此处从略。

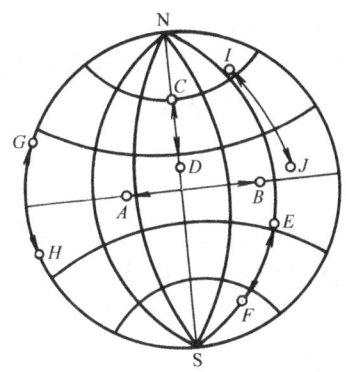 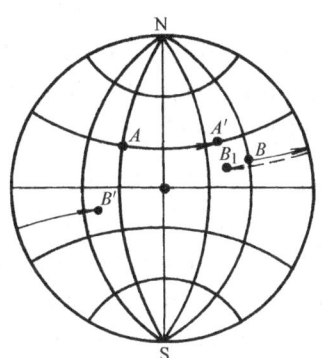

图 14-10 晶面夹角的测量　　　　图 14-11 转动晶体

五、标准极图

为测定晶体取向需使用晶体的标准极射赤面投影图(标准极图),在其上标记着晶体中最重要的晶面的投影,故从中对晶面的取向关系可以一目了然。另一方面,为了研究晶体的取向,更好地理解标准极图,又需对晶面间夹角关系有所了解。对于立方晶系,因同指数的晶面与晶向相垂直,故用晶面的法线夹角去代替晶面夹角更为方便。晶面夹角 ρ 用以下公式计算:

$$\cos\rho = \frac{h_1h_2 + k_1k_2 + l_1l_2}{\sqrt{h_1^2 + k_1^2 + l_1^2} \cdot \sqrt{h_2^2 + k_2^2 + l_2^2}} \tag{14-1}$$

式中,$h_1k_1l_1$、$h_2k_2l_2$ 分别表示两组晶面的指数。

图 14-12a 为立方晶系晶体以(001)平行投影面进行极射赤面投影的几何关系示意图,图 14-2b 为相应的(001)标准极图。图 14-12 可以帮助理解标准极图的绘制,但实际使用的标准极图是通过"发展晶带法"得到的。

从图 14-12 可以得知,由于(001)平行于投影面,故其投影在标准极图的中

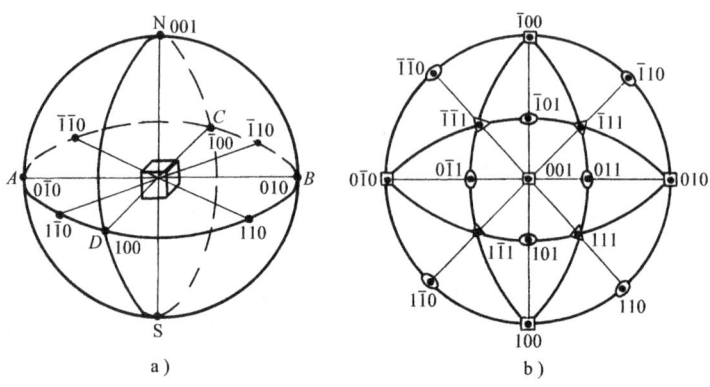

图 14-12 立方晶系(001)标准极图

心;(100)、(010)、(110)、(1̄10)等因与投影面相垂直,故分布在基圆上;(011)、(101)等与(001)有相同的夹角,故与极图中心呈等角距分布,{111}晶面族极点分布也与此类似。

从图 14-12b 还可得知:

1) 由于是立方晶系的标准极图,故其上每一点,既表示一组晶面的投影,也表示垂直于这组晶面的晶轴投影。这个晶轴如果是 n 次对称轴,就用相应对称轴的符号标记(如图 14-13 所示)。但为了方便,详细的标准极图大多不采用对称轴符号,而往往将重要的(原子大的、指数低的)晶面用较大的点标记。

2) 由于[001]是四次对称轴,故标准极图也反映出四次对称的特征,同一晶面族的晶面对图中心呈四次对称分布。

3) 同一晶带的晶面,其投影排列在一直线或一弧线上,例如(100)、(111)、(011)、(1̄11)、(1̄00)属于同一晶带,其晶带轴是[01̄1]。

选择作为投影面的晶面通常是低指数的,这样能更好地反映出晶体的对称特征。除(001)的标准极图外,常用的还有(011)、(111)、(112)、(013)等标准极图。图 14-13 为(011)标准极图;图 14-14 为(111)标准极图。

晶体中的晶面种类是无限的,同一晶带的晶面也是很多的,它们的空间方位渐次地变化着。标准极图只可能标记一些最重要的晶面,在使用极图时,应当记住这一事实。图 14-15 为较详细的立方晶系(001)标准极图。其他晶系(如六角晶体、四方晶体等)由于晶轴比率不同,其晶面间夹角要用相应的晶面夹角公式计算,图 14-16 为六方晶系较常用的(0001)标准极图。

标准极图的尺寸应与吴里夫网相一致。有关标准极图的应用将在本章第三节中介绍。

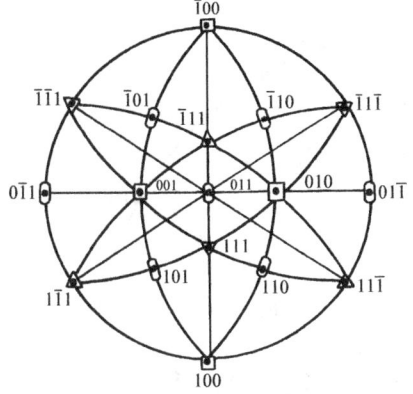

图 14-13 立方晶系(011)标准极图

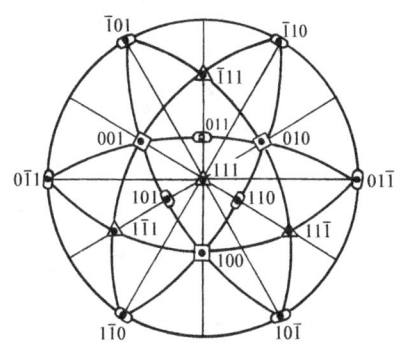

图 14-14 立方晶系(111)标准极图

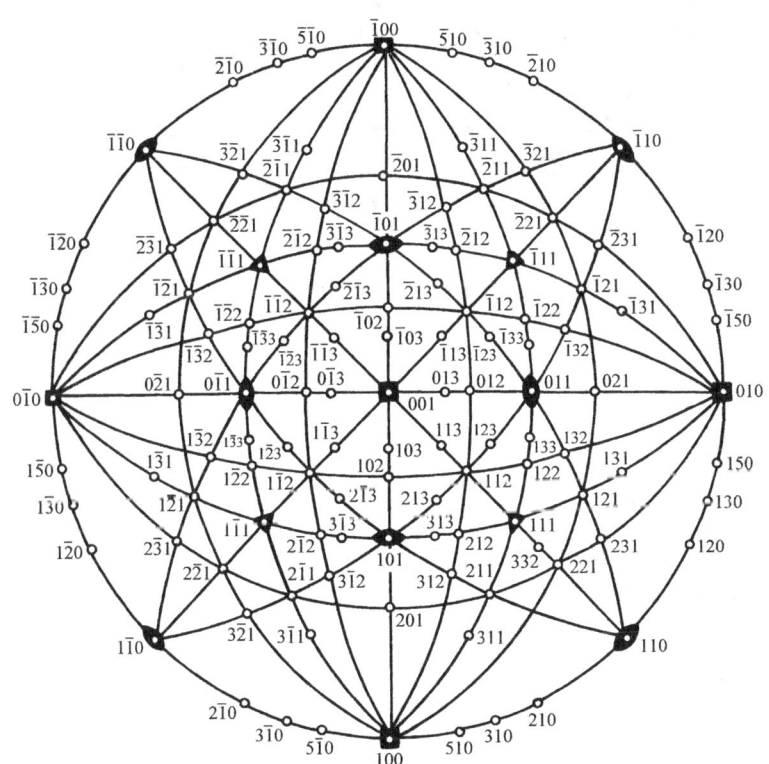

图 14-15 立方晶系(001)标准极图

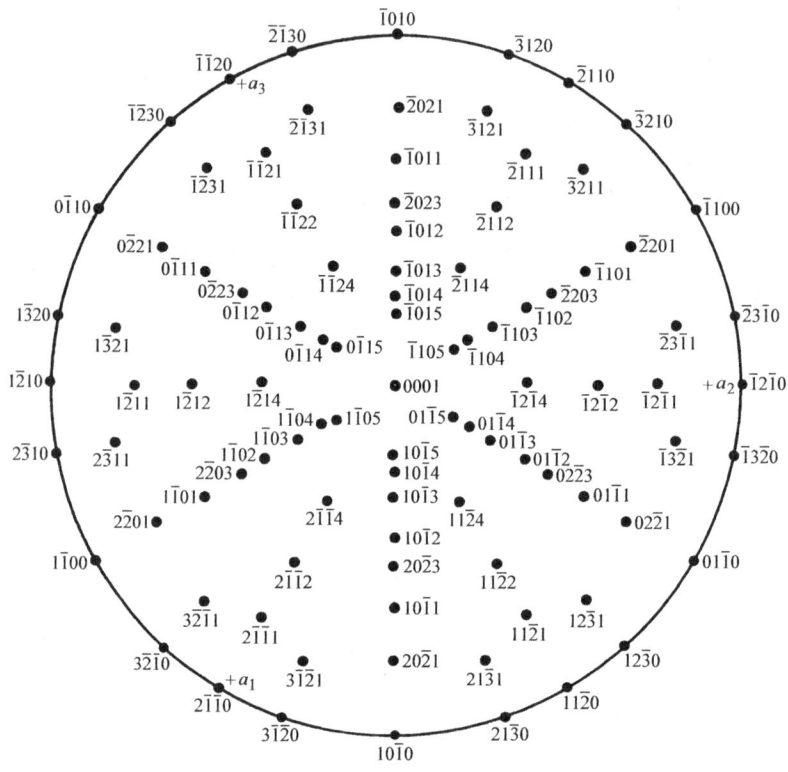

图 14-16 六方晶系锌($c/a=1.86$)的(0001)标准极图

第二节 劳 埃 法

一、概述

劳埃在 1912 年采用的结构分析方法是采用连续 X 射线照射固定的单晶体，以不动的平底片来记录衍射花样。这种方法称为劳埃法，其衍射斑点称劳埃斑。

劳埃法通常选用钨或钼的 X 射线管。用钨靶时，一般只有连续辐射，而用钼靶时，在谱线中出现标识辐射。

拍摄劳埃像采用劳埃相机(或称平板相机)，图 14-17 为劳埃相机示意图。从 X 射线管窗口射出的 X 射线，经过光阑，成为平行的细射线束照射到单晶试样上。试样用胶泥固结于测角仪上。借助测角仪，试样可在三个方向上平移及转动，这样，单晶体的位置及方位便可自由地调节。

底片置于试样之后，即 A 位置，这时所用的方法为透射劳埃法。要求试样很薄(如铁试样厚约 0.2mm,铝试样的厚度应小于 1mm)。若底片置于试样之前，

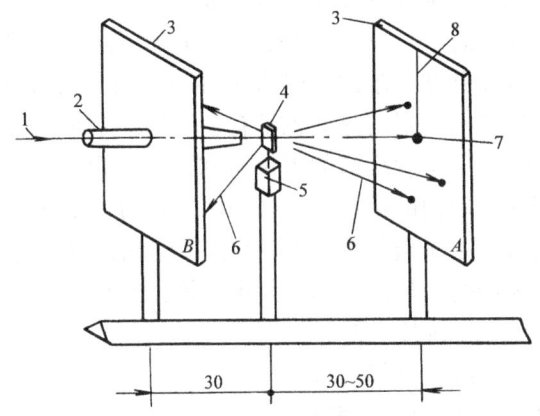

图 14-17 劳埃相机(示意图)
1—入射线 2—光阑 3—底片盒 4—单晶试样
5—测角仪 6—衍射线 7—铅片 8—金属丝

即 B 位置,则为背射劳埃法。背射劳埃法的底片距试样通常为 30mm,而透射劳埃法为 30~50mm,两种方法的底片均与入射线相垂直。

为使单晶体的取向与其外形以及劳埃图像联系起来,在底片盒的黑纸上需粘贴细丝。它在劳埃像上将留下痕迹,称为参考线。放置晶体时可使其边棱平行于金属丝。为标记底片与晶体在拍摄时的相对位置,可将底片的一角切掉。为在透射劳埃像上留下原射线的迹点而又不致过分发黑,可在黑纸上用一小块 0.5mm 厚的铜片(或厚度合适的铅片)遮盖。背射法的底片需打上孔,以使光阑能够通过。

曝光时间随摄照条件不同可有较大的差异。例如,透射法曝光可从数分钟到一个多小时,而背射法的曝光时间则要增加好几倍。

二、劳埃图像的形成原理

用单色 X 射线照射不动的单晶体,获得衍射的可能是非常小的。为了能在一般情况下获得衍射,必须引入第四变数。劳埃法就是基于这个原理而采用了多色辐射。

在劳埃法的具体情况下,布拉格方程 $2d\sin\theta = n\lambda$ 中的 λ 是变数,而入射线与某确定晶面(其间距为 d)的相对位置 θ 则是常数。因此,该晶面要获得反射,必须从连续谱中选出某一波长 λ_1(图 14-18),使之满足布拉格方程 $\lambda_1 = 2d\sin\theta$,从而获得一级反射。但连续谱中尚有其他波长的 X

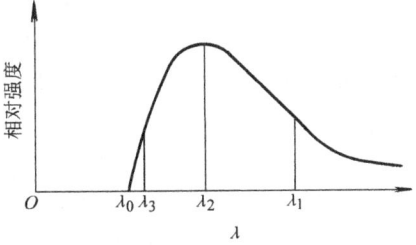

图 14-18 连续谱中的波长 λ_1 及其谐波

射线，它们可能使晶面距为 d 的晶面获得二级、三级以至 n 级反射，这些波长分别为 $\lambda_2 = \lambda/2$，$\lambda_3 = \lambda/3$，…，$\lambda_n = \lambda/n$，即 d 晶面可同时反射 λ_1 及其谐波辐射。不难理解，反射级数 n 并非无限的，因为 λ_n 必须大于 λ_0，而后者是连续谱的短波限。与此类似，能参与反射的晶面也是有条件的：晶面间距 d 必须不小于短波限之半，即 $d \geq \lambda_0/2$。从 X 射线谱的理论得知，短波限 λ_0 是随管压的增加而减小的，故虽是对于同一取向的单晶体，当采用较高的管压摄照时，将会获得较复杂的衍射花样。另外，由于衍射方向 θ 只与晶体结构及取向有关，因此，当两个晶体的结构和取向相同时，虽然其晶胞大小不等，但其劳埃图像仍一样。

当连续 X 射线照射到某个晶带时，其上各晶面的反射线在空间组成有规律的图样。现以图 14-19 为例说明。图 14-19 中，α 为晶带轴和入射线之间的夹角。若晶带中的某个晶面 (hkl) 围绕其晶带轴 $[uvw]$ 转一周，该晶面将依次地占据该晶带中各种可能的晶面位置。X 射线照射到 (hkl) 时将受到反射，当 (hkl) 绕 $[uvw]$ 转一周，反射线在空间将组成一个圆锥面。当晶面转到与入射线平行的位置时，即图 14-19 中晶面平行于纸面时，入射线只能掠过晶面，并不发生反射直接到达 O 点，反射线就是透射线（也可认为发生了"0"级衍射）。当晶面垂直纸面时，掠射角最大，这时 $\theta = \alpha$，反射线达到最高点。因此，所形成的圆锥面总有一根母线与入射线重合，锥面的轴线就是晶带轴（图 14-19）。

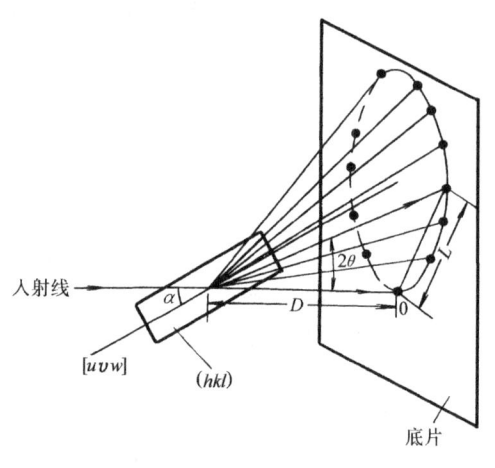

图 14-19　劳埃圆锥的形成

通过以上分析可知，当连续 X 射线照射到一个晶带时，反射线在空间组成一个圆锥面，锥面的轴线就是晶带轴，锥面总有一根母线与入射线重合。

如果用一张垂直于入射线的底片去记录衍射花样，将会得到一根二次曲线（椭圆、抛物线或双曲线），称为晶带曲线。实际上，由于能产生显著反射的晶面是有限的（只能是一些低指数的即原子密度大的晶面），所以并不能得到连续的曲线，而只能得到一些斑点，它们称为劳埃斑。由入射线形成的那个斑点称为中央斑（图 14-20）。每个斑点对应着晶体中的一簇晶面。

晶带轴与入射线间的夹角 α 对晶带曲线的形状起着决定性的作用。当夹角为零时，晶带并不参与反射；当夹角 $\alpha < 45°$ 时，所得的二次曲线为椭圆（如图 14-19，图 14-20a）；当 $\alpha = 45°$ 时得到抛物线；$\alpha > 45°$ 时可得到双曲线（如图 14-21，

图 14-22b）；而当 α=90°时，反射线在底片上留下的是一根过中央斑的直线。

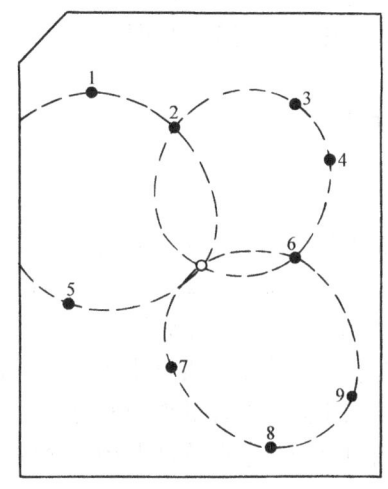

图 14-20 透射相中晶带曲线上的劳埃斑

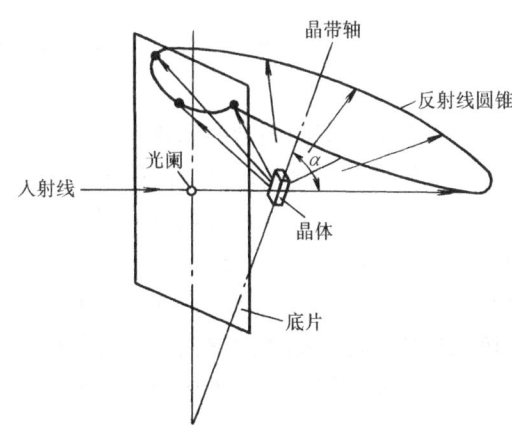

图 14-21 背射劳埃法晶带曲线形成示意图

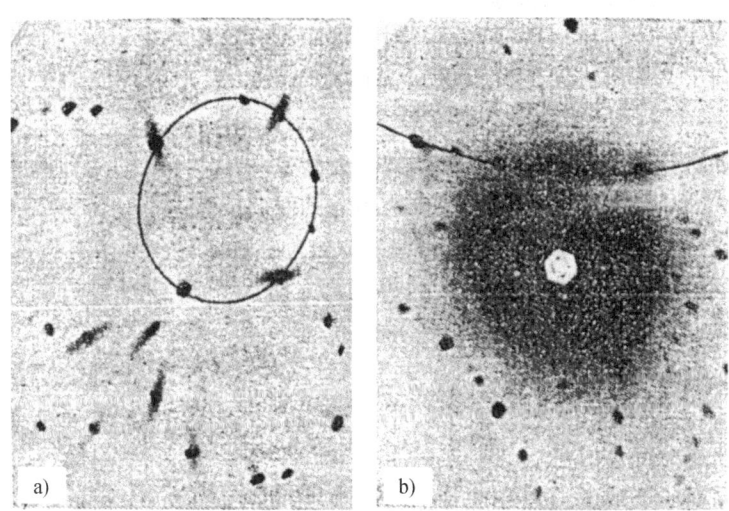

图 14-22 铝单晶的透射和背射劳埃图样
（W 靶,30kV,19mA）
a) 透射 b) 背射

当然，晶体中并不只有一个晶带，因此，实际所得的劳埃图像（比如透射劳埃像）中有若干个晶带曲线，它们必定有一个共同交点，这就是中央斑。有时有两个或两个以上的晶带曲线还会有交点，这意味着该交点所对应的晶面不只属于一个晶带。

图 14-21 为背射法晶带曲线形成的示意图。不难想像，能够与背射底片相交的反射线圆锥，其张角总是较大的，故晶带曲线为双曲线或直线。晶带轴与入射线的夹角 α 愈小，双曲线愈弯曲，离中心孔也愈远。图 14-22 为透射和背射劳埃图。

第三节　单晶体取向的测定

一、单晶体取向测定的思路

单晶体的取向是指单晶体的外形特征与晶面指数之间的关系，其测定的重要步骤之一是确定已知晶体劳埃斑的指数。为此，先计算每一个斑点对应的布拉格角 θ，再通过吴里夫网确定每一斑点对应的极射赤面投影点，然后转动晶体使低指数斑点移到吴里夫网圆心，并与标准极图比较，即可确定各斑点指数，最后通过斑点指数确定单晶体的取向。目前劳埃法主要用于测定晶体的取向和对称性。

本节主要介绍背射劳埃法的取向测定，再简单介绍透射劳埃法及用衍射仪法测定单晶体的取向。

二、用背射劳埃法测定单晶体的取向

1. 背射劳埃法的几何关系

透射劳埃法要求试样很薄，而背射劳埃法没有这种要求，故对金属样品的测试特别有利。试样可以采用独个的单晶体，也可以使 X 射线照射多晶体中一个较大的晶粒。

由于背射劳埃法只能记录晶带轴与入射线夹角大于 45° 的衍射圆锥，故背射劳埃图像上的晶带曲线是由劳埃斑点所组成的双曲线或直线（图 14-22）。

图 14-23 表示背射劳埃法的几何关系。K 为单晶体，在其中有一晶带轴 $P'P$，并设 $P'P$ 同时也是该晶带中某晶面的迹线。入射 X 射线 $O'O$ 穿过底片的中心孔后以 θ 角照射到晶面 $P'P$ 上，反射 X 射线在底片上形成劳埃斑 J。

图 14-23 仅仅给出背射劳埃法的平面关系，其中 J 点为特殊的劳埃斑。实际上，同一晶带的晶面所形成的斑点在底片上排列成一根双曲线，一般的劳埃斑并不一定出现在图纸平面上（它可用符号 J_i 来表示）。现在将极射赤面投影的关系引入。以 K 为心，以任意半径作参考球，又以 $A'A$ 为投影面，以 O 为观测点，作 $P'P$ 面的法线 KQ，与参考球面交于 S 点，则 M 点即为晶面 $P'P$ 的极射赤面投影。晶带轴 $P'P$ 的延线与参考

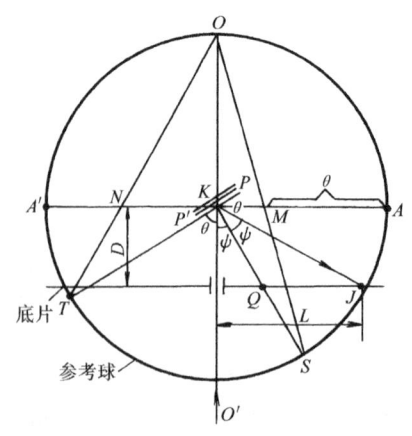

图 14-23　背射劳埃法的几何关系

球面交于 T 点,故 N 为其极射赤面投影。从几何关系可知,N 点与 M 点的夹角必为 90°(在吴里夫网上测量)。

由图 14-23 可以得知:

$$\tan 2\psi_i = \frac{L_i}{D}$$

式中,D 是试样与底片的距离,而 L_i 为底片上某劳埃斑到中心孔圆心连线的长度。因为

$$\psi = 90° - \theta$$

$$\tan 2(90° - \theta_i) = \frac{L_i}{D}$$

所以
$$\theta_i = 90° - \frac{1}{2}\arctan\frac{L_i}{D} \tag{14-2}$$

从几何关系可看出,$\angle SKA = \theta$,即在圆周上量度 $\widehat{SA}$ 亦为 θ,由极射赤面投影的关系可知 AM 线段长度亦等于 θ(用吴里夫网量度)。可见,如果用式(14-2)算出了 θ_i,按照极射赤面投影法,借助于吴里夫网即可求得劳埃斑 J_i 对应的晶面的极射赤面投影点 M_i。也就是说,斑点与投影图的关系已经建立。

2. 用背射劳埃法测定单晶取向的步骤

(1) 描绘晶带曲线 用透明纸把底片上最清楚的三四个晶带曲线(一般是双曲线)及参考线描下。通过中心孔将圆心位置找出,并以之为心,作一个与吴里夫网同样大小的基圆。在每个晶带曲线上,只需选取三四个最强的斑点,但应注意选取晶带曲线的交点以及特别强的与其他斑点距离较远的斑点。

(2) 计算 θ_i 量出每个斑点到底片中心孔圆心的距离 L_i,根据式(14-2)算出 θ_i。

(3) 作各斑点的极射赤面投影 使底片孔的圆心与吴里夫网中心重合,转动透明纸,使各个斑点依次与赤道重合,并每次从吴里夫网的边缘往中心方向量度 θ_i 角度,所得点即为该斑点的极射赤面投影 M_i。按照图 14-23 的几何关系,应使投影点与对应的斑点均在中心点的同一侧。图 14-24 表示从斑点 2 求作其极射赤面投影 2′ 的方法。

(4) 求各晶带轴的极射赤面投

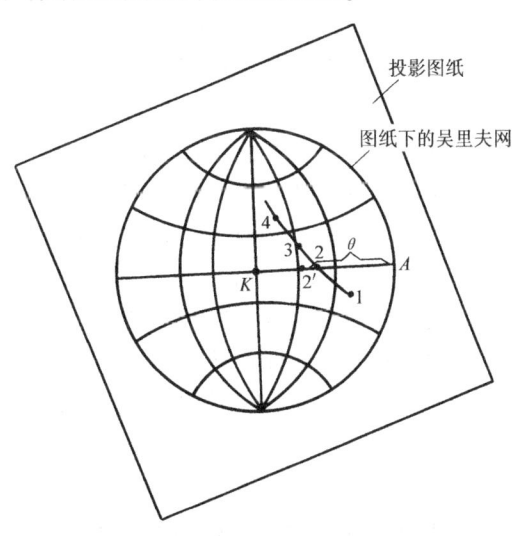

图 14-24 劳埃斑点的极射赤面投影的作法

影 底片上一根双曲线对应晶体中的一个晶带,若上述各步骤均没错误,则同一晶带的投影点在转动图纸之后应能与吴里夫网某经线重合或平行。这时可从该经线与赤道的交点 M 起,沿赤道往中心方向量度 $90°$,所得点 N 就是该晶带轴的投影点。图 14-25 示意地表示了这个过程。

（5）衍射斑点指标化 经验证明,在立方系晶体的劳埃像上,最清晰的晶带曲线对应着低指数的晶带轴,例如[100]、[011]、[111]等;而晶带曲线的交点、特别强的斑点,通常也是低指数的。将上述晶带轴

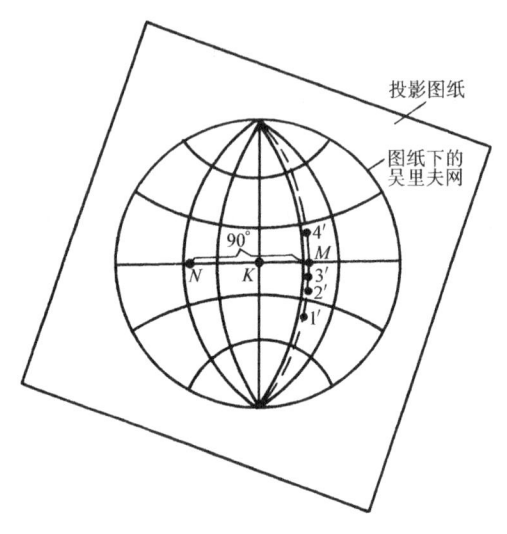

图 14-25 晶带轴的极射赤面投影的求法

(或强斑点)的投影点之一旋转至吴里夫网的赤道上,后又沿赤道转过 α 角度而到达图中心。根据转动晶体的原理,与此同时,所有的投影点均应沿着本身所在纬线按同一方向转过 α 角度。转动后的投影点位置,应能与标准极图的极点位置相对应。可以依次假定转至中心的投影点的指数为(001)、(011)、(111)等,并分别通过相应的标准极图来印证。这是所有手续中最困难的一步。对于初学者,不妨分两步走:第一步只转动 4~6 个晶带轴及晶带交点的投影,因这些极点均为低指数,故对标准图时只需着眼于大点,点位置的误差便不足以妨碍指标化的顺利进行;第二步是连同其他晶面的投影点一齐转动并对照。因有第一步的基础,"心中有数"的印证已不觉困难。一旦找到对应之后,即可对所有投影点进行指标化,并有可能标出任意晶面的位置。例如欲寻找(120),但此点在劳埃图像中未有出现,此时可按标准图将之描出。由于通常只有几个低指数的标准极图,故必须设法保证转至图中心的投影点是低指数的。

（6）反转晶体 至此,还必须使找到的晶面与试样外形联系起来。首先应使晶体反转回原有位置,这时所找到的晶面如(120)将按相反方向转过 α 角度。这个新的位置就是晶体在转动前该晶面的投影位置。

（7）确定某晶向与晶体外形的关系 可以人为地给定晶体在摄照位置时的外坐标,例如,设 Z 轴与入射 X 射线平行, Y 轴和 X 轴则分别平行于参考线 XX、YY。它们的投影点的位置如图 14-26 所示。利用吴里夫网,可以量出某晶面如(120)(对于立方系亦即[120])与 X、Y、Z 轴的夹角,于是,某晶向与晶体外形的关系即可惟一地确定。

图 14-27 是从铝晶体背射劳埃像(图 14-22b)上的叠描图,图 14-28 为图 14-27 的极射赤面投影,图中 P_A、P_B、P_C、P_D 和 P_E 分别是晶带 A、B、C、D 和 E 的晶带轴。图 14-29 为图14-28经指标化后的极射赤面投影。

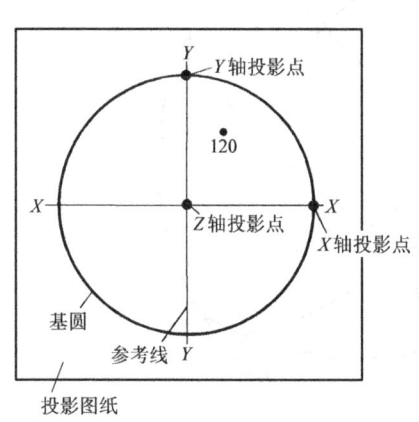

图 14-26　外坐标及其投影点位置

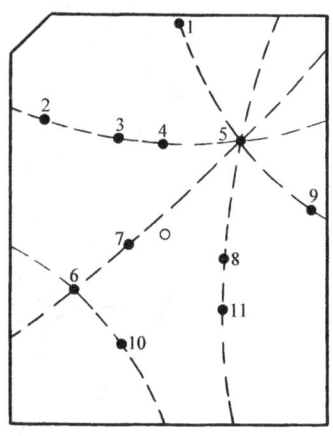

图 14-27　铝晶体背射劳埃像的叠描图(图 14-22 中)

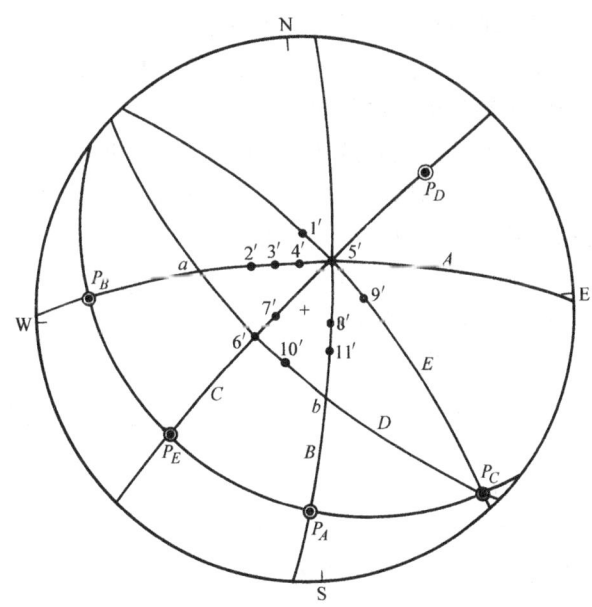

图 14-28　图 14-27 的极射赤面投影

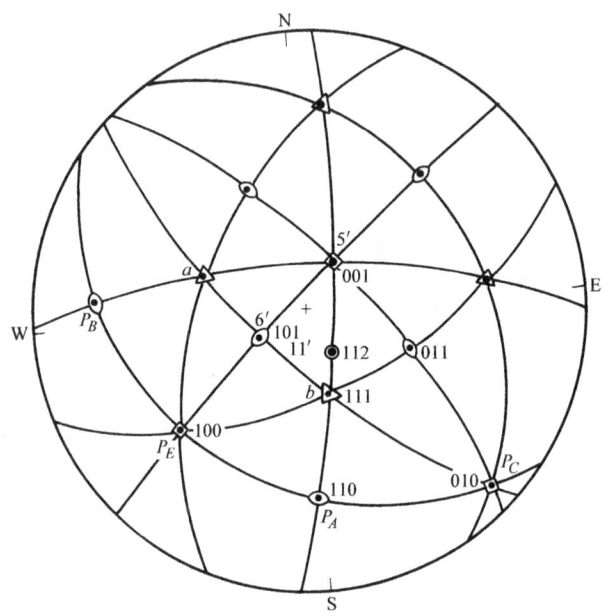

图 14-29　图 14-28 经指标化后的极射赤面投影

通常，人们更习惯通过主晶轴[100]、[010]、[001]来描述晶体的取向。当用测角器将晶体的某对称轴转到与入射 X 射线平行时，即可拍摄得对称劳埃图像。例如，当立方系的[001]平行于入射线方向时，所得必为四次对称花样。

三、用透射劳埃法测定单晶体取向

当可能取得足够薄的试样或者试样的吸收系数较小时，可以采用透射法测定晶体取向。记录在透射劳埃图像上的晶带曲线，其晶带轴的倾角都较小，各斑点的投影离图中心都较远，故操作上比背射法方便准确。此外，透射图像一般都比较清晰（见图 14-22），所需曝光时间也较短。

用透射法测定单晶体取向的原理与背射法基本相同，图 14-30 表示其几何关系。晶面 $P'P$ 所反射的 X 射线在底片上生成劳埃斑 J。以 $A'A$ 为投影面，O 为观测点，则 M 即为 $P'P$ 晶面的极射赤面投影。因 $\angle SKA' = \theta$，故在吴里夫网上测量得 $A'M$ 线段也是 θ。在求任一劳埃斑 J_i 的极射赤面投影 M_i 时，只需令连接中央斑与 J_i 的直线与吴里夫网的直径重合，并从劳埃斑反向的基圆上沿赤道往

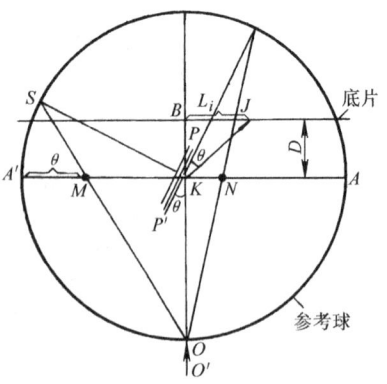

图 14-30　透射劳埃法的几何关系

中心量度 θ_i 角度。当然，事先仍需用投影描图纸描下最清晰的三个椭圆，并以中央斑为心，作出与吴里夫网同样直径的基圆。在每次转动图纸时亦均令中央斑与吴里夫网中心重合。

底片上的 B 点相当于中央斑，它与任一劳埃斑的距离 $BJ_i = L_i$，若试样到底片的距离为 D，则

$$\tan 2\theta_i = L_i/D$$

得
$$\theta_i = \frac{1}{2}\arctan L_i/D \tag{14-3}$$

当极射赤面投影点作出以后，求晶体取向的其他步骤与背射法相同。

四、用衍射仪法测定单晶体的取向

用衍射仪法测定单晶体的取向其原理及方法与劳埃法不同，它用单色 X 射线照射晶体，且晶体必须能在各个方向上转动，以满足布拉格方程，产生衍射。在试样上要事先作出定向参考标志。试样架可使试样在三个互相垂直的轴上转动（图 14-31），这三个轴是：A—A' 轴，它是入射线、反射线所在平面与试样表面的交线；B—B' 轴，是试样表面的垂线；第三根轴即测角仪轴。这三根轴相交于圆心 N 点。

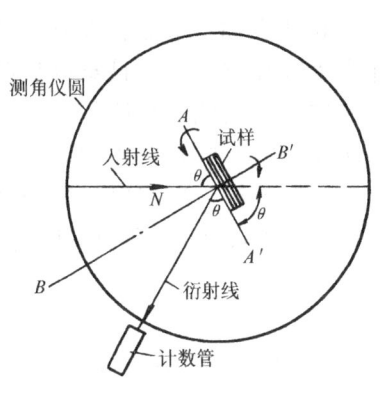

图 14-31 用衍射仪法测定单晶体取向时的试样转动轴

测定步骤如下：

1) 选择一组反射本领高的晶面（如 {111} 中的一簇面），根据所用单色 X 射线的波长 λ 及晶面间距 d，计算衍射角 2θ，并将计数管固定在此位置上。

2) 利用测角仪轴转动试样架，使试样表面与入射线及衍射线呈相等的角度 θ。这时试样和计数管的初始位置如图 14-31。

3) 当试样绕 BB' 轴每转过 4°～5°后，即令其缓缓绕 AA' 轴转动，如此试验几次，直到计数管接收到信号为止。此时反射晶面的法线 BN 即处于测角仪平面上，且平分入射线与衍射线的夹角。

4) 如果试样依 A—A' 轴及 B—B' 轴分别转过 α 及 β 角（方向如图 14-31 所示）后计数管接收到信号，则可将覆盖于吴里夫网上的投影图纸（透明纸）按 B—B' 轴转动的方向转动 β 角（图 14-32，投影图纸的初始位置上的标志应与试样上的参考标志相一致，且转动前与吴里夫网的 NS 轴重合），再沿吴里夫网的竖直直径由中心上数 α 角度时所得的 N_1 点，即为反射晶面的极点。由于该晶面的法线经过由上向下移动 α 角后方与测角仪平面（其投影在图纸中心）相合，故其原先位置

的投影，应在投影图中心点上面 α 角处。

5）当晶面系 $\{hkl\}$ 中的一个极点找出后，可以根据晶面夹角关系（例如相邻的 $\{111\}$ 夹角为 70.5°）寻找第二个极点。虽然有了两个极点就足以确定晶体的取向，但仍应找出第三个极点以作为验证。

与劳埃法比较，用衍射仪法测定单晶体取向比较迅速准确，但不如照相法全面、形象，没有底片可作为永久性记录，而且难以反映晶体的缺陷。因此，在偶尔需要测定取向或对晶体的完善性有所怀疑时，宜采用劳埃法；当需要经常地测定大量晶体的取向时，则宜采用衍射仪法。

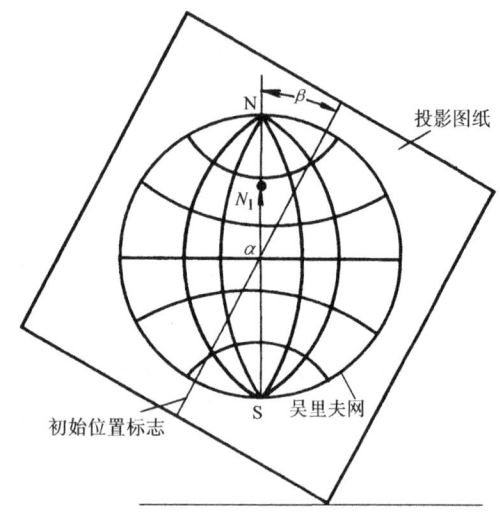

图 14-32　用衍射仪法测定单晶体取向时的极射赤面投影点的画法

思　考　题

1. 在立方系(001)的标准图上，可找到 $\{100\}$ 的 5 个极点；而在(011)及(111)的标准图上，能找到的 $\{100\}$ 极点却分别为 4 个及 3 个，这是为什么？

2. 用 W 阳极 40kV 管压所产生的连续 X 射线照射到 α-Fe 单晶上，在其透射劳埃像上有一斑点(100)，距中央斑 13.4mm。已知 α-Fe 的点阵参数 $a = 0.287$nm，试样到底片的距离为 50mm，求参与形成此劳埃斑的 X 射线波长。

3. 对劳埃斑点进行指标化时，需将某个投影点转至投影图中心，这代表什么物理意义？为什么强调只能选择晶带轴或晶带交点的投影点来转动？

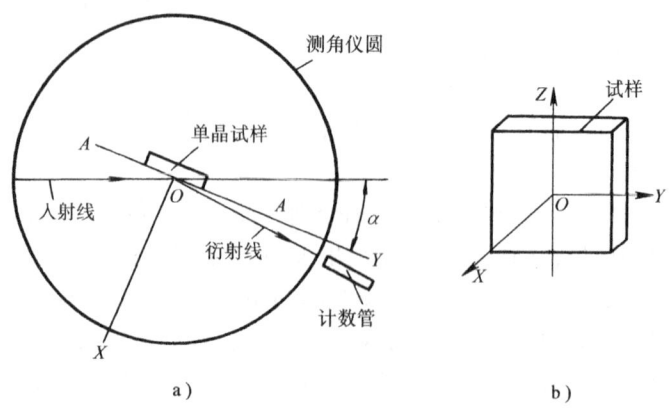

图 14-33　Si 单晶在测角仪上的几何位置

4. 在衍射仪上测定某 Si 单晶的[111]取向，采用 CuK$_\alpha$ 辐射。将计数管固定在适当位置后，令试样随测角仪轴转动。当试样表面与入射线所成交角 α 为 23.7°时，计数管接收到很强的衍射线，而当试样绕 AA 轴(图 14-33a)转动时，衍射强度下降。若试样为竖直放置，其表面与测角仪轴平行，又令试样表面法线方向为 X 轴，测角仪轴方向为 Z 轴，而 Y 轴与上述二轴相垂直(见图 14-33b)。求 Si 单晶中[111]与 X、Y、Z 轴的夹角(已知 Si 为立方晶系，$a = 0.543$nm)。

第三篇　电子显微分析术

电子显微分析是指利用电子显微镜对材料的组织结构进行观察和分析，如果它分析的材料是金属或合金，那么它也属于金相分析的范畴。当然电子显微分析不仅只能分析金属材料，它还可对非金属材料乃至生物化学材料进行分析。第一台电子显微镜问世于20世纪30年代，历经70多年的发展，使电子显微分析技术已成为材料科学领域中最重要的分析手段之一。电子显微镜的分辨率很高，目前透射电镜的分辨率已达0.1nm左右，其有效放大倍数比光学金相显微镜高出三个数量级(可高达数十万倍)。此外，电子显微镜还可以进行晶体结构分析，能在一台仪器上同时完成微小区域内的形貌和结构分析，在如此高的放大倍数下进行此类操作，这是其他类型分析仪器所望尘莫及的。在本篇中将介绍四部分内容，即透射电子显微镜，电子衍射，薄晶体的电子显微镜分析，扫描电子显微镜和电子探针。

第十五章　透射电子显微镜

第一节　透射电子显微镜的结构

图15-1为透射电子显微镜和光学显微镜的光路系统示意图。从光学成像原理来看，二者是相同的。透射电镜和光学显微镜之间的差别主要有下列几个方面：①透射电镜的照明光源是电子束，光学显微镜的照明光源是可见光；②电子束是用电磁透镜来聚焦的，而可见光是用玻璃透镜来聚焦；③透射电镜的物镜和投影镜(相当于目镜)之间装有一个中间镜，中间镜的引入不仅可以调节放大倍数，而且可以进行电子衍射操作；④可见光形成的像可以在毛玻璃或白色屏幕上显示出来，而由电子束形成的像只能在荧光屏上才能显示出来。

从上述四个方面来看，照明光源和透镜的性质不同是电子显微分析和光学显微镜分析存在差别的根本所在。电子显微镜具有的上述一系列特点是晶体衍射和组织结构原位分析的基础。下面一节将对电子显微镜的照明光源——电子束和电子显微镜中的透镜——静电透镜和电磁透镜作一些必要的说明。

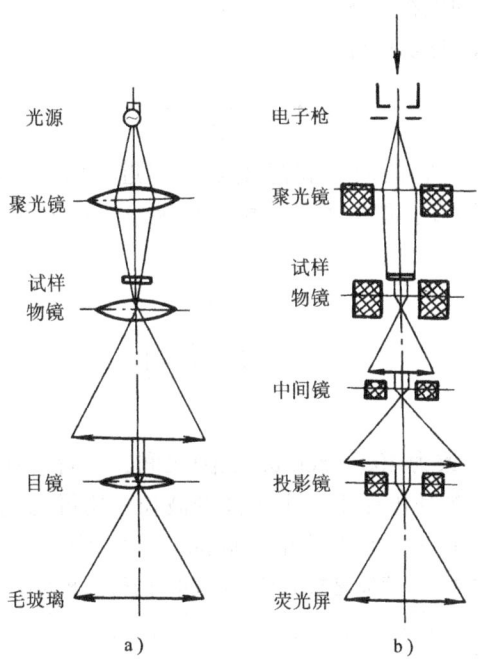

图 15-1 透射电子显微镜和光学显微镜的光路系统比较
a) 光学显微镜的光路图 b) 透射电子显微镜的光路图

第二节 电子显微镜中的电子光学问题

一、电子射线(束)的特性

1. 电子波的波长

电子显微镜的照明光源是电子射线。和可见光相似，运动的电子也兼有波动性和微粒性，即所谓二象性。根据德布罗意(de Broglie)的观点，匀速直线运动着的电子必定和一个波动相对应，这个电子波的波长取决于电子运动的速度和质量，即

$$\lambda = \frac{h}{mv} \tag{15-1}$$

式中，h 为普朗克常数，$h = 6.626 \times 10^{-34}$ J·s；m 为电子的质量；v 为电子的速度，它和加速电压 U 之间存在下面的关系：

$$\frac{1}{2}mv^2 = eU$$

即

$$v = \sqrt{\frac{2eU}{m}} \tag{15-2}$$

式中，e 为电子所带的电荷，等于 1.6×10^{-19} C。

由式(15-1)和式(15-2)可得

$$\lambda = \frac{h}{\sqrt{2emU}} \quad (15\text{-}3)$$

如果电子速度较低，则它的质量和静止质量相近，即 $m \approx m_0$（$m_0 = 9.1 \times 10^{-31}$ kg）。如果加速电压很高，使电子具有极高的速度，则必须经过相对论校正，此时

$$m = \frac{m_0}{\sqrt{1-\left(\frac{v}{c}\right)^2}} \quad (15\text{-}4)$$

式中，c 为光速。

可见光的波长大致为 400~800nm 范围之间，从计算出的电子波波长来看，在常用的 40~200kV 加速电压下，电子波的波长要比可见光小 5 个数量级。

表 15-1 是根据式(15-3)计算出的不同加速电压下电子波的波长。

表 15-1 不同加速电压下电子波的波长(经相对论校正)

加速电压 U/kV	电子波波长 λ/nm	加速电压 U/kV	电子波波长 λ/nm
20	0.00859	120	0.00334
40	0.00601	160	0.00285
60	0.00487	200	0.00251
80	0.00418	500	0.00112
100	0.00371	1000	0.00087

2. 电子波的折射

电子是带有负电的粒子，它们在静电场中会受到电场力的作用，使运动方向发生偏转。图 15-2 示意地说明了静电场对电子的折射作用。图中 U_1 和 U_2 为两个等电位区，$U_2 > U_1$。电场强度 E 的方向是由 U_2 指向 U_1，而电荷所受的作用力 F 则与 E 反向。当电子以 $\boldsymbol{v}_1$ 速度通过界面区 A-B 进入 U_2 等电位区时，速度 $\boldsymbol{v}_1$ 将变成 $\boldsymbol{v}_2$。$\boldsymbol{v}_{t1}$ 在通过 A-B 区时，不受电场力的作用，故它的方向和大小并无变化，因此 $\boldsymbol{v}_{t1} = \boldsymbol{v}_{t2}$，但是 $\boldsymbol{v}_{n1}$ 在通过 A-B 区时，由于电子受到电场力 F 的作用，使 $\boldsymbol{v}_{n1}$ 增大至 $\boldsymbol{v}_{n2}$，因此

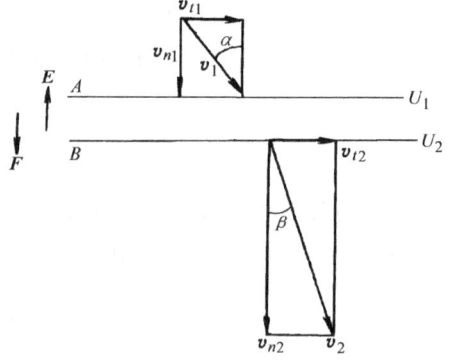

图 15-2 电子束在电场作用下折射

由 v_{t2} 和 v_{n2} 合成的 v_2 向更靠近 A-B 区法线的方向。且 $|v_2|>|v_1|$。由图15-2可知，$v_{t1}=v_1\sin\alpha$，$v_{t2}=v_2\sin\beta$，故电子束在静电场中产生折射时有

$$\frac{\sin\alpha}{\sin\beta}=\frac{v_2}{v_1} \tag{15-5}$$

与本书第一章中可见光的折射相比，即比较式(1-2)和(15-5)及图1-1和图15-2，可以看出，可见光和电子束通过相应的物质界面时，具有类似的折射方式，所不同的是：可见光从光疏介质进入光密介质时，$\gamma<\theta$，相应的速度也变小；而电子束从低电压区进入高电压区时，虽然折射角 β 小于入射角 α，但电子的速度却增加了。

利用折射的原理可以使可见光和电子束聚焦，如果把平行的可见光通过一个玻璃凸透镜就会聚集在焦点上。按照同样的道理，我们把静电场的等位面也做成凸透镜状，那么平行电子束也会会聚在一个焦点上。

电子在运动时受到磁场的作用也会产生偏折，但是由于磁场力(洛仑兹力)的作用，电子除了产生偏折外，还会在垂直于磁场的平面内作匀速圆周运动。有关这个问题将在讨论磁透镜时作进一步分析。

二、成像透镜及其性质

1. 静电透镜

一对电位不等的圆筒就可构成一个最简单的静电透镜。如果一个圆筒的电位比另一个圆筒低，弧形的电力线方向由高压方指向低压方。如果我们在垂直于电力线的方向画出等位面，其形状就和凸透镜十分相似，见图15-3。平行的电子束从低压方向高压方照射时，就会在筒轴线的某一点上聚焦。

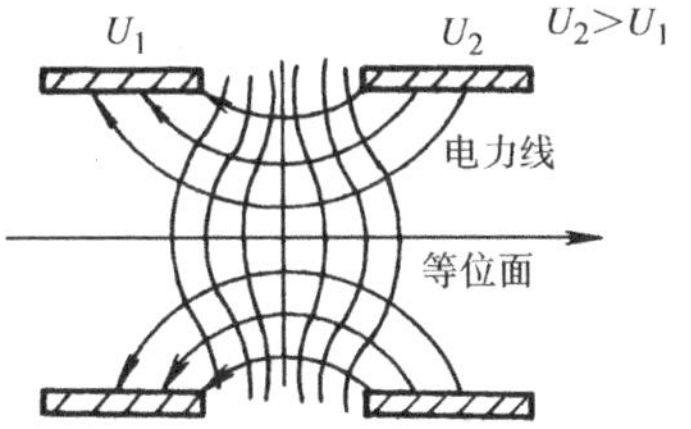

如果发射电子的阴极位于静电透镜的电场之内，那么这种静电透镜被称为浸没透镜。在电子显微镜中，发射电子束的电子枪就属于这一类静电透镜。

图15-3 静电透镜示意图，电力线与等位面分布

2. 磁透镜

图15-4为磁透镜的聚焦原理示意图。通电的短线圈就是一个简单的磁透镜，它能造成一种不均匀分布的磁场。磁力线围绕导线成环状，磁力线上任意一点的磁感应强度 B 就可以分解成平行于透镜主轴的分量 B_z 和垂直于透镜主轴的分量 B_r。速度为 v 的平行电子束进入透镜的磁场时，位于 A 点的电子将受到 B_r 分量的作用。根据右手法则，电子所受的切向力 F_t 的方向如图15-4b所示。F_t 使电子获得一个切向速度 v_t。v_t 随即和 B_z 分量叉乘，形成了另一个向透镜主轴靠近的径向力 F_r，使电子向主轴偏转(聚焦)。当电子穿过线圈走到 B 点位置时，B_r

的方向改变了180°，F_t 随之反向，但是 F_t 的反向只能使 v_t 变小，而不能改变 v_t 的方向，因此穿过线圈的电子仍然趋向于向主轴靠近。图 15-4c 示出了平行电子束通过磁透镜时电子的聚焦轨迹。由于洛仑兹力的作用，用磁透镜成像时，图像会相对于物体产生一定角度的旋转。

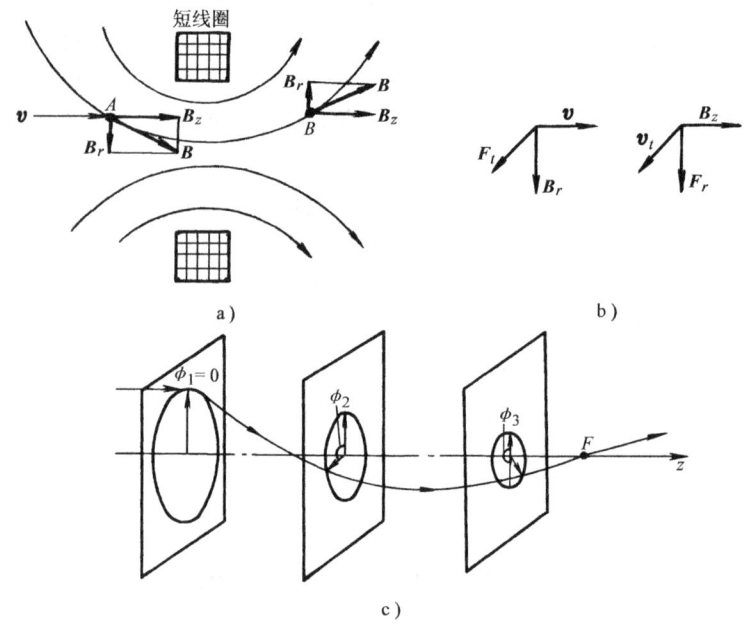

图 15-4 磁透镜的聚焦原理示意图

图 15-5 为一种带有铁壳的磁透镜示意图。导线外围的磁力线都在铁壳中通过，由于在软磁壳的内侧开一道环状的狭缝，从而可以减小磁场的广延度，使大量磁力线集中在缝隙附近的狭小地区之内，增加了磁场的强度。为了进一步缩小磁场的轴向宽度，还可以在环状间隙两边接出一对顶端成圆锥状的极靴，如图 15-6 所示。带有极靴的磁透镜可使有效磁场集中到沿透镜轴几毫米的范围之内。

如第一章中所述，光学玻璃透镜成像时，物距、像距和焦距三者之间关系式为

$$\frac{1}{f} = \frac{1}{L_1} + \frac{1}{L_2}$$

式中，f 为焦距，L_1 为物距，L_2 为像距。光学玻璃透镜的焦距 f 是不能改变的，因此要满足成像条件，L_1 和 L_2 必须同时改变。

磁透镜的焦距可以通过线圈中所通过的电流大小来改变，因此，它的焦距可任意调节。用磁透镜成像时，可以在保持物距不变的情况下，改变焦距和像距来满足成像条件，也可以保持像距不变，改变焦距和物距来满足成像条件。

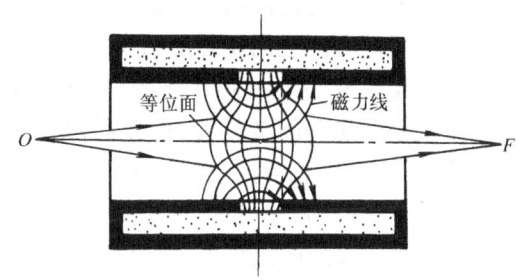

图 15-5　带有软磁壳的磁透镜示意图

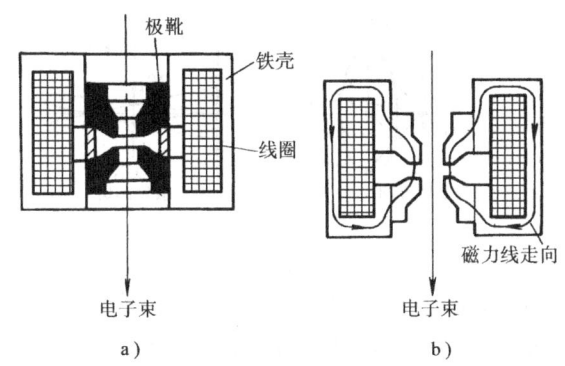

图 15-6　带有极靴的磁透镜
a) 结构图　b) 磁力线在极靴中行进路线

3. 电磁透镜的像差

电磁透镜的像差分成两类。第一类是几何像差，主要包括球差和像散。几何像差又称单色光引起的像差。第二类像差是由波长不同的多色光引起的像差又称色差。色差是因电子波的波长或能量发生一定幅度的改变而造成的。下面我们将讨论电磁透镜各类像差的特点及其校正方法。

（1）球差　电磁透镜球差的形成原因和光学玻璃透镜球差的形成原理完全相同（参看本书第一章第二节），但通过电子光学实验导出的球差计算公式如下：

$$r_s = \frac{1}{4} C_s \alpha^3 \tag{15-6}$$

式中，r_s 代表球差的大小，它是球差引起的散焦斑半径 R_s 除以透镜的放大倍数 M，即 $r_s = \frac{R_s}{M}$。由上式可知，可以通过减小球差系数 C_s 和透镜的孔径半角 α 来降低球差值。由于 r_s 和 α 之间是三次方关系，因此采用小孔径角成像可使球差明显减小。

（2）像散　极靴内孔不圆，上下极靴的轴线错位，制作极靴的材料材质不匀以及极靴孔周围局部污染等原因都会使磁透镜的磁场产生椭圆度。透镜磁场的这种非旋转性对称，会使它在不同方向上的聚焦能力出现差别，结果使成像物点 P 通过透镜后不能在像平面上聚焦成一点，见图15-7。在聚焦最好的情况下，能得到一个最小的散焦斑，把最小散焦斑的半径 R_A 折算到物点 P 的位置上去，就形成了一个半径为 r_A 的圆斑，用 r_A 来表示像散的大小。r_A 可通过式(15-7)计算：

$$r_A = f_A \alpha \tag{15-7}$$

式中，f_A 为磁透镜出现椭圆度时造成的焦距差。如果磁透镜在制造过程中已存在固有的像散，则可以通过引入一个强度和方位都可以调节的矫正磁场来进行补偿，这个产生矫正磁场的装置就是消像散器。

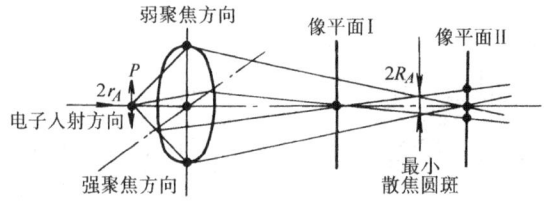

图15-7　像散

（3）色差　图15-8为形成色差原因的示意图。若入射电子能量出现一定的差别，能量大的电子在距透镜光心比较远的地点聚焦，而能量较低的电子在距光心较近的地点聚焦，由此造成了一个焦距差。把像平面在长焦点和短焦点之间移动时，也可得到一个最小的散焦斑，其半径为 R_c。

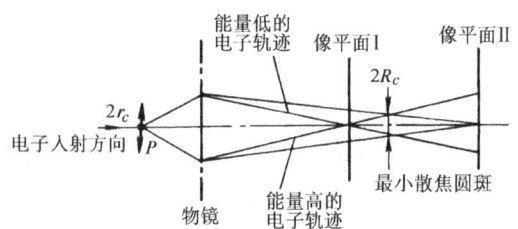

图15-8　色差

把 R_c 除以透镜的放大倍数，即可把散焦斑的半径折算到物点 P 的位置上去，这个半径大小等于 r_c，其值可以通过式(15-8)计算：

$$r_c = C_c \alpha \left| \frac{\Delta E}{E} \right| \tag{15-8}$$

式中，C_c 为色差系数，$\dfrac{\Delta E}{E}$ 为电子束能量变化率。当 C_c 和孔径角 α 一定时，$\left|\dfrac{\Delta E}{E}\right|$ 的数值取决于加速电压的稳定性和电子穿过样品时发生弹性散射的程度。

如果样品很薄,则可把后者的影响略去,因此采取稳定加速电压的方法可以有效地减小色差。

4. 电磁透镜的分辨率和放大倍数

除了球差、像散和色差外,与光学透镜相同,电子束穿过电磁透镜成像时亦会发生衍射效应,衍射效应也可在像平面上形成半径为 R_0 的散焦斑。把 R_0 折算到成像物体上,其尺度就是电磁透镜衍射效应规定的分辨率 r_0。与第一章第三节中讨论的相同,电磁透镜分辨率的大小受到衍射效应、球差、像散和色差等诸因素的影响,而分辨的具体尺度取决于 r_0、r_s、r_A 和 r_c 中具有最大数值的那个量。

透射电镜的分辨率分点分辨率和晶格分辨率两种。下面讨论它们的测定方法。

(1) 点分辨率　点分辨率的大小等于透射电子显微镜刚能分清的两个独立颗粒的间隙或中心间距。用铂或其他重金属在真空中加热使它们蒸发到一层极薄的碳支承膜上去。如果蒸发过程控制得当,可以使直径为 0.5~1.0nm 的颗粒沉积在碳膜上,其间距(或间隙)可控制在 0.2~1nm 范围之内。重金属的颗粒密度大,熔点高,稳定性好,成像时反差强,为测定点分辨率提供了极为有利的条件。蒸发时金属层的厚度不能太厚,否则颗粒间会相互重叠,从而不能获得大于 0.2nm 的间隙。

测定点分辨率时,必须事先知道电子显微镜的放大倍数。在摄得金属颗粒的照片后,再经光镜放大 5~10 倍,在照片上找出距离最小的粒子间距(指刚能分清的间距),然后除以总放大倍数(包括电子显微镜的放大倍数乘光镜放大倍数)即为电子显微镜的点分辨率。图 15-9 为一张铂铱颗粒的照片。图中粒子间隙实测为 1.0mm,除以电镜放大倍数和光镜放大倍数乘积 $10^5 \times 10$ 后,实际颗粒间的间隙是 $d = 1.0$nm,这就是透射电子显微镜的点分辨率。

(2) 晶格分辨率　利用定向成长的单晶体薄膜作为标准样品,用平行于晶体薄膜某一晶面的电子束摄取该晶面的间距条纹(晶格条纹)像,由于晶面间距是已知的,故只要在摄取的照片上测定条纹间距的大小,并用它和已知晶面间距相比,即为电子显微镜的放大倍数。

当电子束射入样品后,透过样品的

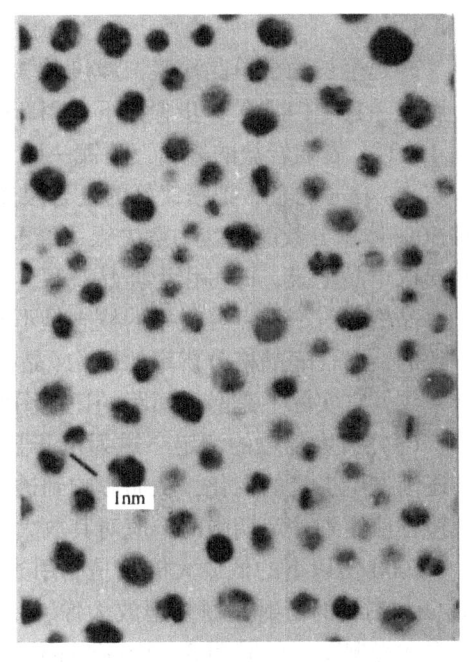

图 15-9　点分辨率的测定(铂铱颗粒)

透射束和衍射束之间存在相位差。由于透射束和衍射束的相位不同,它们间通过动力学的干涉在像平面上形成能反映晶面间距大小和晶面方向的条纹像。若我们观察的是定向成长的金薄膜,其(200)、(220)面和入射电子束平行,则可得到图 15-10 的晶格条纹像,较窄的条纹间距 d_{220} 为 0.144nm,与其成45°交角的晶面是(200)面, d_{200} 为 0.204 nm。

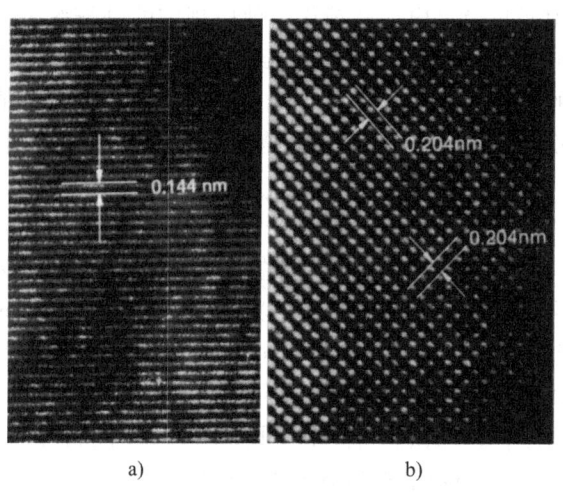

图 15-10 金的晶格条纹图像
a)(220)面 b)(200)面

外延生长的金单晶薄膜,厚度约 3~4nm,其内缺陷必须十分少。制备这种金膜是一种专门技术,步骤如下:用新鲜的解理岩盐表面作基底,在真空中加热到450℃,先在岩盐的表面上喷镀一层 100nm 左右的银层,然后在银层上再喷镀一层 3~4nm 的金。把喷镀好的复合层连同岩盐投入蒸馏水中溶去岩盐,然后再在 50% 体积分数的硝酸中溶去银,经蒸馏水清洗后,用 200 目(网号 0.071)的铜网捞取单晶金膜,即可作为样品观察。

晶格分辨率和点分辨率的概念是不同的,点分辨率和实际分辨能力的定义是一致的,而代表晶格分辨率的图像(晶格条纹像)是一种因相位差而显示出的干涉条纹,它实际上是晶面间距的比例图像。

(3) 放大倍数的测定 透射电子显微镜在使用过程中,各元件的电磁参数会逐渐发生少量的变化,从而影响到透射电镜放大倍数的精确度,因此,电子显微镜在使用到一定期限时,应对其放大倍数重新进行测定。

5000 倍以下的低放大倍数是利用光栅复型进行校正的。例如摄取具有 2000 条/mm 刻线的衍射光栅复型放大像,量取放大像上每一间隔的实际距离,这个距离和光栅刻线的间距 δ = 0.0005mm 之比,即是被测定的放大倍数。

如果在光栅复型上喷镀碳的微粒,应使碳粒的间距比光栅刻线的间距小。若利用光栅间距来标定碳粒的间距，就可以扩大标定放大倍数的范围。一般情况下这种方法可以对 50000 倍以下的放大倍数进行测定。

高放大倍数是利用晶格条纹来标定的。放大像上实测的晶格条纹间距和已知晶面间距之比就是电镜的放大倍数。

5. 电磁透镜的景深和焦长

（1）景深 透镜的景深是指当像平面固定时（像距固定），能维持物像清晰的范围内，允许物平面（样品）沿透镜主轴移动的最大距离。

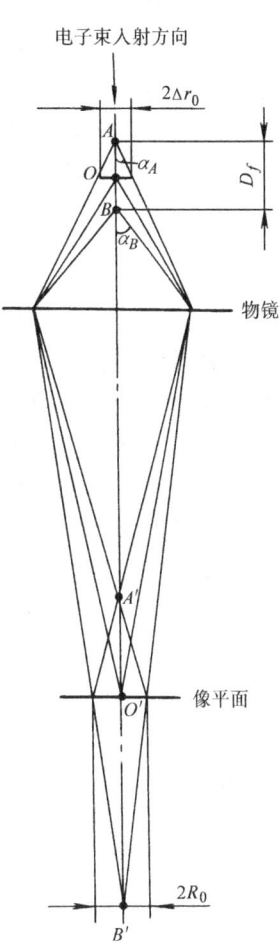

图 15-11 景深

在理想状态下（不考虑衍射、球差、像散和色差等影响），样品上某一物点位于 O 位置时，见图 15-11，该点在像平面上应形成一个像点 O'。当试样向上方移动，使 O 点和 A 点重合时，A 点的像应位于 A' 处。如果像平面的位置保持不变，则 A' 点将在像平面上散焦成一个半径为 R 的圆斑。当试样向下移动，使原物点 O 和 B 点重合时，B 点将在 B' 处成像，但在像平面上同样会形成一个半径为 R 的散焦斑。

如果衍射效应是决定透镜分辨率的控制因素（即上述诸因素中 r_0 为最大），那么在像平面上由衍射引起的散焦斑半径应是 R_0，因此，只要物点在像平面上形成的圆斑半径 R 小于或等于 R_0 时，像平面上的图像仍能保持清晰，所以，样品在位置 A 和 B 的范围内移动时，并不影响物像的清晰度。AB 间的这段距离称为景深，用 D_f 表示。由图 15-11 上的几何关系可知：

$$D_f = \frac{2r_0}{\tan\alpha} \quad (15\text{-}9)$$

式中，$r_0 = \frac{R_0}{M}$，M 为放大倍数；α 为孔径半角。因为电磁透镜的孔径半角很小，同时 A、B 两点间的距离比透镜的物距小得多，所以可以认为样品上的物点 O 在位于位置 A 和位置 B 时，相应的 α_A、α_B 近似地和 α 相等。如果 $r_0 = 1\text{nm}$，$\alpha = 10^{-2} \sim 10^{-3} \text{rad}$，求出的 $D_f = 200 \sim 2000\text{nm}$。

金属薄膜试样的厚度一般只有 200～300nm 厚，因此上述景深范围可以保证样品整个厚度范围内各个结构细节都清晰可见。

(2) 焦长 透镜的焦长是指在固定样品的条件下（物距不变），像平面沿透镜主轴移动时仍能保持物像清晰的距离范围。

由图 15-12 可见，样品上某一点 P 通过透镜后正焦位置应是 P' 点。如果把像平面移动到 I 位置，则 P' 将散焦成一个半径为 R 的欠焦斑；如果把像平面反向移动相等的距离到达位置 II 时，则得到半径亦为 R 的过焦斑。若决定透镜分辨率的控制因素仍是衍射效应，由衍射产生的最小散焦斑直径等于 R_0，则根据图 15-12 中的几何关系可得到

$$D_L = \frac{2r_0 M}{\tan\beta} \approx \frac{2r_0 M}{\beta} \quad \text{其中} \ R_0 = r_0 M$$

因为

$$\beta = \frac{\alpha}{M}$$

所以

$$D_L = \frac{2r_0}{\alpha} M^2 \qquad (15\text{-}10)$$

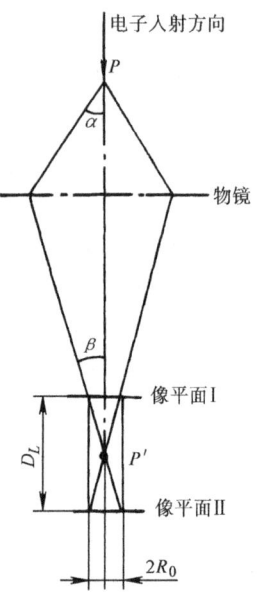

图 15-12 焦长

式中，D_L 就是透镜的焦长。如果 $r_0 = 1\text{nm}$，$\alpha = 10^{-2}$ rad，$M = 200$ 倍，则 $D_L = 8\text{mm}$。考虑到电子显微镜是多级放大，总放大倍数可以很高，如果 $M = 2000$ 倍时，D_L 可达 80cm。因此在透射电镜中，荧光屏和照相底片之间的距离虽然很大，但仍能得到清晰的图像。

从计算景深和焦长的公式中可以看到，随着孔径半角 α 的减小，D_f 和 D_L 都会变大，因此，在电磁透镜中插入一个直径较小的光阑时，可使景深和焦长明显变大。

第三节 透射电子显微镜的光路系统

透射电镜的光路是由三个部分组成，即照明系统、成像系统和观察记录装置。现分述如下：

一、照明系统

照明系统主要由电子枪和聚光镜组成。电子枪是发射电子的照明光源。聚光镜的作用是把由电子枪发射出来的电子会聚成的交叉点进一步会聚到样品表面上去。

1. 电子枪

图 15-13 为电子枪的示意图，图 15-13a 为电子枪的自偏压回路。负的高压直接加在栅极上，而阴极和负高压之间因加上了一个偏压电阻，使栅极和阴极之间有一个数百伏的电位差。图 15-13b 中反映了阴极、栅极和阳极之间的等位面分布情况。因为栅极比阴极电位值更负，所以可以用栅极来控制阴极发射电子的有效区域，当阴极流向阳极的电子数量加大时，在偏压电阻两端的电位值增加，使栅极电位比阴

极更进一步变负，由此可以减小灯丝有效发射区域的面积，束流随之减小。若束流因某种原因而减小时，偏压电阻两端的电压随之下降，致使栅极和阴极之间的电位接近，此时栅极排斥阴极发射电子的能力减小，束流又可望上升。因此，自偏压回路可以起着限制和稳定束流的作用。由于栅极的电位比阴极负，所以自阴极端点引出的等位面在空间呈弯曲状。在阴极和阳极之间的某一地点，电子束会会聚成一个交叉点，这就是所谓虚光源或有效光源，其直径约几十微米。

2. 聚光镜

放大倍数为几十万倍的高分辨率电子显微镜要求样品被照明的范围很小，因此应把电子枪提供的光斑直径进一步会聚缩小，以便得到一束强度高，直径小，相干性又好的电子束。高性能电子显微镜一般采用双聚光镜系统。图 15-14 为双聚光镜的原理图，图中 $2r_c$ 为电子枪光斑直径。CL_1、CL_2 分别表示第一聚光镜和第二聚光镜，A_1、A_2 为聚光镜光阑。第一聚光镜的光阑孔是固定的，而第二聚光镜的光阑孔做成分档可变，其直径可从 $100\mu m$ 增大到 $500\mu m$。

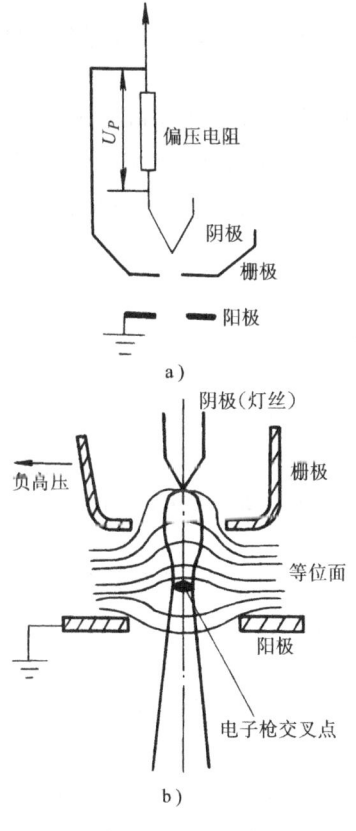

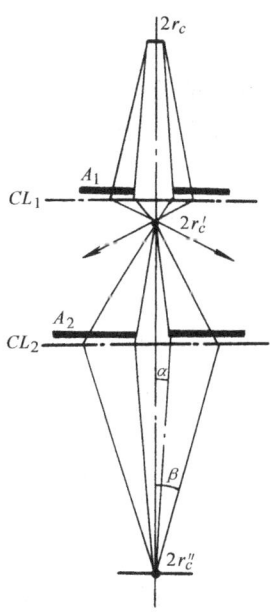

图 15-13 电子枪
a) 自偏压回路 b) 电子枪内的等位面

图 15-14 双聚光镜的原理图

当电子枪光斑位于第一聚光镜两倍焦距之外时,光斑像将被缩小到直径等于 $2r'_c$。第一聚光镜是一个强磁透镜,焦距很短,在保持物距 L_1 不变的条件下,焦距 f 变短时,为满足成像条件,像距 L_2 也必须缩得很小(因为 $\frac{1}{f} = \frac{1}{L_1} + \frac{1}{L_2}$,$M = \frac{L_2}{L_1}$,$M$ 为放大倍数)。通常情况下,第一聚光镜可以把电子枪光斑缩小 1/50~1/10(即 $M = \frac{1}{50} \sim \frac{1}{10}$)。由于第一聚光镜的焦距很小,如果要在第一聚光镜下面安放物镜时,二者靠得太近,无法布置样品台和其他附件,因此在第一聚光镜下还必须加入第二聚光镜 CL_2。第二聚光镜是一个弱透镜,它的焦距很长,如果把光斑的一次像 $2r'_c$ 置于第二聚光镜的略小于两倍焦距的位置上,则可得到一个比 $2r'_c$ 稍大的二次像 $2r''_c$。光阑 A_2 可使第二聚光镜的孔径半角从 β 减小到 α,孔径半角减小可使成像电子束只限于近轴光束,由此可以减小球差,提高成像质量。如果把 $2r'_c$ 置于第二聚光镜的焦点处,则可以得到一束平行的电子束,有利于进行衍射操作。在第二聚光镜下方安置物镜时,因二者间留有较大的间隙,可用于装入样品台和其他附件。

双聚光镜的优点是:可以在较大的范围内调节电子束束斑的大小;可以限制样品上被照射的面积,使被照射部分以外的区域免受污染;使样品的温升降低,可减小热漂移,防止烧损和破裂;以及电子束的发散度小,便于得到高质量的衍射花样。

二、成像系统

成像系统主要是由物镜、中间镜和投影镜组成。

1. 物镜

物镜的作用是形成样品的第一次放大像,电子显微镜的分辨率是由一次像来决定的。只有被物镜分辨出来的结构细节,通过中间镜和投影镜放大,才能被肉眼看清。如果样品上的结构细节并未被物镜所鉴别,那么中间镜和投影镜只能起到把这个仍然模糊的细节继续放大的作用。

物镜是一个强励磁短焦距的透镜($f = 1 \sim 3$mm),它的放大倍数较高,一般为 100~300 倍。目前高质量的物镜其分辨率可达 0.1nm 左右。

物镜的分辨率主要决定于极靴的形状和加工精度。一般来说极靴的内孔和上下极靴之间的距离愈小,物镜的分辨率就愈高。为了减小物镜的球差,往往在物镜的后焦面上安放一个物镜光阑。物镜光阑不仅具有减小球差、像散和色差的作用,而且可以提高图像的衬度。此外,我们在以后的讨论中还可以看到,当物镜光阑位于后焦面的位置上时,可以方便地进行暗场的衍衬成像操作。

在用电子显微镜进行图像分析时,物镜和样品之间的距离总是固定不变的

(即物距 L_1 不变),因此改变物镜放大倍数进行成像时,主要是改变物镜的焦距和像距(即 f 和 L_2)来满足成像条件。

2. 中间镜

中间镜是一个弱透镜,其焦距很长,放大倍数可通过调节励磁电流来改变。一般情况下,中间镜的放大倍数位于 0~20 倍之间,当 $M>1$ 时,中间镜起放大作用;当 $M<1$ 时,可起缩小作用。在电镜操作过程中,主要是利用中间镜的可变倍率来控制电镜的总放大倍数。如果物镜的放大倍数 $M_o=100$,投影镜的放大倍数 $M_P=100$,则在中间镜放大倍数 $M_i=20$ 时,总放大倍数 $M=100\times20\times100=200000$ 倍。若 $M_i=1$,则总放大倍数为 10000 倍。如果 $M_i=\frac{1}{10}$,则总放大倍数为 1000 倍。

为了讨论方便起见,中间镜像平面和投影镜物平面之间距离可近似地认为固定不变(即中间镜的像距 L_2 固定不变),参看图 15-15a、b。因此,若要荧光屏上得到一张清晰的放大像,必须使中间镜的物平面正好和物镜的像平面重合,即通过改变中间镜的励磁电流,使其焦距变化,与此同时,中间镜的物距 L_1 也随之改变。

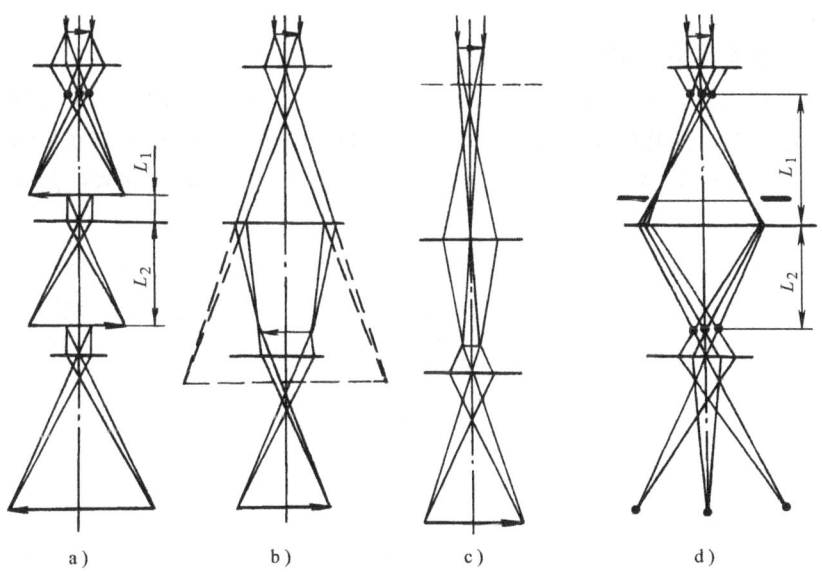

图 15-15 透射电子显微镜成像时四种典型光路图
a) 高倍放大 b) 低倍放大 c) 极低倍放大 d) 电子衍射

如果中间镜的物平面和物镜的后焦面重合时,在荧光屏上得到的是一幅电子衍射花样,这就是所谓电子显微镜中的电子衍射操作。

在中间镜的上方，物镜的像平面位置上有时可以加入一个中间镜光阑，这个光阑孔的直径是分档可变的，习惯上称它为选区光阑。选区光阑的作用是只让通过光阑孔的一次像所对应的样品区域提供衍射花样，以便于对该微区组织进行晶体结构分析，这就是选区衍射操作。有关电子衍射和选区电子衍射的内容将在第十六章中详细分析。

3. 投影镜

投影镜的作用是把经中间镜放大(或缩小)的像(或电子衍射花样)进一步放大，并投影到荧光屏上，它和物镜一样，是一个短焦距的强磁透镜。投影镜的励磁电流是固定的，因为成像电子束进入投影镜时孔径角很小(约 10^{-5} rad)，因此它的景深和焦长都非常大。有时，中间镜的像平面还会出现一定的位移，由于这个位移距离仍处于投影的景深范围之内，因此，在荧光屏上的图像依旧是清晰的。

图 15-15 为透射电子显微镜成像时的四种典型光路图。这是一组三级放大成像的光路，其中，15-15a 为高放大倍数成像时的情况；图 15-15b 为低放大倍数成像；图 15-15c 为极低倍放大成像的光路，此时物镜关闭，用中间镜代替物镜，放大倍数可低至数百倍；图 15-15d 为电子衍射时的光路图，此时中间镜的物平面位于物镜的后焦面上。

三、观察和记录装置

观察和记录装置包括荧光屏和照相机构。在荧光屏下面放置一个可以自动换片的照相暗盒，照相时只要把荧光屏垂直竖起，电子束即可使照相底片曝光。由于透射电子显微镜的焦长很大，虽然荧光屏和底片之间有数十厘米的间距，但仍能得到清晰的图像。

电子显微镜工作时，整个电子通道都必须置于真空系统之内。新式的电子显微镜中，电子枪、镜筒和照相室之间都装有气阀，各部分都可单独地抽真空，因此，在更换灯丝、清洗镜筒和更换底片时，可不破坏其他部分的真空状态。

第四节 主要部件的结构及其工作原理

一、样品倾斜装置

在电镜下分析薄晶体样品的组织结构时，应对它进行三维立体的观察，为此，必须使样品相对于电子束照射方向作有目的的倾斜，以便从不同方位获得各种形貌和晶体学的信息。新式的电子显微镜常配备精度很高的样品倾斜装置。这里我们重点讨论晶体结构分析中用得最普遍的倾斜装置——侧插式倾斜装置。

所谓"侧插"，就是样品杆从侧面进入物镜极靴中去的意思。倾斜装置由两个部分组成，见图 15-16。主体部分是一个圆柱分度盘，它的水平轴线 x-x 和镜筒的中心线 z 垂直相交。水平轴就是样品台的倾斜轴,样品倾斜时,倾斜的度数可直接在分度盘上读出。主体以外部分是样品杆,它的前端可装载直径为 3mm 的圆片状薄晶体样品。样品杆沿圆柱分度盘的中间孔插入镜筒,使圆片样品正好位于电子束的照射位置上。分度盘是由带刻度的两段圆柱体组成,其中一段圆柱 I 的一个端面和镜筒固定,另一段圆柱 II 可以绕倾斜轴线旋转。圆柱 II 绕倾斜轴旋转时,样品杆也跟着转动。如果样品上的观察点正好和图中两轴线的交点 O 重合时,则样品倾斜时观察点不会移到视域外面去。为了使样品上所有点都能有机会和交点 O 重合,样品杆可以通过机械传动装置在圆柱刻盘 II 的中间孔内作适当的水平移动和上下调整。

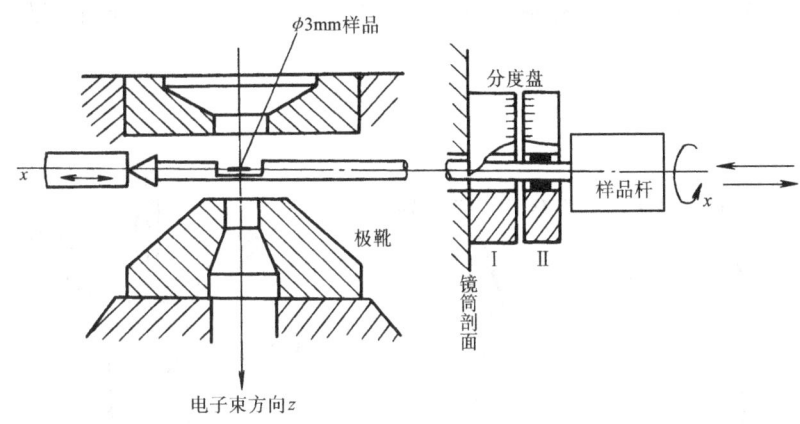

图 15-16 侧插式样品倾斜装置

有的样品杆本身还带有使样品倾斜或原位旋转的装置。这就是侧插式双倾样品台和单倾旋转样品台。在晶体结构分析中,利用样品倾斜和旋转装置可以测定晶体的位向、相变时的惯习面以及析出相的方位等。

侧插式倾斜装置操作比较方便,但因样品是通过上下极靴的间隙插入镜筒的,因此,上下极靴的间隙不能做得过小,从而使物镜的分辨率下降。采用顶插式倾斜台可以克服上述缺点。顶插式倾斜装置中样品是通过极靴孔安放到镜筒里去的,在样品倾斜时无法保证观察点不发生位移,这会给晶体分析的操作带来许多不便。

二、电子束倾斜和平移装置

新式的电子显微镜带有电磁偏转器,利用电磁偏转器可以使入射电子束平移和倾斜。

图 15-17 为电子束平移和倾斜的原理图,图中上、下两个偏转线圈是联动的,如果上下偏转线圈偏转的角度相等但方向相反,电子束会进行平移运动,见图 15-17a。如果上偏转线圈使电子束顺时针偏转 θ 角,下偏转线圈使电子束逆时

针偏转 $\theta+\beta$ 角，则电子束相对于原来的方向倾斜了 β 角，而入射点的位置不变，见图 15-17b。利用电子束原位倾斜可以进行所谓中心暗场的成像操作（见第十七章）。

三、消像散器

消像散器可以是机械式的，也可以是电磁式的。机械式的是在磁透镜的磁场周围放置几块位置可以调节的导磁体，用它们来吸引一部分磁场，把固有的椭圆形磁场校正成接近旋转对称的磁场。电磁式的是通过电磁极间的吸引和排斥来校正椭圆形磁场的，见图 15-18。图中两组四对电磁体排列在透镜磁场的外围，每对电磁体均采取同极相对的安置方式。通过改变这两组电磁体的励磁强度和磁场的方向，就可以把固有的椭圆形磁场校正成旋转对称磁场，起到了消除像散的作用。

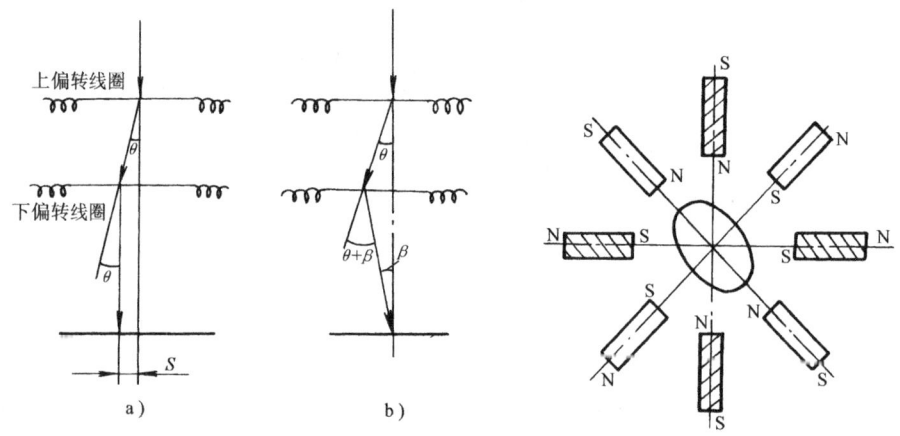

图 15-17 电子束平移和倾斜的原理图
a) 平移 b) 倾斜

图 15-18 电磁式消像散器示意图

消像散器一般都安装在透镜的上、下极靴之间。

四、光阑

透射电子显微镜中有三种光阑，它们是聚光镜光阑、物镜光阑和选区光阑。

1. 聚光镜光阑

聚光镜光阑的作用是限制照明孔径角。在双聚光镜系统中，光阑常装在第二聚光镜的下方。光阑孔的直径为 20~400μm。作一般分析观察时，聚光镜的光阑孔直径可用 200~300μm，若作微束分析时，则应采用小孔径光阑。

2. 物镜光阑

物镜光阑又称为衬度光阑，通常它被安放在物镜的后焦面上。常用物镜光阑孔的直径是 20~120μm 范围。电子束通过薄膜样品后会产生散射和衍射。散射角

(或衍射角)较大的电子被光阑挡住,不能继续进入镜筒成像,从而就会在像平面上形成具有一定衬度的图像。光阑孔愈小,被挡去的电子愈多,图像的衬度就愈大,这就是物镜光阑又叫衬度光阑的原因。加入物镜光阑使物镜的孔径角减小,能减小像差,得到质量较高的显微图像。物镜光阑的另一个主要作用是在后焦面上套取衍射束的斑点(即副焦点)成像,这就是所谓暗场像。利用明暗场显微照片的对照分析,可以方便地进行物相鉴定和缺陷分析。

物镜光阑都用无磁性的金属(铂、钼等)制造。由于小光阑孔很容易受到污染,高性能的电镜中常用抗污染光阑(或称自洁光阑),它的结构如图15-19所示。这种光阑常做成四个一组,每个光阑孔的周围开有缝隙,使光阑孔受电子束照射后热量不易散出。由于光阑孔常处于高温状态,污染物就不易沉积上去。四个一组的光阑孔被安装在一个光阑杆的支架上,使用时,通过光阑杆上的分档机构按需要依次插入,使光阑孔中心位于电子束的轴线上(光阑中心和主焦点重合)。

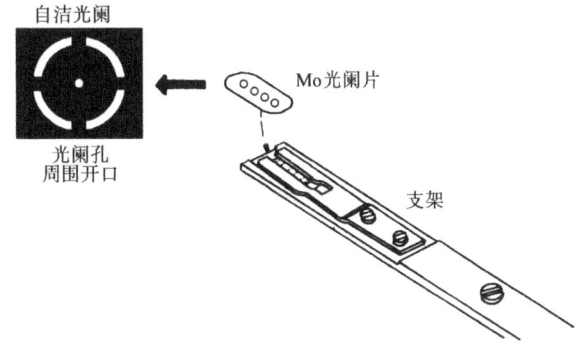

图 15-19　抗污染光阑

3. 选区光阑

选区光阑又称场限光阑或视场光阑。为了分析样品上的一个微小区域,应该在样品上放一个光阑,使电子束只能通过光阑孔限定的微区。对这个微区进行衍射分析叫做选区衍射。由于样品上待分析的微区很小,一般是微米数量级。制作这样大小的光阑孔在技术上还有一定的困难,加之小光阑孔极易污染,因此,选区光阑一般都放在物镜的像平面位置。这样布置所达到的效果与光阑放在样品平面处是完全一样的,但光阑孔的直径就可以做得比较大。如果物镜放大倍数是50倍,则一个直径等于50μm的光阑就可以选择直径为1μm的视域。

选区光阑同样是用无磁性金属材料制成的,一般选区光阑孔的直径在20～400μm范围之内。和物镜光阑一样它同样可制成大小不同的四孔一组的光阑片,由光阑支架分档推入镜筒。

思 考 题

1. 比较光学显微镜成像和电子显微镜成像的异同点。
2. 电子束的折射和光的折射有何异同点？
3. 比较静电透镜和磁透镜的聚焦原理。
4. 球差、色差和像散是怎样造成的？用什么方法减小这些像差？
5. 说明透镜分辨率的物理意义，用什么方法提高透镜的分辨率？
6. 分辨率、有效放大倍数和放大倍数在意义上有何区别？
7. 电磁透镜的景深和焦长是受哪些因素控制的？
8. 说明透射电镜中物镜和中间镜在成像时的作用。
9. 物镜光阑和选区光阑各具有怎样的功能？
10. 点分辨率和晶格分辨率在意义上有何不同？

第十六章 电子衍射

第一节 概述

透射电子显微镜的最主要特点是它既可以进行形貌分析又可以作电子衍射分析,在同一台仪器上把这两种方法结合起来可使组织结构分析的实验过程大为简化。从图 15-15a、b 的光路中可以看到,若减小中间镜的电流,在维持像距不变的条件下使焦距和物距变长,这样就可把中间镜的物平面移至物镜的背焦面上,此时,在荧光屏上即显示出一幅反映试样晶体结构的衍射花样。

电子衍射的原理和 X 射线衍射相似,是以满足(或基本满足)布拉格方程作为产生衍射的必要条件。但是,由于电子波有其本身的特性,电子衍射和 X 射线衍射相比较时,具有下列不同的地方:

1) 电子波的波长比 X 射线短得多,在同样满足布拉格条件时,它的衍射角 θ 很小,约为 10^{-2} rad。而 X 射线产生衍射时,其衍射角最大可接近 $\pi/2$。

2) 在进行电子衍射操作时采用薄晶样品,薄样品的倒易点会沿着样品厚度方向延伸成杆状,因此,增加了倒易点和厄瓦尔德球相交截的机会,结果使略为偏离布拉格条件的电子束也能发生衍射。

3) 因为电子波的波长短,采用厄瓦尔德图解时,反射球的半径很大,在衍射角 θ 较小的范围内反射球的球面可以近似地看成是一个平面,从而也可认为电子衍射产生的衍射斑点大致分布在一个二维倒易截面内。这个结果使晶体产生的衍射花样能比较直观地反映晶体内各晶面的位向,给分析带来不少方便。

4) 原子对电子的散射能力远高于它对 X 射线的散射能力(约高出四个数量级),故电子衍射束的强度较大,摄取衍射花样时仅需数秒钟。

第二节 电子束的布拉格衍射

一、电子衍射时布拉格方程的形式

在 X 射线衍射的讲授内容中,已经导出了布拉格方程 $2d_{hkl}\sin\theta = n\lambda$。在电子衍射过程中,我们常把此方程改写成一级衍射的形式:

$$2\left(\frac{d_{hkl}}{n}\right)\sin\theta = \lambda \tag{16-1}$$

式中把晶面间距 d_{hkl} 除以衍射级数 n 是意味着任意 (hkl) 晶面的 n 级衍射，均可看成是与之平行但晶面间距小 n 倍的 $(nh\ nk\ nl)$ 晶面的一级衍射。表达式(16-1)比原来的布拉格方程更为简便。在实际工作中采用式(16-1)时，常常毋需考虑 (hkl) 晶面的 n 级衍射，而只要考虑它的一级衍射就可以了。

把式(16-1)移项得 $\sin\theta = \dfrac{\lambda}{2d_{hkl}}$。因为 $\sin\theta \leqslant 1$，所以 λ 必须小于或等于 $2d_{hkl}$。一般情况下，试验用晶体的晶面间距都在 0.2~0.4nm 范围，而电子波的波长均小于 0.05nm，因此电子束和晶体作用时产生衍射是不成问题的，但从上面数值的比较来看，$\sin\theta$ 数值上很小，这也是电子衍射时衍射角极小的原因。

电子衍射操作过程中，常在稍为偏离布拉格条件的情况下亦极易测得衍射束的强度，这和 X 射线衍射时的情况有所不同，图 16-1 的分析可以说明这个问题。在大块晶体产生布拉格衍射时（X 射线衍射操作条件下），相邻两层晶面产生的散射波振幅相位相同，此时在衍射方向上这两个振幅应该相加。如果每层晶面产生的振幅大小为 F，则衍射振幅应等于 $2F$。如果晶体具有 N 层晶面，则在符合布拉格条件时衍射束总振幅的大小应是 NF，见图 16-1a。大块晶体往往具有数万层原子面，因此衍射束的振幅（或强度）是相当高的。当相邻两层晶面产生的散射波之间具有一定的相位差角 φ 时，衍射方向上振幅的合成应该如图 16-1b 所示。此时两层晶面的散射波振幅之和等于 A，而 5 层晶面的衍射总振幅应该是 A'。

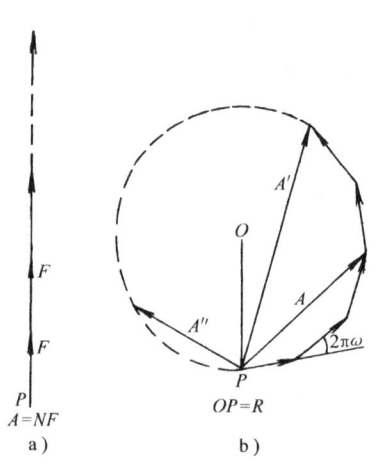

图 16-1 符合布拉格条件和不符合布拉格条件时衍射束的振幅
a) 符合布拉格条件 b) 不符合布拉格条件

合成总振幅的大小总是在 0~2R 范围之内变化，其最大值等于图中轨迹圆半径 R 的两倍。圆半径 R 的大小和相位差角 φ 有关，φ 愈小，则 R 愈大。但在大晶体衍射情况下 NF 总比 $2R$ 大几个数量级，所以大块晶体进行 X 射线衍射分析时，如果不满足布拉格条件，衍射束的强度往往可以忽略。

如果被分析的晶体很薄，例如在电子衍射操作时，其厚度只有数十至数百个原子层，那么在稍为偏离布拉格条件时，NF 和 $2R$ 在数值上相差并不悬殊，此时所获得的衍射振幅（或衍射束强度）就可以和满足布拉格条件时的振幅（或强度）相比较，因此在电子衍射操作时，在偏离布拉格条件一定范围内衍射束的强度仍然存在。这个问题将在随后的章节中进行详细讨论。

二、电子衍射时布拉格方程的厄瓦尔德图解

电子衍射的分析中,通常是利用布拉格方程的几何形式,也就是在 X 射线衍射分析时提到的厄瓦尔德图解。通过对图16-2的分析,可以非常直观地理解布拉格方程和电子衍射过程之间的关系。

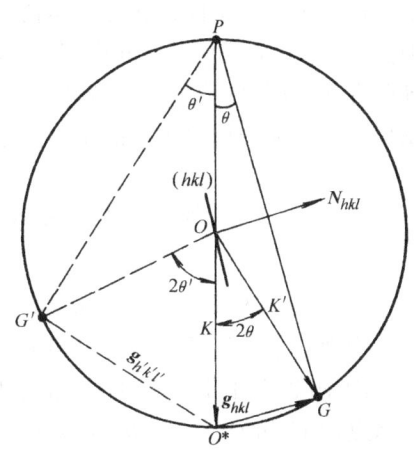

厄瓦尔德球是位于倒易空间中的一个球面,球的半径等于电子波波长的倒数 $1/\lambda$。把衍射晶面置于球心 O 的位置,电子束自 P 点入射到样品上。从圆心 O 顺着入射方向引一矢量与圆球相交,交点为 O^*。令 $\overrightarrow{OO^*} = K$,$K$ 矢量称为入射矢量。自 O 点引另一矢量 $\overrightarrow{OG}$,其方向和 K 有 2θ 的交角。令 $\overrightarrow{OG} = K'$,K' 称为衍射矢量。衍射晶面和 K、K' 的交角都为 θ 角。从 O^* 点再引一矢量 $\overrightarrow{O^*G}$,令 $\overrightarrow{O^*G} = g_{hkl}$,由此可得:

图16-2 厄瓦尔德图解

$$g_{hkl} = K' - K \qquad (16-2)$$

式(16-2)是布拉格方程矢量式。为了说明它和式(16-1)具有相同的意义,可在球面上方的 P 点引一直线和 G 点相连,由于 $\overrightarrow{PO^*}$ 是球的直径,故 $\angle PGO^*$ 应为直角,而 $\angle O^*PG = \angle \theta$,根据图中的几何关系,$g_{hkl}$ 矢量的模可用 $g_{hkl} = 2K\sin\theta$ 表示。K 为矢量 K 的模,因 $K = \dfrac{1}{\lambda}$,故 $g_{hkl} = \dfrac{2}{\lambda}\sin\theta$。若令 $g_{hkl} = \dfrac{1}{d_{hkl}}$ 代入前式,则可得 $2d_{hkl}\sin\theta = \lambda$。由此说明了矢量式(16-2)和数学式(16-1)的一致性。

图16-2 中应注意矢量 g_{hkl} 的方向,它和衍射晶面的法线方向一致,因为已经设定 g_{hkl} 矢量具有代表正空间中 (hkl) 衍射晶面的特性,所以它又可叫做衍射晶面矢量。

厄瓦尔德球内的三个矢量 K、K'、g_{hkl} 清楚地描绘了入射束、衍射束和衍射晶面之间的相对关系,在以后的电子衍射分析中我们将常常应用厄瓦尔德图解这个有效的工具。

如果在厄瓦尔德球面上任意取一点 G' 和 O^* 点相连,构成了 $g_{h'k'l'}$ 矢量,若引直线 $\overrightarrow{PG'}$,就可以按同样的方法导出布拉格方程。这意味着正空间中的 $(h'k'l')$ 晶面也能产生衍射。由于 G' 点是任选的,因此可以认为,只要代表衍射晶面的矢量端点落在厄瓦尔德球面上,就能产生布拉格衍射,因此厄瓦尔德球又称为衍射球或反射球。

在作图过程中,我们首先规定厄瓦尔德球的半径为 $1/\lambda$,同时令 $g_{hkl} =$

$1/d_{hkl}$，这样做的目的是在于最终能导出布拉格方程的数学式。应该指出的是：由于这两个规定条件，使厄瓦尔德球本身已置身于倒易空间中去了。在倒易空间中任一 g_{hkl} 矢量就是正空间中 (hkl) 晶面的代表。如果我们能记录到各 g_{hkl} 矢量的排布方式，就可以通过坐标转换，推测出正空间中各衍射晶面间的相对方位，这就是电子衍射分析要解决的主要问题。

第三节　g 矢量（衍射晶面矢量）

g_{hkl} 矢量是和正空间中 (hkl) 晶面相互对应的一个倒易矢量。为了更深入地对它的物理概念进行了解，可用图 16-3 来作一说明。

图 16-3 中正倒空间的坐标共用一个原点即 O 和 O^*。a、b、c 为正空间的基矢，而 a^*、b^* 和 c^* 为倒易空间的基矢。我们用倒易空间的基矢 c^* 来作分析。根据倒易矢量的定义，已知：

$$c^* = \frac{a \times b}{V}$$

$$|c^*| = \frac{|a \times b|}{V} = \frac{abcos\widehat{ab}}{V}$$

式中，V 为 a、b 和 c 三根矢量决定的单位晶胞体积。此时 c^* 的模中 $abcos\widehat{ab}$ 数值上等于由矢量 a 和 b 决定的平行四边形的

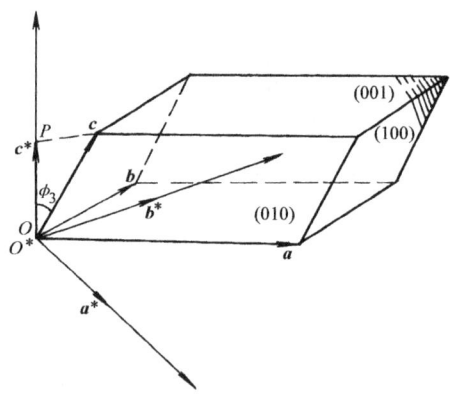

图 16-3　倒易矢和正空间基矢之间的关系

面积（即晶胞的底面），而体积 V 则为单胞的高度 $\overline{OP}$ 乘上 $abcos\widehat{ab}$ 面积值，由此可以得出 $|c^*| = \frac{1}{\overline{OP}}$，即 c^* 矢量的模等于 $\frac{1}{\overline{OP}}$，而 $\overline{OP}$ 实为晶胞中 (001) 晶面的面间距，可见 c^* 矢量的长度等于正空间 (001) 晶面面间距的倒数。再根据定义，c^* 的方向和 $a \times b$ 决定的矢量方向一致，也就是与 (001) 晶面的法线方向一致。

确定一个晶面在空间所处的位置时必须有两个参数，即面法线方向及面间距大小。现在，c^* 矢量的方向就是晶胞 (001) 面的法线方向，c^* 的模又和 (001) 面的面间距相等，那么倒易空间的基矢 c^* 实际上和正空间的 (001) 晶面相互对应。同样的道理可以得出基矢 a^* 对应于 (100) 面；基矢 b^* 对应于 (010) 面。如果在倒易空间内取任意方向的矢量 g_{hkl}，则 g_{hkl} 必和正空间中 (hkl) 晶面相对应，即

$$g_{hkl} = ha^* + kb^* + lc^* \tag{16-3}$$

图 16-4 是正空间的晶面与倒易矢量之间的几何对应关系，图中倒易矢量的终点为倒易点阵的阵点，各阵点都标有相应的晶面指数。

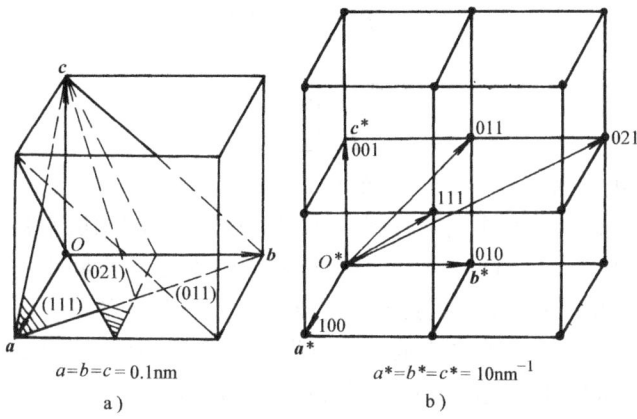

图 16-4 正点阵和倒易点阵的几何对应关系
a) 正点阵　b) 倒易点阵

第四节　电子衍射的基本公式和产生衍射的充要条件

一、衍射的基本公式

电子衍射操作是把倒易点阵的图像通过空间转换并在正空间中记录下来。用底片录下的图像称为衍射花样。图 16-5 为电子衍射花样形成的原理图。待测样品安放在厄瓦尔德球的球心 O 处。入射电子束和样品内某一晶面组(hkl)相遇时，如果满足布拉格条件，则在 K' 方向产生衍射束。g_{hkl} 是衍射晶面矢量，它的端点 G 位于厄瓦尔德球面上。在试样下方距离 L 处放置一张底片，就可把入射束和衍射束同时在底片上记录下来。入射束形成的斑点 O' 称为透射斑点或中心斑点。衍射斑点 G' 实际上是 g_{hkl} 矢量端点 G 在底片上的投影。端点 G 位于倒易空间，而投影 G' 已经通过转换进入了正空间。G' 和中心斑点 O' 之间的距离为 R(可把矢量 $\overrightarrow{O'G'}$ 写成 R)。因 θ 角非常小，g_{hkl} 矢量接近和入射电子束方向垂直，可认为 $\triangle OO^*G$ 和 $\triangle OO'G'$ 相似。因为从样品到底片的距离 L 是已知的，故

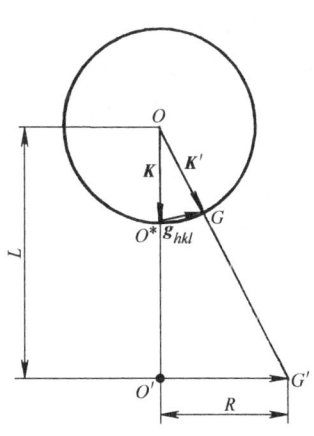

图 16-5　衍射花样的形成及衍射基本公式图示

$$\frac{R}{L} = \frac{g_{hkl}}{K}$$

因为 $$g_{hkl} = \frac{1}{d_{hkl}}, \quad K = \frac{1}{\lambda}$$

故 $$R = \lambda L \frac{1}{d} = \lambda L g$$

因为 $$\boldsymbol{R} /\!/ \boldsymbol{g}_{hkl} \tag{16-4}$$

故式(16-4)还可写成 $$\boldsymbol{R} = \lambda L \boldsymbol{g}_{hkl} \tag{16-5}$$

这就是电子衍射的基本公式。式中 λL 称电子衍射的相机常数,而 L 为相机长度。λL 的量纲是 nm·mm。在式(16-5)左边的 $\boldsymbol{R}$ 是正空间中的矢量,而式右边的 $\boldsymbol{g}_{hkl}$ 是倒空间中的矢量,因此相机常数 λL 是一个协调正、倒空间的比例常数。有了这个常数,我们只要在底片上测得 $\boldsymbol{R}$ 的长度(衍射斑点到中心斑点的距离)和方位,即可推知倒空间中 $\boldsymbol{g}_{hkl}$ 矢量的大小和方向。

在进行衍射操作时,入射电子束和样品相遇,通常有多组晶面产生布拉格衍射,在底片上可得到一系列的斑点。由中心斑点向各衍射斑点的连线代表了各个 $\boldsymbol{R}$ 矢量,$\boldsymbol{R}$ 矢量的排布方式和倒易空间中各 $\boldsymbol{g}_{hkl}$ 矢量的排布方式是相似的。照片上得到的衍射花样间接地反映了倒易空间的阵点排列方式。把各 $\boldsymbol{R}$ 矢量除以相机常数后,即可求得倒空间中 $\boldsymbol{g}_{hkl}$ 矢量的大小和方向,再根据正、倒空间的坐标转换,即可推知正空间中各衍射晶面的相对方位。

二、产生衍射的充要条件

满足布拉格方程只是产生衍射的必要条件,这是因为衍射束的强度和结构振幅的平方成正比。若结构因数等于零,则即使满足布拉格条件,也不能在衍射方向上记录到衍射束的强度,因此,要使衍射能够产生,还必须保证结构因数不等于零。

在 X 射线衍射课程中已经计算过典型晶体结构的结构因数,常见的几种晶体结构的消光(即 $F_{hkl} = 0$)规律如下:

简单立方:F_{hkl} 恒不等于零,即无消光现象。

面心立方:h、k、l 有奇有偶时,$F_{hkl} = 0$

h、k、l 全奇全偶时,$F_{hkl} \neq 0$

例如 $\{100\}$、$\{210\}$、$\{112\}$ 等面族不会产生衍射,而 $\{111\}$、$\{200\}$、$\{220\}$ 等面族可产生衍射。

体心立方:$h + k + l =$ 奇数时,$F_{hkl} = 0$

$h + k + l =$ 偶数时,$F_{hkl} \neq 0$

例如 $\{100\}$、$\{111\}$、$\{012\}$ 等面族不产生衍射,$\{200\}$、$\{110\}$、$\{112\}$ 等面族产生衍射。

密排六方:$h + 2k = 3n$,$l =$ 奇数时,$F_{hkl} = 0$,例如 (0001)、$(0\bar{3}31)$ 和 $(\bar{2}115)$ 等晶面不会产生衍射。

第五节 零层倒易面

图 16-6 为正空间中晶体的 $[uvw]$ 晶带及其相应的零层倒易面。图中晶面 $(h_1k_1l_1)$、$(h_2k_2l_2)$、$(h_3k_3l_3)$ 的法线 N_1、N_2、N_3 和倒易矢量 $g_{h_1k_1l_1}$、$g_{h_2k_2l_2}$、$g_{h_3k_3l_3}$ 的方向相同，且各晶面面间距 $d_{h_1k_1l_1}$、$d_{h_2k_2l_2}$、$d_{h_3k_3l_3}$ 的倒数和 $g_{h_1k_1l_1}$、$g_{h_2k_2l_2}$、$g_{h_3k_3l_3}$ 的长度相等，倒易面上坐标原点 O^* 就是厄瓦尔德球上入射电子束和球面的交点（见图 16-2 和图 16-5）。由于晶体的倒易点阵是三维点阵，如果电子束沿晶带轴 $[uvw]$ 的反向入射时，通过原点 O^* 的倒易平面只有一个，我们把这个二维平面叫做零层倒易面，用 $(uvw)_0^*$ 表示。显然，$(uvw)_0^*$ 的法线正好和正空间的晶带轴 $[uvw]$ 重合。进行电子衍射分析时，都是以零层倒易面作为主要分析对象的。

因为零层倒易面上的各倒易矢量都和晶带轴 $r = [uvw]$ 垂直，故有

$$g_{hkl} \cdot r = 0$$

即

$$hu + kv + lw = 0 \tag{16-6}$$

这就是晶带定理。根据晶带定理，我们只要通过电子衍射实验，测得零层倒易面上任意两个 g_{hkl} 矢量，即可求出正空间内晶带轴的指数。由于晶带轴和电子束照射的轴线重合，因此，就可以断定晶体样品和电子束之间的相对方位。

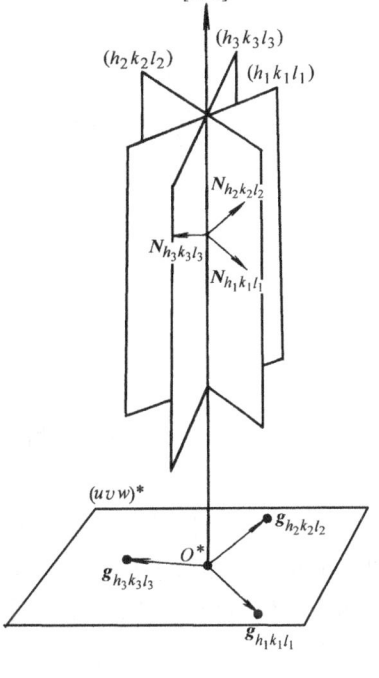

图 16-6 晶带和它的倒易面

图 16-7a 示出了一个立方晶胞，若以 $[001]$ 作晶带轴时，(100)、(010)、(110) 和 (210) 等晶面均和 $[001]$ 平行，相应的零层倒易面如图 16-7b 所示。此时，$[001] \cdot [100] = [001] \cdot [010] = [001] \cdot [110] = [001] \cdot [210] = 0$。如果在零层倒易面上任取两个倒易矢量 $g_{h_1k_1l_1}$ 和 $g_{h_2k_2l_2}$，将它们叉乘则

$$[uvw] = g_{h_1k_1l_1} \times g_{h_2k_2l_2} \tag{16-7}$$

$$u = k_1l_2 - k_2l_1, \quad v = l_1h_2 - l_2h_1, \quad w = h_1k_2 - h_2k_1$$

若取 $g_{h_1k_1l_1} = [210]$，$g_{h_2k_2l_2} = [110]$，则 $[uvw] = [001]$。

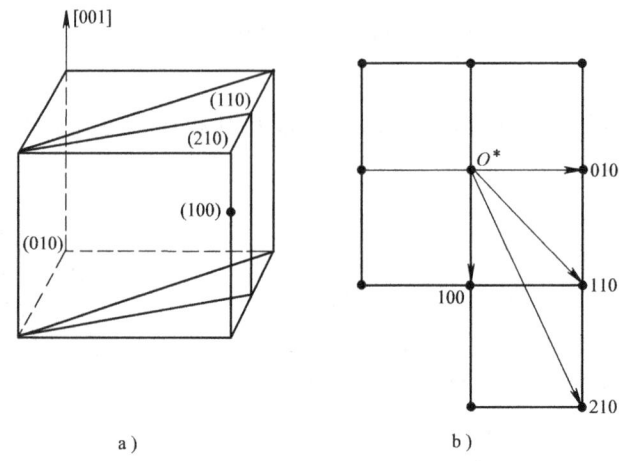

图 16-7 立方晶体[001]晶带的倒易平面
a) 正空间 b) 倒易矢量

第六节　标准电子衍射花样

标准电子衍射花样是标准零层倒易截面的比例图像，倒易点的指数就是衍射斑点的指数。相对于某一特定晶带轴[uvw]的零层倒易截面内各倒易点的指数受到两个条件的约束：第一个条件是各倒易点和晶带轴的指数间必须满足晶带定理，即 $hu + kv + lw = 0$，因为零层倒易面上各倒易矢量都垂直于它们的晶带轴；第二个条件是只有不产生消光的晶面才能在零层倒易面上出现倒易点。

图 16-8 为体心立方晶体[001]和[011]晶带的标准零层倒易截面图。对[001]晶带的零层倒易面来说，要满足晶带定理的晶面指数必定是 $\{hk0\}$ 型的，同时考虑体心立方晶体的消光条件是三个指数之和应是奇数，因此，必须使 h、k 两个指数之和是偶数，此时在中心点 000 周围最近 8 个点的指数应是 110、$\bar{1}\bar{1}0$、$1\bar{1}0$、$\bar{1}10$、200、$\bar{2}00$、020、$0\bar{2}0$。再来看[011]晶带的标准零层倒易截面，满足晶带定理的条件是衍射晶面的 k 和 l 两个指数必须相等和符号相反；如果同时再考虑结构消光条件，则指数 h 必须是偶数，因此，在中心点 000 周围的 8 个点应是 $01\bar{1}$、$0\bar{1}1$、$\bar{2}00$、200、$21\bar{1}$、$\bar{2}1\bar{1}$、$2\bar{1}1$、$\bar{2}\bar{1}1$。

如果晶体是面心立方结构，则服从晶带定理的条件和体心立方晶体相同，但结构消光条件却不同。面心立方晶体衍射晶面的指数必须是全奇或全偶时才不消光。[001]晶带零层倒易面中只有 h 和 k 两个指数都是偶数时倒易点才能存在，因此在中心点 000 周围 8 个倒易点指数应是 200、$\bar{2}00$、020、$0\bar{2}0$、220、$\bar{2}\bar{2}0$、

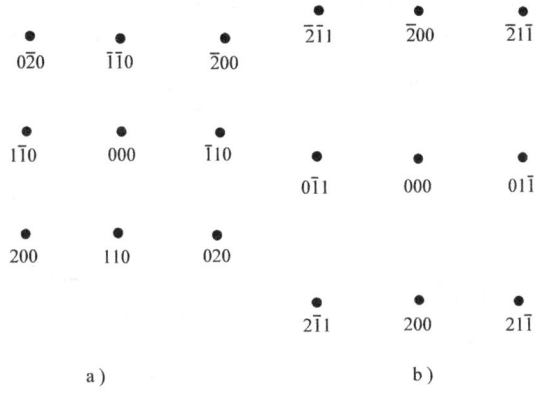

图16-8 体心立方晶体[001]和[011]晶带的标准零层倒易截面图
a) [001]晶带标准零层倒易截面图 b) [011]晶带标准零层倒易截面图

$\bar{2}20$ 和 $2\bar{2}0$。根据同样道理，面心立方晶体[011]晶带的零层倒易面内，中心点000周围的8个倒易点是 $11\bar{1}$、$1\bar{1}1$、$\bar{1}11$、$\bar{1}\bar{1}1$、200、$\bar{2}00$、$02\bar{2}$ 和 $0\bar{2}2$。

根据上面的原理可以画出任何晶带的标准零层倒易平面，在本书的附录C中已列出了三种典型晶体结构的标准零层倒易截面。

在进行已知晶体的验证时，把摄得的电子衍射花样和标准零层倒易截面（标准衍射花样）对照，便可直接标定各晶面的指数，这是标定单晶衍射花样的一种常用方法。应该指出的是：对立方晶体（指简单立方、体心立方、面心立方等）而言，晶带轴相同时，标准电子衍射花样有某些相似之处，但因消光条件不同，衍射晶面的指数是不一样的。

第七节 偏 离 矢 量

从几何意义上来看，电子束方向和晶带轴重合时，零层倒易面上的各倒易点不可能和厄瓦尔德球相交，因此，晶带中各晶面都不会产生衍射，如图16-9a所示。如果要使晶带中某一晶面（或几个晶面）产生衍射时，必须把晶体倾斜，使晶带轴稍为偏离电子束的轴线方向，此时零层倒易面上的倒易点就有可能和厄瓦尔德球面相交，由此即可发生电子束的衍射，如16-9b所示。但是在电子衍射操作时，晶带轴和电子束的轴线严格保持重合（即对称入射）时，仍可使 g 矢量端点不在厄瓦尔德球面上的晶面产生衍射。图16-10就是对称入射时摄得的衍射花样。图中 A、B、C、D 四个倒易点的几何中心都不在厄瓦尔德球上，但因薄晶体电子衍射操作时，衍射束的强度分布有一定的宽度范围，也就是说在稍为偏离布拉格条件时，仍有一定强度的衍射束产生，此时薄晶体样品的倒易点已不是一个几何点，而是一根沿样品厚度最薄方向上扩展的杆子。图 16-10 中示意地表示了倒易点扩展成杆的情况，杆子的长度和样品厚度 t 成反比，因此样品愈薄，倒易杆就愈长。

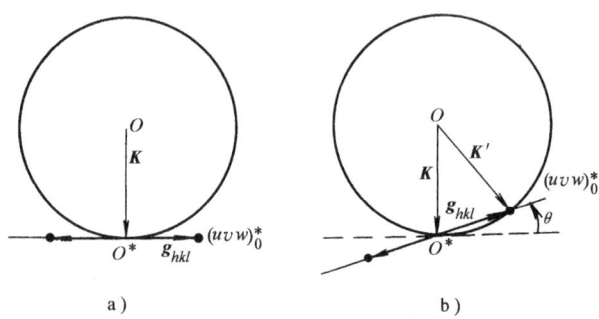

图 16-9 理论上获得零层倒易面比例图像（衍射花样）的条件
a) 若倒易点是一个几何点，入射电子束和 $(uvw)_0^*$ 垂直时不可能产生衍射束
b) 倾斜 θ 角后，hkl 点落在厄瓦尔德球上才有衍射束产生

图 16-11 示出了倒易杆和厄瓦尔德球相交时的情景，杆子的总长为 $\dfrac{2}{t}$。由图可知，在偏离布拉格角 $\pm\Delta\theta_{\max}$ 范围内，倒易杆都能和球面相接触而产生衍射束。偏离 $\Delta\theta$ 时，倒易杆中心至厄瓦尔德球交截点的距离可用矢量 s 表示，s 就是偏离矢量。$\Delta\theta$ 为正时，s 矢量为正，反之为负。精确符合布拉格条件时，$\Delta\theta=0$，故 s 也等于零。图 16-12 示出偏离矢量小于零、等于零和大于零的三种情况。对称入射时，因左右两边的偏离矢量相等，使中心斑点两侧的衍射斑点强度相等。如果电子束不是对称入射时，则中心斑点两边各衍射斑点的强度将出现不对称分布。由图 16-11、图 16-12 可知，偏离布拉格条件时，产生衍射的条件可用式(16-8)表示：

$$K' - K = g + s = k \quad (16\text{-}8)$$

当 $\Delta\theta = \Delta\theta_{\max}$ 时，相应的 $s = s_{\max}$，$s_{\max} = \dfrac{1}{t}$。当 $\Delta\theta > \Delta\theta_{\max}$ 时，倒易杆不再和厄瓦尔德球相交，此时才无衍射产生。

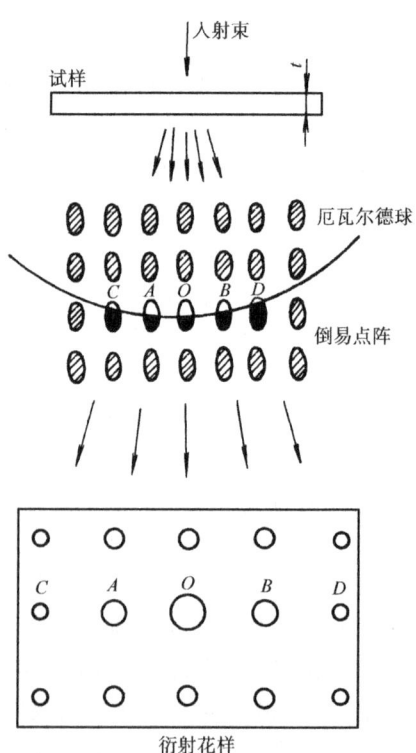

图 16-10 对称入射的衍射花样

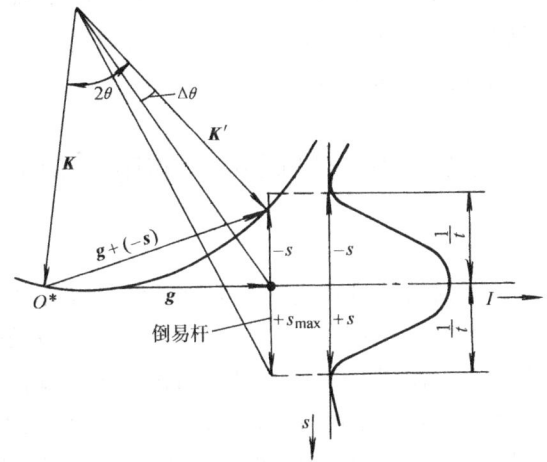

图 16-11 倒易杆和它的强度分布

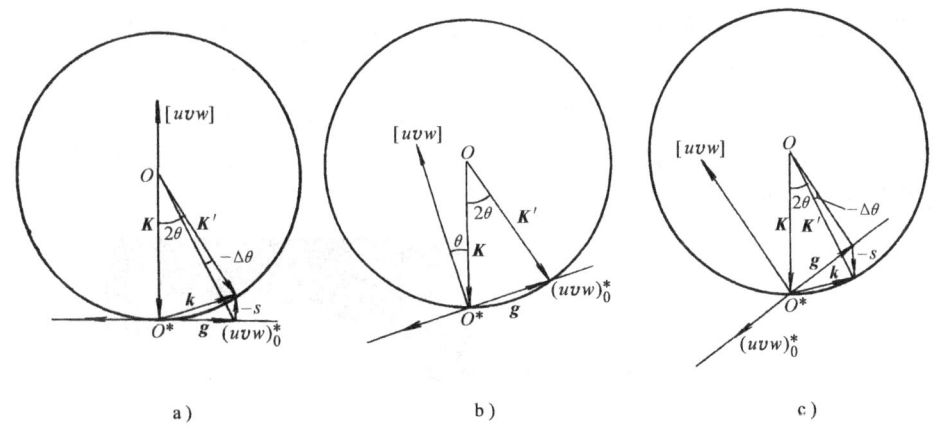

图 16-12 倒易杆和厄瓦尔德球相交时的三种典型情况
a) 对称入射 $\Delta\theta<0$,$s<0$ b) 满足布拉格衍射条件 $\Delta\theta=0$ c) $\Delta\theta>0$,$s>0$

零层倒易面的法线(即 $[uvw]$)偏离电子束入射方向时,如果偏离范围在 $\pm\Delta\theta_{max}$ 之内,衍射花样中各斑点的位置基本保持不变(实际上斑点是有少量位移的,但位移量比测量误差小,故可不计),但各斑点的强度变化很大,这可以从图 16-11 中衍射强度随 s 变化的曲线上得到解释。

薄晶体电子衍射时,倒易阵点延伸成杆状是获得零层倒易面比例图像(即电子衍射花样)的主要原因,其他一些因素也可以促进电子衍射花样的形成,例如:电子束的波长短,使厄瓦尔德球在小角度范围内球面接近平面;加速电压波动,使厄瓦尔德球面有一定的厚度;电子束有一定的发散度等。

零层倒易面电子衍射花样的分析是单晶体结构分析的基础。通过衍射花样上各斑点的标定，并结合形貌分析，可以进行下列各种研究，例如：物相鉴定、晶体定向、方位关系测定和迹线分析等。

第八节　电子显微镜中的电子衍射

一、磁转角

电子在镜筒中是按螺旋线轨迹前进的，衍射斑点到物镜的一次像之间有一段距离，电子束通过这段距离时会转过一定的角度，这个角度就是磁转角 φ。若图像相对于样品的磁转角为 φ_i，而衍射斑相对于样品的磁转角为 φ_d，则 $\varphi = \varphi_i - \varphi_d$。

可以用 MoO_3 晶体来对磁转角进行标定。图 16-13a 为一张用双重曝光法摄得的 MoO_3 晶体和它的衍射花样重叠的照片。MoO_3 晶体是准正交点阵，$a = 0.3966nm$，$b = 1.3848nm$，$c = 0.3696nm$，外形呈薄片梭子状，[010]方向特别薄，因此放在支承膜上，它的[010]方向总是接近和入射束重合。当样品台保持水平时，得到电子衍射花样的特征四边形是矩形。由于晶体的平移矢量 $a > b$，所以衍射花样上矩形的短边是[100]方向，长边是[001]方向。在外形上，六角形 MoO_3 梭子晶体的长边总是[001]方向。N 是形貌像上的[100]方向，g 是衍射花样上的[100]方向，两矢量之间的夹角就是磁转角 φ，它表示图像相对于衍射花样转过的角度。

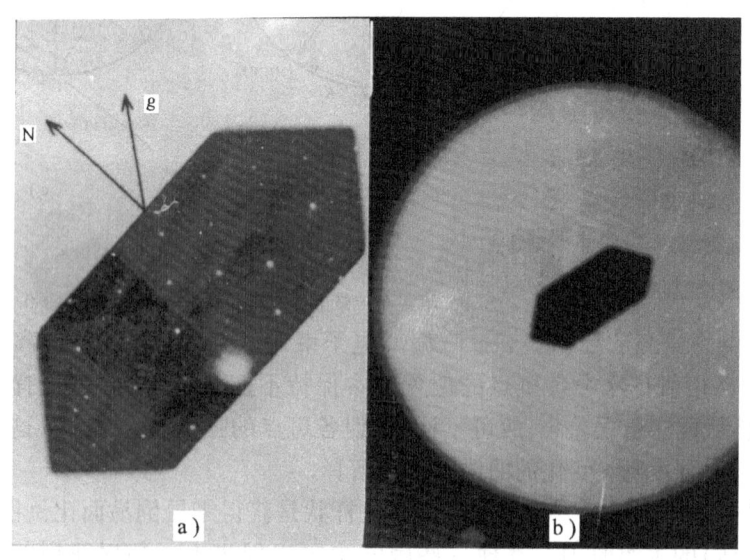

图 16-13　磁转角的标定
a) MoO_3 晶体及其衍射花样　b) 欠焦中心斑点的放大像

在进行衍射操作时,物镜并未使衍射花样倒转,但成像操作时,通过物镜形成的实像会相对于样品倒转180°,因此总的磁转角应是

$$\Phi = \varphi + 180°$$

电子显微镜的成像系统中还包括中间镜和投影镜,有时在中等倍数放大时,物镜的放大像可以被中间镜缩小,缩小的像并未倒转,但此时衍射花样经中间镜放大后却倒转了180°,因此可以把物镜倒转的180°补偿回来。由此可见,透镜的不同匹配可以使最终图像和斑点之间有时倒转180°,有时则不倒转。要确定有无180°反转,必须对每一种操作方式进行标定。最简单的标定方法是把衍射透镜(第一中间镜)欠焦,使它的物平面位于物镜背焦面上方(图15-15d 中 L_1 稍向上方伸长),此时在欠焦的中心斑或衍射斑内就可看到物像的形貌,比较欠焦斑点内的物像和最终物像,就能确定衍射花样和形貌像之间有无180°反转。图16-13b 为图16-13a 中欠焦中心斑放大后的照片,可以看出,斑点中心的物像和形貌像之间只有 φ 的差别,而无180°反转。

有的透射电子显微镜安装有磁转角自动补正装置,由于形貌观察和衍射花样对照时可不必考虑磁转角的影响,从而使操作大为简化。

二、有效相机常数

图16-14 为衍射束通过物镜折射在背焦面上汇集成衍射花样,以及用底片直接记录衍射花样的示意图。根据三角形相似的原理,△OAB 和△O'A'B' 相似,因此,一般衍射操作时的相机长度 L 和 R(衍射斑点至中心斑点的距离)在电镜中与物镜的焦距和 r(副焦点 A′ 到主焦点 B′ 的距离)相当。电镜中进行电子衍射操作时,焦距 f_0 实际上起到了相机长度的作用,由于 f_0 将进一步被中间镜和投影镜放大,故最终的相机长度应是 $f_0 M_i M_P$,令 $K' = \lambda f_0 M_i M_P$,习惯上称它为有效相机常数,它相当于衍射基本公式中的 λL 值。从图16-14 中可

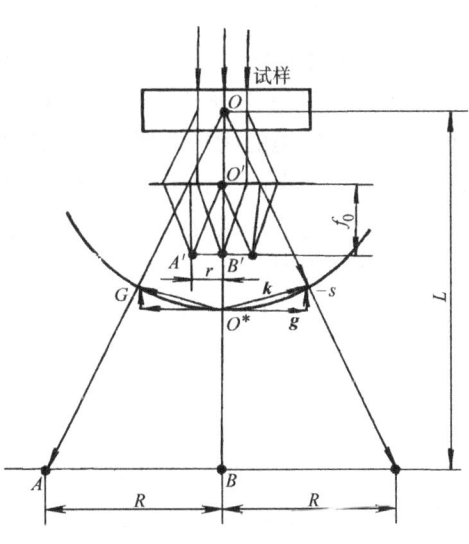

图16-14 衍射花样形成示意图

以看到,电镜中的有效相机长度 $f_0 M_i M_P$ 并不等于样品到底片的距离。随着中间镜的放大倍数 M_i 和投影镜的放大倍数 M_P 的改变、有效相机长度可随之而变,但样品到底片的距离仍维持原样。

相机常数和有效相机常数可用已知晶体的样品进行标定。由于电镜在使用过

程中电磁参数因种种原因会发生少量的变化，从而影响到有效相机常数的精度，因此应对它进行定期校正。

三、选区电子衍射

图 16-15 为选区电子衍射的原理图。入射电子束通过样品后，透射束和衍射束将汇集到物镜的背焦面上形成衍射花样，然后各斑点经干涉后重新在像平面上成像。图中上方水平方向的箭头表示样品，物镜像平面处的箭头是样品的一次像。如果在物镜的像平面处加入一个选区的光阑，那么只有 $A'B'$ 范围的成像电子能够通过选区光阑，并最终在荧光屏上形成衍射花样。这一部分的衍射花样实际上是由样品的 AB 范围提供的。选区光阑的直径约在 $20\sim400\mu m$ 之间，若物镜放大倍数为 50 倍，则选用直径为 $50\mu m$ 的选区光阑就可以在样品上套取任何 $d=1\mu m$ 的结构细节。

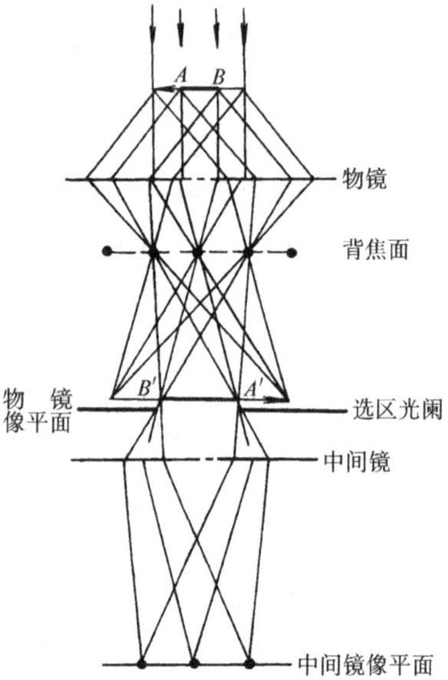

选区光阑的水平位置在电镜中是固定不变的，因此在进行正确的选区操作时，物镜的像平面和中间镜的物平面都必须和选区光阑的水平位置对齐。如果物镜的像平面和中间镜的物平面重合于光阑的上方或下方，虽然在荧光屏上仍能得到清晰的图像，但因所选的区域发生偏差而使衍射斑点不能和图像一一对应。

图 16-15　选区电子衍射原理图

由于选区衍射所选的区域很小，因此，能在晶粒十分细小的多晶体样品内选取单个晶粒进行分析，从而为研究金属单晶体结构提供了有利的条件。

第九节　单晶体电子衍射花样的标定

标定单晶体电子衍射花样的目的是：确定零层倒易面上各 g_{hkl} 矢量端点的指数；定出零层倒易面的法线方向（即晶带轴 $[uvw]$）；确定待测晶体的点阵类型和物相。

单晶体电子衍射花样的标定程序如下：

1. 已知相机常数和已知样品的晶体结构时衍射花样的标定（图 16-16）

1）测量靠近中心斑点的几个衍射斑点至中心斑点的距离 R_1、R_2、R_3、R_4、…。

2）根据衍射基本公式 $R = \lambda L \dfrac{1}{d}$，求出相应的晶面间距 d_1、d_2、d_3、d_4、…。

3）因为晶体结构是已知的，每一 d 值相当于该晶体某一晶面族的面间距，故可根据 d 值定出相应的晶面族指数 $\{hkl\}$，即由 d_1 查出 $\{h_1k_1l_1\}$，由 d_2 查出 $\{h_2k_2l_2\}$，依此类推。

4）测定各衍射斑点之间的夹角 φ。

5）决定离开中心斑点最近的衍射斑点的指数。若 R_1 最短，则相应斑点的指数应为 $\{h_1k_1l_1\}$ 面族中一个。对于 h、k、l 三个数不等的面族来说（例如 $\{123\}$），应有 48 种等价的标法；h、k、l 三个指数中有两个相等的面族（例如 $\{112\}$），就有 24 种标法；两个指数相等另一指数为零的面族（例如 $\{110\}$）有 12 种标法；三个指数相等（如 $\{111\}$）有 8 种标法；两个指数为零的面族（例如 $\{100\}$）有 6 种标法，因此，第一个斑点的指数可以是等价晶面中的任一个。

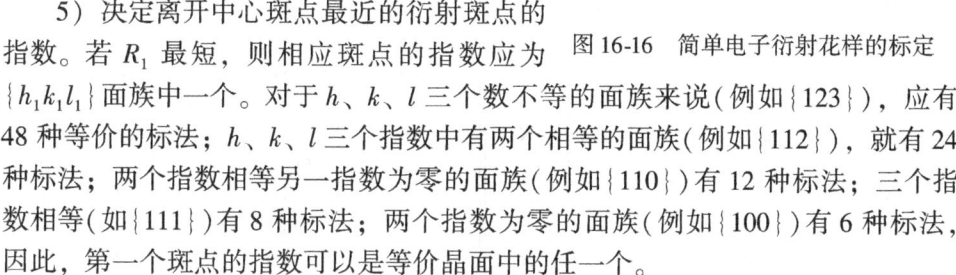

图 16-16　简单电子衍射花样的标定

6）决定第二个斑点的指数。第二个斑点的指数不能任选，因为它和第一个斑点间的夹角必须符合夹角公式。对立方晶系来说，两者的夹角可用式(16-9)求得

$$\cos\varphi = \dfrac{h_1h_2 + k_1k_2 + l_1l_2}{\sqrt{(h_1^2 + k_1^2 + l_1^2)(h_2^2 + k_2^2 + l_2^2)}} \tag{16-9}$$

在决定第二个斑点指数时，应进行所谓尝试校核（trial and error），即只有 $h_2k_2l_2$ 代入夹角公式后求出的 φ 角和实测的一致时，$(h_2k_2l_2)$ 指数才是正确的，否则必须重新尝试。应该指出的是，$\{h_2k_2l_2\}$ 面族可供选择的特定 $(h_2k_2l_2)$ 值往往不止一个，因此第二个斑点的指数也带有一定的任意性。

7）一旦决定了两个斑点，那么其他斑点可以根据矢量运算求得。由图 16-16，$\boldsymbol{R}_1 + \boldsymbol{R}_2 = \boldsymbol{R}_3$，即

$$h_1 + h_2 = h_3 \qquad k_1 + k_2 = k_3 \qquad l_1 + l_2 = l_3$$

8）根据晶带定理求零层倒易面法线的方向，即晶带轴的指数。

$$[uvw] = \boldsymbol{g}_{h_1k_1l_1} \times \boldsymbol{g}_{h_2k_2l_2}$$

为了简化运算可用：

$$\begin{array}{c|cccc|c}
 & u & v & w & & \\
h_1 & k_1 & l_1 & h_1 & k_1 & l_1 \\
 & & & & & \\
h_2 & k_2 & l_2 & h_2 & k_2 & l_2 \\
\end{array}$$

交叉相乘后相减(例如 $u = k_1l_2 - k_2l_1$)得出 $[uvw]$。

2. 相机常数未知、晶体结构已知时衍射花样的标定

测量数个斑点的 R 值(靠近中心斑点,但不在同一直线上),用表 16-1 校核各低指数晶面的 d_{hkl} 间的比值,方法如下:

表 16-1 立方晶体可能出现的反射

$N = h^2 + k^2 + l^2$	晶面族 $\{hkl\}$	体心立方	面心立方	金刚石立方	$N = h^2 + k^2 + l^2$	晶面族 $\{hkl\}$	体心立方	面心立方	金刚石立方
1	100	×	×	×	21	421	×	×	×
2	110	√	×	×	22	332	√	×	×
3	111	×	√	√	23	—	/	/	/
4	200	√	√	√	24	422	√	√	√
5	210	×	×	×	25	500,430	×	×	×
6	211	√	×	×	26	510,431	√	×	×
7	—	/	/	/	27	511,333	×	√	√
8	220	√	√	√	28	—	/	/	/
9	300,221	×	×	×	29	520,432	×	×	×
10	310	√	×	×	30	521	√	×	×
11	311	×	√	√	31	—	/	/	/
12	222	√	√	×	32	440	√	√	√
13	320	×	×	×	33	522,441	×	×	×
14	321	√	×	×	34	530,433	√	×	×
15	—	/	/	/	35	531	×	√	√
16	400	√	√	√	36	600,442	√	√	×
17	410,322	×	×	×	37	610	×	×	×
18	411,330	√	×	×	38	611,532	√	×	×
19	331	×	√	√	39	—	/	/	/
20	420	√	√	√	40	610	√	√	√

注:√—有衍射产生   ×—无衍射产生

立方晶体中同一面族中各晶面的间距相等。例如,$\{123\}$ 中 (123) 面间距和 (321) 的面间距相同,故同一面族中 $h_1^2 + k_1^2 + l_1^2 = h_2^2 + k_2^2 + l_2^2$。

令 $h^2 + k^2 + l^2 = N$,N 值作为一个代表面族的整数指数。

已知
$$d = \frac{a}{\sqrt{h^2 + k^2 + l^2}} = \frac{a}{\sqrt{N}}$$

$$d^2 \propto \frac{1}{N}, \ R^2 \propto \frac{1}{d^2}, \ R^2 \propto N$$

若把测得的 R_1、R_2、R_3、… 值平方,则

$$R_1^2 : R_2^2 : R_3^2 : \cdots = N_1 : N_2 : N_3 : \cdots \tag{16-10}$$

从结构消光原理来看,体心立方点阵 $h + k + l =$ 偶数时才有衍射生产,因此它的 N 值只有 2、4、6、8、…。面心立方点阵 h、k、l 为全奇或全偶时才有衍

射生产,故其 N 值为 3、4、8、11、12、…。因此,只要把测量的各个 R 值平方,并整理成式(16-10),从式中 N 值递增规律来验证晶体的点阵类型,而与某一斑点的 R^2 值对应的 N 值便是晶体的晶面族指数,例如 $N=1$,即为 $\{100\}$;$N=3$ 为 $\{111\}$;$N=4$ 为 $\{200\}$ 等。

如果晶体不是立方点阵,则晶面族指数的比值另有规律。

(1) 四方晶体

已知
$$d = \frac{1}{\sqrt{\frac{h^2+k^2}{a^2}+\frac{l^2}{c^2}}}$$

故
$$\frac{1}{d^2} = \frac{h^2+k^2}{a^2}+\frac{l^2}{c^2}$$

令 $M = h^2 + k^2$,根据消光条件,四方晶体 $l=0$ 的面族(即 $\{hk0\}$ 族)有
$R_1^2 : R_2^2 : R_3^2 \cdots = M_1 : M_2 : M_3 \cdots$
$\qquad = 1:2:4:5:8:9:10:13:16:17:18\cdots$

(2) 六方晶体

已知
$$d = \frac{1}{\sqrt{\frac{4}{3}\frac{(h^2+hk+k^2)}{a^2}+\frac{l^2}{c^2}}}$$

$$\frac{1}{d^2} = \frac{4}{3}\frac{h^2+hk+k^2}{a^2}+\frac{l^2}{c^2}$$

令 $h^2+hk+k^2 = P$,六方晶体 $l=0$ 的 $\{hk0\}$ 面族有:
$R_1^2 : R_2^2 : R_3^2 \cdots = P_1 : P_2 : P_3 \cdots$
$\qquad = 1:3:4:7:9:12:13:16:19:21\cdots$

重复本小节 1 中第 4)~8) 条

3. 未知晶体结构,相机常数已知时衍射花样的标定

1) 测定低指数斑点的 R 值。应在几个不同的方位摄取电子衍射花样,保证能测出最前面的 8 个 R 值。

2) 根据 R,计算出各个 d 值。

3) 查 ASTM 卡片,和各 d 值都相符的物相即为待测的晶体。因为电子显微镜的精度所限,很可能出现几张卡片上 d 值均和测定的 d 值相近,此时应根据待测晶体的其他资料,例如化学成分等,来排除不可能出现的物相。

4. 用对照标准电子衍射花样法进行标定

将摄得的电子衍射花样照片和附录 C 中的标准电子衍射花样比较,若二者相似则立即可按标准花样上的各指数标定照片上斑点的指数。这种方法对已知晶体的标定极为有效,但标准电子衍射花样只有有限的几个主要晶带(低指数晶带)轴的衍射花样,对一些指数较高的晶带仍需用其他方法标定。

5. 用查表法标定

事先用计算机根据晶体的各项参数(晶体类型、晶格常数和夹角公式等)算出每种(或每类)晶体的特定表格(参看附录 D)。然后可以利用相邻两个 R 矢量(其中一个是衍射花样中长度最短的)的比例和它们之间的夹角查出相应斑点的指数和花样的晶带轴。当两个 R 矢量间夹角足够大时(一般大于60°),查表法是最为常用的方法,对非立方晶系晶体来说尤其如此。

第十节 多晶体的电子衍射花样

一、环状电子衍射花样的产生

图 16-17 为金多晶体薄膜的电子衍射花样照片,花样中出现多个同心圆环,每个圆环是由多晶样品中同一 $\{hkl\}$ 面族的晶面发生衍射而造成的。因为电子束方向一定时,多晶样品中与入射束成 $\theta \pm \Delta\theta_{max}$ 交角的所有晶面都能产生衍射束(θ 为布拉格角,$\pm\Delta\theta_{max}$ 是偏离布拉格角的最大范围)。因此,晶面间距相同的 $\{hkl\}$ 面族中基本符合布拉格条件的晶面所产生的衍射束会构成以入射束为轴、$\theta \pm \Delta\theta_{max}$ 为半顶角的圆锥衍射束。根据衍射基本公式,衍射束和底片将相交成圆环,其半径为 $R = \dfrac{\lambda L}{d}$。同一样品中不同晶面族因其面间距 d 不同,各自产生半径不同的同心圆环。

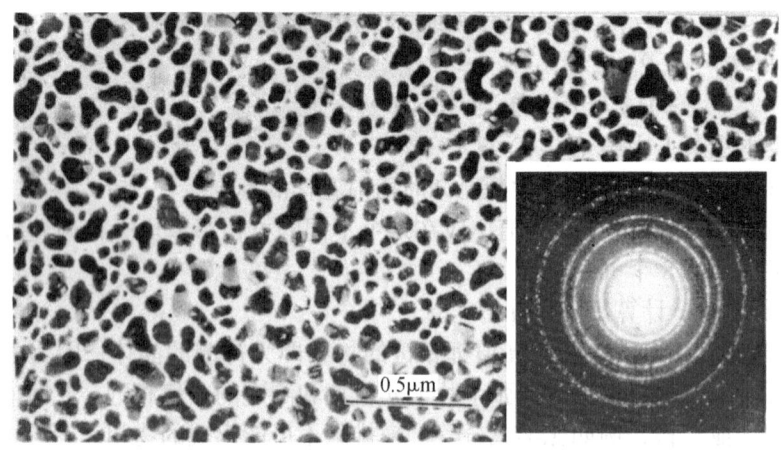

图 16-17 金多晶体薄膜及电子衍射花样

单晶体的衍射花样与中心斑点距离为 R 的某一衍射斑点,实际上是相应多晶体衍射圆环(半径为 R)上的一个点。多晶薄膜中晶粒数目变少时,环状花样将出现断续状。图 16-18 为多晶体环状衍射花样产生的示意图。

二、利用环状花样进行物相鉴定

图 16-19 为一张多晶体薄膜的环状衍射花样示意图，相机常数 $\lambda L = 1.70$ nm·mm。衍射花样的物相鉴定步骤如下：

1）测量各圆环的 R 值。

2）根据 R 值求出相应的 d 值。

3）把最强圆环的强度定为 100，求出各圆环的相对强度，在图 16-19 中第一圆环强度最大，故其他圆环的相对强度应是 I/I_1。

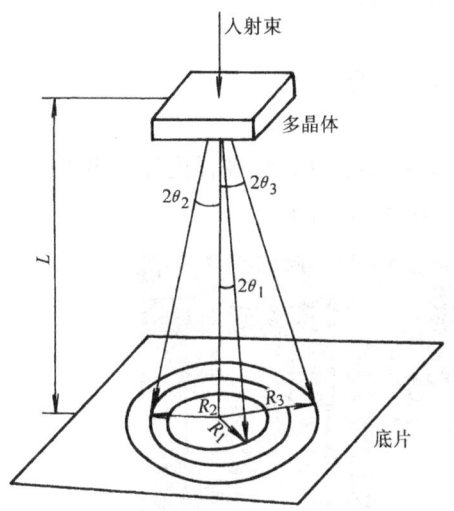
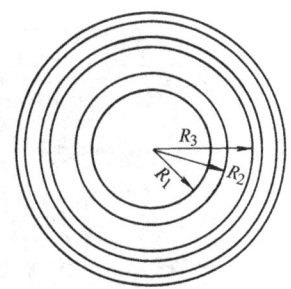

图 16-18 多晶体环状衍射花样产生的示意图　　图 16-19 多晶体薄膜的环状衍射花样示意图

4）把上述三项列表如下：

序　号	R/mm	d/nm	I/I_1
1	8.42	0.202	100
2	11.88	0.142	20
3	14.52	0.118	40
4	16.84	0.100	10
5	18.88	0.090	10
6	20.49	0.083	5

5）查 ASTM 物相卡片。强度最大的环是第一个环，$d_1 = 0.202$ nm，以此为根据查出与 0.202nm 相近的，即 0.20 ~ 0.25nm 一组卡片。随后找出和 $d_3 = 0.118$ nm、$d_2 = 0.142$ nm 相接近的卡片，结果发现体心立方 α-Fe 的卡片数据和上面表中列出的数据相符(包括晶面间距符合、三强线次序符合)。α-Fe 卡片上列出的数据如下：

环的顺序	d/nm	I/I_1
1	0.201	100
2	0.142	15
3	0.117	38
4	0.101	10
5	0.090	8
6	0.083	3

由此可以断定具有环状花样的多晶体是 α-Fe。

第十一节 菊 池 线

一些缺陷较少、具有一定厚度的薄晶体样品，在衍射花样内还会出现亮暗成对的平行线条，这种线对就是菊池线，如图 16-20 所示。

图 16-20 α 钛的菊池线

菊池线的形成原因可用图 16-21 来说明。图 16-21a 表示电子在样品中产生非弹性散射时散射强度的分布曲线。用极坐标表示的强度随散射角变化的情况来看，散射角 β 愈小，强度 I 愈大。如果把极坐标转换成直角坐标，则强度分布如图 16-21a 下方曲线所示，这种强度的分布可看成是衍射花样的背景强度。由于入射电子的非弹性散射，可使晶体内出现在空间所有方向上传播的电子波中有些波和某一 (hkl) 晶面之间正好符合布拉格条件时，也会出现相干的散射即衍射。由于散射波的方向是任意的，所以产生的衍射波将出现在一对圆锥上。现在我们来分析圆锥对上具有代表性的两条射线 OP 和 OQ。如果在 OP 方向上的非弹性

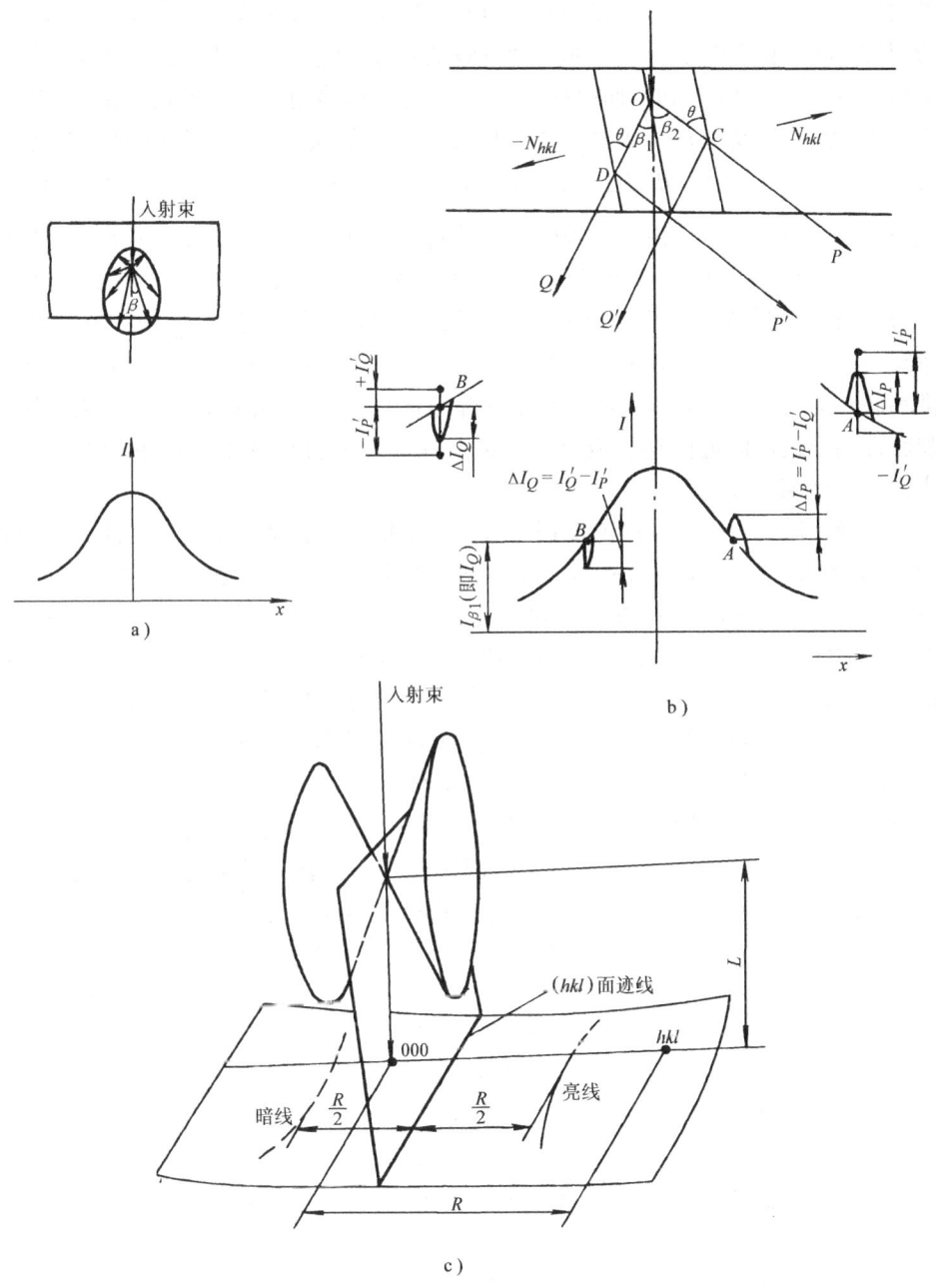

图 16-21 菊池线形成示意图
a) 电子在样品中产生非弹性散射强度分布曲线
b) 晶面对非弹性散射电子的衍射及菊池衍射引起的背景强度变化曲线 c) 菊池线对的产生

散射波(散射角为 β_2,强度为 I_{β_2})正好和 $(\bar{h}\bar{k}\bar{l})$ 晶面相交成布拉格角 θ,则将产生衍射波 CQ' 其衍射强度为 $I_{Q'}$。同时在 OQ 方向上的非弹性散射波(与 CQ' 平行散射角为 β_1,强度为 I_{β_1})和晶面 (hkl) 的交角也为布拉格角,产生的衍射束方向 DP' 平行于 OP 其强度为 $I_{P'}$。因 $\beta_2 > \beta_1$,$I_{\beta_2} < I_{\beta_1}$,衍射强度随入射强度增大而增大,所以 $I_{P'} > I_{Q'}$。若计算 OP 方向的总强度时,原始 OP 方向的强度应是 I_{β_2}(相当于图 16-21b 上的 A 点),由于它和 $(\bar{h}\bar{k}\bar{l})$ 晶面发生衍射而损失了 $I_{Q'}$,但因 OQ 射线和 (hkl) 晶面产生衍射而补充了 $I_{P'}$,这样使 OP 方向上的总强度比原始强度 I_{β_2} 净增 $(I_{P'} - I_{Q'})$。同理可以算出 OQ 方向上的总强度应比原始强度 I_{β_1}(相当于 B 点)净减 $(I_{Q'} - I_{P'})$。若把 OQ 和 OP 代表的射线强度扩展到整个圆锥上,由于两个圆锥和底片的交线是一对双曲线,如果样品至底片的距离(相机长度 L)很大,圆锥和底片的交线可以近似地看成直线,因此在底片上会呈现出一对平行的亮暗直线,这就是菊池线。

非弹性散射时电子束的能量损失很小,散射后波长基本不变,因此,衍射角 θ 仍可保持不变。由于衍射晶面 (hkl) 和两个圆锥之间的夹角都是布拉格角 θ,从图 16-21c 可知,如果把圆锥暗线和中心斑点 000 重合时,亮线将和衍射斑点 hkl 重合,因此亮暗线对之间的垂直距离就是透射斑和衍射斑之间的距离 R。由此可见,菊池花样的标定方法和单晶衍射花样的标定方法是相同的。如果已知相机常数,就可根据衍射基本公式由量得的线对间距 R 求出晶面间距 d。

图 16-22 绘出了电子束沿面心立方晶体 [001] 方向入射时的菊池线和相应的衍射斑点位置。由于电子束是对称入射,所以菊池线总是位于中心斑点和衍射斑点连线的中间位置(即 $R/2$ 处)。实际上衍射晶面的迹线(晶面和底片的交线)就是菊池线对的中线。同一晶带晶面菊池线的中线必定交于一点,这个交点就是晶带轴 $[uvw]$ 的菊池极。同理可以画出其他低指数晶带(如 [011]、[111] 等)的菊池花样,把这些花样拼接起来就可以得到晶体的菊池图,如图 16-23 所示。菊池图是透射电子显微分析中确定晶体位向的一个重要工具。

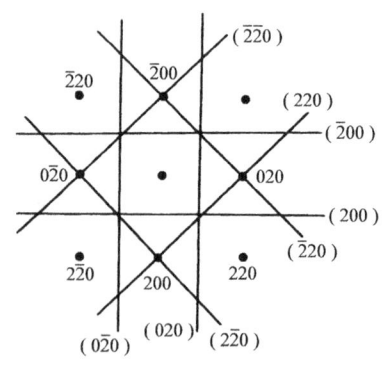

图 16-22　菊池极和衍射斑示意图

利用菊池线可以比较精确地测定晶体的方位,因为薄晶样品作少量倾动时衍射斑点的位置基本不变(只有强度变化),但与之相对应的菊池线却会产生较大的位移。衍射斑和菊池线在样品倾动时相对位置的变化可用图 16-24 所示的方法来说明。图 16-24a 为对称入射的情况,其中 P、Q 线分别表示菊池圆锥的亮暗素

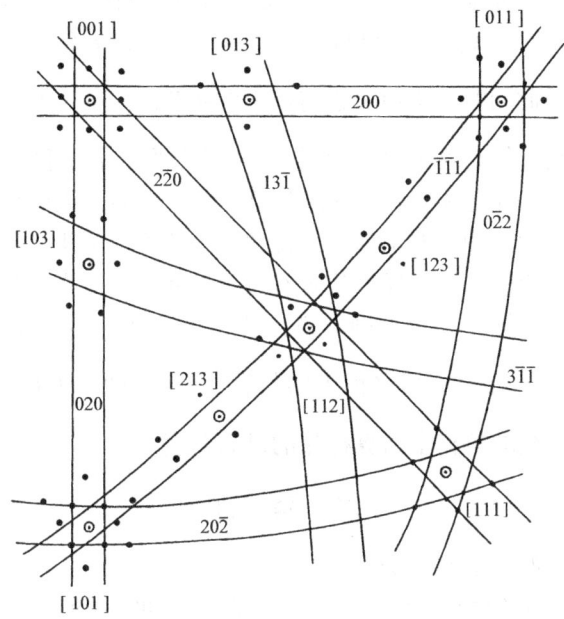

图 16-23 面心立方晶体的菊池图

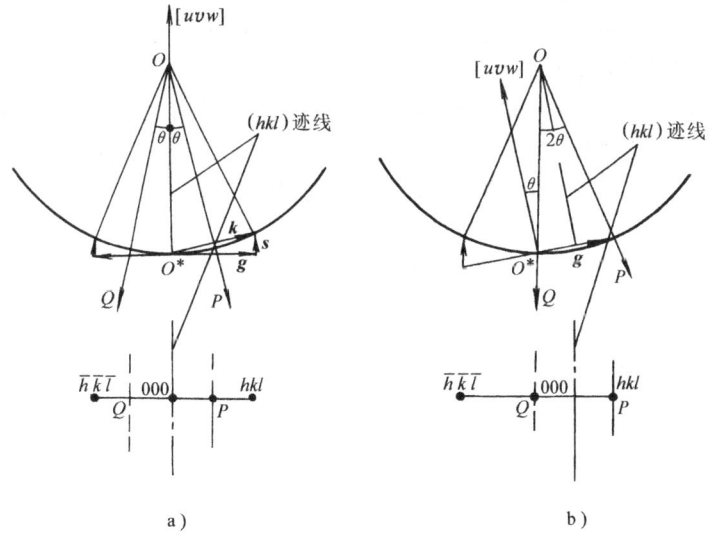

图 16-24 衍射斑和菊池线在样品倾动时相对位置的变化
a) 对称入射 b) 符合布拉格条件(倾斜 θ 角后)

线。图的下方示出了斑点和菊池线在底片上的投影像,此时亮暗线位于 $\pm R/2$ 的位置上。如果把薄晶样品倾至精确符合布拉格条件的位置(如图16-24b所示)，暗线 Q 将和000重合，亮线 P 则和 hkl 斑点重合。倾动 θ 角时(布拉格角)，菊池线扫动 $\frac{R}{2}$ 距离，与此同时，衍射斑也将以 O^* 为圆心、以 g 矢量的长度为半径逆时针方向倾动 θ 角，使它在底片上产生一个相应的水平位移，但是因为 θ 角很小，g 矢量也很短，因此这个水平位移在像平面上不能为人眼所觉察，所以，一般可以认为样品作微量倾动时衍射斑的位置保持不变。从上述分析可知，菊池线对样品的倾动十分敏感，当试样的位置有微量的倾斜时，菊池线在像平面上以相机长度为半径绕倾斜轴扫动。举例来说，若相机长度 $L=500\mathrm{mm}$，样品倾动 $1°$，即 $\Delta\theta=\frac{\pi}{180}\mathrm{rad}$ 时，菊池线在像平面上的位移 $x=L\cdot\Delta\theta=500\mathrm{mm}\times\frac{\pi}{180}=8.6\mathrm{mm}$。据此，可以用菊池线的位移来估算样品的倾斜角度。

思 考 题

1. 电子衍射和X射线衍射有何异同点？

2. 为什么薄晶试样的衍射晶面和入射电子束之间的夹角并不精确符合布拉格条件时(有一定的偏离范围)也能产生衍射？

3. 简述倒易空间中一个阵点能代表正空间中一组晶面的原因。

4. 试说明相机常数的物理意义。

5. 画出面心立方晶体[111]晶带轴的标准零层倒易面 $(111)_0^*$，并说明和中心斑点最邻近的8个斑点指数的形成规律。

6. 分别画出精确符合布拉格条件，偏离矢量为正、偏离矢量为负时，厄瓦尔德球、零层倒易面和偏离矢量之间的相对位置，并说明偏离布拉格角的范围 $\pm\Delta\theta$ 和 $\pm s$ 之间的关系。

7. 在衍射仪中进行电子衍射操作和在电子显微镜中的电子衍射操作有何不同处？

8. 为什么在进行电镜分析时要进行磁转角的校正？

9. 选区衍射操作时，选区光阑和物镜光阑各有什么用处？

10. 分别说明对已知晶体验证时和对未知晶体物相鉴定时的单晶体电子衍射花样标定步骤。

11. 简述菊池线的形成原理。

第十七章 薄晶体的电子显微分析

第一节 薄晶体样品(薄膜)的制备

电子束对薄膜的穿透能力和加速电压有关。当电子束的加速电压为200kV时，就可以穿透厚度为500nm的铁膜；如果加速电压增至1000kV，则可以穿透厚度大致为1500nm的铁膜。从图像分析的角度来看，样品的厚度较大时，往往会使膜内不同深度层上的结构细节彼此重叠而互相干扰，得到的图像过于复杂，以致难以进行分析。但从另一方面来看，如果样品太薄则表面效应将起着十分重要的作用，造成薄膜样品中相变和塑性变形的进行方式有别于大块样品。因此，为了适应不同研究目的，应分别选用适当厚度的样品，对于一般金属材料而言，样品厚度都在500nm以下。

合乎要求的薄膜样品必须具备下列条件：①薄膜样品的组织结构必须和大块样品相同，在制备过程中，这些组织结构不发生变化；②样品相对于电子束而言必须有足够的"透明度"，因为只有样品能被电子束透过，才有可能进行观察和分析；③薄膜样品应有一定的强度和刚度，在制备、夹持和操作过程中，在一定的机械力作用下不会引起变化或损坏；④在样品制备过程中不允许表面产生氧化和腐蚀，氧化和腐蚀会使样品的透明度下降，并造成多种假象。

有两类方法可以制成薄膜样品：第一类方法是将薄膜从大块样品上直接截取下来；第二类方法是通过用真空蒸发沉积和溶液沉淀等方法直接制备薄膜。由于第二类方法制成的膜和实际材料的性质有着较大的差别，因此通常只能在某些理论研究方面使用。我们这里只介绍第一类方法。

金属薄膜样品的制备已经积累了丰富的经验，实际上已经形成了一套规范的操作步骤，但非金属材料薄膜的制备则视材料的性质而异，尤其是从大块试样上截取薄片的方法尚无一定的规律可循。下面我们主要介绍金属薄晶体样品的制造。

由大块样品制备金属薄膜的过程大致可以分为下面三个步骤：

第一步骤是从实物或大块试样上切割厚度为0.3~0.5mm厚的薄片。可采用电火花线切割法。对于塑性较好的材料还可用压延并退火的方法来制备薄片。

第二步骤是对样品薄片的预先减薄。预先减薄的方法有两种，即机械法和化学法。机械减薄法是通过手工研磨来完成的，即用细砂纸对金属薄片进行两面磨制减薄。如果样品较硬，则可磨薄至0.07mm左右；若材料较软，则磨薄的最终厚度不能小于0.1mm。这是因为手工研磨时，即使用力不大亦会在较软的材料内留下0.02~0.03mm的硬化变形层，影响观察效果，因此研磨时必须留有余量，以便在最终减薄时把硬化变形层去除。另一种预先减薄法是化学减薄法。这种方法是把待减薄的金属片放入配好的化学试剂中使之继续减薄。因为金属材料中各组成相的腐蚀倾向是不同的，所以在进行化学减薄时应特别注意减薄溶液的专用性。化学减薄后不存在变形层，但减薄的速度很快，操作时必须动作迅速，使薄化后样品的厚度位于0.02~0.05mm范围。

　　第三步是最终减薄。目前效率最高和操作最简便的方法是双喷电解抛光法。图17-1为一台双喷式电解抛光装置的示意图。经预先减薄的样品用小冲床冲剪成直径为3mm的圆片，装入样品夹持器中。进行减薄时，针对样品两个表面的中心部位各有一个电解溶液喷嘴，从喷嘴中喷出的液柱和阴极相接，而样品和阳极相接。电解液是通过一个耐酸泵来进行循环的。在两个喷嘴的轴线上还装有一对光导纤维，其中一个光导纤维和光源相接，另一个则和光敏元件相连。如果样品经抛光后中心出现小孔，光敏元件就会接收到对面射来的可见光，通过光敏元件输出的电信号就可以将抛光线路的电源切断。用这样的方法制成的薄膜样品，中心孔附近有一个相当大的薄区，可以被电子束穿透。直径3mm圆片上的周边好似一个厚度较大的刚性支架，因为透射电子显微镜样品座的直径也是3mm，因此，用双喷抛光装置制备好的样品可以直接装入电镜进行分析观察。

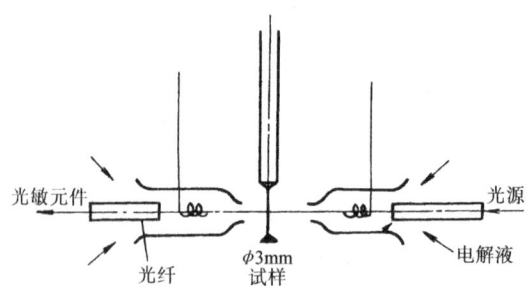

图17-1　双喷式电解减薄装置示意图

　　双喷抛光减薄时，温度、电流密度和喷射速度是三个主要参数，此外，电解液亦因不同样品材料而异。一般来说5%~20%高氯酸酒精溶液是最常用的电解液。

　　对于非金属材料而言，在采用适当方法截取试样薄片后，大都用手工研磨来使它的厚度减至数十微米。由于大部分非金属材料都不导电，因此不能使用双喷抛光，在这种情况下，目前大都采用离子薄化装置来进行最终减薄。离子薄化装置是非导体材料薄化的专用设备，此处不作介绍。

第二节 衍射衬度原理

薄晶体样品受到电子束照射时，如果晶体中所有晶面都和布拉格条件有很大的偏差，那么入射电子束就可以全部透过样品，而无衍射束产生。此时透射束的强度可以认为和入射电子束的强度相等。若用 I_T 代表透射电子束的强度，I_0 代表入射电子束的强度，则 $I_T = I_0$。这时，透射束通过电磁透镜组在荧光屏上成像，被放大的物像亮度很高。如果薄晶体样品中有某些晶面符合或基本符合布拉格衍射条件，在结构因数不等于零的条件下，这些晶面就会产生衍射。若衍射束的总强度（即所有衍射晶面产生的衍射束强度之和）为 I_D，则透射束成像时（即在物镜后焦面上用物镜光阑孔套住透射束，挡住所有的衍射束），荧光屏上的强度要减弱，因为此时透射束的强度应等于 $I'_T = I_0 - I_D$，而 $I'_T < I_0$。如果样品内部存在许多晶粒（或各种组成相），在电子束照射下，有些晶粒不发生衍射（或衍射束总强度很低），另一些晶粒则相反，可以想像在用透射束成像时，前者的亮度要比后者大。这种由于样品中不同晶体（或同一种晶体不同位向）衍射条件不同而造成的衬度差别就叫做衍射衬度。

图17-2为形成衍射衬度的示意图。图中示出了薄晶体内两颗不同位向的晶粒 A 和 B（或两颗粒不同类型的晶体）成像的情况。为简化分析，考虑 B 晶粒中仅有一组晶面产生衍射，A 晶粒中所有晶面都偏离布拉格条件很远。如果用透射束成像，如图 17-2a，则物镜光阑放在中心斑点的位置。可以看到，由于 B 晶粒产生了衍射，其衍射束（衍射束强度 I_{hkl}）却被物镜光阑挡住，故在像平面上 B 晶粒的亮度就较 A 晶粒低（$I_B = I_0 - I_{hkl}$）。如果我们把光阑孔向左移，使它的位置和衍射斑 hkl 重合，那么，由于透射束完全被光阑挡掉，A 晶粒就显示不出亮度。与之相反，此时 B 晶粒将由衍射束提供的强度（$I_B = I_{hkl}$）在像平面上成像。这种用衍射束形成的电子显微图像叫做暗场像，见图 17-2b。在第一章中我们曾经讨论过成像透镜形成的球差，由于衍射束远离透镜的主轴，球差就会很大，因此要得到高质量的暗场像可采用中心暗场，见图 17-2c，即把入射电子束相对于衍射晶面倾斜 2θ 角。倾斜操作可借助于显微镜内上下偏转线圈来完成，此时衍射斑（副焦点）$\bar{h}\bar{k}\bar{l}$ 将移到透镜的中心位置。由于衍射束和透镜的主轴重合，球差大大减小，因此中心暗场的图像比普通的暗场像清晰。

成像过程中，若不加物镜光阑，也可以得到衍衬图像，只是所得的图像衬度很低。这是因为无物镜光阑时，不仅透射束参与成像，大部分晶面指数较低的衍射束也同时参与成像，此时荧光屏上的各组成相的衬度是依靠它们各自的晶面指数较高的衍射束被镜筒挡掉而产生的。因此物镜光阑的直径愈小，被挡住的衍射

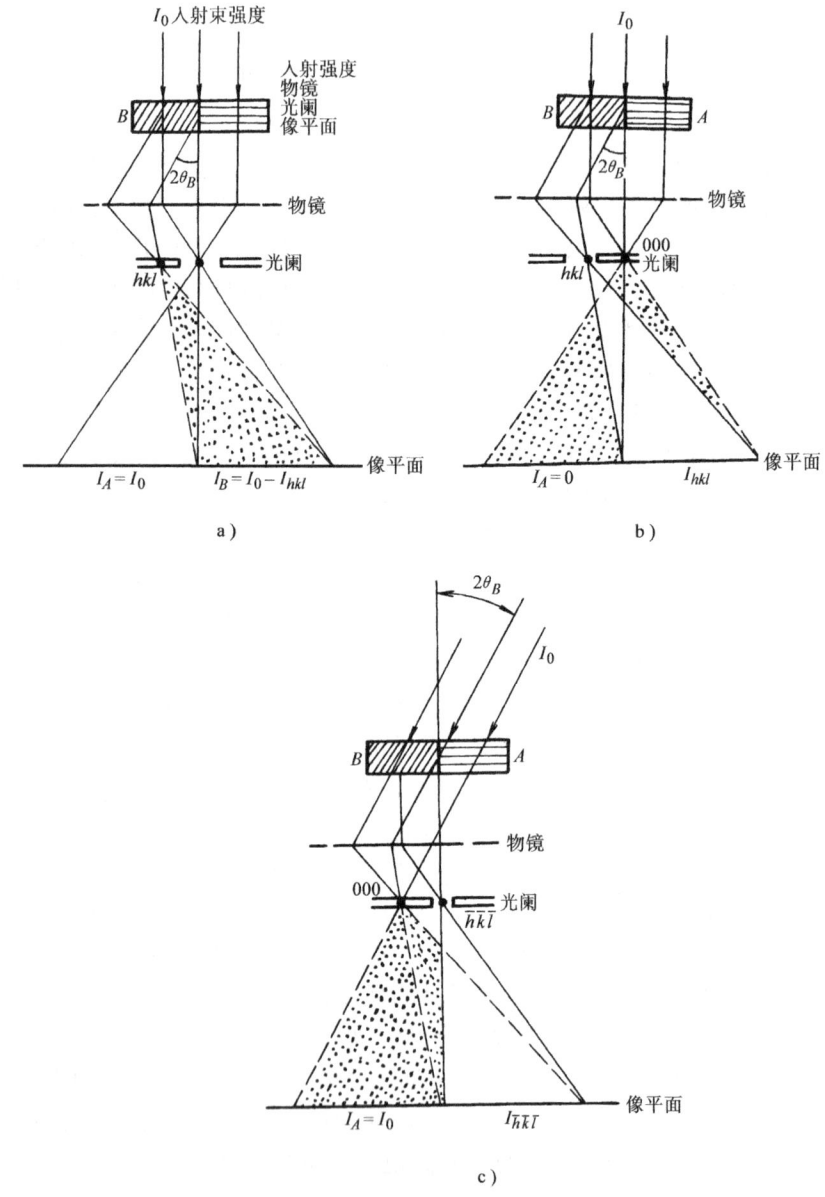

图 17-2 衍射衬度形成原理

a) 明场 b) 暗场 c) 中心暗场，透射束按箭头方向倾斜 $2\theta_B$

($\bar{h}\bar{k}\bar{l}$) 的衍射束即和镜筒中心重合

束愈多，图像的衬度就愈高。在摄取显微组织照片时，要使用小孔径的物镜光阑的道理就在于此。

第三节 衍衬运动学简介

这里所指的衬度是指像平面上各像点强度(亮度)的差别。衍射衬度实际上是入射电子束和薄晶体样品之间相互作用后,成像电子束在像平面上存在强度差别的反映。利用衍衬运动学的原理可计算各像点的衍射强度,从而可以定性地解释透射电镜衍衬图像的形成原因。

薄晶体电子显微图像的衬度可用运动学理论或动力学理论来解释。如要按运动学理论来处理,则电子束进入样品时随着深度增大,在不考虑吸收的条件下,透射束不断减弱,而衍射束不断加强;如果按动力学理论来处理,则随着电子束深入样品,透射束和衍射束之间的能量是交替变换的。这两种理论的描述方法可用图 17-3 示意地说明。虽然动力学理论比运动学理论能更准确地解释薄晶体中的衍衬效应,但是这个理论数学推导极其繁琐,且物理模型抽象,在有限的篇幅内难以把它阐述清楚。与之相反,运动学理论简单明了,物理模型直观,对于大多数衍衬现象都能很好地定性说明。下面我们将讲述衍衬运动学的基本概念和应用。

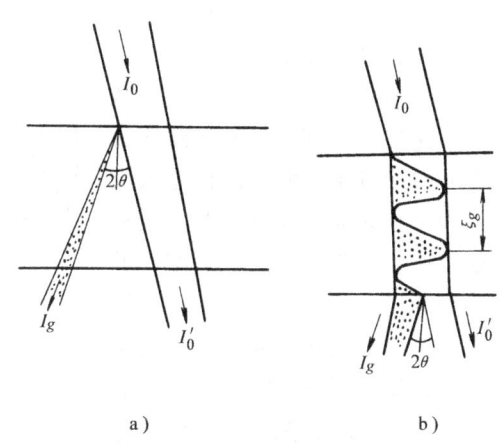

图 17-3 相干散射电子波在晶体内强度随深度变化的示意图
a) 衍衬运动学 b) 衍衬动力学

一、基本假设

运动学理论有两个先决条件:首先是不考虑衍射束和入射束之间的相互作用,也就是说两者间没有能量的交换。当衍射束的强度比入射束小得多时,这个条件是可以满足的,特别是在试样很薄和偏离矢量较大的情况下;其次是不考虑电子束通过晶体样品时引起的多次反射和吸收。换言之,由于样品非常薄,因此反射和吸收可以忽略。

在满足了上述两个条件后,运动学理论是以下面两个基本假设为基础的:

1. 双束近似

假定电子束透过薄晶体试样成像时,除了透射束外只存在一束较强的衍射束,而其他衍射束却大大偏离布拉格条件,它们的强度均可视为零。这束较强衍射束的反射晶面位置接近布拉格条件,但不是精确符合布拉格条件(即存在一个

偏离矢量 s)。作这样的假定的目的有两个：首先，存在一个偏离矢量 s 是要使衍射束的强度远比透射束弱，这就可以保证衍射束和透射束之间没有能量交换（如果衍射束很强，势必发生透射束和衍射束之间的能量转换,此时必须用动力学方法来处理衍射束强度的计算)；其次，若只有一束衍射束，则可以认为衍射束的强度和透射束的强度之间有互补关系，即 $I_0 = I_T + I_D = 1$，I_0 为入射束强度，因此，我们只要计算出衍射束强度，便可知道透射束的强度。

2. 柱体近似

在前一节中，我们用衍射条件不同的两颗晶粒来说明衍射衬度的原理，成像单元是晶粒（直径为数十微米至数百微米）。像这样的成像单元对于电子显微镜来说是太大了，因为在晶粒内部的一些亚结构例如位错、层错、孪晶、极细小的沉淀相的尺寸往往是以数十或数百埃来计量的。宏观的成像单元无法描述结构细节的成像原因，为此，必须找到合适的成像单元，所谓柱体近似就是在这个基础上提出来

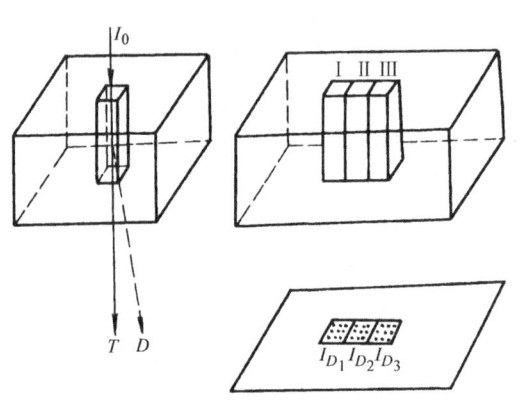

图 17-4　柱体近似

的。现在我们把成像单元缩小到和一个晶胞相当的尺度，可以假定透射束和衍射束都能在一个晶柱内通过，此晶柱的截面积等于或略大于一个晶胞的底面积，相邻晶柱内的衍射波不相干扰，晶柱底面上的衍射强度只代表一个晶柱内晶体的结构情况，因此，只要把各个晶柱底部的衍射强度记录下来，就可以推测出整个晶体的结构。这种把薄晶体下表面上每点的衬度和晶柱结构对应起来的处理方法称为柱体近似，见图 17-4。图中 I_{D_1}、I_{D_2}、I_{D_3} 三点分别代表晶柱 Ⅰ、Ⅱ、Ⅲ 底部的衍射强度。如果三个晶柱内晶体构造有差异，则 I_{D_1}、I_{D_2}、I_{D_3} 三点的强度就不同。由于晶柱底部的截面积很小，它比所能观察到的最小晶体缺陷（如位错线）的尺度还要小一些，事实上每个晶柱底部的衍射强度都可看作为一个像点，把这些像点连接成的图像，就能反映出晶体试样内各种缺陷的结构特点。

二、理想晶体的衍衬强度

前面的讨论已经解决了成像单元的问题，现在我们要进一步解决晶柱底面上衍射强度 I_D 的计算问题。因为 $I_D \propto |A_D|^2$，A_D 为衍射波振幅，所以也可以通过用衍射波振幅间接地表示强度。

当一个晶胞在电子束的作用下产生散射时，散射波的振幅可用式（17-1）表示

$$A_{晶胞} = Fe^{i\varphi} \tag{17-1}$$

式中，F 为晶胞的散射波振幅（即 F_{hkl}）。

把晶胞在垂直方向堆叠成一个晶柱，使入射束和晶柱的轴线方向平行，见图 17-5a。如果晶柱是由 M 个晶胞组成的，则其高度等于 Mc，其中 c 为晶胞的高度，Mc 即为薄晶体的厚度。入射电子束穿过晶柱后，晶柱底面上衍射波的振幅应是晶柱中所有晶胞产生的散射波在衍射方向上的总和，即

$$A_{晶柱} = \sum_{i=1}^{M} F e^{i\varphi} \tag{17-2}$$

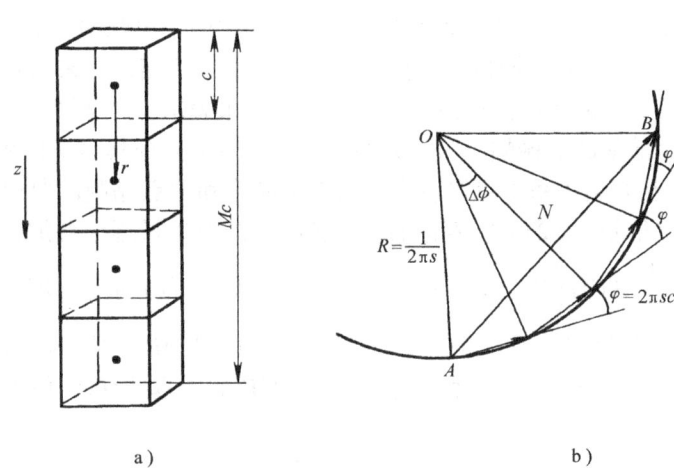

图 17-5 运动学基本方程图解
a）由晶胞堆成的晶柱 b）振幅相位图

此处的 φ 角是指相邻两个晶胞散射波之间的相位差角。例如把晶柱上表面第一个晶胞中心作为原点，则在此晶胞下方的第二个晶胞产生的散射波和原点晶胞的散射波之间有相位差角 φ。如果此两晶胞的相位差角 $\varphi = 2n\pi$ 时，则它们的散射波由于相位相同而相互加强。由于以下各层晶胞散射波之间的相位差也存在相同的关系，因此整个晶柱内各晶胞在衍射方向上散射波振幅的总和应等于 MF，即

$$A_{晶柱} = \sum_{i=1}^{M} F e^{i\varphi} = MF$$

因为 $e^{i\varphi} = e^{2\pi i[g_{hkl} \cdot r]}$，$r$ 为晶柱中任一晶胞相对于原点晶胞之间的位移矢量 $r = u\boldsymbol{a} + v\boldsymbol{b} + w\boldsymbol{c}$ 故

$$e^{i\varphi} = e^{2\pi i(hu + kv + lw)}$$

式中 $(hu + kv + lw)$ 项应该是整数，所以 $e^{i\varphi} = e^{2\pi n i} = 1$

上述情况就是精确符合布拉格条件时晶柱的衍射波振幅。如果相邻两个单胞的散射波偏离布拉格条件，则式(17-2)中相位角 φ 的表达式应改为

$$\varphi = 2\pi[\boldsymbol{k} \cdot \boldsymbol{r}] = 2\pi[(\boldsymbol{g}_{hkl} + \boldsymbol{s}) \cdot \boldsymbol{r}] \tag{17-3}$$

相应的相位因子为

$$\begin{aligned}
\mathrm{e}^{i\varphi} &= \mathrm{e}^{2\pi i[(g+s)\cdot r]} \\
&= \mathrm{e}^{2\pi i[(g_{hkl}\cdot r)+(s\cdot r)]} \\
&= \mathrm{e}^{2\pi i(g_{hkl}\cdot r)} \mathrm{e}^{2\pi i(s\cdot r)} \\
&= \mathrm{e}^{2\pi i(s\cdot r)}
\end{aligned}$$

因为 s 矢量、r 矢量接近平行，所以

$$\mathrm{e}^{2\pi i(s\cdot r)} = \mathrm{e}^{2\pi i s r}$$

由此可以看出，在偏离布拉格条件时，晶柱内相邻两个单胞的散射波之间有相位差角 $\varphi = 2\pi s r$。晶柱内不同位置的衍射束振幅可用振幅相位图来表示，图 17-5b。如果晶柱内每一个晶胞的散射波用一个单位矢量来表示，在作图时该矢量的长度就代表了单胞散射波的振幅，为了方便起见，在数值上令其等于相邻两个晶胞之间的间距 c。从几何关系上可以看出，第二个晶胞和原点晶胞的散射波振幅大小相同，但相位角差 $\varphi = 2\pi s c$。若把晶柱内各晶胞的波矢量逐个叠加，则可得到一个半径 $R = \dfrac{1}{2\pi s}$ 的圆（因为 $\varphi =$ 割线 c 对应的圆弧$/R$，且 c 很小，所以 $\varphi = \dfrac{c}{R}$）。若将 M 个晶胞的散射波叠加，其合成衍射波的矢量就是 $\overrightarrow{AB}$。因为 $\overrightarrow{AB}$ 对应的圆心角 $\Phi = M\varphi$，若从圆心 O 连接 $\overline{OA}$ 和 $\overline{OB}$，并作 $\triangle OAB$ 的中垂线 $\overline{ON}$，便可得出下述关系，即

$$\sin\frac{1}{2}M\varphi = \frac{\frac{1}{2}\overline{AB}}{R} = \frac{\frac{1}{2}\overline{AB}}{\frac{1}{2\pi s}} = \overline{AB}\cdot\pi s$$

$\overline{AB}$ 实为合成衍射波的振幅大小 A，故

$$A = \frac{1}{\pi s}\sin\frac{1}{2}M\varphi = \frac{1}{\pi s}\sin\pi s M c$$

如果晶柱是由 M 个晶胞叠加而成，则晶柱厚度 $t = Mc$，上式即成为

$$A_{晶柱} = \frac{1}{\pi s}\sin\pi s t$$

因为我们作图时，假定单胞的散射波振幅是一个单位，所以当单胞的散射波振幅为某一确定数值 F 时，上式应写成

$$A_{晶柱} = \frac{F}{\pi s}\sin\pi s t \tag{17-4}$$

相应晶柱的衍射束强度

$$I_{晶柱} = |A_{晶柱}|^2 = \frac{F^2}{(\pi s)^2}\sin^2\pi s t \tag{17-5}$$

式(17-4)、式(17-5)就是理想晶体衍衬运动学的基本方程。

然而式(17-4)、式(17-5)是在特定条件下推导出来的，因为晶体试样内作为

成像单元的晶柱和入射束之间可以交任何角度（并非入射束一定平行晶柱内晶胞的 z 方向），且入射束和衍射束之间的夹角虽然很小，但当它们穿过一个厚度为几百纳米的晶柱后，两者在试样下表面的间距可达十至几十个埃，这对于金属材料来说将是几个晶胞的平移尺度。为了更符合实际情况，通常要选取任意方向且底面积比单胞底面大的晶柱作为成像单元，在计算这种晶柱底面的衍射波振幅时，式(17-4)应修正为

$$A_{晶柱} = \frac{i\pi \sin\pi st}{\xi_g \quad \pi s} \tag{17-6}$$

$$I_{晶柱} = \frac{\pi^2}{\xi_g^2} \frac{\sin^2 \pi st}{(\pi s)^2} \tag{17-7}$$

式(17-6)、式(17-7)中的 ξ_g 称为消光距离，它是因入射束和衍射束在晶体深度方向上由于动力学的作用，使入射束强度和衍射束强度间发生的周期性的转移。能量周期转换的深度就是消光距离，可用下式表示。

$$\xi_g = \frac{\pi V \cos\theta}{\lambda F} \tag{17-8}$$

式中，V 为单胞体积，θ 为布拉格角，F 为单胞散射波振幅（已经经过相对论修正）。用式(17-6)、式(17-7)和式(17-4)、式(17-5)相比，相互间只相差一个比例因子，因而衍射波振幅的通式(17-2)可修正为

$$A_{晶柱} = \frac{i\pi}{\xi_g} \sum_{i=1}^{M} e^{i\varphi} \tag{17-9}$$

三、理想晶体衍衬运动学基本方程的应用

1. 等厚条纹

从式(17-7)中可以看到，晶柱的衍射强度取决于 s 和 t 两个变数。固定 s 值，就可以观察样品厚度 t 改变时衍射束强度的变化情况。假如理想薄晶体样品和入射电子束之间的方位保持不变，那么 s 就等于常数。若用 I_g 代表晶柱内任一位置 t 上的衍射强度，则式(17-7)可改写成：

$$I_g = \frac{\pi^2}{\xi_g^2} \frac{\sin^2 \pi st}{(\pi s)^2}$$

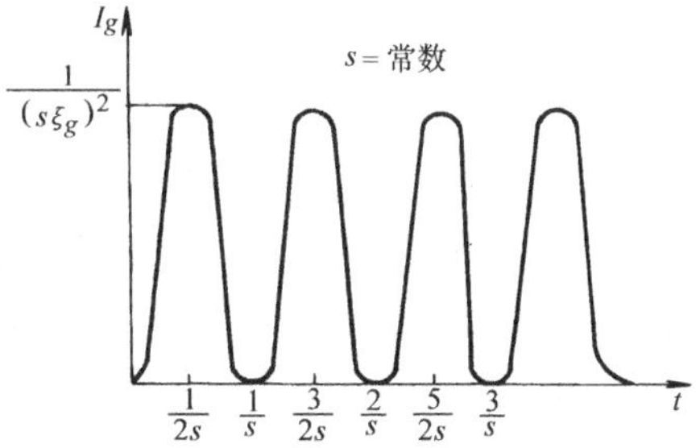

图 17-6　衍射强度 I_g 随厚度 t 的变化规律

I_g 随 t 的变化规律可用图 17-6 描述。当 $t = \frac{1}{s}$、$\frac{2}{s}$、$\frac{3}{s}$、…、$\frac{n}{s}$ 时，$I_g = 0$；当 $t = \frac{1}{2s}$、$\frac{3}{2s}$、$\frac{5}{2s}$、…、$\frac{2n-1}{2s}$ 时，$I_g = I_{max} = \frac{1}{(s\xi_g)^2}$。这个结论和电子显微镜图像上显示出来的结果完全相符。图 17-7 为一个薄晶体，其一端是一个楔形的斜面，

在斜面上晶体的厚度 t 是连续变化的，故可把斜面部分的晶体分割成一系列厚度各不相等的晶柱。当电子束通过各晶柱时，柱体底部的衍射强度因厚度 t 不同而发生连续变化。根据式(17-7)的计算，在衍射图像上楔形边缘将得到几列亮暗相间的条纹，每一亮暗周期代表一个消光距离的大小，此时

$$t_g = \xi_g = \frac{1}{s} \tag{17-10}$$

因为同一条纹上晶体的厚度是相同的，所以这种条纹叫做等厚条纹。由式(17-10)可知，消光条纹的数目实际上反映了薄晶体的厚度。因此，在进行晶体学分析时，可利用计算消光条纹的数目来估算薄晶体的厚度。图17-8为晶体圆孔楔形边缘的等厚条纹衍衬照片。

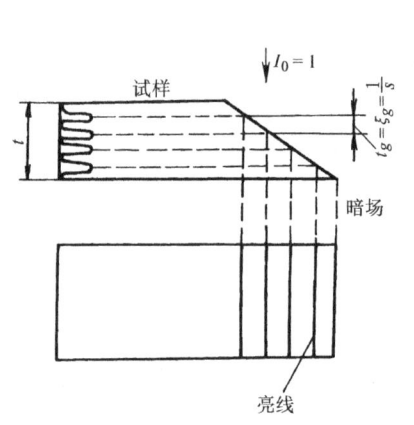
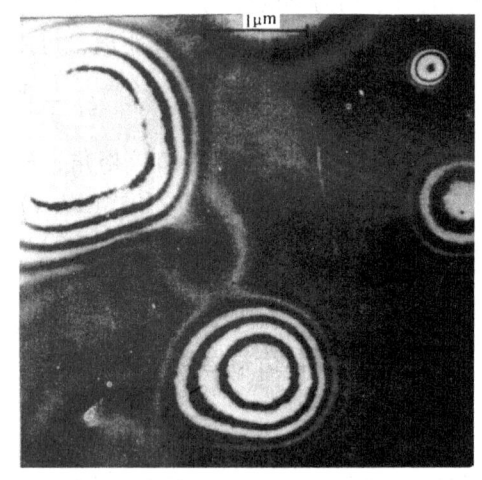

图17-7　等厚条纹形成原理的示意图　　图17-8　不锈钢样品的圆孔楔形边缘等厚条纹

上述原理也适用于晶体中倾斜界面的分析。实际晶体内部的晶界、亚晶界、孪晶界和层错等都属于倾斜界面。图17-9是这类界面的示意图。若图中下方晶体偏离布拉格条件甚远，则可以认为电子束穿过这个晶体时无衍射产生，而上方晶体在一定的偏离条件(s = 常数)下可产生等厚条纹，这就是实际晶体中倾斜界面的衍衬图像。

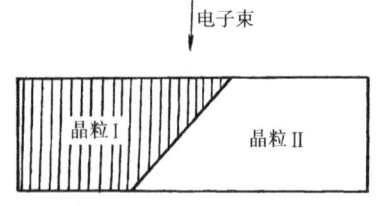

图17-9　倾斜界面示意图

2. 等倾条纹

如果把没有缺陷的薄晶体稍加弯曲，则在衍衬图像上可以出现等倾条纹，此时薄晶体的厚度可视为常数，而晶体内处在不同部位的衍射晶面因弯曲而使它们和入射束之间存在不同程度的偏离，即薄晶体上各点具有不同的偏离矢量 s。图

17-10 示意地说明了 $t=$ 常数，s 可改变的情况。图 17-10a 为晶体弯曲前的状态。入射束和 (hkl) 晶面之间处于对称入射的位置，偏离矢量很大，为简化分析，可视为不发生衍射，因此在作明场像时，荧光屏上薄晶体呈现出均匀的亮度。图 17-10b 为晶体弯曲后的状态。由于样品上各处弯曲程度不同，各 (hkl) 晶面相对于入射束的偏离程度发生逐点变化，左右两边的面层离开 O 点的距离变大时，则偏离矢量 s 的绝对值变小。当晶面处于 A、B 两点的位置时，$s=0$。晶面层和 O 点的距离继续增大，s 值又复上升。因为 A、B 位置的晶面和入射束之间正好精确符合布拉格条件，因此在这两个位置上电子束将产生较强的衍射束，其结果将使荧光屏上相当于 A、B 位置的晶面处透射束的强度大为下降，而形成黑色条纹，这就是由弯曲引起的消光条纹。因为同一条纹上晶体偏离矢量的数值是相等的，所以这种条纹被称为等倾条纹。

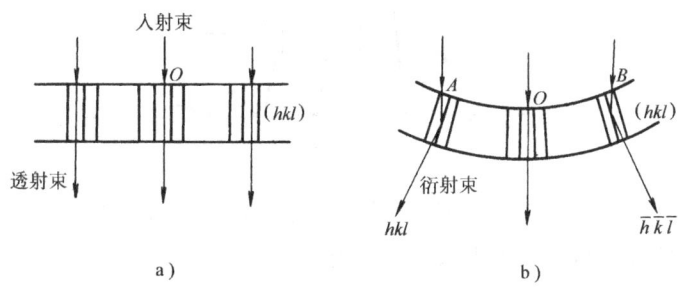

图 17-10 等倾条纹形成原理示意图
a) 未经弯曲的晶体 b) 晶体弯曲后衍射条件的变化

图 17-11 为一张等倾条纹的照片。因样品弯曲后，电子束对称地通过碟形样品的中心，所以等倾条纹呈对称分布。

在计算弯曲消光条纹的强度时，可把式(17-7)改写成

$$I_g = \frac{(\pi t)^2}{\xi_g^2} \frac{\sin^2 \pi ts}{(\pi ts)^2}$$

因为 $t=$ 常数，故 I_g 随 s 而变，其变化规律如图 17-12 所示。由图可知，当 $s=0$、$\pm\frac{3}{2t}$、$\pm\frac{5}{2t}$、$\cdots$ 时，I_g 有极大值，其中 $s=0$ 时，衍射强度最大，即

$$I_g = \frac{(\pi t)^2}{\xi_g^2}$$

当 $s = \pm\frac{1}{t}$、$\pm\frac{2}{t}$、$\pm\frac{3}{t}$、$\cdots$ 时，

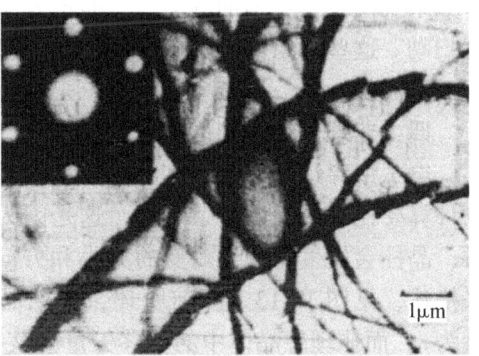

图 17-11 等倾条纹衍衬像

$I_g = 0$。图 17-12 为反映倒空间中衍射强度的变化规律。由于 $s = \pm\dfrac{3}{2t}$ 时的二次衍射强度峰已经很小，所以可以把 $\pm\dfrac{1}{t}$ 的范围看作是偏离布拉格条件后能产生衍射强度的界限。这个界限就是第十六章中所述及的倒易杆的长度，即 $s_{\max} = \dfrac{1}{t}$。据此，就可以得出晶体厚度愈薄倒易杆长度愈长的结论。

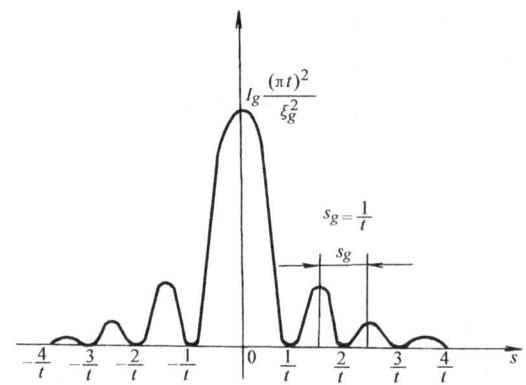

图 17-12　倒空间内衍射强度 I_g 随偏离矢量 s 的变化

由于薄晶体样品在一个观察视域中弯曲的程度是很小的，其偏离程度大都位于 $s = 0 \sim \pm\dfrac{3}{2t}$ 范围之内，加之二次衍射强度峰值要比一次峰低得多，所以，在一般情况下，我们在同一视域中只能看到 $s = 0$ 时的等倾条纹。

如果样品的变形状态比较复杂，那么等倾条纹大都不具有对称的特征。有时样品受电子束照射后，由于温度升高而变形，在视域中就可以看到弯曲消光条纹的运动。此外如果我们把样品稍加倾动，弯曲消光条纹就会发生大幅度扫动。这些现象都是由于晶面转动引起偏离矢量大小改变而造成的。

四、非理想晶体的衍射衬度

电子束穿过非理想晶体的晶柱后，晶柱底部衍射振幅的计算要比理想晶体复杂一些，这是因为晶体中存在缺陷时，晶柱会发生畸变，畸变的大小和方向可用缺陷矢量 **R** 来描述，见图 17-13。如前所述，理想晶体晶柱中位移矢量为 **r**，而非理想晶体中的位移矢量应该是 **r**′。显然，**r**′ = **r** + **R**。如果按式 (17-3) 计算相位角时，则

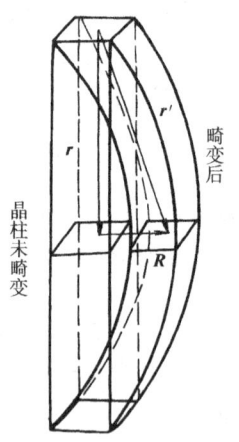

图 17-13　缺陷矢量 **R**

$$\varphi' = 2\pi \mathbf{k} \cdot \mathbf{r}' = 2\pi[(\mathbf{g}_{hkl} + \mathbf{s}) \cdot (\mathbf{r} + \mathbf{R})] \tag{17-11}$$

从图17-13中可以看出，r'和晶柱的轴线方向z并不是平行的，其中R的大小是轴线坐标z的函数。因此在计算非理想晶体晶柱底部衍射波的振幅时，首先要知道R随z的变化规律。一旦求出了R的表达式，那么位相角φ'就随之而定。非理想晶体晶柱底部衍射波的振幅就可根据式(17-12)得出：

$$A_{晶柱} = \frac{i\pi}{\xi_g}\sum_{i=1}^{M}e^{i\varphi'} \qquad (17\text{-}12)$$

$$e^{i\varphi'} = e^{2\pi i[(g_{hkl}+s)\cdot(r+R)]} = e^{2\pi i[g_{hkl}\cdot r+s\cdot r+g_{hkl}\cdot R+s\cdot R]}$$

因为$g_{hkl}\cdot r$等于整数，$s\cdot R$数值很小，有时s和R接近垂直故可以略去，又因s和r接近平行，故$s\cdot r = sr$，所以

$$e^{i\varphi'} = e^{2\pi i sr}e^{2\pi i g_{hkl}\cdot R}$$

据此，式(17-12)可改写为

$$A_{晶柱} = \frac{i\pi}{\xi_g}\sum_{i=1}^{M}e^{i(2\pi sr+2\pi g_{hkl}\cdot R)}$$

$$\alpha = 2\pi g_{hkl}\cdot R \qquad (17\text{-}13)$$

即

$$A_{晶柱} = \frac{i\pi}{\xi_g}\sum_{i=1}^{M}e^{i(\varphi+\alpha)} \qquad (17\text{-}14)$$

比较式(17-14)和式(17-9)可看出，就是由于晶体内存在缺陷而引入了附加相位角。由于α的存在，造成式(17-9)和式(17-14)各自代表的两个晶柱底部衍射波振幅的差别，由此就可以反映出缺陷引起的衍射衬度。

第四节　晶体缺陷分析

这里所指的晶体缺陷主要是下列三种，即层错、位错和第二相粒子在基体上造成的畸变。

一、层错

层错是一种面缺陷，它存在于某些确定的晶面上。层错的缺陷矢量R是以它的位移矢量来表示的。对面心立方晶体而言，层错的位移矢量有两类，即$R = \pm\frac{1}{3}\langle 111\rangle$和$R = \pm\frac{1}{6}\langle 112\rangle$。图17-14示意地画出了薄晶体内的一片层错，层错面和薄膜表面平行，层错离上、下表面的距离分别是t_1和t_2。上部晶体可视为理想晶体，缺陷矢量$R=0$；下部晶体是含有层错的晶体，它相对上面的理想晶体位移了一个R矢量。从形式上来看，层错的缺陷矢量具有最简单的表达式。如果坐标原点假定在薄膜上表面，那么，层错的缺陷矢量和厚度t的关系为：当$t\leq t_1$时，$R=0$；$t>t_1$时，$R=$常数。当$R = \pm\frac{1}{3}\langle 111\rangle$时，$R$的方向和层错面的法线方向相一致；当$R = \pm\frac{1}{6}\langle 112\rangle$时，缺陷矢量的方向和层错切变矢量相

一致。

如果 $\boldsymbol{R} = \pm\frac{1}{3}\langle 111\rangle$，则由此得到的附加相位角

$$\alpha = 2\pi\boldsymbol{g}_{hkl}\cdot\pm\frac{1}{3}\langle 111\rangle = \pm\frac{2\pi}{3}(h+k+l)$$

同理，若 $\boldsymbol{R} = \pm\frac{1}{6}\langle 112\rangle$，则附加相位角

$$\alpha = 2\pi\boldsymbol{g}_{hkl}\cdot\pm\frac{1}{6}\langle 112\rangle = \pm\frac{\pi}{3}(h+k+2l)$$

式中，$\boldsymbol{g}_{hkl}$ 为衍射晶面的倒易矢量，h、k、l 表示衍射晶面指数。因为面心立方晶体结构因数不等于零的条件是 h、k、l 必须全奇或全偶，因此在 $\{111\}$ 层错面上计算出的 α 只能是两类：第一类 $\alpha = \pm 2n\pi (n=0、\pm 1、\pm 2、\cdots)$；另一类 $\alpha = \pm\frac{2}{3}n\pi$。当 $\alpha = 2n\pi$ 时，图 17-14 中具有层错的晶柱底部计算出的衍射波振幅和理想晶体晶柱底部的衍射波振幅在大小上并无差别，因此层错不显示衬度。但当 $\alpha = \pm\frac{2}{3}n\pi$ 时，含有层错的晶柱底部衍射波振幅大小将不同于理想晶体晶柱底部的衍射波振幅，从而在衬度上出现差别。例如用 $(\bar{1}13)$、(420) 和 (333) 等面作衍射晶面，把这些晶面指数代入求解附加相位角的公式，可以看到不管 $\boldsymbol{R} = \pm\frac{1}{3}\langle 111\rangle$ 的层错或是 $\boldsymbol{R} = \pm\frac{1}{6}\langle 112\rangle$ 的层错，它们的附加相位角 α 都是属于 $\pm 2n\pi$ 类型，因此层错均不可见。若改用 (113) 和 $(\bar{4}20)$ 面作衍射晶面，则求出的 α 都属于 $\pm\frac{2}{3}n\pi$ 类型，此时两类层错都能显示衬度。当采用 (222) 面作衍射晶面时，$\boldsymbol{R} = \pm\frac{1}{6}\langle 112\rangle$ 的层错，其 $\alpha = \pm\frac{8}{3}\pi$，可显示衬度，而 $\boldsymbol{R} = \pm\frac{1}{3}\langle 111\rangle$ 的层错，因 $\alpha = \pm 4\pi$，不显示衬度。若用 (131) 面作衍射晶面时，情况正好相反，$\boldsymbol{R} = \pm\frac{1}{6}\langle 112\rangle$ 的层错，$\alpha = \pm 2\pi$，不可见；而 $\boldsymbol{R} = \pm\frac{1}{3}\langle 111\rangle$ 的层错，$\alpha = \pm\frac{10}{3}\pi$，可见。综上所述，在面心立方晶体中，只有选择合适的衍射晶面，使附加相位角 $\alpha = \pm\frac{2}{3}n\pi$ 时，才能在荧光屏上看到层错。由此可见，在透射电子显微镜下看不到层错，并不是不存在层错。看不到层错的原因是由于选择了 $\alpha = \pm 2n\pi$ 的衍射晶面而造成的。

附加相位角和层错的衬度之间的关系可以用振幅相位图生动地描绘出来。图 17-15 中层错平行于薄膜表面，$\boldsymbol{R} = \frac{1}{6}\langle 112\rangle$，选定衍射晶面是 $(\bar{1}1\bar{1})$，可求得 $\alpha = -\frac{2}{3}\pi$。图中 P 点表示晶柱上表面的位置，Q 点表示层错所在的位置，P' 点表

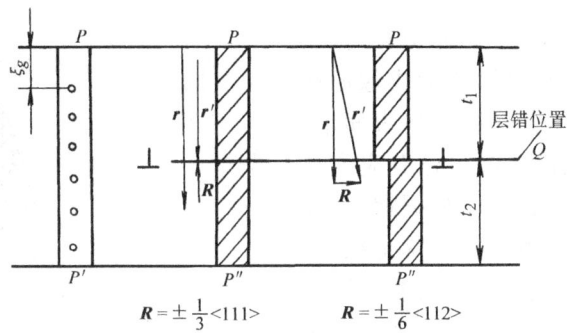

图 17-14 平行于膜面的层错

示理想晶柱的下表面位置，P'' 点表示有层错晶柱的下表面位置。电子束从 P 到达 Q 点时，历经了三个多消光周期，若以逆时针方向为正，则合成振幅矢量的端点在 O_1 圆上旋转了三圈多一点。因为在 Q 点以后进入了层错区，故有 $-\dfrac{2}{3}\pi$ 的相位突变，所以应在 Q 点上作 O_1 圆的切线，并把此切线绕 Q 点顺时针转 $\dfrac{2}{3}\pi$ rad，最后以切线的终止位置为基准，作

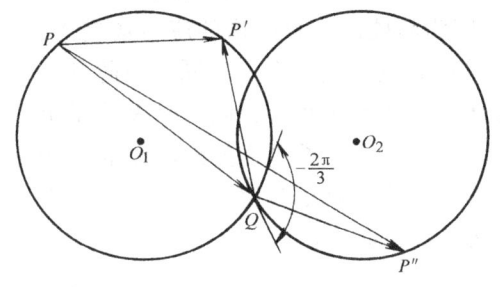

图 17-15 和膜面平行层错的振幅相位图

出振幅圆 O_2。由于电子束的振幅大小未产生变化，所以 O_2 的半径和 O_1 相等。电子束从 Q 点到达 P'' 点时，其合成振幅的端点应沿 O_2 圆逆时针前进(绕 O_2 圆旋转三圈多一点)。完整区的合成振幅矢量用 $\overline{PQ}$ 表示，层错区的合成振幅用 $\overline{QP''}$ 表示，晶柱的总振幅为 $\overline{PP''}$。如果晶体内无层错，则晶柱的总振幅应该用 $\overline{PP'}$ 表示(注意 $\widehat{QP'} = \widehat{QP''}$)。$\overline{PP'}$ 和 $\overline{PP''}$ 的模大小不等，相应的衍射强度不同。由此可见，平行于膜面的层错区和完整区之间存在衬度的差别。如果 $|\overline{PP''}|$ 大于 $|\overline{PP'}|$，暗场像中层错是一亮区；如果 $|\overline{PP''}|$ 小于 $|\overline{PP'}|$，则暗场像中层错区变暗。明场像的结果正好相反。

在进行薄膜透射分析时，观察到的层错大都是与薄膜表面倾斜相交的，此时获得的衍衬图像中除了和完整区之间有衬度差别外，还会出现整齐的消光条纹，这种条纹就是等厚消光条纹。图 17-16 是一张奥氏体不锈钢的倾斜层错照片。图中，平行线条是等厚条纹，条纹的方向和层错面与薄膜表面的交线(迹线)方向一致。右上方和左下方的不规则弯曲边界是两条不全位错的投影图像。

二、位错

非完整晶体运动学基本方程可以很清楚地用来说明螺位错线的成像原因。图 17-17 中 $\overline{AB}$ 是一条和薄晶体表面平行的螺位错线，螺位错线附近有应变场，使晶柱 PQ 畸变成 $P'Q'$。根据螺位错线周围原子的位移特性，可以确定缺陷矢量 R 的方向和布氏矢量 b 方向一致。图中 x 表示晶柱和位错线之间的水平距离，y 表示位错线至膜上表面的距离，z 表示晶柱内不同深度的坐标，薄晶的厚度为 t。因为晶柱位于螺位错的应力场之中，晶柱内各点应变量都不相同，因此各点上 R 矢量的数值均不相同，即 R 应是坐标 z 的函数。为了便于描绘晶体的畸变特点，把度量 R 的长度坐标转换成角坐标 β，其关系如下：

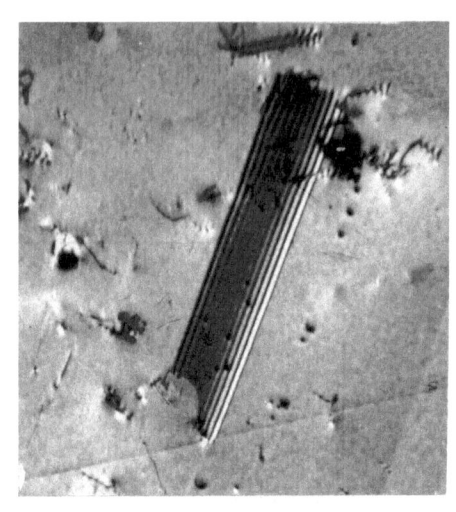

图 17-16　不锈钢中与膜面倾斜相交的层错衍衬图像　37000×

$$\frac{R}{b} = \frac{\beta}{2\pi}$$

$$R = b\frac{\beta}{2\pi}$$

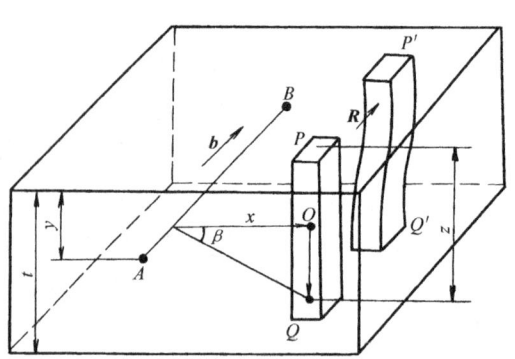

图 17-17　与膜面平行的螺位错线使晶柱 PQ 畸变

这表示 β 转一周时，螺位错的畸变量正好是一个布氏矢量长度。β 角的位置已在图 17-17 中表示出来。由图可知

$$\beta = \arctan\frac{z-y}{x}$$

故
$$R = \frac{b}{2\pi}\arctan\frac{z-y}{x}$$

从式中可以看出晶柱位置确定后(x 和 y 一定)R 是 z 的函数。因为晶体中引入缺陷矢量后，其附加相位角 $\alpha = 2\pi g_{hkl} \cdot R$，故

$$\alpha = g_{hkl} \cdot b \arctan\frac{z-y}{x} = n\beta \tag{17-15}$$

式中，$g_{hkl} \cdot b$ 可以等于零，也可以是正、负的整数。如果 $g_{hkl} \cdot b = 0$，则附加相位角就等于零，此时既使有螺位错线存在，也不显示衬度。如果 $g_{hkl} \cdot b \neq 0$，则螺位错线附近的衬度和完整晶体部分的衬度不同，其中存在的差别就可以通过下面两个式子的比较清楚地表示出来。

完整晶体
$$A_{晶柱} = \frac{i\pi}{\xi_g}\sum_{i=1}^{M} e^{i\varphi}$$

有螺位错线时
$$A'_{晶柱} = \frac{i\pi}{\xi_g}\sum_{i=1}^{M} e^{i(\varphi+\alpha)} = \frac{i\pi}{\xi_g}\sum_{i=1}^{M} e^{i(\varphi+n\beta)} \tag{17-16}$$

$$A_{晶柱} \neq A'_{晶柱}$$

$g_{hkl} \cdot b = 0$ 称为位错线不可见性判据，利用它可以确定位错线的布氏矢量。因为 $g_{hkl} \cdot b = 0$ 表示 g_{hkl} 和 b 相垂直，如果选择两个 g 矢量作操作衍射时，位错均不可见，则就可以列出两个方程，即

$$\begin{cases} g_{h_1k_1l_1} \cdot b = 0 \\ g_{h_2k_2l_2} \cdot b = 0 \end{cases} \tag{17-17}$$

联立后即可求得位错线的布氏矢量 b。

图 17-18 为根据上述原理并结合已有的晶体学知识决定铝晶体中螺位错布氏矢量的例子。图 17-18a 中可清楚地看到 D、E 两根位错线，它是一张采用 (020) 作衍射晶面摄得的照片。面心立方晶体中常常有相当数量的螺位错被限定在 $\{111\}$ 面族中运动，这些位错线的布氏矢量是 $\frac{1}{2}\langle 110\rangle$ 类型的。因为铝的层错能比较高，因此螺位错线很稳定，不会扩展成层错。面心立方晶体中，滑移面、操作矢量 g_{hkl} 和位错线的布氏矢量三者之间的关系已综合在表 17-1 中。图 17-18b 和 c 是用 (200) 和 $(11\bar{1})$ 作衍射晶面，按不可见性判据，如螺位错的布氏矢量是 $\frac{1}{2}[011]$，则 $[200]\cdot\frac{1}{2}[011]=0$，$[11\bar{1}]\cdot\frac{1}{2}[011]=0$，因此，位错线 D 和 E 在这两张照片中消失。与之相反，因 $[020]\cdot\frac{1}{2}[011]=1$，故位错线在图 17-18a 中可

见。布氏矢量 $b = \frac{1}{2}[011]$ 的螺位错可存在于滑移面 $(1\bar{1}1)$ 或 $(11\bar{1})$ 之内，此两滑移面的交线正好是 $[011]$。

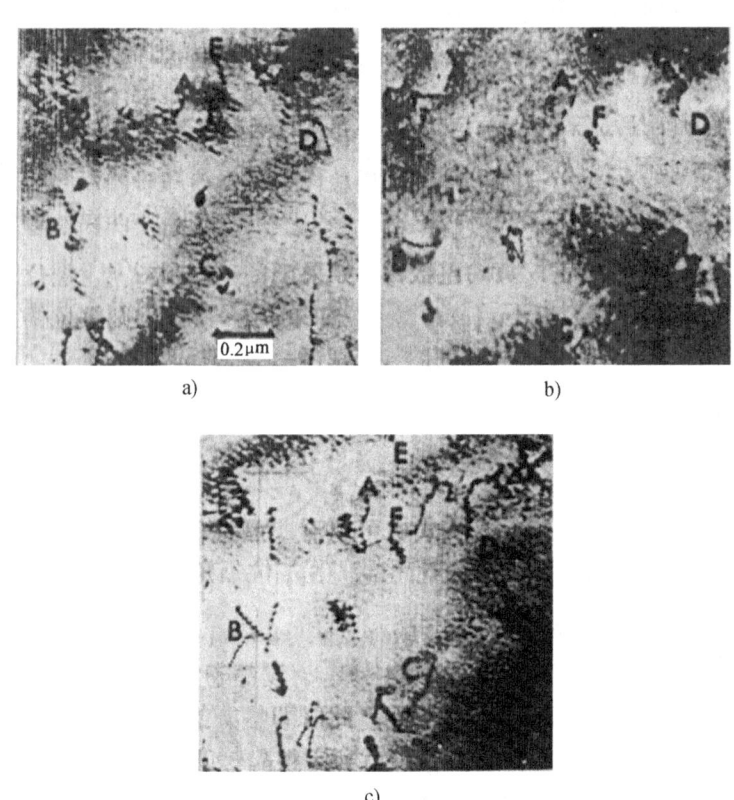

图 17-18 用不可见性判据确定铝晶体中螺位错线的布氏矢量

a) 用 020 作操作反射 b) 用 200 作操作反射 c) 用 $11\bar{1}$ 作操作反射

表 17-1 面心立方晶体全位错的 $g \cdot b$ 值

滑移面和 b g	$1\bar{1}1$、$\bar{1}11$ $\frac{1}{2}[110]$	111、$11\bar{1}$ $\frac{1}{2}[\bar{1}10]$	$\bar{1}11$、$11\bar{1}$ $\frac{1}{2}[101]$	111、$1\bar{1}1$ $\frac{1}{2}[\bar{1}10]$	$1\bar{1}1$、$11\bar{1}$ $\frac{1}{2}[011]$	111、$\bar{1}11$ $\frac{1}{2}[0\bar{1}1]$
111	1	0	1	0	1	0
$\bar{1}11$	0	1	0	1	1	0
$1\bar{1}1$	0	$\bar{1}$	1	0	0	1
$11\bar{1}$	1	0	0	$\bar{1}$	0	$\bar{1}$
200	1	$\bar{1}$	1	$\bar{1}$	0	0
020	1	1	0	0	1	$\bar{1}$
002	0	0	1	1	1	1

三、第二相粒子

这里指的第二相粒子主要是指那些和基体之间处于共格或半共格状态的粒子，它们的存在会使基体晶格发生畸变，由此就引入了缺陷矢量 R，使产生畸变的晶体部分和不产生畸变的部分之间出现衬度的差别，因此，这类衬度被称为应变场衬度。应变场衬度的原因可以用图17-19说明，图中示出了一个最简单的球形共格粒子，粒子周围基体中晶格的结点原子产生位移，结果使原来的理想晶柱弯曲成弓形，利用运动学基本方程分别计算畸变晶柱底部的衍射波振幅（或强度）和理想晶柱（远离球形粒子的基体）的衍射波振幅，两者必然存在差别。但是，凡通过粒子中心的晶面都没有发生畸变（如图中通过圆心的水平和垂直两个面），如果用这些不

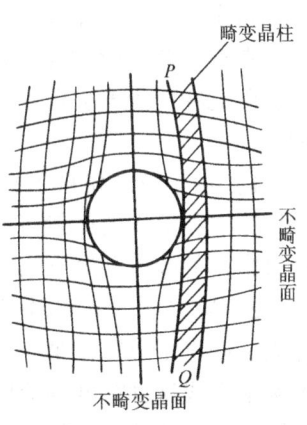

图 17-19 球形粒子造成应变场衬度的原因示意图

畸变晶面作衍射面，则这些晶面上不存在任何缺陷矢量（即 $R=0, \alpha=0$），从而使带有穿过粒子中心晶面的基体部分也不出现缺陷衬度。因晶面畸变的位移量是随着离开粒子中心的距离变大而增加的，因此形成基体应变场衬度。图17-20为Cu-Co合金球形共格沉淀相的明场像，粒子分裂成两瓣，中间是个无衬度的线状亮区。图中的操作矢量 g_{311} 正好和这条无衬度线垂直，这是因为衍射晶面(311)正好通过粒子的中心，晶面的法线为 g_{311} 方向，电子束是沿着和(311)晶面接近平行的方向入射的。根据这个道理，若选用不同的操作矢量，无衬度线的方位将随操作矢量而变。操作矢量 g 总是和无衬度线成90°。

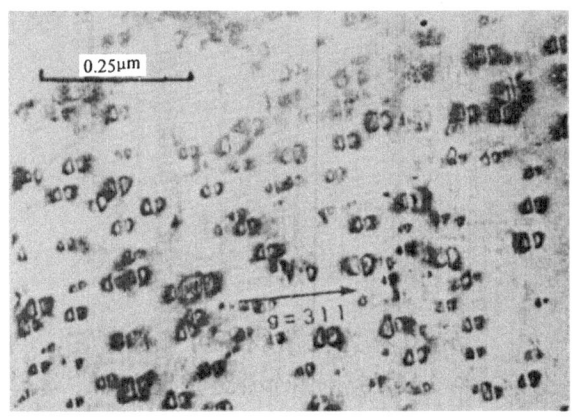

图 17-20 Cu-Co 合金中球形共格沉淀粒子的应变场衬度

应该指出的是，共格第二相粒子的衍衬图像并不是该粒子真正的形状和大小，这是一种因基体畸变而造成的间接衬度。

在进行薄膜衍射分析时，样品中的第二相粒子不一定都会引起基体晶格的畸变，因此在荧光屏上看到的第二相粒子和基体间的衬度差别可能是下列原因造成的：

1）由于第二相粒子和基体之间的晶体结构以及位向存在差别造成的衬度。利用第二相提供的衍射斑点作暗场像可以使第二相粒子变亮。这是电镜分析过程中最常用的验证和鉴别第二相结构和组织形态的方法。

2）第二相的散射因子和基体不同造成的衬度。如果第二相的散射因子比基体大，则电子束穿过第二相时被散射的几率增大，从而在明场像中第二相变暗。实际上造成这种衬度的原因和形成质厚衬度的原因相类似。另一方面因散射因子不同，二者的结构因数也不相同，由此造成了所谓结构因数衬度。

思 考 题

1. 金属薄膜样品的制备过程有哪些特点？怎样才能制备出合乎要求的样品？
2. 什么叫衍射衬度？
3. 讨论明场像、暗场像和中心暗场像的形成原因。
4. 如何利用理想晶体运动学的基本方程来分析等厚条纹和等倾条纹？
5. 试说明非理想晶体运动学基本方程的特点？怎样利用它来解释晶体缺陷（层错、位错等）的衬度形成原因。

第十八章 扫描电子显微镜和电子探针

第一节 扫描电子显微镜

扫描电子显微镜在20世纪60年代中期才开始商品生产，但它的发展速度很快，尤其是最近20年内，在性能、结构方面不断臻于完善，应用范围也不断扩大。目前扫描电子显微镜已成为冶金、材料科学、生物医学、物理和化学等研究领域中不可缺少的工具。

扫描电子显微镜的成像原理和透射电子显微镜完全不同。它不用电磁透镜放大成像，而是利用扫描电子束从样品表面激发出各种物理信号来调制成像的。新式扫描电子显微镜的二次电子像的分辨率已达到3~5nm，放大倍数可从数倍原位放大到30万倍左右。由于扫描电子显微镜的景深远比光学显微镜大，可以用它进行显微断口分析。用扫描电子显微镜观察断口时，样品不必复制，这给分析带来极大的方便。因此，目前显微断口的分析工作大都是用扫描电子显微镜来完成的。

由于电子枪的效率不断提高，使扫描电子显微镜样品室附近的空间增大，可以装入更多的探测器，因此，目前的扫描电子显微镜不只是分析形貌像，它可以和其他分析仪器相组合，使我们能在同一台仪器上进行形貌、微区成分和晶体结构等多种分析。

一、电子束和固体样品作用时产生的信号

样品在电子束的轰击下会产生如图18-1所示的各种信号。

1. 背散射电子

背散射电子是被固体样品中的原子核反弹回来的一部分入射电子，其中包括弹性背散射电子和非弹性背散射电子。弹性背散射电子是指被样品中原子核反弹回来的散射角大于90°的那些入射电子，其能量没有损失（或基本上没有损失）。由于入射电子的能量很高，所以弹性背散射电子的能量能达到数千到数万电子伏特。非弹性背散射电子是

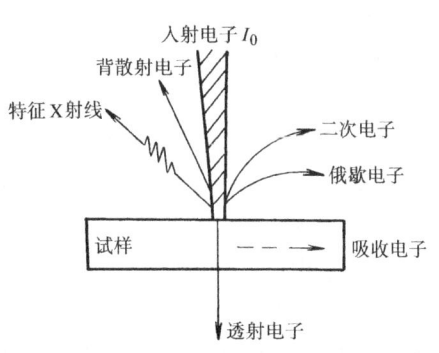

图18-1 电子束和固体样品作用时产生的信号

入射电子和核外电子撞击后产生非弹性散射而造成的,不仅方向改变,能量也有不同程度的损失。如果有些电子经多次散射后仍能反弹出样品表面,这就是形成的非弹性背散射电子。非弹性背散射电子的能量分布范围很宽,从数十电子伏特直到数千电子伏特。从数量上看,弹性背散射电子远比非弹性背散射电子所占的份额多。背散射电子来自样品表层几百纳米的深度范围,由于它的产额能随原子序数增大而增多,所以不仅能用作形貌分析,而且可以用来显示原子序数衬度,定性地用作成分分析。

2. 二次电子

在入射电子作用下被轰击出来并离开样品表面的核外电子叫做二次电子,这是一种真空中的自由电子。由于原子核和外层价电子间的结合能很小,因此外层的电子比较容易和原子脱离,使原子电离。一个能量很高的入射电子射入样品时,可以产生许多自由电子,这些自由电子中90%是来自外层的价电子。

二次电子的能量较低,一般都不超过 8×10^{-19} J(50eV)。大多数二次电子只带有几个电子伏特的能量。在用二次电子收集器收集二次电子时,往往也会把极少量低能量的非弹性背散射电子一起收集进去。事实上这两者是无法区分的。

二次电子一般都是在距表层 5~10nm 深度范围内发射出来的,它对样品的表面状态十分敏感,因此能非常有效地显示样品的表面形貌。二次电子的产额和原子序数之间没有明显的依赖关系,所以不能用它来进行成分分析。

3. 吸收电子

入射电子进入样品后,经多次非弹性散射,能量损失殆尽(假定样品有足够的厚度,没有透射电子产生),最后被样品吸收。若在样品和地之间接入一个高灵敏度的电流表,就可以测得样品对地的信号,这个信号是由吸收电子提供的。假定入射电子流强度为 I_0,背散射电子流强度为 I_b,二次电子流强度为 I_s,则吸收电子产生的电流强度为:$I_a = I_0 - (I_b + I_s)$。由此可见,入射电子束和样品作用后,若逸出表面的背散射电子和二次电子数量愈少,则吸收电子信号强度愈大。若把吸收电子信号调制成图像,则它的衬度恰好和二次电子或背散射电子信号调制的图像衬度相反。

入射电子束射入一个多元素的样品中去时,由于不同原子序数部位的二次电子产额基本上是相同的,则产生背散射电子较多的部位(原子序数大)其吸收电子的数量就较少,反之亦然。因此,吸收电子能产生原子序数衬度,同样也可以进行定性的微区成分分析。

4. 透射电子

如果被分析的样品很薄,那么就会有一部分入射电子穿过薄样品而成为透射电子。这里所指的透射电子是采用扫描透射操作方式对薄样品进行成像操作和微区成分分析时形成的透射电子。这种透射电子是由直径很小(<10nm)的高能电

子束照射薄样品微区时产生的，因此，透射电子信号是由微区的厚度、成分和晶体结构来决定的。透射电子中除了有能量和入射电子相当的弹性散射电子外，还有各种不同能量损失的非弹性散射电子，其中有些遭受特征能量损失 ΔE 的非弹性散射电子(即特征能量损失电子)是和分析区域的成分有关，因此，可以利用特征能量损失电子配合电子能量分析器来进行微区成分分析。

5. 特征 X 射线

当内层的电子被激发或电离时，原子就会处于能量较高的激发状态，此时外层电子将向内层跃迁以填补内层电子的空缺，从而使原子的能量降低。具体来说，如果原子的一个 K 层电子受入射电子轰击而跑出原子核的作用范围，则该原子就处于 K 激发状态，具有能量 E_K。当一个 L_2 层的电子填补 K 层的空缺后，原子的能量将从 E_K 降至 E_{L2}，此时就有一个 $\Delta E = E_K - E_{L2}$ 的能量被释放出来。若这个能量是以 X 射线方式释放的话，这就造成了该元素的 K_α 辐射，此时 X 射线的波长是：

$$\lambda_{K_{\alpha2}} = \frac{hc}{E_K - E_{L2}} \tag{18-1}$$

式中，h 为普朗克常数，c 为光速。对于一定的元素，E_K、E_{L2}、…的数值都是固定的，所以，X 射线的波长也是固定的特征数值，这种 X 射线称为特征 X 射线。

X 射线的波长和原子序数之间服从莫塞莱定律，即

$$\lambda = \frac{K}{(Z - \sigma)^2} \tag{18-2}$$

式中，Z 为原子序数，K、σ 为常数。可以看出，原子序数和特征能量之间是有对应关系的，利用这个对应关系可以进行成分分析。如果我们用 X 射线探测器测到了样品微区中存在某一种特征波长，就可以判定这个微区中存在着相应的元素。

6. 俄歇电子

如果在原子内层电子能级跃迁过程中释放出来的能量 ΔE 并不以 X 射线的形式发射出去，而是用这部分能量把空位层内的另一个电子发射出去(或使空位层的外层电子发射出去)，这个被电离出来的电子称为俄歇电子。因为每一种原子都有自己的特定壳层能量，所以它们的俄歇电子能量也各有特征值。各种元素的俄歇电子能量很低，一般位于 $8 \times 10^{-19} \sim 240 \times 10^{-19}$ J($50 \sim 1500$ eV)范围之内。跃迁类型和元素的种类决定了俄歇电子能量的高低。

俄歇电子的平均自由程很小(1nm 左右)，因此在较深区域中产生的俄歇电子向表层运动时必然会因碰撞而损失能量，使之失去了具有特征能量的特点，而只有在距离表层 1nm 左右范围内(即几个原子层厚度)逸出的俄歇电子才具备特征

能量，因此，俄歇电子特别适用作表面层成分分析。

除了上面列出的6种信号外，固体样品中还会产生例如阴极荧光、电子束感生效应和电动势等信号，这些信号经过调制后也可以用于专门的分析。

二、扫描电子显微镜的构造和工作原理

扫描电子显微镜是由电子光学系统，信号收集、图像显示和记录系统，真空系统三个基本部分组成。图18-2 为扫描电子显微镜构造原理的框图。

1. 电子光学系统

电子光学系统包括电子枪、电磁透镜、扫描线圈和样品室。

(1) 电磁透镜 扫描电子显微镜中各电磁透镜都不作成像透镜用，它们的功能只是把电子枪的束斑(虚光源)逐级聚焦缩小，使原来直径约为 $50\mu m$ 的束斑缩小成一个只有数个纳米的细小斑点。要达到这样的缩小倍数，必须用几个透镜来完成。扫描电子显微镜一般都有三个聚光镜，前两个聚光镜是强透镜，可把电子束光斑缩小，第三个透镜是弱透镜，具有较长的焦距。布置这个末级透镜(习惯上称之为物镜)的目的在

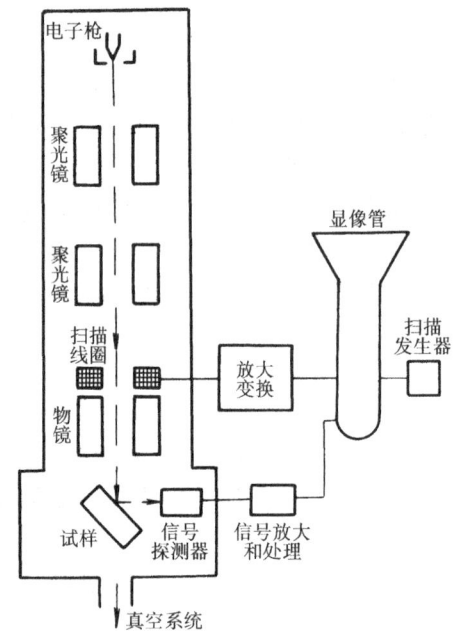

图 18-2 扫描电子显微镜结构原理的框图

于使样品室和透镜之间留有一定的空间，以便装入各种信号探测器。扫描电子显微镜中照射到样品上的电子束直径愈小，就相当于成像单元的尺寸愈小，相应的分辨率就愈高。采用普通热阴极电子枪时，扫描电子束的束径可达到 3~5nm 左右。若采用六硼化镧阴极和场发射电子枪，电子束束径还可进一步缩小(可达 1~2nm)。

(2) 扫描线圈 扫描线圈的作用是使电子束偏转，并在样品表面作有规则的扫动。电子束在样品上的扫描动作和显像管上的扫描动作保持严格同步，因此它们是由同一扫描发生器控制的。图 18-3 示出了电子束在样品表面进行的两种扫描方式。进行形貌分析时都采用光栅扫描方式，见图 18-3a。当电子束进入上偏转线圈时，方向发生转折，随后又由下偏转线圈使它的方向发生第二次转折。发生二次偏转的电子束通过末级透镜的光心射到样品表面。在电子束偏转的同时还带有一个逐行扫描动作，电子束在上下偏转线圈的作用下，扫描出一个长方形，相应地在样品上也画出一帧比例图像。样品上各点受到电子束轰击时发出的信号

可由信号探测器接收，并通过显示系统在显像管荧光屏上按强度描绘出来。如果电子束经上偏转线圈转折后未经下偏转线圈改变方向，而直接由末级透镜折射到入射点位置，这种扫描方式称为角光栅扫描或摇摆扫描，见图 18-3b。入射束被上偏转线圈转折的角度愈大，则电子束在入射点上摆动的角度也愈大。在进行电子通道花样分析时，我们将采用这种操作方式。

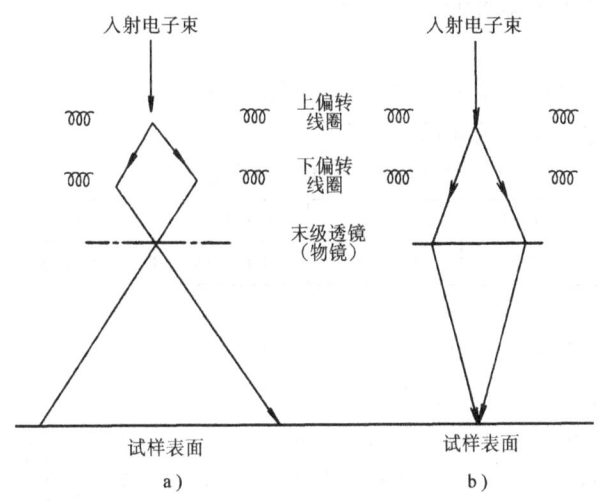

图 18-3　电子束在样品表面进行的扫描方式
a）光栅扫描　b）角光栅扫描

（3）样品室　样品室内除放置样品外，还安置信号探测器。各种不同信号的收集和相应检测器的安放位置有很大的关系，如果安置不当，则有可能收不到信号或收到的信号很弱，从而影响分析精度。

样品台本身是一个复杂而精密的组件，它应能夹持一定尺寸的样品，并能使样品作平移、倾斜和转动等运动，以利于对样品上每一特定位置进行各种分析。新式扫描电子显微镜的样品室实际上是一个微型试验室，它带有多种附件，可使样品在样品台上加热、冷却和进行力学性能试验（如拉伸和疲劳）。

2. 信号的收集和图像显示系统

二次电子、背散射电子和透射电子的信号都可采用闪烁计数器来进行检测。信号电子进入闪烁体后即引起电离，当离子和自由电子复合后就产生可见光。可见光信号通过光导管送入光电倍增器，光信号放大后即又转化成电流信号输出。电流信号经视频放大器放大后就成为调制信号。如前所述，由于镜筒中的电子束和显像管中电子束是同步扫描的，而荧光屏上每一点的亮度是根据样品上被激发出来的信号强度来调制的，因样品上各点的状态各不相同，所以接收的信号也不相同，于是就可以在显像管上看到一幅反映试样各点状态的扫描电子显微图像。

3. 真空系统

为保证扫描电子显微镜电子光学系统的正常工作，对镜筒内的真空度有一定的要求。一般情况下，如果真空系统能提供 $1.33 \times 10^{-2} \sim 1.33 \times 10^{-3}$ Pa（$10^{-4} \sim 10^{-5}$ mmHg）的真空度时，就可防止样品的污染。如果真空度不足，除样品被严重污染外，还会出现灯丝寿命下降、极间放电等问题。

三、扫描电子显微镜的主要性能

1. 分辨率

扫描电子显微镜分辨率的高低和检测信号的种类有关。表 18-1 列出了扫描电子显微镜各主要信号的成像分辨率。

表 18-1　各种信号成像的分辨率　　（单位：nm）

信　号	二次电子	背散射电子	吸收电子	X 射线	俄歇电子
分辨率	3~10	50~200	100~1000	100~1000	3~10

由表中的数据可以看出，二次电子和俄歇电子分辨率高，而特征 X 射线调制成显微图像的分辨率最低。不同信号造成分辨率之间差别的原因可用图 18-4 说明。电子束进入样品表面后会造成一个滴状作用体积。入射电子束在被样品吸收或散射出样品表面之前将在这个体积中活动。

由图 18-4 可知，俄歇电子和二次电子因其本身能量较低以及平均自由程很短，因此只能在样品的浅层表面内逸出。在一般情况下能激发出俄歇电子的样品表面层厚度约为 0.5~2nm，激发二次电子的层深为 5~10nm 范围。入射电子束进入浅层表面时，尚未向横向扩展开来，因此，俄歇电子和二次电子只能在一个和束斑直径相当的圆柱体内被激发出来，因为束斑直径就是一个成像检测单元（像点）的大小，所以这两种电子的分辨率就相当于束斑的直径。

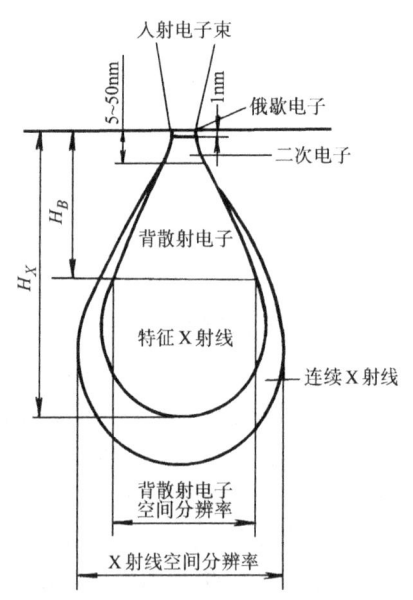

图 18-4　滴状作用体积

入射电子束进入样品较深部位时，向横向扩展的范围变大，从这个范围中激发出来的背散射电子能量很高，它们可以从样品的较深部位处弹射出表面。横向扩展后的作用体积大小就是背散射电子的成像单元，从而使它的分辨率大为降低。

入射电子束还可以在样品更深的部位激发出特征 X 射线来，从图 18-4 上 X 射线的作用体积来看，若用 X 射线调制成像，它的分辨率比背散射电子更低。

因为图像分析时二次电子(或俄歇电子)信号的分辨率最高，所以所谓扫描电子显微镜的分辨率，即为二次电子像的分辨率。

应该指出的是，电子束射入重元素样品中时，作用体积不呈滴状，而是半球状，电子束进入表面后立即向横向扩展。因此在分析重元素时，即使电子束的束斑很细小，也不能达到较高的分辨率，此时二次电子的分辨率和背散射电子的分辨率之间的差距明显变小。由此可见，在其他条件相同的情况下(如信号噪声比、磁场条件、机械振动等)，电子束的束斑大小，检测信号的类型以及检测部位的原子序数是影响扫描电子显微镜分辨率的三大因素。

扫描电子显微镜的分辨率是通过测定图像中两个颗粒(或区域)间的最小距离来确定的。测定的方法是在已知放大倍数的条件下，把在图像上测到的最小间距除以放大倍数就得分辨率。目前商品生产的扫描电子显微镜的二次电子分辨率已优于 3nm。

2. 放大倍数

当入射电子束作光栅扫描时，若电子束在样品表面扫描的幅度为 A_s，相应在荧光屏上阴极射线同步扫描的幅度应该是 A_c，A_c 和 A_s 的比值就是扫描电子显微镜的放大倍数，即

$$M = \frac{A_c}{A_s} \tag{18-3}$$

由于扫描电子显微镜的荧光屏尺寸是固定不变的，电子束在样品上扫描一个任意面积的矩形时，在阴极射线管上看到的扫描图像大小都会和荧光屏尺寸的相同，因此，我们只要减小镜筒中电子束的扫描幅度，就可以得到高的放大倍数。反之，若增加扫描幅度，则放大倍数就减小。例如荧光屏的宽度 $A_c = 100mm$ 时，电子束扫描幅度 $A_s = 5mm$，放大倍数 $M = 20$。如果 $A_s = 0.05mm$，放大倍数就可提高到 2000 倍。20 世纪 70 年代后期生产的高级扫描电子显微镜放大倍数可从数倍增加到 20 万倍左右。

3. 景深

扫描电子显微镜的景深是指能使样品上高低不同的部位同时聚焦的一个能力范围，这个范围用一段距离来表示。图 18-5 中 D_s 为扫描电子显微镜的景深，与透射电子显微镜的景深有着不同的意义。图中由末级透镜聚焦的电子束正聚焦在 A 点，ΔR_0 为扫描电子显微镜的分辨率，电子束在样品平面 1、2 处都散焦成一个以 ΔR_0 为半径的散焦斑。在样品平面 1 或 2 位置上，如果相邻的第二个散焦斑中心位于第一个散焦斑的圆周上时，则两个斑点间的距离正好是电镜分辨率的大

小，也就是说此两个斑点刚能为扫描电子显微镜所鉴别。由此可见，样品的高低在 D_s 范围内变动时，两个间距为 ΔR_0 的像点之间存在足够的反差，图像总是清楚的。若样品的高低范围越出 D_s 范围时，则因反差变小使图像变得模糊起来。如果电子束的发射角 β 愈小，在维持分辨率 ΔR_0 不变的条件下，D_s 将变大 (因为 $\tan\beta = \dfrac{2\Delta R_0}{D_s}$)。一般情况下，扫描电子显微镜末级透镜焦距较长，$\beta$ 角很小 (约 $\dfrac{1}{1000}$ rad)，所以它的景深很大。例如在放大 5000 倍时，D_s 可达数十微米，相当于一个晶粒直径的大小，这个距离对于显微断口分析来说已是足够的了。

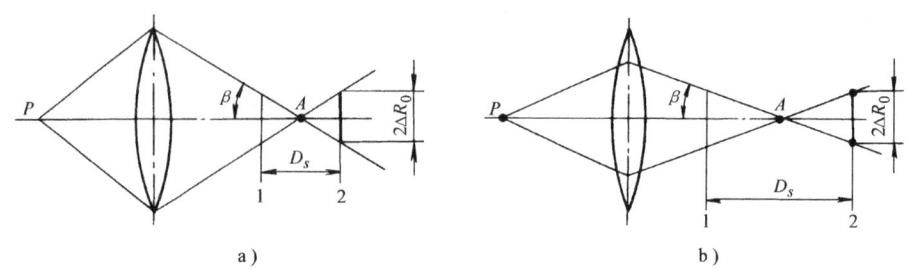

图 18-5　扫描电子显微镜的景深
a) β 角大　b) β 角小

四、二次电子衬度原理及其应用

1. 二次电子成像原理

二次电子信号主要用于分析样品的表面形貌，因为二次电子只能从样品表面层 5～10nm 深度范围内被入射电子束激发出来。大于 10nm 时，虽然入射电子也能使核外电子脱离原子而变成自由电子，但因其能量较低以及平均自由程较短，不能逸出样品表面，最终只能被样品吸收。

被入射电子束激发出的二次电子数量和原子序数没有明显的关系，但是二次电子的强度对微区表面的几何形状十分敏感。图 18-6 说明了样品表面和电子束相对位置与二次电子产额之间的关系。入射束和样品表面法线平行时，即图中 $\theta = 0°$，二次电子的产额最少。若样品表面倾斜了 45°，则电子束穿入样品激发二次电子的有效深度增加了 $\sqrt{2}$ 倍，入射电子使距表面 5～10nm 的作用体积内逸出表面的二次电子数量增多 (见图中黑色区域)。若入射电子束进入了较深的部位 (例如图 18-6b 中的 A 点)，虽然也能激发出一定数量的自由电子，但因 A 点距表面较远 (大于 $L = 5～10$nm)，自由电子只能被样品吸收而无法逸出表面。

图 18-7 为根据上述原理画出的造成二次电子形貌衬度的示意图，图中样品上 B 面的倾斜程度最小，二次电子产额最少，亮度最低，反之，C 面倾斜度最大，亮度也最大。

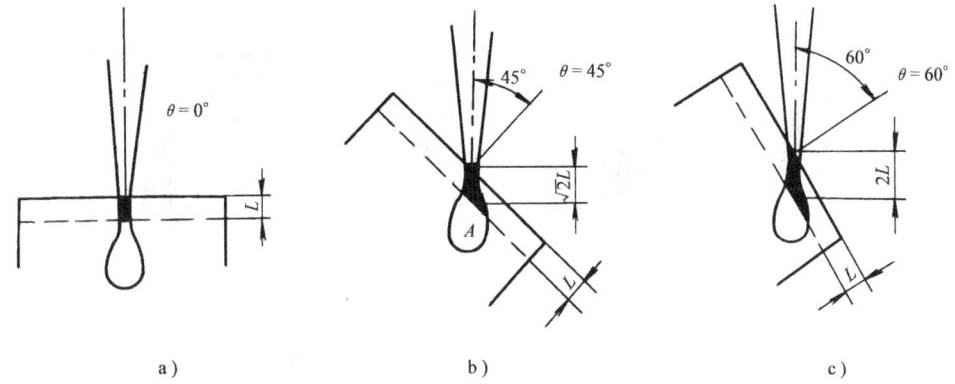

图 18-6 二次电子成像原理图

实际样品表面的形貌要比上面讨论的情况复杂得多，但是形成二次电子衬度的原理是相同的。图 18-8 为实际样品中二次电子被激发的一些典型例子。从例子中可以看出凸出的尖棱，小粒子以及比较陡的斜面处二次电子产额较多，在荧光屏上这些部位的亮度较大；平面上二次电子的产额较小，亮度较低；在深的凹槽底部虽然也能产生较多的二次电子，但这些二次电子不易被检测器收集到，因此槽底的衬度也会显得较暗。

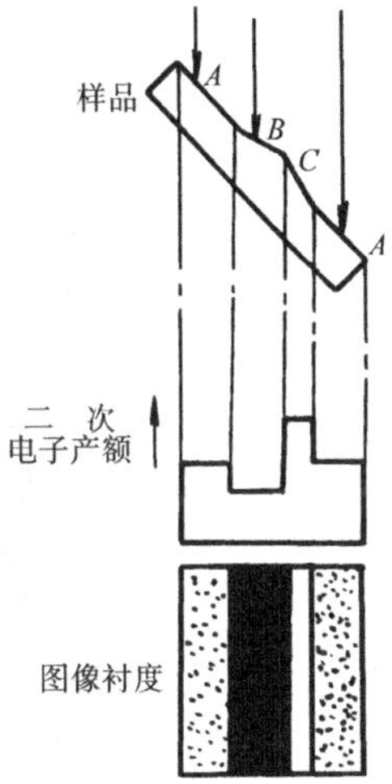

2. 二次电子形貌衬度的应用

（1）金相分析　用光学金相显微镜分析的样品同样可以在扫描电子显微镜上进行分析，二者的图像十分相似。图 18-9 为一张退火共析钢金相样品的扫描电镜照片。共析铁素体呈块状，因为表面比较平整，它的法线可以看成和入射电子束保持平行，二次电子产额比较小，在荧光屏上就显得比较暗。珠光体中的片状渗碳体凸出在铁素体上面，故显得较亮。由此可见，虽然光学金相显微镜和扫描电子显微镜的图像具有对应性，但是从组成相的亮度上来看，由于成像原理不同，二者是很不相同的。

图 18-7　二次电子形貌衬度示意图

（2）断口分析　在讨论扫描电子显微镜的景深时已经得出其景深大有利于断口分析的结论。和复型断口分析相比，扫描电子显微镜可以直接使用实物断口而不需要进行复制。此外，因扫描电子显微镜的放大倍数变化幅度很大，往往可以从 10 倍左右连续提高到 20 多万倍，因此，既可以对断口进行比较宏观的分析，也可以进行高倍的观察。下面将介绍用扫描电子显微镜二次电子信号显示的几种

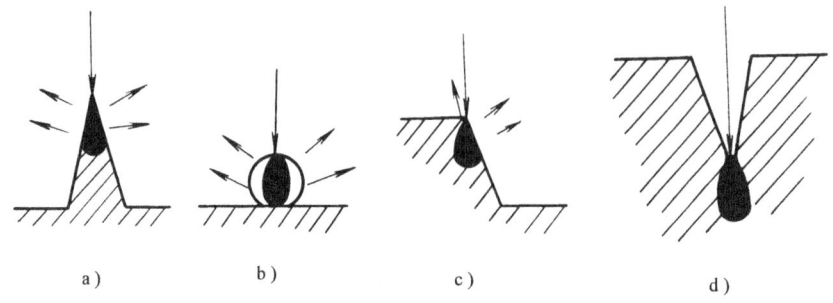

图 18-8 实际样品中二次电子的激发过程示意图
a) 凸出尖端 b) 小颗粒 c) 侧面 d) 凹槽

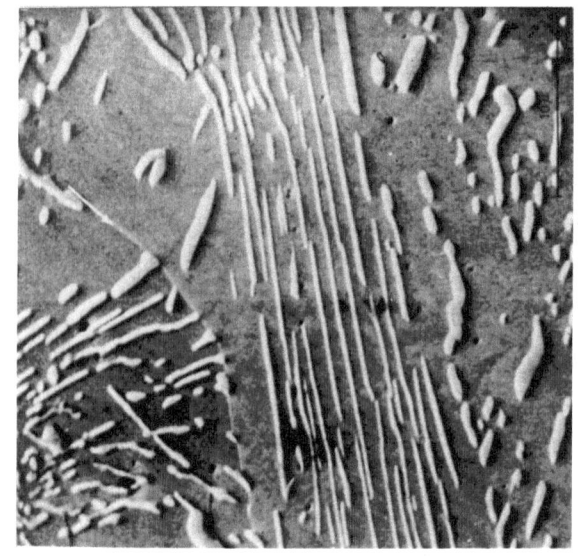

图 18-9 共析钢中铁素体和渗碳体的二次电子像 3000×

典型的显微断口。

1) 解理断口。图 18-10 中示出了两张典型的解理断口扫描电子显微照片。图 18-10a 为河流花样,解理台阶边缘处在电子束照射时将出现图 18-8a、c 中激发二次电子的情况,由于尖锐的棱边处比较薄,将激发较多的二次电子,因此这些部位的电子显微图像显得特别亮。舌状花样也有类似的情况,见图 18-10b。由于解理舌是由两个斜度不同的平面构成的,对于面向二次电子检测器的平面,检测器接收到的二次电子较多,图像较亮。对于背向检测器的平面,检测器收集到的二次电子数量较少,故亮度较低。

2) 韧窝。图 18-11 为典型的韧窝断口扫描电子显微照片。因为韧窝的边缘

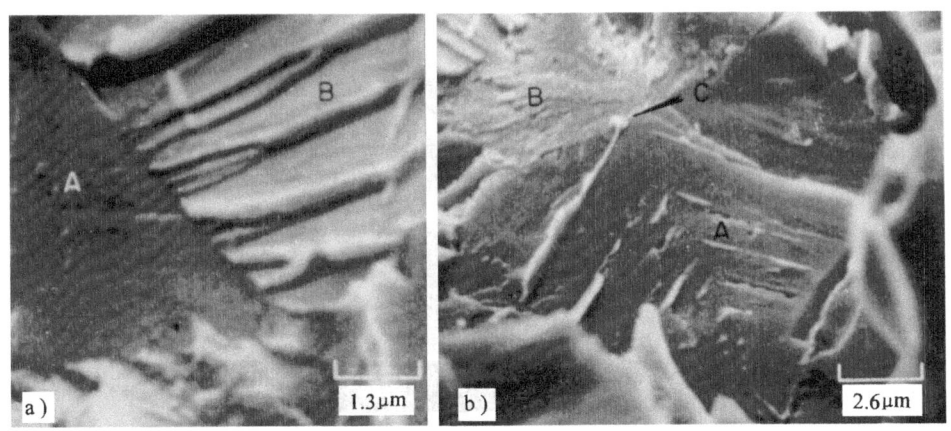

图 18-10　河流花样和舌状花样的二次电子像(40钢 -196℃冲击断口)
a) 河流花样　b) 舌状花样

类似尖棱,故亮度较大,韧窝底部比较平坦,图像亮度较低。有些韧窝的中心部位有第二相小颗粒,由于小颗粒尺寸很小,入射电子束能在其表面激发出较多的二次电子,所以这种颗粒往往是比较亮的。

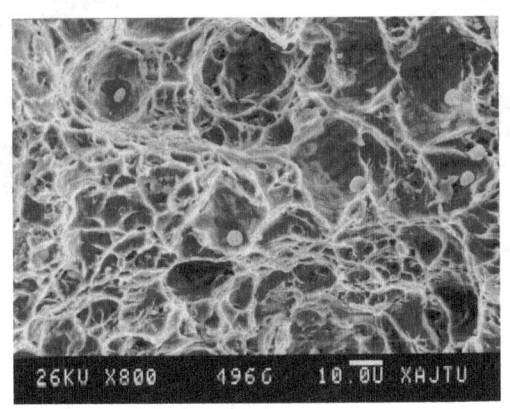

图 18-11　韧窝的二次电子像(35钢正火静拉伸断口)　800×

3) 准解理断口。图 18-12 中准解理断口内的撕裂岭(一个裂面内的小河流)和撕裂线(两个裂面的交界)都呈山脊状,其背部比较尖锐,故图像上亮度较大。裂面中心部位与韧窝底部的情况类似,故亮度较低。

4) 晶间断裂断口。图 18-13 为一张晶间断裂断口照片,这是普通的沿晶断裂断口。因为靠近二次电子检测器的裂面亮度大、背面则暗,故断口呈冰糖块状。

5) 疲劳断口。图 18-14 为典型的韧性材料疲劳断口,疲劳条纹的起伏造成

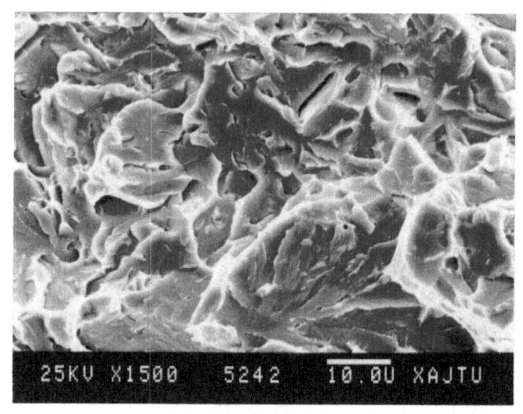

图 18-12　准解理断口的二次电子像(低碳钢 -196℃冲击断口)　200×

二次电子产额的差别,从而使扫描电子显微图像上出现相应的条纹花样。

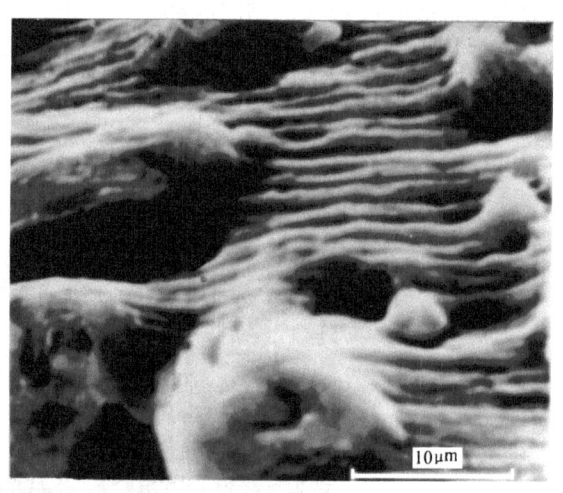

图 18-13　晶间断裂的扫描电子显微图像,304 不锈钢焊管热影响区的晶间断裂断口

图 18-14　高强度铝合金的疲劳条纹(扫描电子显微图像)

五、背散射电子衬度原理及其应用

背散射电子的信号既可用来进行形貌分析,也可用于成分分析。在进行晶体结构分析时,背散射电子信号的强弱是造成通道花样衬度的原因。下面先讨论背散射电子信号引起形貌衬度和成分衬度的原理,至于通道花样将在以后论述。

1. 背散射电子形貌衬度特点

用背散射电子信号进行形貌分析时,其分辨率远比二次电子低,因为背散射电子是在一个较大的作用体积内被入射电子激发出来的,成像单元变大是分辨率降低的原因。此外,背散射电子的能量很高,它们以直线轨迹逸出样品表面,对于背向检测器的样品表面,因检测器无法收集到背散射电子而变成一片阴影,因此在图像上显示出很强的衬度。衬度太大会失去细节的层次,不利于分析。若用二次电子的信号作形貌分析时,可以利用在检测器收集栅上加以一定大小的正电压(一般为250~500V)来吸引能量较低的二次电子,使它们以弧形路线进入闪烁体,这样在样品表面某些背向检测器的部位上逸出的二次电子也能对成像有所贡献,图像层次增加,细节清楚。图18-15为背散射电子和二次电子行进路线以及它们进入检测器时的情景。

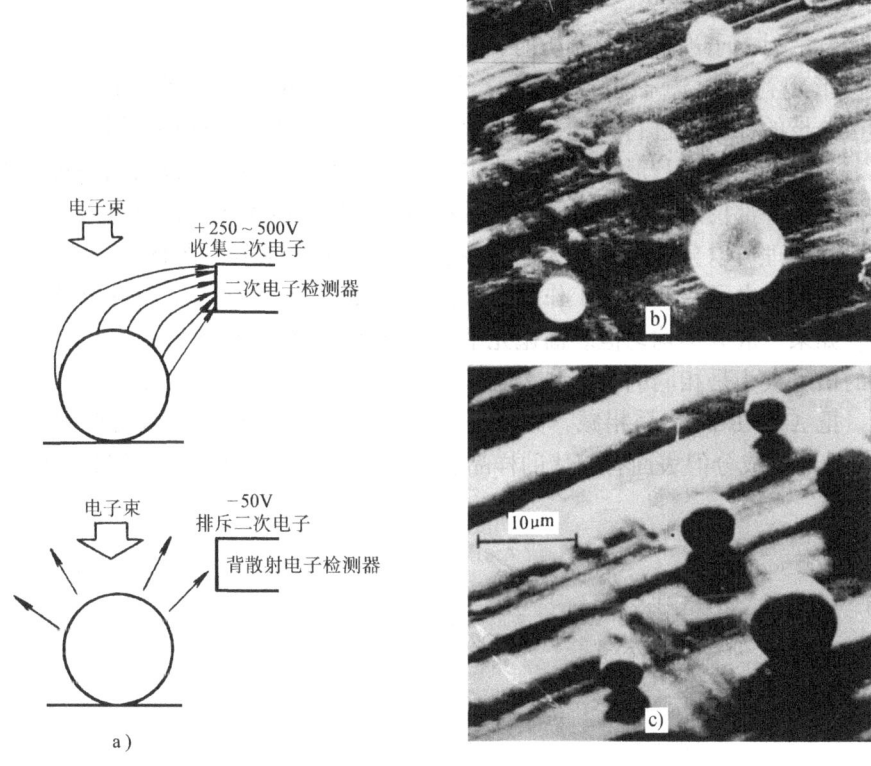

图18-15 背散射电子和二次电子的运动路线和图像
a) 运动路线 b) 二次电子像 c) 背散射电子像

虽然背散射电子也能进行形貌分析,但是它的分析效果远不及二次电子,因此,在作无特殊要求的形貌分析时,都不用背散射电子信号。

2. 背散射电子原子序数衬度原理

图18-16示出了原子序数对背散射电子产额的影响。在原子序数 Z 小于40

的范围内,背散射电子的产额对原子序数十分敏感。进行分析时,样品上原子序数较高的区域中由于收集到的背散射电子数量较多,故荧光屏上的图像较亮。因此,利用原子序数造成的衬度变化可以对各种金属和合金进行定性的成分分析。样品中重元素区域相应在图像上是亮区,而轻元素区域则为暗区。当然,在进行精度稍高的分析时,必须事先对亮暗区进行标定,才能获得满意的结果。

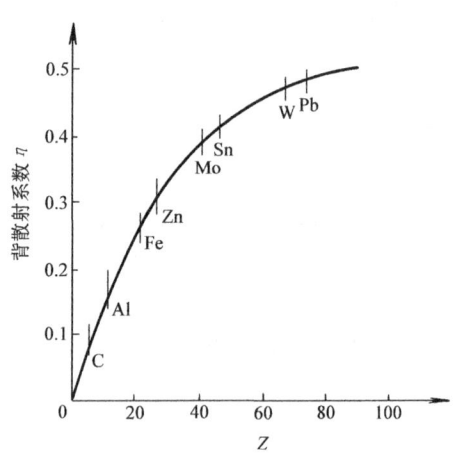

图18-16 原子序数和背散射电子产额之间的关系曲线

用背散射电子进行成分分析时,为了避免形貌衬度对原子序数衬度的干扰,被分析的样品只进行抛光,而不必腐蚀。对有些既要进行形貌分析又要进行成分分析的样品,可以采用一对检测器收集样品同一部位的背散射电子,然后把两个检测器收集到的信号输入计算机处理。通过处理可以分别得到放大的形貌像信号和成分信号。图18-17示意地说明了这种背散射电子检测器的工作原理。图 18-17a 中 A 和 B 表示一对半导体硅检测器。如果一成分不均匀但表面抛光平整的样品作成分分析时,A、B 检测器收集到的信号大小是相同的。把 A 和 B 的信号相加,得到的是信号放大一倍的成分像。把 A 和 B 的信号相减,则成一条水平线,表示抛光表面的形貌像。图 18-17b 是均一成分但表面有起伏的样品进行形貌分析时的情况。例如分析图中的

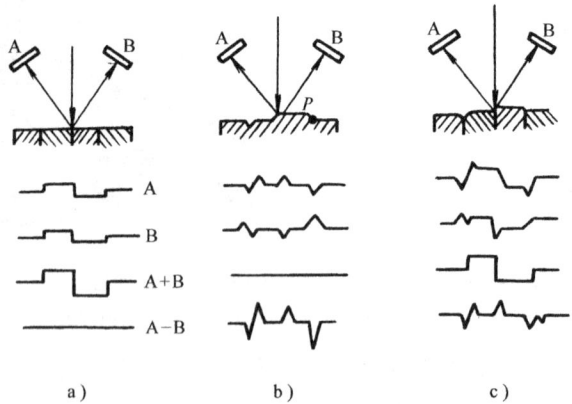

图 18-17 半导体硅对检测器工作原理
a) 成分有差别,形貌无差别 b) 形貌有差别,成分无差别
c) 成分形貌都有差别

P 点，P 位于检测器 A 的正面，使 A 收集到的信号较强，但 P 点背向检测器 B，使 B 收集到较弱的信号，若把这 A 和 B 的信号相加，则二者正好抵消，这就是成分像；若把 A 和 B 二者相减，信号放大就成了形貌像。如果待分析的样品成分既不均匀，表面又不光滑，仍然是 A、B 信号相加是成分像，相减是形貌像，见图 18-17c。

六、吸收电子的成像

吸收电子像的衬度是与背散射电子和二次电子像的衬度互补的。因为 $I_0 = I_s + I_b + I_a + I_t$，如果试样较厚，透射电子流强度 $I_t = 0$，故 $I_s + I_b + I_a = I_0$，因此，背散射电子图像上的亮区在相应的吸收电子图像上必定是暗区。图 18-18 为铁素体球墨铸铁断口的背散射电子和吸收电子像，二者正好互补。

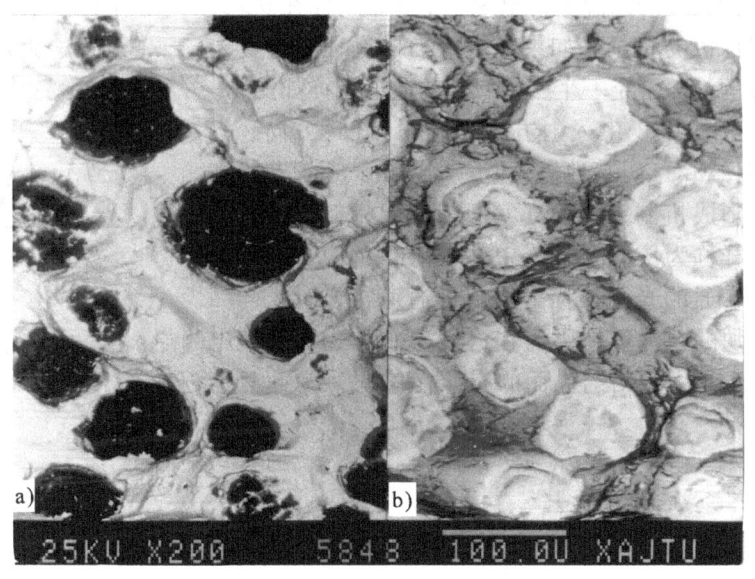

图 18-18　铁素体基体球墨铸铁拉伸断口的背散射电子像和吸收电子像
a) 背散射电子像，黑色团状物为石墨相
b) 吸收电子像，白色团状物为石墨相

七、电子通道花样

从动力学的观点来看，由于晶体内电子波的动力学相互作用，电子波在晶体内应以两支布洛赫(Bloch)波 B_1、B_2 的形式向着平行于衍射晶面的方向传播。两支波中有一支 B_1 的最大振幅值位于原子面之间，另一支 B_2 的最大振幅值则正好位于原子面上。图 18-19 示意地表示了两支波的传播和散射的情况。聚焦电子束在晶体样品表面进行扫描操作时，入射角 θ 将发生连续变化，见图 18-20。当入射束和衍射晶面(hkl)之间的夹角符合布拉格衍射条件时，即 $\theta = \theta_B$，激发出的两支布洛赫波的振幅是相同的，见图 18-19b。当入射角 $\theta > \theta_B$ 时，第一支布洛赫波被强烈地激发（见图 18-19d），此时电子波穿过晶面组的份额多，散射的份额少，在样品上方安置的背散射电子检测器将收集到较少的背散射电子信号。当入射角 $\theta < \theta_B$ 时，第二支布洛赫波被强烈激发，见图 18-19c，此时穿过晶面的电子波份额变少，散射的份额增多，于是背散射电子检测器能收集到较多的背散射电子信号。电子束连续扫描过程中，在 $\theta = \theta_B$ 的位置两侧将出现背散射电子信号强度的突然变化，见图 18-20b。在 $\theta < \theta_B$ 的宽度范围内，荧光屏的图像上将出现一个亮带，而在 $\theta > \theta_B$ 的部位是深色的背景。如果电子束扫描过程中符合布拉格条件的晶面不止一个，则得到的通道花样如图 18-21 所示。图中电子束入射方向是硅的 [111] 方向，扫描后的图像和 [111] 菊池极相似，因此虽然通道花样和菊池线的形成机制完全不同，但因图像相似，故有人把通道花样称为伪菊池花样（Pseudo-Kikuchi Pattern）。

若用普通的光栅扫描方式获得通道花样时，样品必须是大块的单晶体，因为在这种操作方式下要使电子束扫描幅角大于衍射晶面的布拉格角 θ_B。为此只能

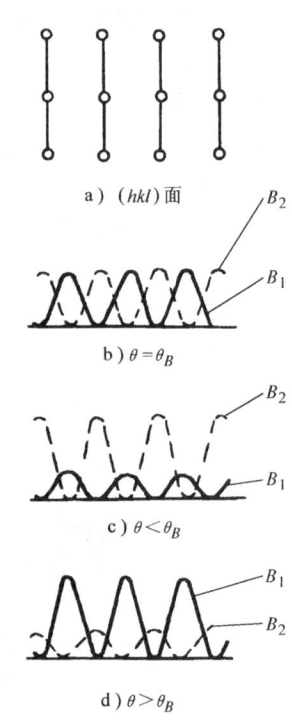

图 18-19 两支布洛赫波的传播和散射

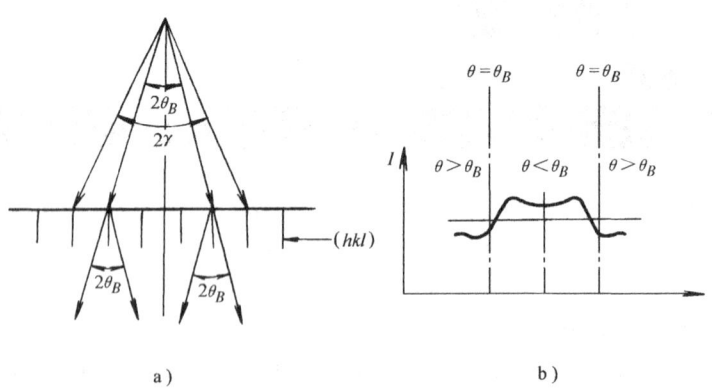

图 18-20 通道花样的衬度

采用较低的放大倍数（例如几十倍，只能测量平方毫米数量级的大晶体）。放大倍数取得太高，电子束的扫描幅角会小于 θ_B，就无法获得通道花样。若用角光栅扫描，则可以摄取多晶体样品上某一微区的通道花样，这就是所谓选区通道花

样，此时电子束围绕着这个微区作一定角度的摆动，虽然操作方式改变了，但获得通道花样的效果是一样的。选区通道花样可测量 $10\mu m^2$ 大小的组成相结构。

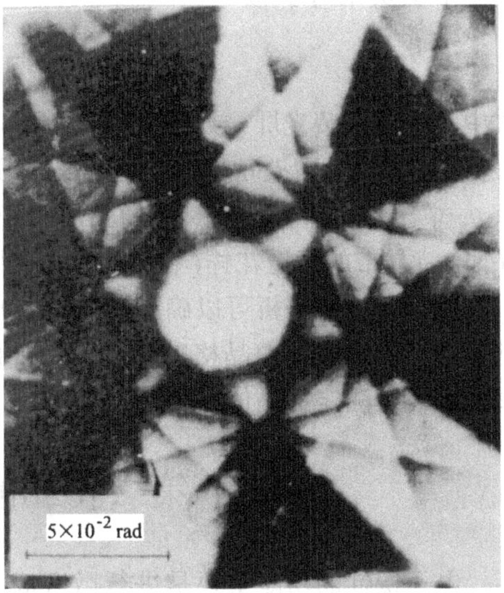

通道花样可利用图 18-22 的几何关系进行标定，图 18-22a 中 γ 为电子束扫描的幅角，电子束在样品上扫描的角度范围为 2γ。L 为工作距离，它是末级透镜到样品的距离。M 为放大倍数。图 18-22b 为荧光屏上看到某一衍射晶面的通道花样，W 为通道花样亮带的宽度，折算到样品表面时，扫描宽度为 W/M。A_c 为荧光屏的宽度，它是一个常数。根据图 18-22a 中的几何关系

$$\tan\theta_B = \frac{\frac{W}{2M}}{L}$$

即

$$\frac{W}{M} = 2L\tan\theta_B$$

图 18-21 铝单晶的通道花样照片

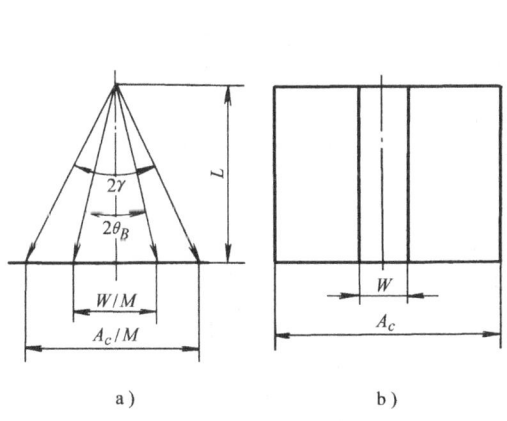

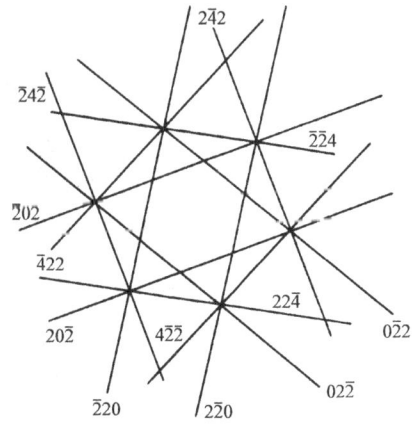

图 18-22 通道花样的测量和标定
a) 电子束在样品上扫描的范围
b) 荧光屏上的图像

图 18-23 图 18-21 铝单晶通道花样的标定，晶带轴为 [111]

由于 θ_B 很小，故

$$\frac{W}{M} = 2L\theta_B$$

式中，W 可在荧光屏（或照片）上量得，M 和 L 都是已知的，由此可以求得 θ_B。根据布拉格方程 $2d\sin\theta_B = \lambda$，在加速电压已知的条件下，λ 的数值一定，因此可从 θ_B 求出和通道花样相对应的晶面间距。图 18-23 为根据上述方法标定的铝单晶[111]晶带的通道花样（和图 18-21 对照）。

通道花样的分析可以确定微区晶体的位向。由于通道花样对晶体的完整性非常敏感，随着晶体中晶格畸变增大，缺陷增多，通道花样就逐渐模糊，甚至消失，因此被测定的晶体必须缺陷较少。

第二节 电子探针

电子探针的功能主要是进行微区成分分析，它是在电子光学和 X 射线光谱学原理的基础上发展起来的一种高效率分析仪器。电子探针镜筒部分的构造大体上和扫描电子显微镜相同，只是在检测器部分使用的是 X 射线谱仪，专门用来检测 X 射线的特征波长或特征能量，以此来对微区的化学成分进行分析。

一、电子探针的结构

图 18-24 为电子探针的结构示意图。由图可知，电子探针的镜筒及样品室和扫描电镜无本质上的差别，因此要使一台仪器兼有形貌分析和成分分析两个方面

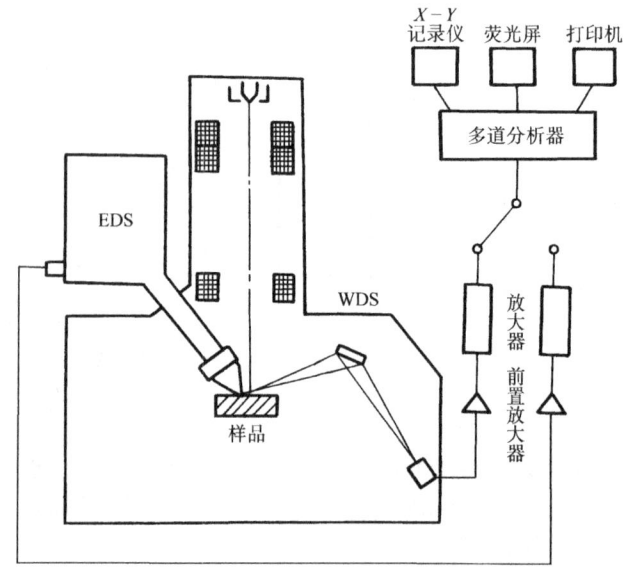

图 18-24 电子探针的结构示意图

的功能，往往把扫描电子显微镜和电子探针组合在一起。

电子探针的信号检测系统是 X 射线谱仪。用来测定特征波长的谱仪叫做波长分散谱仪(WDS)或波谱仪。用来测定 X 射线特征能量的谱仪叫做能量分散谱仪(EDS)或能谱仪。

二、波长分散谱仪

1. 工作原理

在电子探针中，X 射线是由样品表面以下一个微米数量级的作用体积内激发出来的，如果这个体积中含有多种元素，则可以激发出各个相应元素的特征波长 X 射线。若在样品上方放置一块具有适当晶面间距 d 的晶体，入射 X 射线的波长、入射角和晶面间距三者符合布拉格方程 $2d\sin\theta = \lambda$ 时，这个特征波长的 X 射线就会发生强烈衍射，见图 18-25。因为在作用体积中发出的 X 射线具有多种特征波长，且它们都以点光源的形式向四周发射，因此对一个特征波长的 X 射线来说，只有从某些特定的入射方向进入晶体时，才能得到较强的衍射束。图 18-25 示出不同波长的 X 射线以不同的入射方向入射时产生各自衍射束的情况，若面向衍射束安置一个接收器，便可记录下不同波长的 X 射线。图中右方的平面晶体称为分光晶体，它可以使样品作用体积内不同波长的 X 射线分散并展示出来。

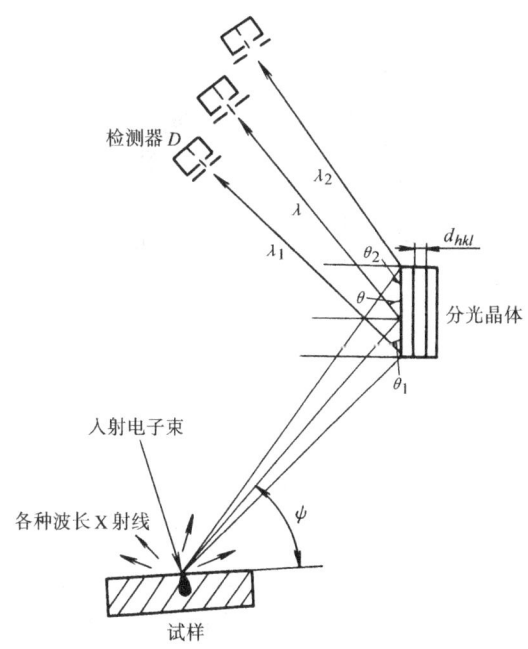

图 18-25　分光晶体

虽然平面单晶体可以把各种不同波长的 X 射线分光展开，但就收集单波长 X 射线的效率来看是非常低的，因此这种检测 X 射线的方法必须改进。

如果我们把分光晶体作适当的弹性弯曲，并使 X 射线源、弯曲晶体表面和检测器窗口位于同一个圆周上，这样就可以达到把衍射束聚焦的目的。此时，整个分光晶体只收集一种波长的 X 射线，使这种单色 X 射线的衍射强度大大提高。图 18-26 是两种 X 射线聚焦的方法。第一种方法称为约翰（Johann）型聚焦法，如图 18-26a，虚线圆称为罗兰（Rowland）圆或聚焦圆。这种方法是把单晶体弯曲使它的衍射晶面曲率半径等于聚焦圆半径的两倍，即 $2R$，当某一波长的 X 射线自光源 S 处发出时，晶体内表面任意点 A、B、C 上接收到的 X 射线相对于点光源来说入射角都相等，由此 A、B、C 各点的衍射线都能在 D 点附近聚焦。从图中可以看出，因 A、B、C 三点的衍射线并不恰在一点，故这是一种近似的聚焦方式。另一种改进的聚焦方式叫约翰逊（Johansson）聚焦法，这种方法是把衍射晶面曲率半径弯成 $2R$ 的晶体表面磨制成和聚焦圆表面相合，（即晶体表面的曲率半径和 R 相等），这样的布置可以使 A、B、C 三点的衍射束正好聚焦在 D 点，所以这种方法也叫做全聚焦法。

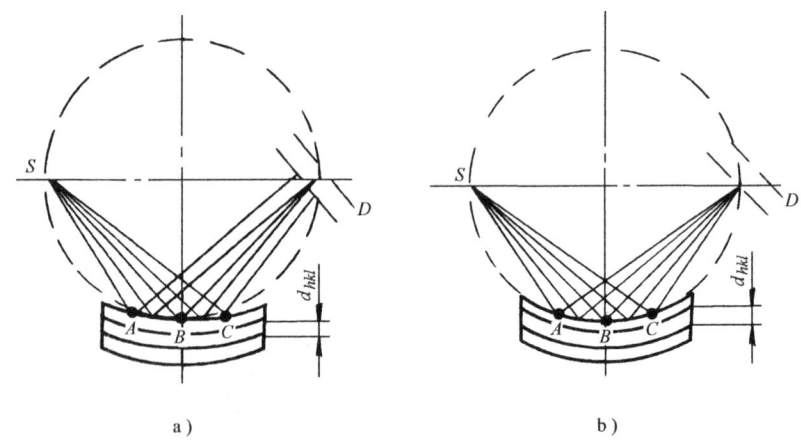

图 18-26 两种聚焦方法
a) Johann 型聚焦法 b) Johansson 型聚焦法

在实际检测 X 射线时，点光源发射的 X 射线在垂直于聚焦圆平面的方向上仍有发散性，分光晶体表面不可能处处精确符合布拉格条件，加之有些分光晶体虽可以进行弯曲，但不能磨制，因此不大可能达到理想的聚焦条件。如果检测器上的接收狭缝有足够的宽度，即使采用不大精确的约翰型聚焦法，也是能够满足聚焦要求的。

电子束轰击样品后，被轰击的微区就是 X 射线源。要使 X 射线分光、聚焦，并被检测器接收，两种常见的谱仪布置形式分别示于图 18-27 和图 18-28。图 18-27 为直进式波谱仪的工作原理图。这种谱仪的优点是 X 射线照射分光晶体的方向是固定的，即出射角 Ψ 保持不变，这样可以使 X 射线穿出样品表面过程中所走的路线相同，也就是吸收条件相等。由图中的几何关系分析可知，分光晶体位置沿直线运动时，晶体本身应产生相应的转动，使不同波长 λ_1、λ_2 和 λ_3 的 X 射线以 θ_1、θ_2 和 θ_3 的角度入射，在满足布拉格条件的情况下，位于聚焦圆周上协调滑动的检测器都能接收到经过聚焦的波长为 λ_1、λ_2 和 λ_3 的衍射线。以图中 O_1 为圆心的圆为例，直线 $\overline{SC_1}$ 的长度用 L_1 表示，$L_1 = 2R\sin\theta_1$。L_1 是从点光源到分光晶体的距离，它可以在仪器上直接读得，因为聚焦圆的半径是已知的，所以从测出的 L_1 便可求出 θ_1，然后再根据布拉格方程 $2d\sin\theta = \lambda$，求出波长值。因分光晶体的晶面间距 d 是已知的，故可计算出和 θ_1 相对应的特征 X 射线波长 λ_1。把分光晶体从 L_1 变化至 L_2 或 L_3（可通过仪器上的手柄或驱动电动机，使分光晶体沿出射方向直线移动），用同样方法可求得 θ_2、θ_3 和 λ_2、λ_3。

分光晶体直线运动时检测器能在几个位置上接收到衍射束，表明试样被激发的体积内存在着相应的几种元素。衍射束的强度大小和元素含量成正比。

图 18-28 为回转式波谱仪的工作原理图。聚焦圆的圆心 O 不能移动，分光晶体和检测器在聚焦圆的圆周上以 1:2 的角速度运动，以保证满足布拉格方程。这种波谱仪结构比直进式波谱仪结构来得简单，因出射方向改变很大，在表面不平度较大的情况下，由于 X 射线在样品内行进的路线不同，往往会造成分析上的误差。

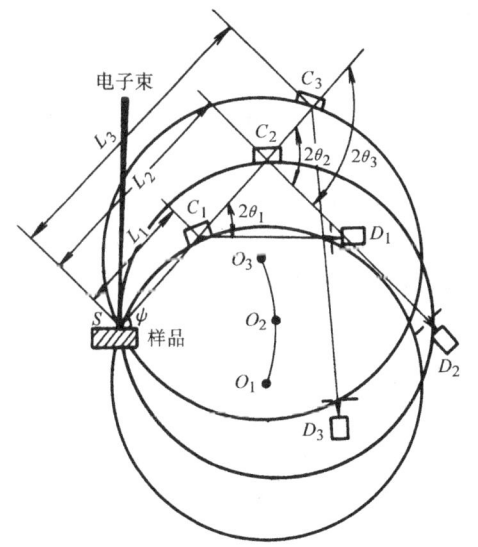

图 18-27　直进式波谱仪

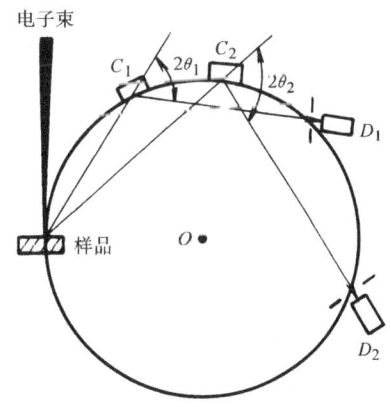

图 18-28　回转式波谱仪

2. 分析方法

图 18-29 为一张用波谱仪分析一个测量点的谱线图,横坐标代表波长,纵坐标代表强度。谱线上有许多强度峰,每个峰在横坐标上的位置代表相应元素特征 X 射线的波长,峰的高度代表这种元素的含量。在进行定点分析时,只要把图 18-27 中的距离 L 从最小变到最大,就可以在某些特定位置测到特征波长的信号,经处理后可在荧光屏或 $X-Y$ 记录仪上把谱线描绘出来。

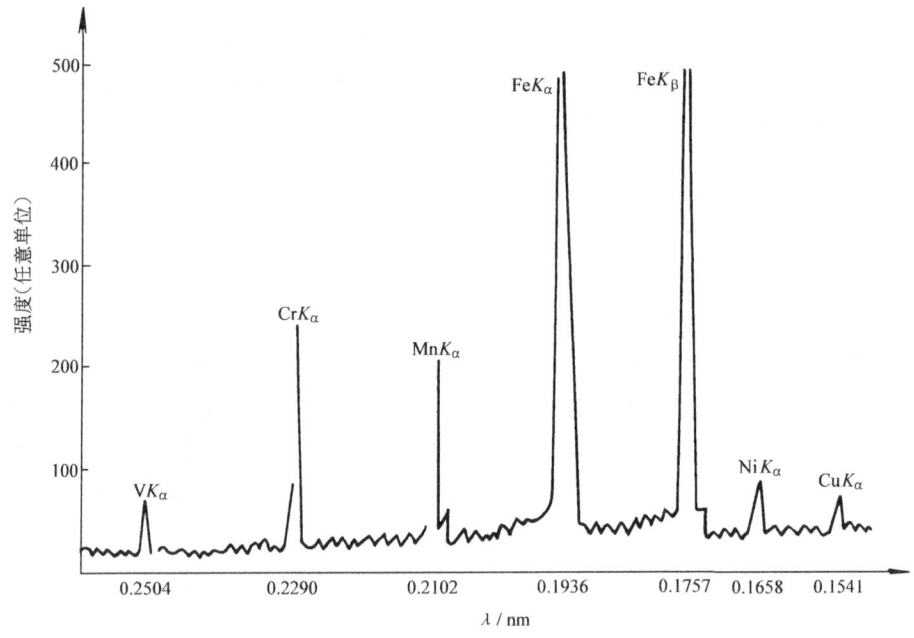

图 18-29　合金钢(0.62Si、1.11Mn、0.96Cr、0.56Ni、0.26V、0.24Cu)定点分析的谱线图

应用波谱仪进行元素分析时,应注意下面几个问题:

1) 分析点位置的确定,在波谱仪上总带有一台放大 100~500× 的光学显微镜。显微镜的物镜是特制的,即镜片中心开有圆孔,以便使电子束通过。通过目镜可以观察到电子束照射到样品上的位置,在进行分析时,必须使目的物和电子束重合,其位置正好位于光学显微镜目镜标尺的中心交叉点上。

2) 分光晶体固定后,衍射晶面的面间距不变。在直进式波谱仪中,L 和 θ 之间服从 $L = 2R\sin\theta$。因为结构上的限制,L 不能做得太长,一般只能在 10~30cm 范围内变化。在聚焦圆半径 $R = 20$cm 的情况下,θ 的变化范围大约在 15°~65°之间。可见一个分光晶体能够覆盖的波长范围是有限的,因此它只能测定某一原子序数范围的元素。如果要分析 $Z = 4~92$ 范围的元素,则必须使用几块晶面间距不同的晶体,因此一个谱仪中经常装有两块晶体可以互换,而一台电子探针仪上往往装有 2~6 个谱仪，有时几个谱仪一起工作，可以同时测定几个元素。表 18-2 列出了常用的分光晶体。

表 18-2 常用的分光晶体

常 用 晶 体	供衍射用的晶面	2d/nm	适用波长 λ/nm
LiF	(200)	0.40267	0.08~0.38
SiO_2（石英）	$(10\bar{1}1)$	0.66862	0.11~0.63
PET	(002)	0.874	0.44~0.83
RAP	(001)	2.6121	0.2~1.83
KAP	$(10\bar{1}0)$	2.6632	0.45~2.54
TAP	$(10\bar{1}0)$	2.59	0.61~1.83
硬脂酸铅	—	10.08	1.7~9.4

三、能量分散谱仪

1. 工作原理

前面已经介绍了各种元素具有自己的 X 射线特征波长，特征波长的大小则取决于能级跃迁过程中释放出的特征能量 ΔE，能谱仪就是利用不同元素 X 射线光子特征能量不同这一特点来进行成分分析的。图 18-30 为锂漂移硅能量谱仪的框图。X 射线光子由锂漂移硅 Si(Li) 检测器收集，当光子进入检测器后，在 Si(Li) 晶体内激发出一定数目的电子空穴对。产生一个空穴对的最低平均能量 ε 是一定的，因此由一个 X 射线光子造成的空穴对的数目为 N，

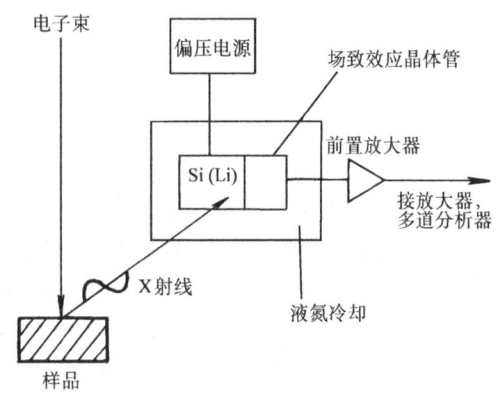

图 18-30 锂漂移硅能谱仪框图

$N = \dfrac{\Delta E}{\varepsilon}$。入射 X 射线光子的能量愈高，$N$ 就愈大。利用加在晶体两端的偏压收集电子空穴对，经前置放大器转换成电流脉冲，电流脉冲的高度取决于 N 的大小。电流脉冲经主放大器转换成电压脉冲进入多道脉冲高度分析器，脉冲高度分析器按高度把脉冲分类并进行计数，这样就可以描出一张特征 X 射线按能量大小分布的图谱。

图 18-31a 为用能谱仪测出一种夹杂物的谱线图，横坐标以能量表示，纵坐标是强度计数。图中各特征 X 射线峰和波谱仪给出的特征峰的位置相对应，如图 18-31b，只不过前者峰的形状比较平坦。

2. 能谱仪成分分析的特点

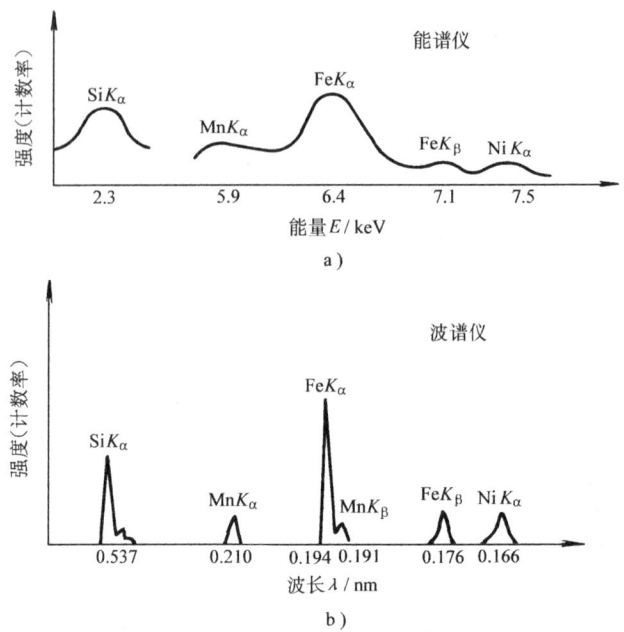

图 18-31 能谱仪和波谱仪的谱线比较
a) 能谱曲线 b) 波谱曲线

和波谱仪相比,能谱仪具有下列几方面的优点:

1) 能谱仪探测 X 射线的效率高,因为 Si(Li)探头可以安放在比较接近样品的位置,因此它对 X 射线源所张的立体角很大。X 射线信号直接由探头收集,不必通过分光晶体衍射。Si(Li)晶体对 X 射线的检测率甚高,因此能谱仪的灵敏度比波谱仪高一个数量级,可达到 10^4 cps/nA。

2) 能谱仪可在同一时间内对分析点内所有元素 X 射线光子的能量进行测定和计数,在几分钟内可得到定性分析结果,而波谱仪只能逐个测量每种元素的特征波长。

3) 能谱仪的结构比波谱仪简单,没有机械传动部分,因此稳定性和重演性都很好。

4) 能谱仪不必聚焦,因此对样品表面没有特殊要求,适合于粗糙表面的分析工作。

但是,大多数现役的能谱仪尚有它自己的不足之处:

1) 能谱仪的分辨率比波谱仪低,由图 18-31b 和 a 比较可以看出,能谱仪给出的波峰比较宽,容易重叠。在一般情况下。Si(Li)检测器的能量分辨率约为 160eV,而波谱仪的能量分辨率可达 5~10eV。

2) 一般的能谱仪中因 Si(Li)检测器的铍窗口限制了超轻元素 X 射线的测

量，因此它只能分析原子序数大于 11 的元素，而波谱仪可测定原子序数从 4 到 92 之间的所有元素。

3）现存的大部分能谱仪，其 Si(Li) 探头必须保持在低温状态，因此时时需用液氮冷却。

随着科学技术的进步，最近几年已经制造出特制的高分子薄膜窗口来代替能谱仪探头上的铍窗口，使能谱仪具备了测定超轻元素的能力。此外，现在已制造出能在室温下保存的 Si(Li) 探头，因此能谱仪的后两个缺点已被克服。

四、定性分析和定量分析

1. 定性分析

（1）定点分析 将电子束固定在需要分析的微区上，用波谱仪分析时可改变分光晶体和探测器的位置，即可得到分析点的 X 射线谱线；若用能谱仪分析时，几分钟内即可直接从荧光屏（或计算机）上得到微区内全部元素的谱线。

（2）线分析 将谱仪（波谱仪或能谱仪）固定在所要测量的某一元素特征 X 射线信号（波长或能量）的位置上，把电子束沿着指定的方向作直线轨迹扫描，便可以得到这一元素沿直线的浓度分布曲线。改变谱仪的位置，便可得到另一元素的浓度分布曲线。

（3）面分析 电子束在样品表面作光栅扫描时，把 X 射线谱仪（波谱仪或能谱仪）固定在某一元素特征 X 射线信号的位置上，此时在荧光屏上便可得到该元素的面分布图像。实际上这也是在扫描电子显微镜内用特征 X 射线调制图像的一种方法，图像中的亮区表示这种元素的含量较高。若把谱仪的位置固定在另一位置，则可获得另一种元素的浓度分布图像。

2. 定量分析

定量分析时先测出试样中 Y 元素的 X 射线强度 I'_y，再在同样条件下测定纯 Y 元素的 X 射线强度 I'_{y0}，然后二者分别扣除背底和计数器死时间对所测值的影响，得到相应的强度值 I_y 和 I_{y0}，把二者相比得到强度比 K_y。

$$K_y = \frac{I_y}{I_{y0}} \tag{18-4}$$

在理想情况下，K_y 就是试样中 Y 元素的质量浓度 C_y。但是由于标准试样不可能做到绝对纯以及绝对平均，一般情况下，还要考虑原子序数、吸收和二次荧光的影响，因此，C_y 和 K_y 之间还存在一定的差别，故有

$$C_y = ZAFK_y \tag{18-5}$$

式中，Z 为原子序数修正项，A 为吸收修正项，F 为二次荧光修正项。定量分析计算是非常繁琐的，好在新型的电子探针都带有计算机，计算的速度可以很快，一般情况下对原子序数大于 10、质量浓度大于 10% 的元素来说，修正后的浓度误差可限定在 ±5% 之内。

电子探针作微区分析时所激发的作用体积大小不过 $10\mu m^3$ 左右。如果分析物的质量为 $10g/cm^3$，则分析区的质量仅为 $10^{-10}g$；若探针的灵敏度为万分之一的话，则分析的绝对质量可达 $10^{-14}g$，因此电子探针是一种微区分析仪。

思 考 题

1. 电子束和固体样品作用时会产生哪些信号？它们各具有什么特点？
2. 为什么扫描电镜的分辨率和信号的种类有关？试将各种信号的分辨率高低作一比较。
3. 扫描电镜放大倍数是如何调节的？试和透射电镜作一比较。
4. 二次电子的成像和背散射电子的成像各有什么特点？
5. 说明电子通道花样的形成原理，它和菊池线有何不同？
6. 分析直进式波谱仪的工作原理。
7. 和波谱仪相比，能谱仪在分析微区化学成分时有哪些优缺点？

附录 A 抛光试剂和浸蚀试剂

（一）常用电解抛光溶液及规范

电解液组分	抛光材料	抛光规范			备注
		电流密度 /(A/cm²)	时间	电解液温度/℃	
H_3PO_4 38%（体积分数）	不锈钢	0.5~1.5	3~7min	50~100	$i≈1A/cm^2$，5min 最佳
甘油 53%（体积分数） H_2O 9%（体积分数）	纯铜	0.1~0.25	3~10min	15~30	$i=0.22A/cm^2$，5min 最佳
$HClO_4$（密度1.2）20%（体积分数） 甘油 10%（体积分数） 酒精 70%（体积分数）	不锈钢	$i≥1.5$	~15s	小于50	①要求有较高的槽压 ②电解液不得超过50℃，超过有危险
	碳钢	1.25~2.5	~15s		
	铝等	$i≥0.5$	5~10s		
H_3PO_4 100ml 甘油 6ml	铜 铜合金	0.1~0.15	5~10min	15~30	电解液温度高，表面易氧化
H_3PO_4 88ml H_2SO_4 12ml 铬酐 6g	铝	1~2	1~1.5min	70~90	
磷酸 铬酐	不锈钢	0.5~2		60~80	奥氏体钢 4~6min。马氏体、珠光体 2~3min
	合金钢 碳钢	$i≈0.3$		60~70	
蒸馏水 400ml 硫酸(1.84) 600ml	不锈钢 纯铁	镍阴极 1.5~6V	2~5min		
蒸馏水 830ml Cr_2O_3 620ml	不锈钢 高合金钢	镍阴极 5~9V	2~10min		
蒸馏水 300ml 磷酸(1.71) 700ml	铜及铜合金 (锡青铜除外)	Cu 阴极 1~2V	5~15min		抛光后在20%（体积分数）磷酸水溶液中冲洗，也用于不锈钢的电解抛光
蒸馏水 300ml 磷酸(1.71) 670ml 硫酸(1.84) 100ml	铜及铜合金	Cu 阴极 2V	15min		
氢氧化钠 100g 蒸馏水 100ml	铅	30~60mA/cm² 石墨阴极	8~10min		

（二）常用化学抛光试剂

抛光液成分	适用材料	备注
硝酸　30ml 氢氟酸　70ml 蒸馏水　300ml	铁及低碳钢	60℃
草　酸　250g 过氧化氢　10ml 硫　酸　1滴 蒸馏水　1000ml	碳钢	砂纸磨到粒度号600，抛光5min，抛光时显示晶粒界

（三）常用化学浸蚀试剂

编号	名称	成分	适用范围
1	硝酸酒精溶液	HNO_3(1.4) 1~5ml 酒精　100ml 含一定量的水可加速浸蚀，而加入一定量甘油可延缓浸蚀作用 HNO_3含量增加，浸蚀加剧，但选择性腐蚀减少	碳钢及低合金钢： ①珠光体变黑增加珠光体区域的衬度 ②显示低碳钢中铁素体晶粒界 ③能显示矽钢片的晶粒 ④能识别马氏体和铁素体 ⑤显示铬钢的组织
2	苦味酸酒精溶液	苦味酸　4g 酒精　100ml	碳钢及低合金钢： ①能清晰显示珠光体、马氏体、回火马氏体、贝氏体 ②显示淬火钢的碳化物 ③能识别珠光体与贝氏体
3	盐酸苦味酸酒精溶液	HCl 5ml 苦味酸　1g 酒精　100ml （显示回火组织需要15min左右）	①能显示淬火回火后的原奥氏体晶粒 ②显示回火马氏体组织
4	氯化铁盐酸水溶液	$FeCl_3$ 5g HCl 50ml H_2O 100ml	显示奥氏体不锈钢组织
5	硝酸酒精溶液	HNO_3 5~10ml 酒精　95~90ml	显示高速钢组织
6	过硫酸铵水溶液	$(NH_4)_2S_2O_3$ 10g H_2O 90ml	纯铜、黄铜、青铜、铝青铜，Ag-Ni合金
7	氯化铁盐酸水溶液	$FeCl_3$ 5g HCl 10ml H_2O 100ml	同上（黄铜中β相变黑）

(续)

编号	名称	成分	适用范围
8	氢氧化钠水溶液	NaOH 1g H_2O 10ml	铝及铝合金
9	苦味酸水溶液	苦味酸 100g 水 150ml 适量海鸥牌洗净剂	碳钢、合金钢的原奥氏体晶界
10	碱性苦味酸钠水溶液	苦味酸 2g 苛性钠 25g 水 100ml	煮沸15min，渗碳体变黑色，铁素体不变色
11	氢氧化钠饱和水溶液	氢氧化钠饱和水溶液	显示铅基、锡基合金，20~120s
12	氯化铁乙醇水溶液	氯化铁 50g 乙醇 150ml 水 100ml	显示钢淬火后的奥氏体晶界
13	苦味酸乙醚溶液	苦味酸 200mg 乙醚 25ml 水 100ml	显示奥氏体晶粒
14	硝酸盐酸混合液	硝酸 10ml 盐酸 30ml	显示高合金钢、不锈钢的组织和晶界，用棉花拭擦5~60s

（四）常用电解浸蚀试剂及规范

编号	电解液成分	电解浸蚀规范				用途说明
		温度/℃	电流密度/(A/cm²)	时间/s	阴极	
1	$FeSO_4$ 3g $Fe_2(SO_4)_3$ 0.1g H_2O 100ml	<40 <40 <40	0.1~0.2 0.1~0.2 0.1~0.2	10~40 30~60 30~60	不锈钢 不锈钢 不锈钢	中碳钢及低合金结构钢 高合金钢 加锰铸铁
2	赤血盐 10g H_2O 90ml	<40	0.2<0.3	40~80	不锈钢	高速钢
3	草酸 10g H_2O 100ml		0.1~0.3	40~60（淬火） 5~20（退火）	铂	耐热钢和不锈钢 区别碳化物和σ相
4	CrO_3 10g H_2O 90ml		0.1~0.2 0.2~0.3 0.1~0.3	30~60 30~70 120~140	不锈钢 不锈钢 不锈钢	高合金钢 高锰钢 高速钢
5	$FeSO_4$ 30g NaOH 4g H_2SO_4(1.84) 100ml H_2O 1900ml		8~10V 0.1A	~15	钢	黄铜、青铜以及含有镍和银的铜合金

(续)

编号	电解液成分	电解浸蚀规范				用途说明
		温度/℃	电流密度/(A/cm²)	时间/s	阴极	
6	CrO_3 1g H_2O 99ml		6V	3~6	铝	铍青铜及铝青铜
7	高氯酸（60%）60ml 蒸馏水 40ml		2V	10	铂	Pb，Pb-Sb Pb-Sn 合金
8	氟硼酸 1.8ml 蒸馏水 100ml		30~45V	20	铝	Al 合金

附录 B X 射线分析时常用的一些常数和系数

（一）物 理 常 数

电子电荷 e $\qquad = 1.602 \times 10^{-19}$ C

电子静止质量 m $\qquad = 9.10904 \times 10^{-28}$ g

$\qquad\qquad\qquad\quad = 9.109 \times 10^{-31}$ kg

单位原子量的原子质量 $1/N = 1.66042 \times 10^{-24}$ g

$\qquad\qquad\qquad\quad = 1.660 \times 10^{-27}$ kg

光速 c $\qquad = 2.997925 \times 10^{10}$ cm/s

$\qquad\qquad\qquad\quad = 2.998 \times 10^{8}$ m/s

普朗克常数 h $\qquad = 6.626 \times 10^{-34}$ J·s

玻尔兹曼常数 k $\qquad = 1.380 \times 10^{-23}$ J/K

阿伏加德罗常数 N $\qquad = 6.022045 \times 10^{23}$ mol^{-1}

（二）质量吸收系数 μ_l/ρ

元素	原子序数	密度 ρ/(g·cm^{-3})	质量吸收系数/(cm²·g^{-1})				
			MoK_α $\lambda=0.07107$nm	CuK_α $\lambda=0.15418$nm	CoK_α $\lambda=0.17903$nm	FeK_α $\lambda=0.19373$nm	CrK_α $\lambda=0.22909$nm
B	5	2.3	0.45	3.06	4.67	5.80	9.37
C	6	2.22(石墨)	0.70	5.50	8.05	10.73	17.9

(续)

元素	原子序数	密度 ρ /(g·cm^{-3})	质量吸收系数/(cm²·g^{-1})				
			MoK_α $\lambda=0.07107$nm	CuK_α $\lambda=0.15418$nm	CoK_α $\lambda=0.17903$nm	FeK_α $\lambda=0.19373$nm	CrK_α $\lambda=0.22909$nm
N	7	1.1649×10^{-3}	1.10	8.51	13.6	17.3	27.7
O	8	1.3318×10^{-3}	1.50	12.71	20.2	25.2	40.1
Mg	12	1.74	4.38	40.6	60.0	75.5	120.1
Al	13	2.70	5.30	48.7	73.4	92.8	149
Si	14	2.33	6.70	60.3	94.1	116.3	192
P	15	1.82(黄)	7.98	73.0	113	141.1	223
S	16	2.07(黄)	10.03	91.3	139	175	273
Ti	22	4.54	23.7	204	304	377	603
V	23	6.0	26.5	227	339	422	77.3
Cr	24	7.19	30.4	259	392	490	99.9
Mn	25	7.43	33.5	284	431	63.6	99.4
Fe	26	7.87	38.3	324	59.5	72.8	114.6
Co	27	8.9	41.6	354	65.9	80.6	125.8
Ni	28	8.90	47.4	49.2	75.1	93.1	145
Cu	29	8.96	49.7	52.7	79.8	98.8	145
Zn	30	7.13	54.8	59.0	88.5	109.4	169
Ga	31	5.91	57.3	63.3	94.3	116.5	179
Ge	32	5.36	63.4	69.4	104	128.4	196
Zr	40	6.5	17.2	143	211	260	391
Nb	41	8.57	18.7	153	225	279	415
Mo	42	10.2	20.2	164	242	299	439
Rh	45	12.44	25.3	198	293	361	522
Pd	46	12.0	26.7	207	308	376	545
Ag	47	10.49	28.6	223	332	402	585
Cd	48	8.65	29.9	234	352	417	608
Sn	50	7.30	33.3	265	382	457	681
Sb	51	6.62	35.3	284	404	482	727
Ba	56	3.5	45.2	359	501	599	819
La	57	6.91	47.9	378	—	632	218
Ta	73	16.6	100.7	164	246	305	440
W	74	19.3	105.4	171	258	320	456
Ir	77	22.5	117.9	194	292	362	498
Au	79	19.32	128	214	317	390	537
Pb	82	11.34	141	241	354	429	585

（三）原子散射因数 f

轻原子或离子	$\lambda^{-1}\sin\theta/\text{nm}^{-1}$												
	0.0	1.0	2.0	3.0	4.0	5.0	6.0	7.0	8.0	9.0	10.0	11.0	12.0
B	5.0	3.5	2.4	1.9	1.7	1.5	1.4	1.2	1.2	1.0	0.9	0.7	
C	6.0	4.6	3.0	2.2	1.9	1.7	1.6	1.4	1.3	1.16	1.0	0.9	
N	7.0	5.8	4.2	3.0	2.3	1.9	1.65	1.54	1.49	1.39	1.29	1.17	
Mg	12.0	10.5	8.6	7.25	5.95	4.8	3.85	3.15	2.55	2.2	2.0	1.8	
Al	13.0	11.0	8.95	7.75	6.6	5.5	4.5	3.7	3.1	2.65	2.3	2.0	
Si	14.0	11.35	9.4	8.2	7.15	6.1	5.1	4.2	3.4	2.95	2.6	2.3	
P	15.0	12.4	10.0	8.45	7.45	6.5	5.65	4.8	4.05	3.4	3.0	2.6	
S	16.0	13.6	10.7	8.95	7.85	6.85	6.0	5.25	4.5	3.9	3.35	2.9	
Ti	22	19.3	15.7	12.8	10.9	9.5	8.2	7.2	6.3	5.6	5.0	4.6	4.2
V	23	20.2	16.6	13.5	11.5	10.1	8.7	7.6	6.7	5.9	5.3	4.9	4.4
Cr	24	21.1	17.4	14.2	12.1	10.6	9.2	8.0	7.1	6.3	5.7	5.1	4.6
Mn	25	22.1	18.2	14.9	12.7	11.1	9.7	8.4	7.5	6.6	6.0	5.4	4.9
Fe	26	23.1	18.9	15.6	13.3	11.6	10.2	8.9	7.9	7.0	6.3	5.7	5.2
Co	27	24.1	19.8	16.4	14.0	12.1	10.7	9.3	8.3	7.3	6.7	6.0	5.5
Ni	28	25.0	20.7	17.2	14.6	12.7	11.2	9.8	8.7	7.7	7.0	6.3	5.8
Cu	29	25.9	21.6	17.9	15.2	13.3	11.7	10.2	9.1	8.1	7.3	6.6	6.0
Zn	30	26.8	22.4	18.6	15.8	13.9	12.2	10.7	9.6	8.5	7.6	6.9	6.3
Ga	31	27.8	23.3	19.3	16.5	14.5	12.7	11.2	10.0	8.9	7.9	7.3	6.7
Ge	32	28.8	24.1	20.0	17.1	15.0	13.2	11.6	10.4	9.3	8.3	7.6	7.0
Nb	41	37.3	31.7	26.8	22.8	20.2	18.1	16.0	14.3	12.8	11.6	10.6	9.7
Mo	42	38.2	32.6	27.6	23.5	20.3	18.6	16.5	14.8	13.2	12.0	10.9	10.0
Rh	45	41.0	35.1	29.9	25.4	22.5	20.2	18.0	16.1	14.5	13.1	12.0	11.0
Pb	46	41.9	36.0	30.7	26.2	23.1	20.8	18.5	16.6	14.9	13.6	12.3	11.3
Ag	47	42.8	36.9	31.5	26.9	23.8	21.3	19.0	17.1	15.3	14.0	12.7	11.7
Cd	48	34.7	37.7	32.2	27.5	24.4	21.8	19.6	17.6	15.7	14.3	13.0	12.0
In	49	44.7	37.6	33.0	28.1	25.0	22.4	20.1	18.0	16.2	14.7	13.4	12.3
Sn	50	45.7	39.5	33.8	28.7	25.6	22.9	20.6	18.5	16.6	15.1	13.7	12.7
Sb	51	46.7	40.4	34.6	29.5	26.3	23.5	21.1	19.0	17.0	15.5	14.1	13.0
La	57	52.6	45.6	39.3	33.8	29.8	26.9	24.3	21.9	19.7	17.0	16.4	15.0

(续)

轻原子或离子	$\lambda^{-1}\sin\theta/nm^{-1}$												
	0.0	1.0	2.0	3.0	4.0	5.0	6.0	7.0	8.0	9.0	10.0	11.0	12.0
Ta	73	67.8	59.5	52.0	45.3	39.3	36.2	32.9	29.8	27.1	24.7	22.6	20.9
W	74	68.8	60.4	52.8	46.1	40.5	36.8	33.5	30.4	27.6	25.2	23.0	21.3
Pt	78	72.6	64.0	56.2	48.9	43.1	39.2	35.6	32.5	29.5	27.0	24.7	22.7
Pb	82	76.5	67.5	59.5	51.9	45.7	41.6	37.9	34.6	31.5	28.8	26.4	24.5

(四) 各种点阵的结构因数 F_{HKL}^2

点阵类型	简单点阵	底心点阵	体心立方点阵	面心立方点阵	密积六方点阵
结构因数 F_{HKL}^2	f^2	$H+K$ = 偶数时 $4f^2$	$H+K+L$ = 偶数时 $4f^2$	H、K、L 为同性数时 $16f^2$	$H+2K=3n$ (n 为整数),L = 奇数时 0
					$H+2K=3n$ L = 偶数时 $4f^2$
		$H+K$ = 奇数时 0	$H+K+L$ = 奇数时 0	H、K、L 为异性数时 0	$H+2K=3n+1$ L = 奇数时 $3f^2$
					$H+2K=3n+1$ L = 偶数时 f^2

(五) 粉末法的多重性因数 P_{hkl}

晶系 \ 指数	$h00$	$0k0$	$00l$	hhh	$hh0$	$hk0$	$0kl$	$h0l$	hhl	hkl
立方晶系	6			8	12	24①			24	48①
六方和菱方晶系	6		2		6	12①	12①		12①	24①
正方晶系	4		2		4	8①		8	8	16①
斜方晶系	2	2	2			4	4	4		8
单斜晶系	2	2	2			4	4	2		4
三斜晶系	2	2	2			2	2	2		2

① 指通常的多重性因数,在某些晶体中具有此种指数的两簇晶面,其晶面间距相同,但结构因数不同,因而每族晶面的多重性因数应为上列数值的一半。

附录 C 常见晶体的标准电子衍射花样

（一）体心立方晶体的标准电子衍射花样

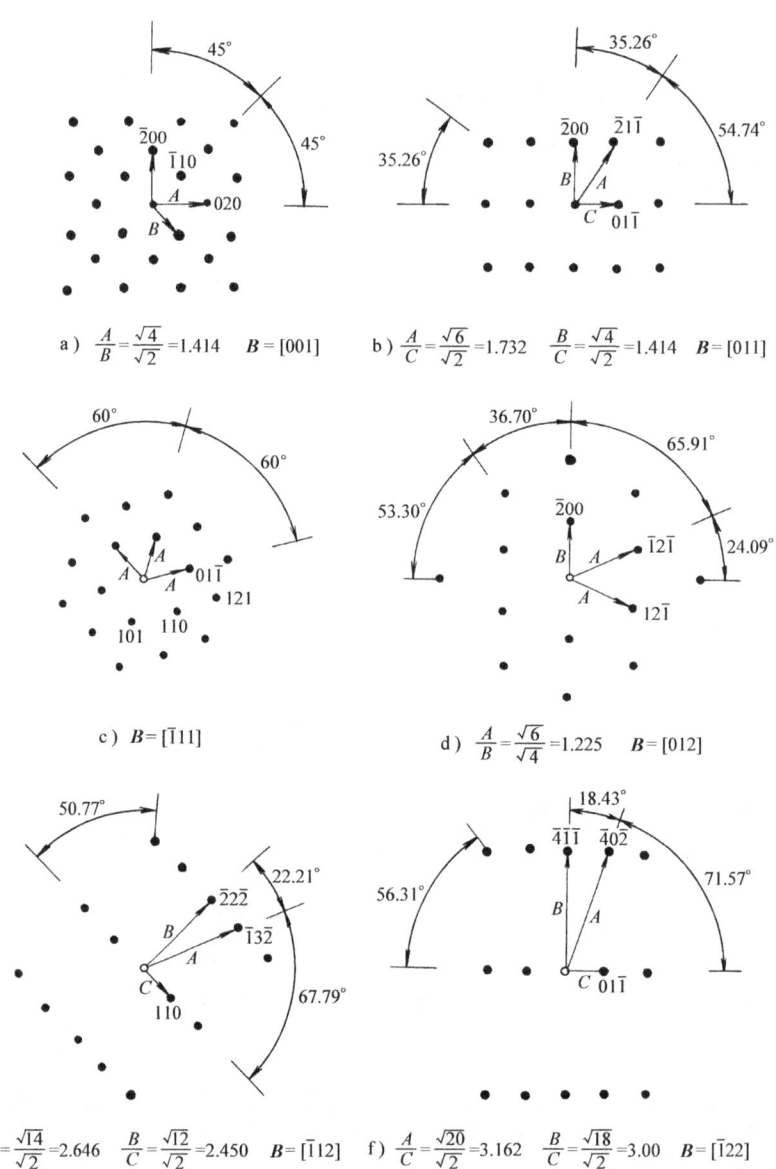

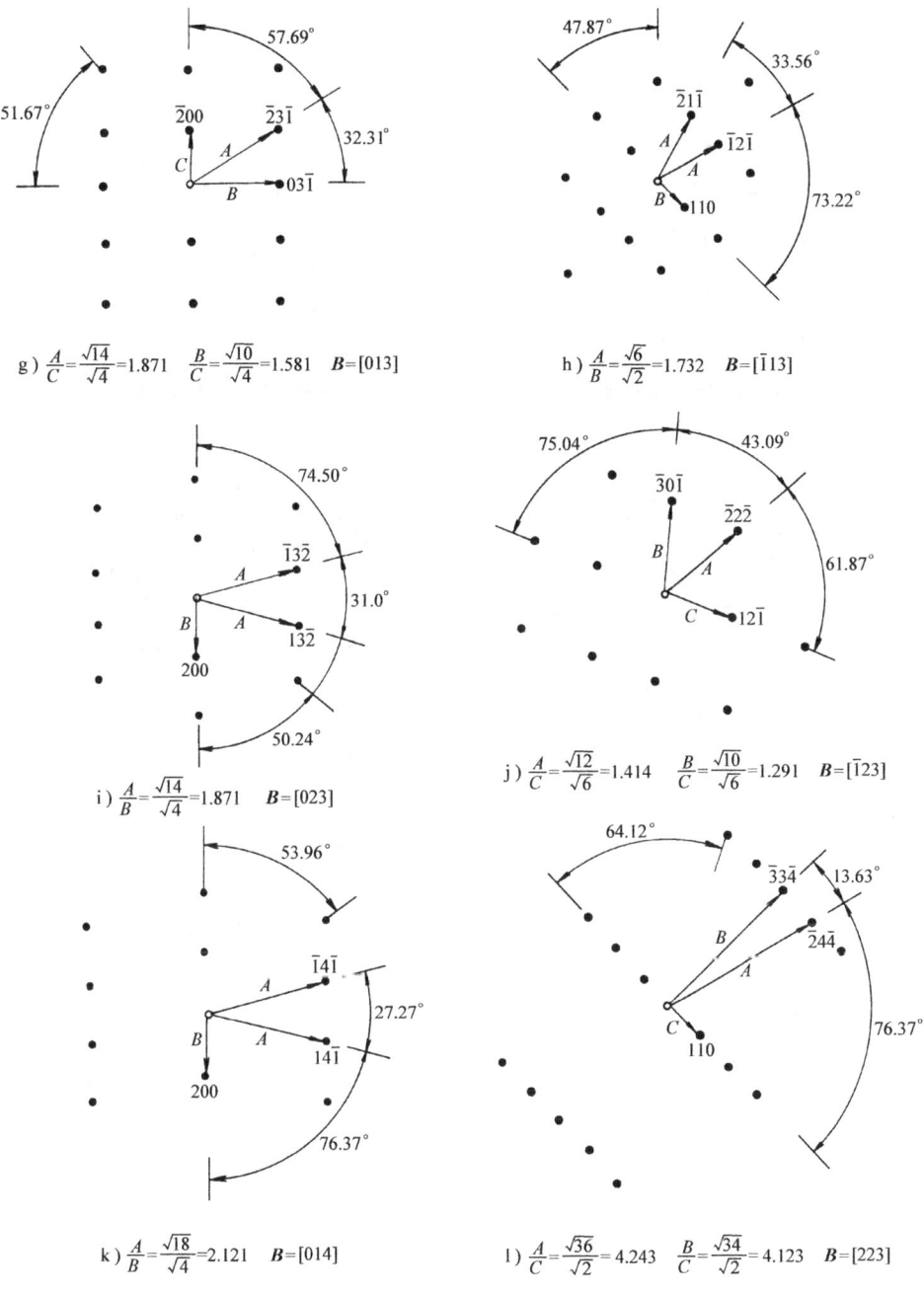

（二）面心立方晶体的标准电子衍射花样

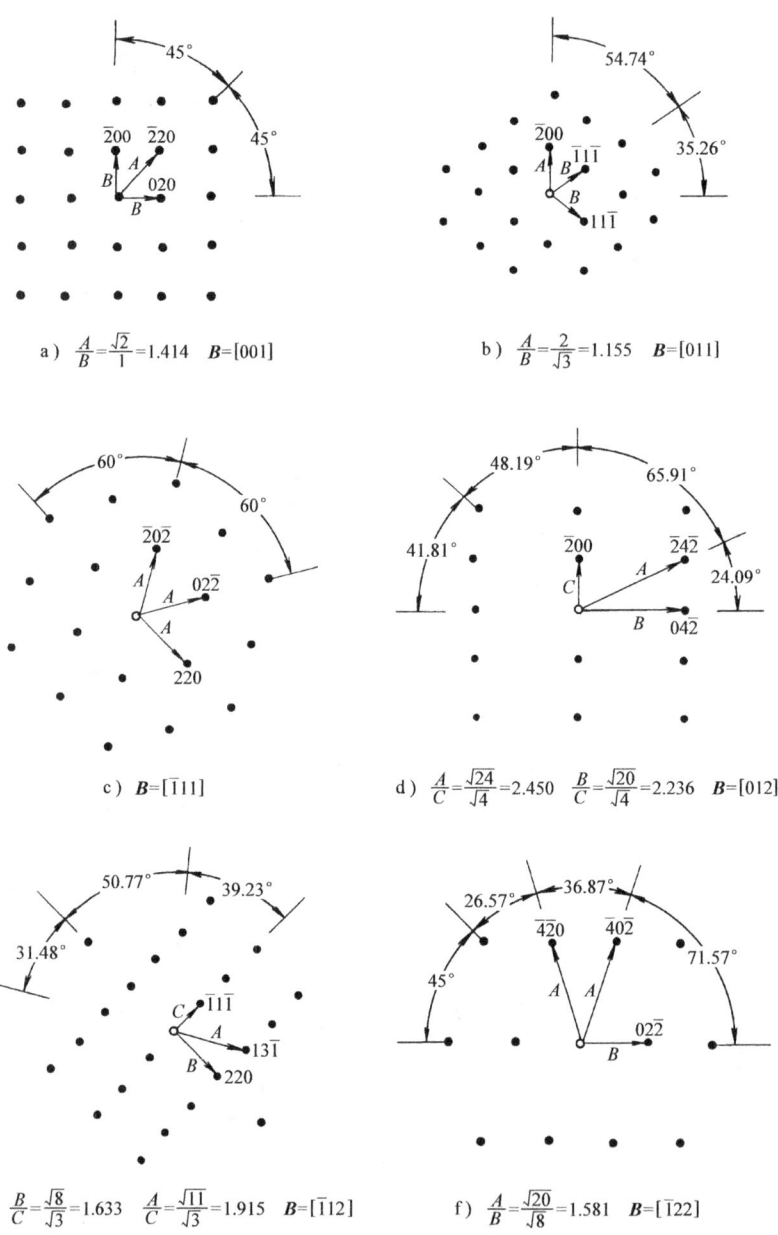

261

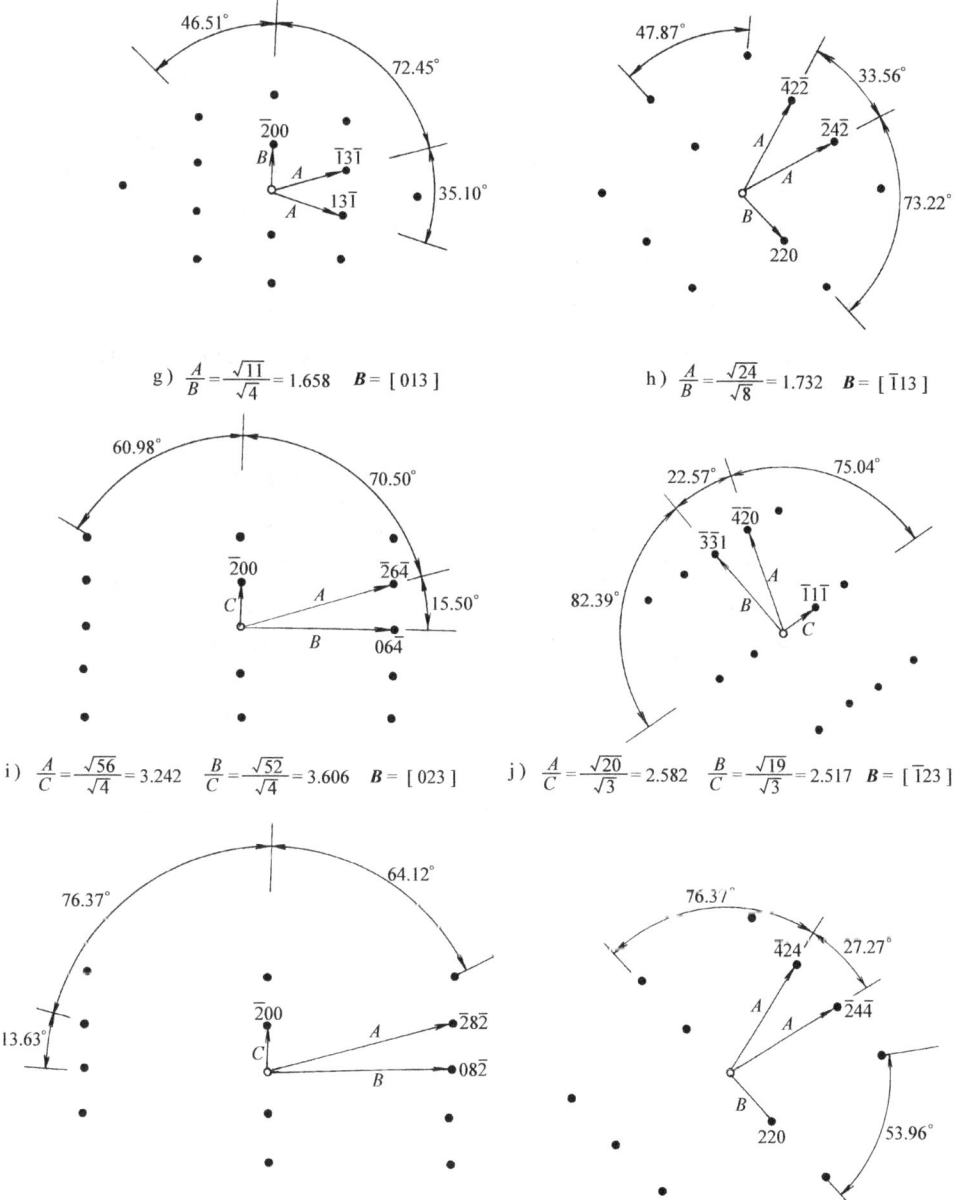

g) $\dfrac{A}{B} = \dfrac{\sqrt{11}}{\sqrt{4}} = 1.658$ **B** = [013]

h) $\dfrac{A}{B} = \dfrac{\sqrt{24}}{\sqrt{8}} = 1.732$ **B** = [$\bar{1}$13]

i) $\dfrac{A}{C} = \dfrac{\sqrt{56}}{\sqrt{4}} = 3.242$ $\dfrac{B}{C} = \dfrac{\sqrt{52}}{\sqrt{4}} = 3.606$ **B** = [023]

j) $\dfrac{A}{C} = \dfrac{\sqrt{20}}{\sqrt{3}} = 2.582$ $\dfrac{B}{C} = \dfrac{\sqrt{19}}{\sqrt{3}} = 2.517$ **B** = [$\bar{1}$23]

k) $\dfrac{A}{C} = \dfrac{\sqrt{72}}{\sqrt{4}} = 4.243$ $\dfrac{B}{C} = \dfrac{\sqrt{68}}{\sqrt{4}} = 4.123$ **B** = [014]

l) $\dfrac{A}{B} = \dfrac{\sqrt{36}}{\sqrt{8}} = 2.121$ **B** = [$\bar{2}$23]

（三）密排六方晶体 $\left(\dfrac{c}{a}=1.633\right)$ 的标准电子衍射花样

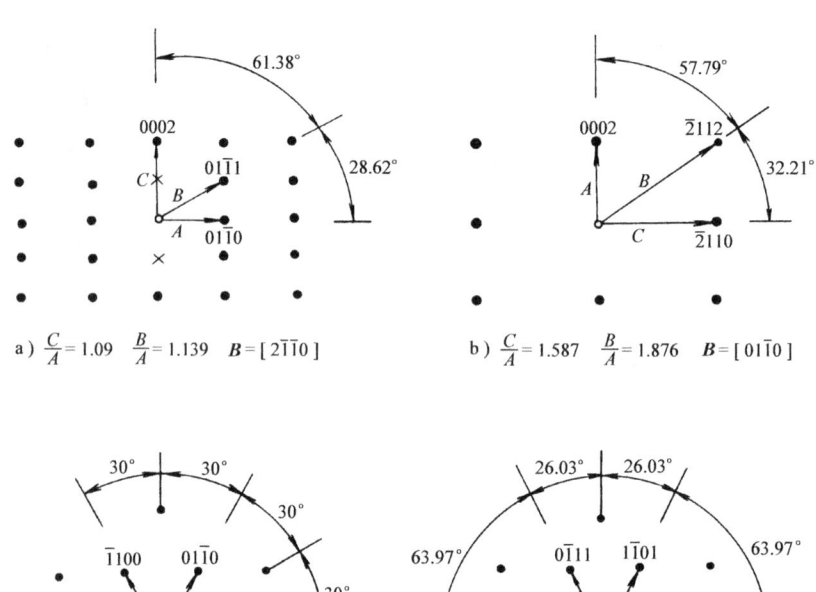

a) $\dfrac{C}{A}=1.09$ $\dfrac{B}{A}=1.139$ $\boldsymbol{B}=[2\bar{1}\bar{1}0]$

b) $\dfrac{C}{A}=1.587$ $\dfrac{B}{A}=1.876$ $\boldsymbol{B}=[01\bar{1}0]$

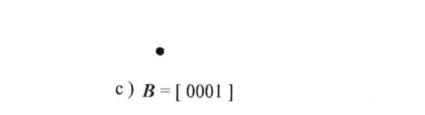

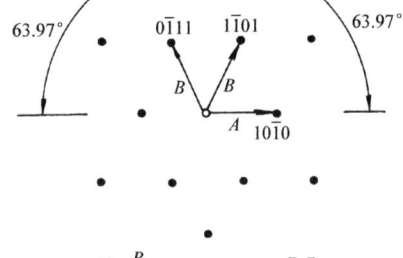

c) $\boldsymbol{B}=[0001]$

d) $\dfrac{B}{A}=1.139$ $\boldsymbol{B}=[1\bar{2}13]$

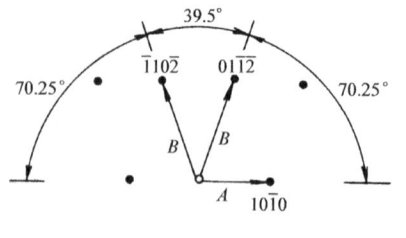

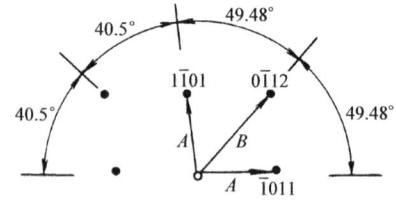

e) $\dfrac{B}{A}=1.180$ $\boldsymbol{B}=[\bar{2}4\bar{2}3]$

f) $\dfrac{B}{A}=1.299$ $\boldsymbol{B}=[01\bar{1}1]$

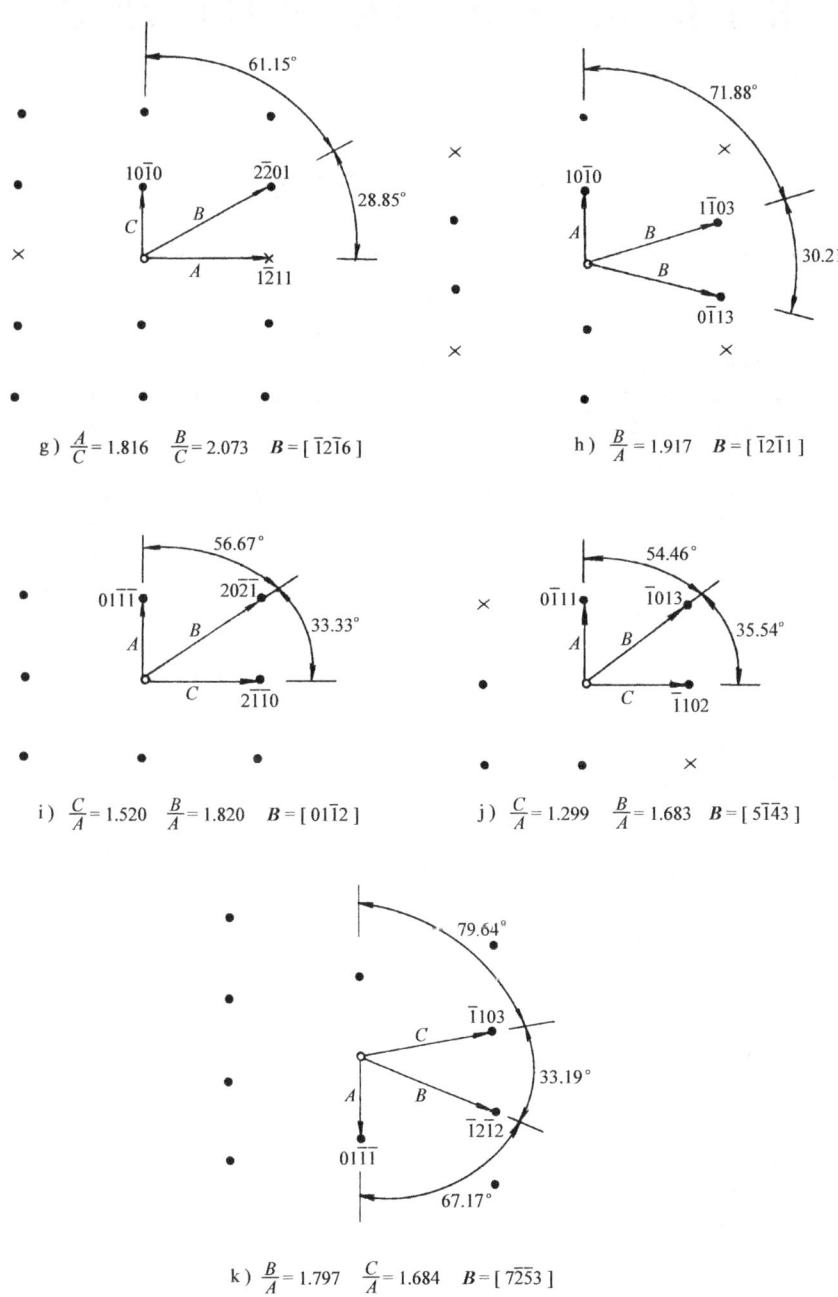

附录 D 电子衍射花样标定时用的数据表

（一） 简单立方晶系

r_2/r_1	φ	d_1/a	h_1	k_1	l_1	h_2	k_2	l_2	u	v	w
1.000	+60.00	0.707	−1	+1	0	−1	0	+1	+1	+1	+1
1.000	+107.46	0.316	−3	+1	0	0	−3	+1	+1	+3	+9
1.000	+90.00	1.000	+1	0	0	0	+1	0	0	0	+1
1.000	+113.58	0.447	−2	+1	0	0	−2	+1	+1	+2	+4
1.000	+116.39	0.333	+2	−2	+1	+1	+2	−2	+2	+5	+6
1.000	+117.49	0.277	−3	+2	0	0	−3	+2	+4	+6	+9
1.000	+80.41	0.408	+2	+1	−1	−1	+2	−1	+1	+3	+5
1.038	+85.75	0.277	−3	0	+2	+1	−3	+2	+6	+8	+9
1.038	+107.25	0.277	−3	0	+2	+2	−3	+1	+6	+7	+9
1.049	+112.42	0.316	0	−3	+1	+3	+1	−1	+2	+3	+9
1.049	+100.99	0.316	−3	0	+1	+1	−3	+1	+3	+4	+9
1.054	+96.05	0.333	+1	+2	−2	−3	+1	0	+2	+6	+7
1.054	+114.94	0.333	+2	+2	−1	−3	+1	0	+1	+3	+8
1.087	+94.80	0.302	−3	+1	+1	0	−3	+2	+5	+6	+9
1.087	+65.28	0.302	+3	+1	−1	0	+3	−2	+1	+6	+9
1.095	+90.00	0.447	−2	+1	0	−1	−2	+1	+1	+2	+5
1.095	+100.52	0.447	−2	0	+1	+1	−2	+1	+2	+3	+4
1.106	+72.45	0.333	+2	−2	+1	+3	+1	−1	+1	+5	+8
1.106	+107.55	0.333	+1	+2	−2	−3	+1	+1	+4	+5	+7
1.128	+108.80	0.302	−3	+1	+1	+1	−3	+2	+5	+7	+8
1.140	+105.26	0.316	−3	+3	0	0	−3	+2	+2	+6	+9
1.183	+65.00	0.316	−3	0	+1	−1	−3	+2	+3	+5	+9
1.183	+94.85	0.316	−3	0	+1	+1	−3	+2	+3	+7	+9
1.202	+111.70	0.333	+2	+1	−2	−3	+2	0	+4	+6	+7
1.225	+90.00	0.707	−1	+1	0	−1	−1	+1	+1	+1	+2
1.225	+105.79	0.408	+1	−2	+1	+2	+1	−2	+3	+4	+5
1.225	+97.82	0.408	+2	+1	+1	−2	−2	−1	+1	+4	+6
1.247	+79.74	0.333	+2	−2	+1	+3	+1	−2	+3	+7	+8
1.247	+74.50	0.333	+1	+2	−2	−3	+2	−1	+2	+7	+8
1.247	+84.89	0.333	+2	+1	−2	−2	+3	−1	+5	+6	+8
1.291	+104.96	0.577	+1	+1	−1	−2	+1	0	+1	+2	+3
1.291	+97.42	0.408	+1	+2	−1	−3	+1	0	+1	+3	+7
1.304	+107.87	0.316	−3	0	+1	+2	−3	+2	+3	+8	+9
1.342	+72.65	0.447	−2	+1	0	−2	−2	+1	+1	+2	+6

(续)

r_2/r_1	φ	d_1/a	h_1	k_1	l_1	h_2	k_2	l_2	u	v	w
1.342	+90.00	0.447	−2	+1	0	−1	−2	+2	+2	+4	+5
1.354	+90.00	0.408	+1	−2	+1	+3	+1	−1	+1	+4	+7
1.354	+75.75	0.408	+2	+1	−1	−1	+3	−1	+2	+3	+7
1.374	+99.31	0.333	+1	+2	−2	−4	+1	0	+2	+8	+9
1.414	+73.57	0.447	0	−2	+1	+3	−1	0	+1	+3	+6
1.414	+98.13	0.447	0	−2	+1	+3	0	−1	+2	+3	+6
1.414	+108.32	0.333	+1	+2	−2	−4	+1	+1	+4	+7	+9
1.414	+90.00	1.000	+1	0	0	0	+1	−1	0	+1	+1
1.453	+94.39	0.333	+2	+1	−2	−3	+3	−1	+5	+8	+9
1.472	+83.50	0.408	+1	−2	+1	+3	0	−2	+4	+5	+6
1.472	+83.50	0.408	+1	+2	−1	−3	+2	0	+2	+3	+8
1.483	+97.75	0.447	−2	+1	0	−1	−3	+1	+1	+2	+7
1.528	+96.26	0.408	+1	−2	+1	+3	+1	−2	+3	+5	+7
1.528	+109.11	0.408	+2	+1	−1	−3	+2	−1	+1	+5	+7
1.581	+71.57	0.707	0	−1	+1	+2	−1	0	+1	+2	+2
1.612	+75.64	0.447	−2	0	+1	0	−3	+2	+3	+4	+6
1.673	+83.14	0.447	−2	+1	0	−2	−3	+1	+1	+2	+8
1.673	+96.86	0.447	−2	+1	0	−1	−3	+2	+2	+4	+7
1.673	+90.00	0.447	−2	0	+1	+1	−3	+2	+3	+5	+6
1.683	+72.72	0.408	+1	−2	+1	+4	0	−1	+2	+5	+8
1.683	+101.42	0.408	+1	+2	−1	−4	+1	0	+1	+4	+9
1.683	+84.32	0.408	+2	+1	−1	−2	+3	−2	+1	+6	+8
1.732	+84.48	0.408	+1	−2	+1	+4	+1	−1	+1	+5	+9
1.732	+73.22	0.707	−1	+1	0	−2	−1	+1	+1	+1	+3
1.732	+78.90	0.577	+1	+1	−1	−2	+2	−1	+1	+3	+4
1.780	+100.80	0.408	+1	−2	+1	+3	+1	−3	+5	+6	+7
1.780	+100.80	0.408	+2	+1	−1	−3	+3	−1	+2	+5	+9
1.844	+77.47	0.447	0	−2	+1	+4	−1	0	+1	+4	+8
1.897	+102.17	0.447	−2	+1	0	−1	−4	+1	+1	+2	+9
1.897	+83.95	0.447	0	−2	+1	+4	−1	1	+3	+4	+8
1.915	+94.99	0.408	+2	+1	−1	−3	+3	−2	+1	+7	+9
1.949	+95.89	0.447	−2	+1	0	−1	−3	+3	+3	+6	+7
2.041	+85.32	0.408	+1	−2	+1	+4	0	−3	+6	+7	+8
2.049	+101.26	0.447	−2	+1	0	−1	−4	+2	+2	+4	+9
2.049	+90.00	0.447	−2	0	+1	+1	−4	+2	+4	+5	+8
2.082	+94.59	0.408	+1	−2	+1	+4	+1	−3	+5	+7	+9
2.082	+99.21	0.577	+1	+1	−1	−3	+2	0	+2	+3	+5
2.098	+84.53	0.447	−2	+1	0	−2	−3	+3	+3	+6	+8
2.121	+90.00	0.707	−1	+1	0	−2	−2	+1	+1	+1	+4
2.121	+76.37	0.707	−1	+1	0	−2	−1	+2	+2	+2	+3
2.160	+90.00	0.577	+1	+1	−1	−3	+2	−1	+1	+4	+5
2.236	+77.08	0.707	0	−1	+1	+3	−1	0	+1	+3	+3
2.236	+90.00	1.000	+1	0	0	0	+2	−1	0	+1	+2

(续)

r_2/r_1	φ	d_1/a	h_1	k_1	l_1	h_2	k_2	l_2	u	v	w
2.280	+84.97	0.447	-2	0	+1	+1	-4	+3	+4	+7	+8
2.345	+90.00	0.707	0	-1	+1	+3	-1	-1	+2	+3	+3
2.345	+98.17	0.408	+1	-2	+1	+4	+1	-4	+7	+8	+9
2.569	+98.96	0.447	-2	+1	0	-1	-4	+4	+4	+8	+9
2.646	+79.11	0.707	-1	+1	0	-3	-2	+1	+1	+1	+5
2.646	+97.24	0.577	+1	+1	-1	-4	+2	-1	+1	+5	+6
2.887	+96.63	0.577	+1	+1	-1	-4	+3	0	+3	+4	+7
2.915	+80.13	0.707	-1	+1	0	-3	-2	+2	+2	+2	+5
2.915	+80.13	0.707	0	-1	+1	+4	-1	0	+1	+4	+4
2.915	+90.00	0.707	-1	+1	0	-2	-2	+3	+3	+3	+4
2.944	+90.00	0.577	+1	+1	-1	-4	+3	-1	+2	+5	+7
3.082	+90.00	0.707	-1	+1	0	-3	-3	+1	+1	+1	+6
3.109	+83.85	0.577	+1	+1	-1	-4	+3	-2	+1	+6	+7
3.162	+90.00	1.000	+1	0	0	0	+3	-1	0	+1	+3
3.240	+81.12	0.707	0	-1	+1	+4	-2	-1	+3	+4	+4
3.317	+81.33	0.707	-1	+1	0	-3	-2	+3	+3	+3	+5
3.317	+84.23	0.577	+1	+1	-1	-4	+4	-1	+3	+5	+8
3.559	+90.00	0.577	+1	+1	-1	-5	+3	-2	+1	+7	+8
3.606	+82.03	0.707	-1	+1	0	-4	-3	+1	+1	+1	+7
3.606	+82.03	0.707	0	-1	+1	+5	-1	0	+1	+5	+5
3.606	+90.00	1.000	+1	0	0	0	+3	-2	0	+2	+3
3.674	+90.00	0.707	0	-1	+1	+5	-1	-1	+2	+5	+5
3.679	+95.17	0.577	+1	+1	-1	-5	+4	0	+4	+5	+9
3.808	+82.45	0.707	-1	+1	0	-4	-3	+2	+2	+2	+7
3.808	+82.45	0.707	-1	+1	0	-3	-2	+4	+4	+4	+5
3.873	+82.58	0.707	0	-1	+1	+5	-2	-1	+3	+5	+5
3.873	+85.06	0.577	+1	+1	-1	-5	+4	-2	+2	+7	+9
4.041	+94.73	0.577	+1	+1	-1	-6	+3	-2	+1	+8	+9
4.062	+90.00	0.707	-1	+1	0	-4	-4	+1	+1	+1	+8
4.062	+90.00	0.707	0	-1	+1	+5	-2	-2	+4	+5	+5
4.123	+83.03	0.707	-1	+1	0	-4	-3	+3	+3	+3	+7
4.123	+90.00	1.000	+1	0	0	0	+4	-1	0	+1	+4
4.301	+83.32	0.707	0	-1	+1	+6	-1	0	+1	+6	+6
4.528	+90.00	0.707	-1	+1	0	-4	-4	+3	+3	+3	+8
4.528	+83.66	0.707	-1	+1	0	-4	-3	+4	+4	+4	+7
4.583	+83.74	0.707	-1	+1	0	-5	-4	+1	+1	+1	+9
4.637	+90.00	0.707	-1	+1	0	-3	-3	+5	+5	+5	+6
4.743	+83.95	0.707	-1	+1	0	-5	-4	+2	+2	+2	+9
4.950	+84.20	0.707	0	-1	+1	+6	-3	-2	+5	+6	+6
5.000	+84.26	0.707	0	-1	+1	+7	-1	0	+1	+7	+7
5.000	+84.26	0.707	-1	+1	0	-4	-3	+5	+5	+5	+7
5.000	+90.00	1.000	+1	0	0	0	+4	-3	0	+3	+4
5.050	+90.00	0.707	0	-1	+1	+7	-1	-1	+2	+7	+7

(续)

r_2/r_1	φ	d_1/a	h_1	k_1	l_1	h_2	k_2	l_2	u	v	w
5.099	+90.00	1.000	+1	0	0	0	+5	−1	0	+1	+5
5.196	+84.48	0.707	0	−1	+1	+7	−2	−1	+3	+7	+7
5.339	+84.63	0.707	−1	+1	0	−5	−4	+4	+4	+4	+9
5.339	+90.00	0.707	−1	+1	0	−4	−4	+5	+5	+5	+8
5.339	+90.00	0.707	0	−1	+1	+7	−2	−2	+4	+7	+7
5.385	+90.00	1.000	+1	0	0	0	+5	−2	0	+2	+5
5.523	+84.81	0.707	−1	+1	0	−4	−3	+6	+6	+6	+7
5.568	+84.85	0.707	0	−1	+1	+7	−3	−2	+5	+7	+7
5.701	+84.97	0.707	0	−1	+1	+8	−1	0	+1	+8	+8
5.745	+85.01	0.707	−1	+1	0	−5	−4	+5	+5	+5	+9
5.788	+90.00	0.707	0	−1	+1	+7	−3	−3	+6	+7	+7
5.831	+90.00	1.000	+1	0	0	0	+5	−3	0	+3	+5
5.874	+85.12	0.707	0	−1	+1	+8	−2	−1	+3	+8	+8
6.083	+90.00	1.000	+1	0	0	0	+6	−1	0	+1	+6
6.205	+85.38	0.707	0	−1	+1	+8	−3	−2	+5	+8	+8
6.364	+90.00	0.707	−1	+1	0	−4	−4	+7	+7	+7	+8
6.403	+85.52	0.707	0	−1	+1	+9	−1	0	+1	+9	+9
6.403	+90.00	1.000	+1	0	0	0	+5	−4	0	+4	+5
6.442	+90.00	0.707	0	−1	+1	+9	−1	−1	+2	+9	+9
6.671	+90.00	0.707	0	−1	+1	+9	−2	−2	+4	+9	+9
6.671	+85.70	0.707	0	−1	+1	+8	−4	−3	+7	+8	+8
6.708	+85.73	0.707	−1	+1	0	−5	−4	+7	+7	+7	+9
6.856	+85.82	0.707	0	−1	+1	+9	−3	−2	+5	+9	+9
7.071	+90.00	1.000	+1	0	0	0	+7	−1	0	+1	+7
7.246	+86.04	0.707	−1	+1	0	−5	−4	+8	+8	+8	+9
7.280	+86.06	0.707	0	+1	−1	−9	+4	+3	+7	+9	+9
7.280	+90.00	1.000	+1	0	0	0	+7	−2	0	+2	+7
7.517	+90.00	0.707	0	−1	+1	+9	−4	−4	+8	+9	+9
7.616	+90.00	1.000	+1	0	0	0	+7	−3	0	+3	+7
7.810	+90.00	1.000	+1	0	0	0	+6	−5	0	+5	+6
8.062	+90.00	1.000	+1	0	0	0	+8	−1	0	+1	+8
8.062	+90.00	1.000	+1	0	0	0	+7	−4	0	+4	+7
8.544	+90.00	1.000	+1	0	0	0	+8	−3	0	+3	+8
8.602	+90.00	1.000	+1	0	0	0	+7	−5	0	+5	+7
9.055	+90.00	1.000	+1	0	0	0	+9	−1	0	+1	+9
9.220	+90.00	1.000	+1	0	0	0	+9	−2	0	+2	+9
9.220	+90.00	1.000	+1	0	0	0	+7	−6	0	+6	+7
9.434	+90.00	1.000	+1	0	0	0	+8	−5	0	+5	+8
9.849	+90.00	1.000	+1	0	0	0	+9	−4	0	+4	+9
10.296	+90.00	1.000	+1	0	0	0	+9	−5	0	+5	+9
10.630	+90.00	1.000	+1	0	0	0	+8	−7	0	+7	+8
11.402	+90.00	1.000	+1	0	0	0	+9	−7	0	+7	+9
12.042	+90.00	1.000	+1	0	0	0	+9	−8	0	+8	+9

（二） 体立心方晶系

r_2/r_1	φ	d_1/a	h_1	k_1	l_1	h_2	k_2	l_2	u	v	w
1.000	+60.00	0.707	−1	+1	0	−1	0	+1	+1	+1	+1
1.000	+107.46	0.316	−3	+1	0	0	−3	+1	+1	+3	+9
1.000	+73.40	0.267	+3	+1	−2	−1	+3	−2	+2	+4	+5
1.000	+80.41	0.408	+2	+1	−1	−1	+2	−1	+1	+3	+5
1.000	+90.00	0.707	+1	+1	0	−1	+1	0	0	0	+1
1.049	+73.38	0.224	−4	+2	0	−3	−3	+2	+2	+4	+9
1.049	+67.58	0.224	−4	+2	0	−3	−2	+3	+3	+6	+7
1.049	+84.53	0.224	−4	+2	0	−2	−3	+3	+3	+6	+8
1.054	+96.05	0.236	−4	+1	+1	0	−4	+2	+3	+4	+8
1.054	+71.57	0.236	+4	+1	−1	0	+4	−2	+1	+4	+8
1.054	+77.83	0.236	+1	+4	−1	−4	+2	0	+1	+2	+9
2.944	+83.50	0.408	+1	−2	+1	+6	0	−4	+4	+5	+6
2.944	+83.50	0.408	+1	+2	−1	−6	+4	0	+2	+3	+8
3.000	+90.00	0.707	0	−1	+1	+4	−1	−1	+1	+2	+2
3.082	+99.34	0.500	+2	0	0	−1	+6	−1	0	+1	+6
3.215	+90.00	0.408	+1	−2	+1	+7	+2	−3	+2	+5	+8
3.240	+98.88	0.500	+2	0	0	−1	+5	−4	0	+4	+5
3.317	+81.33	0.707	−1	+1	0	−3	−2	+3	+3	+3	+5
3.317	+84.23	0.408	+1	+2	−1	−7	+4	−1	+1	+4	+9
3.367	+84.32	0.408	+2	+1	−1	−4	+6	−4	+1	+6	+8
3.512	+84.55	0.408	+1	−2	+1	+7	0	−5	+5	+6	+7
3.512	+84.55	0.408	+2	+1	−1	−4	+7	−3	+2	+5	+9
3.536	+90.00	0.500	+2	0	0	0	+7	−1	0	+1	+7
3.606	+82.03	0.707	−1	+1	0	−4	−3	+1	+1	+1	+7
3.606	+82.03	0.707	0	−1	+1	+5	−1	0	+1	+5	+5
3.674	+97.82	0.500	+2	0	0	−1	+7	−2	0	+2	+7
3.808	+90.00	0.500	+2	0	0	+7	−3	0	+3	+7	
3.873	+82.58	0.707	0	−1	+1	+5	−2	−1	+3	+5	+5
3.937	+97.30	0.500	+2	0	0	−1	+6	−5	0	+5	+6
4.062	+97.07	0.500	+2	0	0	−1	+8	−1	0	+1	+8
4.062	+97.07	0.500	+2	0	0	−1	+7	−4	0	+4	+7
4.082	+85.32	0.408	+1	−2	+1	+8	0	−6	+6	+7	+8
4.123	+83.03	0.707	−1	+1	0	−4	−3	+3	+3	+3	+7
4.123	+90.00	0.707	−1	+1	0	−3	−3	+4	+2	+2	+3
4.243	+90.00	0.707	−1	+1	0	−4	−4	+2	+1	+1	+4
4.301	+96.68	0.500	+2	0	0	−1	+8	−3	0	+3	+8
4.301	+90.00	0.500	+2	0	0	0	+7	−5	0	+5	+7
4.528	+90.00	0.500	+2	0	0	0	+9	−1	0	+1	+9
4.583	+83.74	0.707	−1	+1	0	−5	−4	+1	+1	+1	+9
4.637	+96.19	0.500	+2	0	0	−1	+9	−2	0	+2	+9

(续)

r_2/r_1	φ	d_1/a	h_1	k_1	l_1	h_2	k_2	l_2	u	v	w
4.637	+96.19	0.500	+2	0	0	−1	+7	−6	0	+6	+7
4.655	+85.89	0.408	+1	−2	+1	+9	0	−7	+7	+8	+9
4.690	+90.00	0.707	0	−1	+1	+6	−2	−2	+2	+3	+3
4.743	+96.05	0.500	+2	0	0	−1	+8	−5	0	+5	+8
4.950	+95.80	0.500	+2	0	0	−1	+9	−4	0	+4	+9
5.000	+84.26	0.707	0	−1	+1	+7	−1	0	+1	+7	+7
5.000	+84.26	0.707	−1	+1	0	−4	−3	+5	+5	+5	+7
5.148	+90.00	0.500	+2	0	0	0	+9	−5	0	+5	+9
5.196	+84.48	0.707	0	−1	+1	+7	−2	−1	+3	+7	+7
5.339	+95.37	0.500	+2	0	0	−1	+8	−7	0	+7	+8
5.568	+84.85	0.707	0	−1	+1	+7	−3	−2	+5	+7	+7
5.701	+90.00	0.500	+2	0	0	0	+9	−7	0	+7	+9
5.745	+90.00	0.707	−1	+1	0	−5	−5	+4	+2	+2	+5
5.745	+90.00	0.707	0	−1	+1	+8	−1	−1	+1	+4	+4
5.745	+85.01	0.707	−1	+1	0	−5	−4	+5	+5	+5	+9
5.831	+90.00	0.707	−1	+1	0	−4	−4	+6	+3	+3	+4
6.042	+94.75	0.500	+2	0	0	−1	+9	−8	0	+8	+9
6.164	+90.00	0.707	−1	+1	0	−6	−6	+2	+1	+1	+6
6.403	+85.52	0.707	0	−1	+1	+9	−1	0	+1	+9	+9
6.403	+90.00	0.707	0	−1	+1	+8	−3	−3	+3	+4	+4
6.708	+85.73	0.707	−1	+1	0	−5	−4	+7	+7	+7	+9
6.856	+85.82	0.707	0	−1	+1	+9	−3	−2	+5	+9	+9
7.280	+86.06	0.707	0	−1	+1	+9	−4	−3	+7	+9	+9
7.348	+90.00	0.707	0	−1	+1	+10	−2	−2	+2	+5	+5
7.550	+90.00	0.707	−1	+1	0	−7	−7	+4	+2	+2	+7
7.550	+90.00	0.707	−1	+1	0	−5	−5	+8	+4	+4	+5
8.124	+90.00	0.707	−1	+1	0	−8	−8	+2	+1	+1	+8
8.124	+90.00	0.707	0	−1	+1	+10	−4	−4	+4	+5	+5
8.544	+90.00	0.707	0	−1	+1	+12	−1	−1	+1	+6	+6
9.000	+90.00	0.707	−1	+1	0	−7	−7	+8	+4	+4	+7
9.055	+90.00	0.707	−1	+1	0	−8	−8	+6	+3	+3	+8
9.274	+90.00	0.707	−1	+1	0	−6	−6	+10	+5	+5	+6
9.434	+90.00	0.707	−1	+1	0	−9	−9	+4	+2	+2	+9
9.849	+90.00	0.707	0	−1	+1	+12	−5	−5	+5	+6	+6
10.100	+90.00	0.707	0	−1	+1	+14	−2	−2	+2	+7	+7
10.630	+90.00	0.707	−1	+1	0	−9	−9	+8	+4	+4	+9
10.677	+90.00	0.707	−1	+1	0	−8	−8	+10	+5	+5	+8
10.677	+90.00	0.707	0	−1	+1	+14	−4	−4	+4	+7	+7
11.000	+90.00	0.707	−1	+1	0	−7	−7	+12	+6	+6	+7
11.358	+90.00	0.707	0	−1	+1	+16	−1	−1	+1	+8	+8
11.576	+90.00	0.707	0	−1	+1	+14	−6	−6	+6	+7	+7
11.705	+90.00	0.707	0	−1	+1	+16	−3	−3	+3	+8	+8
12.369	+90.00	0.707	0	−1	+1	+16	−5	−5	+5	+8	+8

(续)

r_2/r_1	φ	d_1/a	h_1	k_1	l_1	h_2	k_2	l_2	u	v	w
12.728	+90.00	0.707	−1	+1	0	−8	−8	+14	+7	+7	+8
12.884	+90.00	0.707	0	−1	+1	+18	−2	−2	+2	+9	+9
1.074	+69.02	0.196	+1	−4	+3	+5	−2	1	+5	+8	+9
1.080	+90.00	0.289	+2	+2	−2	−3	+2	−1	+1	+4	+5
1.080	+72.02	0.289	+2	+2	−2	−2	+3	−1	+2	+3	+5
1.087	+85.20	0.213	+3	+2	−3	−3	+4	−1	+5	+6	+9
1.095	+68.58	0.316	−3	+1	0	−2	−2	+2	+1	+3	+4
1.134	+67.79	0.267	+3	+2	−1	−1	+4	−1	+1	+2	+7
1.140	+116.01	0.224	−4	0	+2	+3	−4	+1	+4	+5	+8
1.140	+84.97	0.224	−4	0	+2	+1	−4	+3	+4	+7	+8
1.168	+71.86	0.213	+3	−3	+2	+5	+1	−2	+2	+8	+9
1.183	+115.00	0.316	−3	0	+1	+2	−3	+1	+3	+5	+9
1.183	+94.85	0.316	−3	0	+1	+1	−3	+2	+3	+7	+9
1.195	+68.99	0.267	+2	−3	+1	+4	0	−2	+3	+4	+6
1.195	+90.00	0.267	+1	−3	+2	+4	0	−2	+3	+5	+6
1.195	+83.14	0.267	+1	+3	−2	−4	+2	0	+2	+4	+7
1.195	+96.86	0.267	+2	+3	−1	−4	+2	0	+1	+2	+8
1.225	+114.09	0.500	+2	0	0	−1	+2	−1	0	+1	+2
1.291	+75.04	0.408	+1	−2	+1	+3	0	−1	+1	+2	+3
1.291	+97.42	0.408	+1	+2	−1	−3	+1	0	+1	+3	+7
1.304	+76.70	0.224	−4	+2	0	−3	−3	+4	+4	+8	+9
1.342	+107.35	0.316	0	−3	+1	+4	+1	−1	+1	+2	+6
1.354	+75.75	0.289	+2	+2	−2	−3	+3	−2	+1	+5	+6
1.363	+96.02	0.267	+1	+3	−2	−5	+1	0	+1	+5	+8
1.363	+83.98	0.267	+2	−3	+1	+4	+1	−3	+4	+5	+7
1.414	+90.00	0.707	0	−1	+1	+2	0	0	0	+1	+1
1.414	+71.68	0.236	−4	+1	+1	−2	−4	+4	+4	+7	+9
1.414	+106.43	0.316	−3	+1	0	0	−4	+2	+1	+3	+6
1.414	+81.87	0.316	−3	0	+1	0	−4	+2	+2	+3	+6
1.464	+78.74	0.267	+1	−3	+2	+5	−1	+2	+4	+6	+7
1.472	+90.00	0.289	+2	+2	−2	−4	+3	−1	+2	+5	+7
1.472	+76.91	0.289	+2	+2	−2	−3	+4	−1	+3	+4	+7
1.528	+96.26	0.408	+1	−2	+1	+3	+1	−2	+3	+5	+7
1.528	+109.11	0.408	+2	+1	−1	−3	+2	−1	+1	+5	+7
1.528	+90.00	0.408	+2	+1	−1	−2	+3	−1	+1	+2	+4
1.558	+95.26	0.267	+3	−2	+1	+3	+4	−3	+1	+6	+9
1.581	+102.17	0.289	+2	+2	−2	−5	+2	−1	+1	+6	+7
1.581	+90.00	0.500	2	0	0	0	+3	−1	0	+1	+3
1.604	+95.11	0.267	+2	−3	+1	+4	+2	−4	+5	+6	+8
1.604	+105.50	0.267	+3	−2	+1	+2	+4	−4	+2	+7	+8
1.604	+100.26	0.267	+3	+1	−2	−4	+4	−2	+3	+7	+8
1.612	+90.00	0.316	−3	0	+1	+1	−4	+3	+2	+5	+6
1.648	+90.00	0.267	+3	+1	−2	−3	+5	−2	+4	+6	+9

(续)

r_2/r_1	φ	d_1/a	h_1	k_1	l_1	h_2	k_2	l_2	u	v	w
1.683	+101.42	0.289	+2	+2	−2	−5	+3	0	+3	+5	+8
1.732	+84.48	0.408	+1	−2	+1	+4	+1	−1	+1	+5	+9
1.732	+73.22	0.707	−1	+1	0	−2	−1	+1	+1	+1	+3
1.732	+96.63	0.316	−3	+1	0	−1	−5	+2	+1	+3	+8
1.732	+104.33	0.267	+1	−3	+2	+5	+1	−4	+5	+7	+8
1.780	+90.00	0.289	+2	+2	−2	−5	+3	−2	+1	+7	+8
1.826	+79.48	0.408	+1	−2	+1	+4	0	−2	+2	+3	+4
1.826	+90.00	0.408	+1	+2	−1	−4	+2	0	+1	+2	+5
1.871	+79.74	0.289	+2	+2	−2	−4	+5	−1	+4	+5	+9
1.871	+105.50	0.500	+2	0	0	−1	+3	−2	0	+2	+3
1.890	+103.11	0.267	+2	−3	+1	+4	+3	−5	+6	+7	+9
1.897	+83.95	0.316	−3	+1	0	−2	−4	+4	+2	+6	+7
1.915	+94.99	0.408	+2	+1	−1	−3	+3	−2	+1	+7	+9
1.927	+94.25	0.267	+1	−3	+2	+6	0	−4	+6	+8	+9
1.949	+84.11	0.316	0	−3	+1	+6	−1	−1	+2	+3	+9
1.958	+99.80	0.289	+2	+2	−2	−6	+3	−1	+2	+7	+9
2.041	+80.60	0.289	+2	+2	−2	−5	+4	−3	+1	+8	+9
2.082	+94.59	0.408	+1	−2	+1	+4	+1	−3	+5	+7	+9
2.098	+100.99	0.316	−3	0	+1	+2	−6	+2	+3	+4	+9
2.121	+103.63	0.500	+2	0	0	−1	+4	−1	0	+1	+4
2.236	+77.08	0.707	0	−1	+1	+3	−1	0	+1	+3	+3
2.236	+79.70	0.316	−3	+1	0	−3	−5	+4	+2	+6	+9
2.380	+81.95	0.408	−1	−2	+1	+5	0	−3	+3	+4	+5
2.449	+90.00	0.707	−1	+1	0	−2	−2	+2	+1	+1	+2
2.449	+97.82	0.408	+2	+1	−1	−4	+4	+2	+1	+4	+6
2.490	+85.39	0.316	−3	0	+1	+1	−6	+5	+3	+8	+9
2.550	+90.00	0.500	+2	0	0	0	+5	−1	0	+1	+5
2.550	+101.31	0.500	+2	0	0	−1	+4	−3	0	+3	+4
2.646	+79.11	0.707	−1	+1	0	−3	−2	+1	+1	+1	+5
2.646	+97.24	0.408	+2	+1	−1	−4	+5	−1	+2	+3	+7
2.708	+90.00	0.408	+1	−2	+1	+6	+2	−2	+1	+4	+7
2.739	+100.52	0.500	+2	0	0	−1	+5	−2	0	+2	+5
2.915	+90.00	0.500	+2	0	0	0	+5	−3	0	+3	+5
2.944	+83.50	0.408	+1	−2	+1	+6	0	−4	+4	+5	+6
2.944	+83.50	0.408	+1	+2	−1	−6	+4	0	+2	+3	+8
3.000	+90.00	0.707	0	−1	+1	+4	−1	−1	+1	+2	+2
3.082	+99.34	0.500	+2	0	0	−1	+6	−1	0	+1	+6
3.215	+90.00	0.408	+1	−2	+1	+7	+2	−3	+2	+5	+8
3.240	+98.88	0.500	+2	0	0	−1	+5	−4	0	+4	+5
3.317	+81.33	0.707	−1	+1	0	−3	−2	+3	+3	+3	+5
3.317	+84.23	0.408	+1	+2	−1	−7	+4	+1	+1	+4	+9
3.367	+84.32	0.408	+2	+1	−1	−4	+6	−4	+1	+6	+8
3.512	+84.55	0.408	+1	−2	+1	+7	0	−5	+5	+6	+7

(续)

r_2/r_1	φ	d_1/a	h_1	k_1	l_1	h_2	k_2	l_2	u	v	w
3.512	+84.55	0.408	+2	+1	−1	−4	+7	−3	+2	+5	+9
3.536	+90.00	0.500	+2	0	0	0	+7	−1	0	+1	+7
3.606	+82.03	0.707	−1	+1	0	−4	−3	+1	+1	+1	+7
3.606	+82.03	0.707	0	−1	+1	+5	−1	0	+1	+5	+5
3.674	+97.82	0.500	+2	0	0	−1	+7	−2	0	+2	+7
3.808	+90.00	0.500	+2	0	0	0	+7	−3	0	+3	+7
3.873	+82.58	0.707	0	−1	+1	+5	−2	−1	+3	+5	+5
3.937	+97.30	0.500	+2	0	0	−1	+6	−5	0	+5	+6
4.062	+97.07	0.500	+2	0	0	−1	+8	−1	0	+1	+8
4.062	+97.07	0.500	+2	0	0	−1	+7	−4	0	+4	+7
4.082	+85.32	0.408	+1	−2	+1	+8	0	−6	+6	+7	+8
4.123	+83.03	0.707	−1	+1	0	−4	−3	+3	+3	+3	+7
4.123	+90.00	0.707	−1	+1	0	−3	−3	+4	+2	+2	+3
4.243	+90.00	0.707	−1	+1	0	−4	−4	+2	+1	+1	+4
4.301	+96.68	0.500	+2	0	0	−1	+8	−3	0	+3	+8
4.301	+90.00	0.500	+2	0	0	0	+7	−5	0	+5	+7
4.528	+90.00	0.500	+2	0	0	0	+9	−1	0	+1	+9
4.583	+83.74	0.707	−1	+1	0	−5	−4	+1	+1	+1	+9
4.637	+96.19	0.500	+2	0	0	−1	+9	−2	0	+2	+9
4.637	+96.19	0.500	+2	0	0	−1	+7	−6	0	+6	+7
4.655	+85.89	0.408	+1	−2	+1	+9	0	−7	+7	+8	+9
4.690	+90.00	0.707	0	−1	+1	+6	−2	−2	+2	+3	+3
4.743	+96.05	0.500	+2	0	0	−1	+8	−5	0	+5	+8
4.950	+95.80	0.500	+2	0	0	−1	+9	−4	0	+4	+9
5.000	+84.26	0.707	0	−1	+1	+7	−1	0	+1	+7	+7
5.000	+84.26	0.707	−1	+1	0	−4	−3	+5	+5	+5	+7
5.148	+90.00	0.500	+2	0	0	0	+9	−5	0	+5	+9
5.196	+84.48	0.707	0	−1	+1	+7	−2	−1	+3	+7	+7
5.339	+95.37	0.500	+2	0	0	−1	+8	−7	0	+7	+8
5.568	+84.85	0.707	0	−1	+1	+7	−3	−2	+5	+7	+7
5.701	+90.00	0.500	+2	0	0	0	+9	−7	0	+7	+9
5.745	+90.00	0.707	−1	+1	0	−5	−5	+4	+2	+2	+5
5.745	+90.00	0.707	0	−1	+1	+8	−1	−1	+1	+4	+4
5.745	+85.01	0.707	−1	+1	0	−5	−4	+5	+5	+5	+9
5.831	+90.00	0.707	−1	+1	0	−4	−4	+6	+3	+3	+4
6.042	+94.75	0.500	+2	0	0	−1	+9	−8	0	+8	+9
6.164	+90.00	0.707	−1	+1	0	−6	−6	+2	+1	+1	+6
6.403	+85.52	0.707	0	−1	+1	+9	−1	0	+1	+9	+9
6.403	+90.00	0.707	0	−1	+1	+8	−3	−3	+3	+4	+4
6.708	+85.73	0.707	−1	+1	0	−5	−4	+7	+7	+7	+9
6.856	+85.82	0.707	0	−1	+1	+9	−3	−2	+5	+9	+9
7.280	+86.06	0.707	0	−1	+1	+9	−4	−3	+7	+9	+9
7.348	+90.00	0.707	0	−1	+1	+10	−2	−2	+2	+5	+5

(续)

r_2/r_1	φ	d_1/a	h_1	k_1	l_1	h_2	k_2	l_2	u	v	w
7.550	+90.00	0.707	−1	+1	0	−7	−7	+4	+2	+2	+7
7.550	+90.00	0.707	−1	+1	0	−5	−5	+8	+4	+4	+5
8.124	+90.00	0.707	−1	+1	0	−8	−8	+2	+1	+1	+8
8.124	+90.00	0.707	0	−1	+1	+10	−4	−4	+4	+5	+5
8.544	+90.00	0.707	0	−1	+1	+12	−1	−1	+1	+6	+6
9.000	+90.00	0.707	−1	+1	0	−7	−7	+8	+4	+4	+7
9.055	+90.00	0.707	−1	+1	0	−8	−8	+6	+3	+3	+8
9.274	+90.00	0.707	−1	+1	0	−6	−6	+10	+5	+5	+6
9.434	+90.00	0.707	−1	+1	0	−9	−9	+4	+2	+2	+9
9.849	+90.00	0.707	0	−1	+1	+12	−5	−5	+5	+6	+6
10.100	+90.00	0.707	0	−1	+1	+14	−2	−2	+2	+7	+7
10.630	+90.00	0.707	−1	+1	0	−9	−9	+8	+4	+4	+9
10.677	+90.00	0.707	−1	+1	0	−8	−8	+10	+5	+5	+8
10.677	+90.00	0.707	0	−1	+1	+14	−4	−4	+4	+7	+7
11.000	+90.00	0.707	−1	+1	0	−7	−7	+12	+6	+6	+7
11.358	+90.00	0.707	0	−1	+1	+16	−1	−1	+1	+8	+8
11.576	+90.00	0.707	0	−1	+1	+14	−6	−6	+6	+7	+7
11.705	+90.00	0.707	0	−1	+1	+16	−3	−3	+3	+8	+8
12.369	+90.00	0.707	0	−1	+1	+16	−5	−5	+5	+8	+8
12.728	+90.00	0.707	−1	+1	0	−8	−8	+14	+7	+7	+8
12.884	+90.00	0.707	0	−1	+1	+18	−2	−2	+2	+9	+9
13.304	+90.00	0.707	0	−1	+1	+16	−7	−7	+7	+8	+8
13.342	+90.00	0.707	0	−1	+1	+18	−4	−4	+4	+9	+9
14.547	+90.00	0.707	−1	+1	0	−9	−9	+16	+8	+8	+9
15.033	+90.00	0.707	0	−1	+1	+18	−8	−8	+8	+9	+9

(三) 面心立方晶系

r_2/r_1	φ	d_1/a	h_1	k_1	l_1	h_2	k_2	l_2	u	v	w
1.000	+60.00	0.354	−2	+2	0	−2	0	+2	+1	+1	+1
1.000	+107.46	0.158	−6	+2	0	0	−6	+2	+1	+3	+9
1.000	+90.00	0.500	+2	0	0	0	+2	0	0	0	+1
1.000	+118.27	0.229	+3	−3	+1	+1	+3	−3	+3	+5	+6
1.000	+109.47	0.577	+1	−1	+1	+1	+1	−1	0	+1	+1
1.000	+113.58	0.224	−4	+2	0	0	−4	+2	+1	+2	+4
1.000	+116.39	0.167	+4	−4	+2	+2	+4	−4	+2	+5	+6
1.000	+117.49	0.139	−6	+4	0	0	−6	+4	+4	+6	+9
1.000	+80.41	0.204	+4	+2	−2	−2	+4	−2	+1	+3	+5
1.000	+84.78	0.302	+3	+1	−1	−1	+3	−1	+1	+2	+5
1.026	+84.11	0.229	+1	+3	−3	−4	+2	0	+3	+6	+7

(续)

r_2/r_1	φ	d_1/a	h_1	k_1	l_1	h_2	k_2	l_2	u	v	w
1.026	+107.93	0.229	+3	+3	−1	−4	+2	0	+1	+2	+9
1.038	+85.75	0.139	−6	0	+4	+2	−6	+4	+6	+8	+9
1.054	+96.05	0.167	+2	+4	−4	−6	+2	0	+2	+6	+7
1.095	+100.52	0.224	−4	0	+2	+2	−4	+2	+2	+3	+4
1.124	+112.00	0.229	+3	−3	+1	+2	+4	−2	+1	+4	+9
1.124	+79.20	0.229	+3	−3	+1	+4	+2	−2	+2	+5	+9
1.124	+79.20	0.229	+3	+1	−3	−2	+4	−2	+5	+6	+7
1.140	+105.26	0.158	−6	+2	0	0	−6	+4	+2	+6	+9
1.173	+64.76	0.354	−2	+2	0	−3	−1	+1	+1	+1	+4
1.173	+90.00	0.354	0	−2	+2	+3	−1	−1	+2	+3	+3
1.183	+115.00	0.158	−6	0	+2	+4	−6	+2	+3	+5	+9
1.183	+94.85	0.158	−6	0	+2	+2	−6	+4	+3	+7	+9
1.192	+102.75	0.229	+1	+3	−3	−5	+1	+1	+3	+7	+8
1.202	+111.70	0.167	+4	+2	−4	−6	+4	0	+4	+6	+7
1.208	+73.98	0.204	+2	−4	+2	+5	−1	−3	+7	+8	+9
1.225	+97.82	0.204	+4	+2	−2	−4	+4	−2	+1	+4	+6
1.247	+74.50	0.167	+2	+4	−4	−6	+4	−2	+2	+7	+8
1.247	+84.89	0.167	+4	+2	−4	−4	+6	−2	+5	+6	+8
1.291	+97.42	0.204	+2	+4	−2	−6	+2	0	+1	+3	+7
1.314	+78.02	0.302	−3	+1	+1	−1	−3	+3	+3	+4	+5
1.314	+110.23	0.302	+3	+1	−1	−3	+3	−1	+1	+3	+6
1.342	+72.65	0.224	−4	+2	0	−4	−4	+2	+1	+2	+6
1.342	+90.00	0.224	−4	+2	0	−2	−4	+4	+2	+4	+5
1.348	+82.25	0.302	+1	+3	−1	−4	+2	0	+1	+2	+7
1.357	+69.57	0.229	+3	−3	+1	+5	+1	−3	+4	+7	+9
1.357	+74.25	0.229	+1	+3	−3	−5	+3	−1	+3	+8	+9
1.357	+87.78	0.229	+1	+3	−3	−5	+3	+1	+6	+7	+9
1.374	+99.31	0.167	+2	+4	−4	−8	+2	0	+2	+8	+9
1.376	+85.61	0.229	+3	−3	+1	+4	+2	−4	+5	+8	+9
1.414	+98.13	0.224	0	−4	+2	+6	0	−2	+2	+3	+6
1.472	+83.50	0.204	+2	−4	+2	+6	0	−4	+4	+5	+6
1.472	+83.50	0.204	+2	+4	−2	−6	+4	0	+2	+3	+8
1.477	+104.25	0.302	+1	−3	+1	+4	+2	−2	+2	+3	+7
1.477	+90.00	0.302	+3	+1	−1	−2	+4	−2	+1	+4	+7
1.528	+96.26	0.204	+2	−4	+2	−6	+2	−4	+3	+5	+7
1.528	+109.11	0.204	+4	+2	−2	−6	+4	−2	+1	+5	+7
1.541	+90.00	0.354	−2	+2	0	−3	−3	+1	+1	+1	+6
1.541	+71.07	0.354	−2	+2	0	−3	−1	+3	+3	+3	+4
1.567	+86.67	0.302	+1	−3	+1	+5	+1	−1	+1	+3	+8
1.581	+71.57	0.354	0	−2	+2	+4	−2	0	+1	+2	+2
1.612	+75.64	0.224	−4	0	+2	0	−6	+4	+3	+4	+6
1.633	+90.00	0.577	+1	+1	−1	−2	+2	0	+1	+1	+2
1.658	+107.55	0.500	+2	0	0	−1	+3	−1	0	+1	+3

(续)

r_2/r_1	φ	d_1/a	h_1	k_1	l_1	h_2	k_2	l_2	u	v	w
1.673	+83.14	0.224	−4	+2	0	−4	−6	+2	+1	+2	+8
1.673	+96.86	0.224	−4	+2	0	−2	−6	+4	+2	+4	+7
1.683	+107.28	0.204	+2	−4	+2	+6	+4	−4	+2	+5	+8
1.683	+84.32	0.204	+4	+2	−2	−4	+6	−4	+1	+6	+8
1.732	+84.48	0.204	+2	−4	+2	+8	+2	−2	+1	+5	+9
1.732	+73.22	0.354	−2	+2	0	−4	−2	+2	+1	+1	+3
1.784	+104.76	0.302	−3	+1	+1	+1	−5	+3	+4	+5	+7
1.784	+75.24	0.302	+3	+1	−1	−1	+5	−3	+1	+5	+8
1.784	+98.79	0.302	+3	+1	−1	−3	+5	−1	+2	+3	+9
1.837	+90.00	0.354	0	−2	+2	+5	−1	−1	+2	+5	+5
1.844	+77.47	0.224	0	−4	+2	+8	−2	0	+1	+4	+8
1.897	+83.95	0.224	0	−4	+2	+8	−2	−2	+3	+4	+8
1.907	+79.01	0.302	+1	−3	+1	+6	0	−2	+3	+4	+9
1.915	+94.99	0.204	+4	+2	−2	−6	+6	−4	+1	+7	+9
1.977	+92.64	0.302	+3	+1	−1	−3	+5	−3	+1	+6	+9
2.041	+85.32	0.204	+2	−4	+2	+8	0	−6	+6	+7	+8
2.049	+101.26	0.224	−4	+2	0	−2	−8	+4	+2	+4	+9
2.049	+90.00	0.224	−4	0	+2	+2	−8	+4	+4	+5	+8
2.082	+94.59	0.204	+2	−4	+2	+8	+2	−6	+5	+7	+9
2.092	+76.17	0.354	−2	+2	0	−5	−3	+1	+1	+1	+8
2.092	+76.17	0.354	0	−2	+2	+5	−3	−1	+4	+5	+5
2.098	+84.53	0.224	−4	+2	0	−4	−6	+6	+3	+6	+8
2.121	+76.37	0.354	−2	+2	0	−4	−2	+4	+2	+2	+3
2.153	+82.72	0.302	−3	+1	+1	−1	−5	+5	+5	+7	+8
2.174	+94.80	0.302	−3	+1	+1	0	−6	+4	+5	+6	+9
2.236	+77.08	0.354	0	−2	+2	+6	−2	0	+1	+3	+3
2.236	+90.00	0.500	+2	0	0	0	+4	−2	0	+1	+2
2.280	+84.97	0.224	−4	0	+2	+2	−8	+6	+4	+7	+8
2.318	+77.55	0.354	−2	+2	0	−5	−3	+3	+3	+3	+8
2.318	+90.00	0.354	−2	+2	0	−3	−3	+5	+5	+5	+6
2.517	+82.39	0.577	+1	+1	−1	−3	+3	−1	+1	+2	+3
2.525	+90.00	0.354	0	−2	+2	+7	−1	−1	+2	+7	+7
2.569	+98.96	0.224	−4	+2	0	−2	−8	+8	+4	+8	+9
2.598	+101.10	0.500	+2	0	0	−1	+5	−1	0	+1	+5
2.646	+79.11	0.354	−2	+2	0	−6	−4	+2	+1	+1	+5
2.716	+79.39	0.354	−2	+2	0	−5	−3	+5	+5	+5	+8
2.716	+79.39	0.354	0	−2	+2	+7	−3	−1	+4	+7	+7
2.894	+90.00	0.354	0	−2	+2	+7	−3	−3	+6	+7	+7
2.915	+80.13	0.354	−2	+2	0	−6	−4	+4	+2	+2	+5
2.915	+80.13	0.354	0	−2	+2	+8	−2	0	+1	+4	+4
2.958	+99.73	0.500	+2	0	0	−1	+5	−3	0	+3	+5
3.221	+90.00	0.354	0	−2	+2	+9	−1	−1	+2	+9	+9
3.221	+81.07	0.354	−2	+2	0	−5	−3	+7	+7	+7	+8

(续)

r_2/r_1	φ	d_1/a	h_1	k_1	l_1	h_2	k_2	l_2	u	v	w
3.240	+81.12	0.354	0	−2	+2	+8	−4	−2	+3	+4	+4
3.317	+81.33	0.354	−2	+2	0	−6	−4	+6	+3	+3	+5
3.373	+81.47	0.354	0	−2	+2	+9	−3	−1	+4	+9	+9
3.416	+95.60	0.577	+1	+1	−1	−5	+3	−1	+1	+3	+4
3.571	+98.05	0.500	+2	0	0	−1	+7	−1	0	+1	+7
3.606	+82.03	0.354	−2	+2	0	−8	−6	+2	+1	+1	+7
3.606	+82.03	0.354	0	−2	+2	+10	−2	0	+1	+5	+5
3.606	+90.00	0.500	+2	0	0	0	+6	−4	0	+2	+3
3.791	+82.42	0.354	0	−2	+2	+9	−5	−3	+8	+9	+9
3.808	+82.45	0.354	−2	+2	0	−8	−6	+4	+2	+2	+7
3.808	+82.45	0.354	−2	+2	0	−6	−4	+8	+4	+4	+5
3.841	+97.48	0.500	+2	0	0	−1	+7	−3	0	+3	+7
3.873	+82.58	0.354	0	−2	+2	+10	−4	−2	+3	+5	+5
4.123	+83.03	0.354	−2	+2	0	−8	−6	+6	+3	+3	+7
4.123	+85.36	0.577	+1	+1	−1	−5	+5	−1	+2	+3	+5
4.123	+90.00	0.500	+2	0	0	0	+8	−2	0	+1	+4
4.301	+83.32	0.354	0	−2	+2	+12	−2	0	+1	+6	+6
4.320	+90.00	0.577	+1	+1	−1	−6	+4	−2	+1	+4	+5
4.330	+96.63	0.500	+2	0	0	−1	+7	−5	0	+5	+7
4.528	+83.66	0.354	−2	+2	0	−8	−6	+8	+4	+4	+7
4.555	+96.30	0.500	+2	0	0	−1	+9	−1	0	+1	+9
4.583	+83.74	0.354	−2	+2	0	−10	−8	+2	+1	+1	+9
4.743	+83.95	0.354	−2	+2	0	−10	−8	+4	+2	+2	+9
4.950	+84.20	0.354	0	−2	+2	+12	−6	−4	+5	+6	+6
5.000	+84.26	0.354	0	−2	+2	+14	−2	0	+1	+7	+7
5.000	+84.26	0.354	−2	+2	0	−8	−6	+10	+5	+5	+7
5.000	+90.00	0.500	+2	0	0	0	+8	−6	0	+3	+4
5.172	+95.55	0.500	+2	0	0	−1	+9	−5	0	+5	+9
5.196	+84.48	0.354	0	−2	+2	+14	−4	−2	+3	+7	+7
5.260	+86.37	0.577	+1	+1	−1	−7	+5	−3	+1	+5	+6
5.339	+84.63	0.354	−2	+2	0	−10	−8	+8	4	+4	+9
5.385	+90.00	0.500	+2	0	0	0	+10	−4	0	+2	+5
5.523	+84.81	0.354	−2	+2	0	−8	−6	+12	+6	+6	+7
5.568	+84.85	0.354	0	−2	+2	+14	−6	−4	+5	+7	+7
5.701	+84.97	0.354	0	−2	+2	+16	−2	0	+1	+8	+8
5.723	+95.01	0.500	+2	0	0	−1	+9	−7	0	+7	+9
5.745	+85.01	0.354	−2	+2	0	−10	−8	+10	+5	+5	+9
5.745	+86.67	0.577	+1	+1	−1	−7	+7	−1	+3	+4	+7
5.874	+85.12	0.354	0	−2	+2	+16	−4	−2	+3	+8	+8
5.888	+90.00	0.577	+1	+1	−1	−8	+6	−2	+2	+5	+7
6.083	+90.00	0.500	+2	0	0	0	+12	−2	0	+1	+6
6.191	+93.09	0.577	+1	+1	−1	−9	+5	−3	+1	+6	+7
6.205	+85.38	0.354	0	−2	+2	+16	−6	−4	+5	+8	+8

277

(续)

r_2/r_1	φ	d_1/a	h_1	k_1	l_1	h_2	k_2	l_2	u	v	w
6.403	+85.52	0.354	0	−2	+2	+18	−2	0	+1	+9	+9
6.403	+90.00	0.500	+2	0	0	0	+10	−8	0	+4	+5
6.608	+92.89	0.577	+1	+1	−1	−9	+7	−1	+3	+5	+8
6.671	+85.70	0.354	0	−2	+2	+16	−8	−6	+7	+8	+8
6.708	+85.73	0.354	−2	+2	0	−10	−8	+14	+7	+7	+9
6.856	+85.82	0.354	0	−2	+2	+18	−6	−4	+5	+9	+9
7.118	+90.00	0.577	+1	+1	−1	−10	+6	−4	+1	+7	+8
7.246	+86.04	0.354	−2	+2	0	−10	−8	+16	+8	+8	+9
7.280	+86.06	0.354	0	−2	+2	+18	−8	−6	+7	+9	+9
7.280	+90.00	0.500	+2	0	0	0	+14	−4	0	+2	+7
7.371	+87.41	0.577	+1	+1	−1	−9	+9	−1	+4	+5	+9
7.724	+92.47	0.577	+1	+1	−1	−11	+7	−3	+2	+7	+9
7.810	+90.00	0.500	+2	0	0	0	+12	−10	0	+5	+6
8.062	+87.63	0.577	+1	+1	−1	−11	+7	−5	+1	+8	+9
8.062	+90.00	0.500	+2	0	0	0	+16	−2	0	+1	+8
8.062	+90.00	0.500	+2	0	0	0	+14	−8	0	+4	+7
8.544	+90.00	0.500	+2	0	0	0	+16	−6	0	+3	+8
9.220	+90.00	0.500	+2	0	0	0	+18	−4	0	+2	+9
9.220	+90.00	0.500	+2	0	0	0	+14	−12	0	+6	+7
9.434	+90.00	0.500	+2	0	0	0	+16	−10	0	+5	+8
9.849	+90.00	0.500	+2	0	0	0	+18	−8	0	+4	+9
10.630	+90.00	0.500	+2	0	0	0	+16	−14	0	+7	+8
12.042	+90.00	0.500	+2	0	0	0	+18	−16	0	+8	+9

参 考 文 献

1. 任怀亮. 金相实验技术. 北京：冶金工业出版社，1986
2. 汪守朴. 金相分析基础. 北京：机械工业出版社，1986
3. 沈桂琴. 光学金相技术. 北京：北京航天大学出版社，1992
4. 范雄. 金属 X 射线学. 北京：机械工业出版社，1988
5. 周上祺. X 射线衍射分析——原理、方法、应用. 重庆：重庆大学出版社，1991
6. 张定铨，何家文. 材料中残余应力的 X 射线衍射分析和作用. 西安：西安交通大学出版社，1999
7. 周玉. 材料分析方法. 北京：机械工业出版社，2000
8. 陈世朴，王永瑞. 金属电子显微分析. 北京：机械工业出版社，1982
9. 陈梦谪. 金属物理研究方法. 北京：冶金工业出版社，1982
10. 谈育煦. 金属电子显微分析. 北京：机械工业出版社，1989
11. 谈育煦，王静宜. 钢的电子显微金相学. 济南：山东科学技术出版社，1993